U0727946

北 京 师 范 大 学

名人志

BEIJING SHIFAN DAXUE
MINGRENZHI

大师篇

顾明远 主编　王淑芳 副主编

北京师范大学出版集团
BEIJING NORMAL UNIVERSITY PUBLISHING GROUP
北京师范大学出版社

图书在版编目（CIP）数据

北京师范大学名人志·大师篇／顾明远主编. —北京：北京师范大学出版社，2010.8（2012.7重印）
ISBN 978-7-303-11383-5

Ⅰ.①北… Ⅱ.①顾… Ⅲ.①北京师范大学—名人—人生事迹 Ⅳ.①K820.7

中国版本图书馆CIP数据核字（2010）第156610号

营销中心电话　010-58802755 58800035
北师大出版社职业教育分社网　http://zjfs.bnup.com.cn
电 子 信 箱　bsdzyjy@126.com

出版发行：北京师范大学出版社 www.bnup.com.cn
　　　　　北京新街口外大街19号
　　　　　邮政编码：100875
印　　刷：北京中印联印务有限公司
经　　销：全国新华书店
开　　本：160 mm×230 mm
印　　张：29.25
字　　数：327千字
版　　次：2010年8月第1版
印　　次：2012年7月第2次印刷
定　　价：60.00元

策划编辑：王安琳　　　　　责任编辑：杜永生
美术编辑：李葆芬　高 霞　　装帧设计：子时文化
责任校对：李 菡　　　　　　责任印制：吕少波

目 录
CONTENTS

序 言

在人类社会发展的长河中，教师是人类文化最重要的继承者和传播者。教师通过教书育人，将人类文明的火炬代代相传发扬光大。教师的影响是深远的，教师的功绩是永存的。因此，自古以来，人们就把教师看成一种最神圣的职业。欧洲文艺复兴时期的捷克教育家夸美纽斯，把教师誉为"太阳底下最光辉的职业"。我国称教师是辛勤的"园丁"，是奉献自己照亮别人的"红烛"，是塑造有知识、有道德公民的"人类灵魂的工程师"。作为以培养教师为己任的北京师范大学，被誉为"人类灵魂工程师的摇篮"。

一百多年前，中华民族面临内忧外患。志士仁人大声疾呼变法图强，强调"维新之本在人才，人才之本在教育，教育之本在教师"。在"教育是立国之本"、"办理学堂，首重师范"的理念下，北京师范大学的前身——京师大学堂师范馆应运而生，开启了中国高等师范教育的先河。1908 年，京师大学堂师范馆独立设校发展为师范大学。在以后的百余年中，北京师范大学经过几代人的艰苦努力，现已成为国内一流、世界知名的大学，成为全国师范大学的排头兵。

邓小平曾说："我们国家，国力的强弱，经济发展后劲的大小，越来越取决于劳动者的素质，取决于知识分子的数量和质量。"提高劳动者的素质的希望在教育，教育的希望在教师，而培养教师主要责任在师范院校。为中华民族的伟大复兴，北京师范大学任重而道远！

北京师范大学在长期的办学历程中，铸就了"爱国进步，诚实勤勉，勇敢质朴，为人师表，博爱奉献"的优良校风和"学为人师，行为世范"的校训。这和北京师范大学校长们为国家兴旺、为民族复兴办好师范教育的办学思想有直接关系。多次出任教育总长的范源廉校长曾说："国家的兴衰、经济的发达、国民素质的提高、外交的强弱等，均与教育有关。"李蒸校长曾说："民族之托命在教育，教育之本源在师范学生。"而对师范生的教育，校长们十分强调敬业与奉献。李建勋校长说："教育是一种艰苦的事业。从事于此业者，必须有敬业、勤业、乐业的专业精神，即对教育有崇高的信仰，对所学有勤奋的努力，对教学有不倦的态度。"在办学思想上，他们强调开放求真，兼容并包，正如陈宝泉校长所说："不墨守唯我独尊的谬见，对于中外学问事功，其爱憎取舍，论其实不论其名。"

师大的校长们刚毅坚韧、远见卓识，坚持思想开放、学术自由、兼容并包的办学方针。因此，学校凝聚了一批著名学者和有志青年：教师中有鲁迅、钱玄同等思想深刻充满改革精神的战士；有杨树达、余嘉锡、高步瀛等博古通今的名家；也有胡先骕、董守义、黄国璋、张宗燧、武兆发等学贯中西的学者。学子中有成千上万如匡互生、陆士嘉这样慕名而来的优秀青年。北京师范大学的校长与诸多大师和学子是中国知识分子的精英、杰出代表。

百余年中，在这些教育家嘉言懿行的引领下，北京师范大学有20余万优秀学子先后走出校门。他们奋斗在祖国的教育以及其他各条战线上，为中华民族的独立、解放、发展做出了卓越贡献。师大学子中涌现出许多著名的教育家、科学家、革命家。如为改革教育无私奉献一切、被称为"苦行僧"的匡互生；有中国共产党创始人之一、杰出教育家、哲学家李达；有著名教育家吴富恒、徐英超、侯外庐、陆润林、董渭川等；有著名物理学家汪德昭、陆士嘉；生物学家汪堃仁、俞德浚；有兼学者、作家、教育家于一身的公木、苏雪林、彭慧、冯沅君等；有学者出身的国家领导人杨秀峰、楚图南、周谷城；有坚持真理、直言谏诤的"铁书生"周小舟……师大学子中的佼佼者不计其数，他们只是俊彦中的杰出代表。

北京师范大学的百年历史，是中国现代高等师范教育发展史的缩影，也是近代以来中华民族寻求教育兴国之路的生动记录。

在悠悠百年中，北京师范大学由小到大、由弱到强，不仅有学科、学术发展历程，有学校对国家、民族贡献的光荣史，还应有学校历史上卓越人物的传记。因为历史是人创造的，任何历史，都离不开在历史舞台上的各类人物，特别是对国家贡献卓著的优秀才俊。因此，人物传记应是校史的重要组成部分。

顾明远、王淑芳二先生主编了《北京师范大学名人志》丛书（含校长篇、大师篇、学子篇三本），从北京师范大学百余年历史丰碑上采撷的七八十位杰出者著传，弥补了校史方面的名人传略的空缺。限于篇幅，难以求多；入选者，事迹亦未必齐全。虽然遗珠累累，主编亦已尽心竭力了。希望读者能从名人志书中得到启迪和激励，以推动北京师范大学和中国的教育事业不断进步！

王梓坤

2010 年 2 月

前 言

在人类社会进步的长河中，传承文明，为社会培养人才是教师。韩愈在《师说》中说："师者，所以传道、授业、解惑也。"在现代文明社会里，培养人才主要靠学校教师教育。上至国家元首、将军、科学家，下到普通工人、农民，谁没有受到教师的教诲？！因此，教师历来被社会所尊重。著名教育家林砺儒先生曾说："一个国家要维持自身的生命，至少对两种人要特别待遇：一种是军官，为国家防卫生命的；又一种是教员，为国家发展生命的。"

百年大计，教育为本。教育大计，教师为本。好学校是因为有好教师，好大学是因为有大师。办好一所培养教师的大学，更要有一批学问造诣深邃、声名远播的大师。大师就是一所大学的水平和声望，大师就是大学的根基，是大学的名片、丰碑，也是一所大学吸引力之所在。京师大学堂的创办人、管学大臣张百熙身穿朝服、跪拜吴汝纶为天下学子求师，并以"必得德望具备品学兼优之人"为教师，为以后历届校长遴选教师做出典范。

北京师范大学在百余年的历史中，名师荟萃，人才云集，成就了学校的百年辉煌。"学高为师，身正为范"。这是人们对从事师范教育的大师的诠释。他们是培养人类灵魂工程师的大师，担负着塑造青年的心灵、思想和品格的神圣职责。因此，他们自己首先要以身作则、为人师表，要有高尚的道德情操，严谨笃学敬业的学品，身体力行传播大爱的无私奉献精神；他们要有扎实的、广博的、精深的学问。他们的道德文章均为学界楷模。东汉郭林宗说："经师易得，人师难求。"其意就在于此。这也是北京师范大学大师们的突出特点。

教育最根本的目的是要为国家、民族培养出真、善、美的合格公民。因此，师范大学要求学生德智体全面发展。古人早就提出：让体育和音乐来教育我们的孩子。师范大学一向坚持用古今中外的文化艺术陶冶学生的情操，用现代体育教育去强壮中国人。因此，师范大学不仅有文史哲、数理化、教育等学科的大师，音乐、体育、美术等系科也不乏蜚声海内外的著名大师。这是师范大学有别于其他大学的另一特点。

百余年的北京师范大学的大师数不胜数。我们仍沿用"生不入志"、"生不立传"通例。因囿于篇幅，我们只选择了26位大师的传记，以年齿为序。他们有在音韵学、文字改革、国语运动等多方面做出骄人成绩的新文化运动的闯将钱玄同；有集古典文学、文物鉴定、绘画书法等多学科成就于一身的启功；有敢于冒天下之大不韪挑战学术权威的胡先骕、武兆发；有"不求做伟人，只求做真人"的陆宗达；有在文学、历史、绘画等领域名声斐然的王森然；有被称为"中国舞蹈艺术之母"的戴爱莲；有毕生献身体育事业的前国际奥委会委员董守义；有被中外学术界公认的硕儒杨树达、高步瀛、余嘉锡……他们植品立身，施教树人，造就了师范大学的数十万名优秀学子。

有人说：越没有大师的时代，人们越热衷于谈论大师。这话似乎不错。当人们认识到大师的匮乏，而热衷于鹄盼和向往大师的时候，是否意味着新一代大师的诞生已为期不远了？

感谢为我们提供文稿和资料的所有先生们。

因为我们水平、阅历有限，错误在所难免，敬请批评指正。

编　者

2010 年 2 月

高步瀛
博大精深的训诂考据大师

◎ 高步瀛

高步瀛(1873—1940)，字阆仙。河北霸县人。我国近现代资深学者、训诂考据大家、教育家。早年任畿辅大学堂和保定优级师范学堂教习、民国教育部社会教育司司长；后任北京师范大学、北京女子师范大学、辅仁大学等学校教授。

著述丰厚，主要有《文选李注义疏》《选学举要》《古文辞类纂笺》《经史诸子研究》《魏晋文举要》《南北朝文举要》《唐宋文举要》《杜诗研究》等。

高步瀛先生是 20 世纪上半叶中国著名学者。其学问博大精深，其著作卷帙浩繁，其学子名满天下。他在学术界、教育界声誉卓著，影响深远。著名历史学家陈垣称高步瀛为"河北大儒"。

身世履历

高步瀛 9 岁（1881）时父亲辞世，随母亲依附外家寄居安新，少时聪颖绝伦，勤学深思，有神童的美誉。长大后，励志习经，强记默识，不舍昼夜。每次考试，在同学中都名列前茅。17 岁时（1889）想回本籍为县学生员，经府院七次考试，都是第一，于是顺利入学。22 岁（1894）乡试中式，闻名里巷，乡人慕其名而争聘为师，遂长定兴书院。因为学有专攻，文冠群首，他所教授的生徒，率多成就。当时，桐城的吴汝纶在保定莲花书院主讲，读了他的骈文作品，自叹不如。高步瀛即从吴受业，学识大进，尤精"三礼"。为文骈散俱佳，擅长一方。清光绪二十七年（1901），

◎ 校务会议全体合影。后排中间老者为高步瀛。

高步瀛年 29，维新风行，锐意兴学。他任畿辅大学堂和保定优级师范学堂教习。次年（1902），留学日本，学习师范科，毕业于宏文师范学院。归国后，为直隶省视学，不久，改图书局编纂，32 岁（1904）为图书局编审，不久，转任学部主事。

民国初元，学部改教育部，高步瀛任金事、社会教育司司长。其后，政局动荡，百业废弛，禄不足以养家，至国立北京高等师范学校兼任教职。1926 年下半年张作霖入北京后，他辞去教育部司长职务，专任国立北平师范大学教授，兼国立北平女子师范大学教授。1929 年，奉天易帜，高步瀛赴辽就聘萃升书院，主讲"三礼"与骈文。1931 年"九一八"事变后，他返回北平，继续在师大任教职。1937 年春，兼职保定莲池讲学院，同时兼任中国大学名誉教授。及"七七"卢沟桥事变，日寇占领华北。他谢绝宾客，杜门不出。致资用不及，生计无着，于 1939 年至辅仁大学任教，聊解全家衣食之忧。既为著述劬劳，复为教学奔波，更多政治、经济压力，思想苦闷，郁郁终日，又兼昼夜劳瘁，因以致疾，不意竟于 1940 年 11 月 10 日以脑溢血症不治辞世。享年 68 岁。

噩耗传出，除当地亲友学子外，如居天津、保定、容城等地者亦不顾国难时艰，路途阻隔，均前来吊唁。挚友沈兼士挽联谓："冀北马群空，后进何人知大老；天上槐枪落，家祭无忘告乃翁。"上联用韩文送温简舆典，说高步瀛为马中骐骥，下联用放翁名句，说彗星陨落，后来者当继起铭耻以报国。因为高步瀛在生前向子女进行爱国教育的时候，曾经引陆诗用以自况。

爱国情怀

近代以来，列强侵凌，民族灾难，日益深重，正义之士无不忧心忡忡。高步瀛思想上热爱祖国，国家民族利益无一日释怀，深谙物必先腐而后虫生之理，于教育部门先后工作凡十余载，任职期间，千方百计启发民智、革除陋习，树立新风，意在通过提高国民素质以实现富民强国之目的。如提倡推行阳历，改良旧剧，编写新戏，设历史博物馆，创通俗图书馆、模范讲演所、通俗教育研究会、编著通俗教育书籍等，并撰写和倡导语体文，以利提高广大民众文化水平。高步瀛除一般号召外，更身体力行，亲自著述《侠义国魂》《立国根本谭》《国民须知》《国民常识》等著作，深受读者欢迎，取得良好效果。

高步瀛复结合自身之业务研究，孜孜矻矻，夜以继日，旁搜远绍，发微探幽。通过诠释与阐述国学经典之精髓，进而使民众、青年得能广泛掌握。为民养心，为国立本。伟大而悠久之中华优秀文化之不断发扬光大，则任何强敌虽可侵我国土，掠我资源，然欲灭亡我中华民族之妄想，将永远不可能实现。

高步瀛将爱国教育纳入其具体教学实践之中，如于课堂讲授《礼记·檀弓下》中记载鲁国幼童汪踦为国捐驱，鲁人欲以成人之礼治丧，求问于孔子这段历史时，重点在孔子答话上做文章："仲尼曰：'能执干戈以卫社稷，虽欲勿殇，不亦可乎'？"以古喻今，极力赞扬青年人不畏强敌，为国献身的勇敢精神。有时讲到奸佞误国，忠良被害时，均慷慨激昂，声泪俱下。听者并皆热血青年，联想个人身处敌人刺刀威逼之下，为亡国奴之现实景况，思想上都受到强烈震撼，无不为之动容。他爱憎分明，于国家民族大义，绝不含糊。日伪时期，有旧友拟介绍其至华北伪政权成立之古学院任职，为此，他毅然与之绝交。

高步瀛于国家民族拳拳系念，殷殷关切，而于个人仕途，则从不介怀，王森然评传称其性格"谔谔具锋棱，不婥娜从违"，于人事关系上"公事外未尝枉交一语"，这种人、这种性格，生活在当时半封建、半殖民地的中国官场，自然会"栖迟部曹十有余年，蹭蹬履进"，因为他任职目的只在国家民族之振兴而并非在于个人升官发财，故能坦然对待，"夷然不以介意"。

继东北被侵占之后，又爆发"七七"事变，北平复沦陷于日寇之手。高步瀛忧心愁苦，面无喜色，摒除一切与敌伪有关的职务，闭门称疾，不与敌人合作。并慨然说道："我因年老体衰，不能跋涉山川为国抗敌，已有愧于平生之志，难道还可以觍颜从贼吗？"后来由于无经济来源，时间一长，遂生计日蹙，乃至让所赁屋之半与人，蜷伏一室，窘困之态，可以想见。为家人稻粱谋，不得已，经友人余嘉锡、陈垣、沈兼士之解劝，乃同意至与日寇无涉之德国教会学校——辅仁大学任教，所得薪俸俾解燃眉之急。虽身遭多方困扰，仍心忧国家前途命运，临终犹吟陆游《示儿》诗明志，表现了一位爱国知识分子之高尚情操。

教苑良师

高步瀛一生与教育结缘。除了做教育行政工作之外，其余时间全部从事具体教学工作。韩子谓为师之道，在传道、授业、解惑。而欲为良师，先需饱学。他曾自述其幼年苦读向学境况说：每天晨光熹微的时候，还没起床，就在被窝里默诵时文，所学日多，背诵的也越多，乃至达到数百篇。

"梅花香自苦寒来"，正因为他勤学奋进，才有广博深厚的学识，为其后设帐授徒提供了充分的知识储备。其受教诸门人弟子，亦大多得能为一时之秀；更造就有不少专门之材，成为国家栋梁，如：当代的小说考证专家孙楷第、著名的目录学家王重民、著名史学家程金造等。其业绩昭昭在人耳目，赢得大众普遍称扬。

高步瀛于学校教育工作中，一直坚持把教育学生学会做人列为首要任务。任教师大时，每以大节勖勉诸生：曾满含深情地说：

"托生为人，仅只一世，如堕落而去做那些不是人的事情，岂不令人叹惋！"言者谆谆，受教诸子深以为是，并皆奉为圭臬。

高步瀛还以自己的苦读经历，教育学生克服困难，潜心向学。据室弟子厂果记述：有时于晚间授课，北风怒号，雪封冰冻，学生畏寒。先生乃备述其幼年苦学情状："余幼时，家中落，寄读外家，每晨梳洗后，入塾早读，腹无宿食，身无重绵，不知其凛冽也，诸生今日，因去余之苦寒远甚，何畏葸之甚邪？"诸生闻此乃大振作，不复思炉火矣。"

教师以教学为天职，任何事由均不得妨害学校的教学活动，这一点更应该成为教师的自觉行为规范。高步瀛夙耿介，复博洽多通，有刚直脱俗之陆桴亭（世仪）与事亲至孝、守学不仕之李二曲（颙）之风，晚节亦相似。当时，教育部经常拖欠教育经费，师大尤甚，教师工薪积欠甚久，至岁阑始发两月薪金，引发诸教授联合辍讲，一时课室顿成空巢，唯高步瀛仍坚持到校，照常授课。并称："金钱有限，名誉无限，吾不欲以金钱之故，坏名誉也。"众同学感动钦佩，深受教育，以此对他更加崇敬。国文系1935年毕业生在《毕业感言》中写道："是年冬，因教费拮据，教授多罢教；坚冰在须，室无星火，而高阆仙先生独于朔风凛冽中，来校授杜诗，吾班同学听讲者，座为之满。某日，授至茅屋为秋风所破歌，感时兴叹，悲不自胜，相对唏嘘者久之！执经雪夜之情，可歌可泣也！"真实地记述了高步瀛在冰冷的教室上课的情景。

"五四"运动时期，新文化运动主将之一的钱玄同，提出打倒"选学妖孽，桐城谬种"的口号，提倡白话文，反对骈文与古文。而高步瀛科研著述中，毕生精力皆倾注于《昭明文选》和《古文辞类纂》二书的笺注与研究，后书编者姚惜抱，乃桐城派之领军，钱氏口号，正如针对先生提出。虽然，他也曾声色俱厉地批评这种人，对他们反对的东西知之甚少，就以为自己是"庾（信）徐

（陵）复生，方（苞）姚（鼐）再世"，俨然以当代的骈文家、古文家自居，其实，国学浩瀚，非拼决半生，以大力投入，难得近其涯涘。而为了倡导新文化而将旧有一切全盘加以否定之错误做法，更属数典忘祖。高步瀛与钱玄同两人同在一校一系，但他却恪守学术之争的正确尺度，并无成见的意气之争。所以，学生们都把他俩的论争比之于宋代王安石与司马光的君子之争。为学门诸子树立了风范。

高步瀛学识渊博，特别是能将科学研究的成果应用于教学，高屋建瓴，卓有功效。授课范围较广，皆夙所擅长者，其选文诠释类，自先秦汉晋唐宋直到明清，而《文章源流》课则在分析文章体制变迁，探索深刻，讲解详尽。由于高步瀛对各时期的典型文章精熟，所以，评判各家长短，逢源会意，准确贴切；又由于他自身擅长古文与骈文的写作，所以在讲解中往往能从理论和实践的结合中加以阐释，更易一语中的、入木三分。加之他教学态度上执教勤奋，认真负责，尽心竭力，一丝不苟，数十年如一日，教书育人，关心青

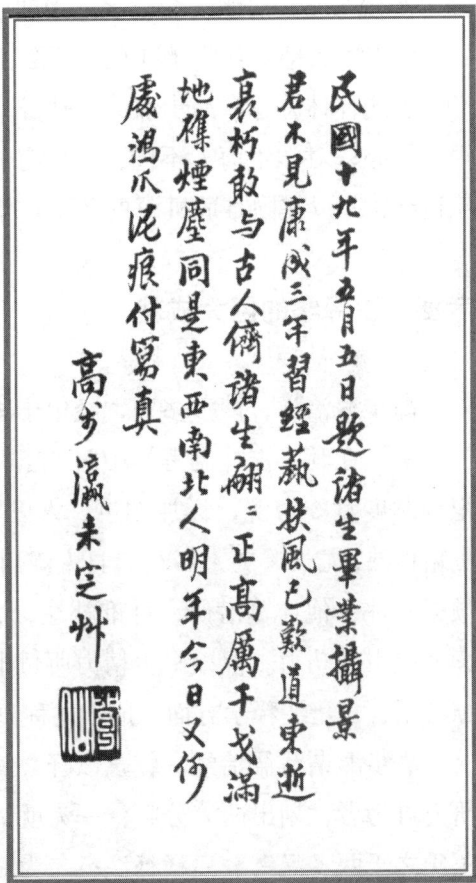

◎ 高步瀛为师大毕业生题词

年，深受学生们的欢迎与敬重，讲课教室里总是座无虚席。在师大任教时，就有许多中大、北大的学生来旁听。因为有坚实而深入之科研为基础，故授课讲义质量均有刊为专书之价值，更为学生们纷纷争订。

高步瀛爱护学生可谓无微不至，为了提高学生的国文水平，他亲自编写与其科研项目关涉不多之《国文教范笺注》。门弟子顾学颉因父亲亡故，拟请他代撰其《行状》。其时，高步瀛文字水平退迩闻名，已经形成千金难求的局面，重金向求而吃闭门羹者，大有人在。而顾一经请求，当即应允并按期交卷。不仅当事者顾氏本人，即其他学子亦莫不感激奋发。

上述林林总总，高步瀛治学勤奋，学识渊博；执教认真负责，竭力尽心；对学生诲人不倦，爱护有加。学子异口同声誉其为教苑良师，并以在国难危机深重之际，得能遇此良师，而引为荣幸。

考据、注释学的巨大成就

高步瀛治学，博涉多通，经史子集，无不遍览。于经学尤精"三礼"，在其《古礼制考》中对"三礼"源流，明堂、学校、祭祀等制度竟委穷源，详加剖析，人以其"已集礼学之大成"。于史籍精熟，尤长《史》、《汉》。日人泷川氏《史记会注考证》书出，颇得好评，他详览潜研，订讹补注，成《史记正义校注》30卷，读者咸服其功力。但以平生精力所付出，成就之显著论，他于文献考据、古籍注释学方面，成就尤称卓著。

高步瀛谓清儒治经，乾嘉以降，鲜有遗缺。为当今典籍整理研究可为者，划出两大分野：一为就诸家已成之书补充缀辑，如王氏之于两《汉书》集释补注；二为对重点典籍精注详笺，诠释疏解，成就专学。如王逸之于《楚辞》、李善之于《文选》。前者较易为；而后者非以长年累月全力投入，则难以蒇事，故宜大力倡导并须长年实践，方可做出成绩。在此理论指导下，他数十年笔耕不辍，积稿等身，笺注古籍达数十种，对所训释之文字，此前各家异说之是非得失一一考订明白，终归于个人之正确结论。其《先秦文举要》《两汉文举要》《魏晋文举要》《南北朝文举要》《唐宋文举要》《唐宋诗举要》均为其后治文史学者所必读；而其《文选李注义疏》存稿六十余册与《古文辞类纂笺》全书七十余卷，确为蔚然大观。其学术质量更是超前启后。

古籍训诂诠释，全在功底，于从事者要求甚高。否则，其成果或抄袭旧注，人云亦云；或避难就易，了无价值。集高步瀛数十年之经验其必备者有下列三端：一为深厚学术功底。于目录、版本、文字、声韵、训诂、历史、典章、制度、政治、经济，职官以及学术源流，地理沿革等各科知识，无所不知。他根柢坚实，渊博精通，于书无所不读，均烂熟于胸，随时引用，得心应手。逢源会意，尽属心得。至恒多笺语，独立成文，皆为一优秀考据论文。曾得清季著名进士齐令辰之好评，认为"翰林进士不如，前途不可限量。"一为娴熟文字工夫。既能顺利读通各类古籍，又能写作一手优美文章。他自幼勤学，其渊博能文，文章之隽秀，是人所共知的，为世人所敬羡。古文守义法，骈体尤渊雅，各臻其妙。质外秀中，发为文章，自文笔恣肆，表达酣畅。一为正确治学门径。高步瀛尝言：今日为学，门户之见不可存，而门径之辨则不可不审。他学业宏通精博，治学守汉儒正统，以笃实、渊博、征信为准。但又不墨守成规，而转益多师，广博吸收各家之长。万物皆备于我，可随时信手取用。

高步瀛三者兼备，其考据结论自然坚实确切，令人信服。门人程金造以其所收藏的他的文稿《跋王西庄窥园图记》为例说明。费玉衡以汉儒董仲舒专心致志于讲学而"三年不窥园"本事绘《窥园图》，知名史家王鸣盛写跋，江艮庭书写（据余嘉锡跋称："时西庄方失明，因口占以授江艮庭先生使书之。"）后面有章太炎、陈垣、余嘉锡、杨树达等学者的跟跋。"西庄之为人，好诋诃前辈，高自标置。"钱辛楣曾摘其弊。高步瀛本着"从长弃短，转益多师"的原则，在肯定"钱精王博，代复几人？"、"西庄先生固吾辈所愿执丹漆以相从，奉馨香而辰拜者"的基础上，复旁征博引多种经典切实指出其文中三方面的错误，并完全同意余嘉锡跋对王氏"轻訾前人"毛病的批评。余跋亦指此《记》误漏多处，不赘。王鸣盛是乾嘉时期的著名学者，著有《尚书后案》和《十七史商榷》，与钱大昕、赵翼并称三大史家。其《蛾术篇》，被江藩评为："辨博详明，与洪容斋（迈之《容斋随笔》）、王深宁（应麟之《困学纪闻》）不相上下"。高步瀛指摘其误漏既多又准，其学术水准当可不言而喻。

高步瀛平生著述极多，为当时著名教授。学者以其所著桐城姚氏《古文辞类纂笺证》等书为："学问之渊海，考据之门径。"时北平各大学，教师多江浙儒者，唯先生为河朔巨擘，学界共称。当时日本学者把高步瀛之考据与广东黄节（字晦闻）之诗学，桐城吴闿生（字北江）之古文并称为"中国三绝"。高步瀛之学术地位于此可见一斑。

《文选李注义疏》

《文选》为梁昭明太子萧统编选之诗文集，故一名《昭明文选》。所选作品为周秦至梁七八百年间之百三四十名作者之诗文凡670篇，为现存我国编选最早之文学总集。《文选》流传到唐代，有了李善注，这在选学史上具有里程碑意义。据《新唐书》本传记载，李善因"淹贯古今"，故有"书篓"之称。其所注《文选》

被认为"敷析渊洽",乃至"诸生四远至,传其业",号"文选学"。李注引书 1680 多种,经多次更订,始成定本,为之付出了大量心血。所引书许多种早经亡佚,赖李注引用始得以保存其梗概。仅此一端,李氏为学术史所做贡献之重大,即无法比拟矣。

对于《文选》李注,高步瀛在《文选李注义疏·序》中首指其"厄",谓:一厄于五臣之代篡,再厄于冯光震之攻摘,三厄于六臣本之羼乱,四厄于尤袤诸本之改窜。夫冯书未成,姑不论。五臣虽有书,而决非李匹,前人已有定议,则厄焉犹非其极。独至羼乱之,改窜之,使其精神面目皆已失真。而缀学之士,虽力为杷梳,终不能复其本元,斯则可为太息者也。

只有准确了解所存在之问题,才便于从事针对性之工作。高步瀛本着朴学传统,运用文字、音韵、训诂、版本、目录、校勘等方面的专业知识。倾力于对李注考证引文,订正讹误,补充遗缺之工作。李注所引文字,高步瀛均一一复核,标明全名卷次,已佚书亦自类书及有关典籍中征引文句以考订印证。李注引文凡与今本或类书有异文处,亦逐一校勘并加按断。由于他学识渊博,精于经学、小学和史学,各种问题,均能旁征博引,论定是非,标举众说,择善而从。如司马相如之《子虚赋》和《上林赋》原为一篇的问题,公输般和鲁般并非一人的问题,再如考"牂牁"非贵州遵义而为贵州长寨(长顺),同时指明王先谦氏据后来水道论古地之失。均切实中理,令人信服。或材料不足以论定,则详列诸说,以启发读者思考。上述各端,皆说明他功力之深厚与识见之精确。高步瀛此书各条注语,虽系李注疏证,许多析出单行,即为一具有相当学术价值之考辨论文。

学术研究一向讲究继往开来。高步瀛在发掘、整理、恢复、研究李善注的工作中,充分运用了清代诸儒之研究成果。据统计,其所用清儒研究成果较著者计有汪师韩《文选理学权舆》,孙志祖《文选李注补正》，余萧客《文选纪闻》，胡克家《文选考异》，钱泰吉《曝书杂记》，许巽行《文选笔记》，梁章钜《文选旁证》，薛传均《文选古字通疏证》，张云璈《选学胶言》，朱铭《文选拾遗》，朱珔《文选集释》，叶树藩《文选附注》，胡绍煐《文选笺证》，胡承珙《小尔雅义证》，孙诒让《札迻》，段玉裁《段氏校文选》，王念孙《广雅疏证》、《读书志余》，钱大昕《十驾斋养新录》、《养新续录》，洪颐煊《读书杂志》，顾广圻《文选考异》，桂馥《札朴》，李详《选学拾沈》，沈涛《说文古本考》，翟灏《四书考异》，沈钦韩《左传地名补注》，郝懿行《山海经笺疏》、《尔雅义疏》，吕锦文《文选古字通补训》，姚振宗《〈汉书·艺文志〉条理》，玄应《大般若经音义》、《善见律音义》，任大椿《小学钩陈》，朱骏声《说文通训定声》，徐位《竹书纪年统笺》等40余种。繁征博引，不厌其详，把名物史实考订与训诂疏证紧密结合，将文献整理与文学研究融为一体，在抉择继承基础上创新发展，条分缕析，蔚为大观。

在版本校勘、注疏考订中，高步瀛运用了清儒未能见到的版本（敦煌唐写本残卷与日本古抄本，如以唐《西京赋》残卷对勘今本，"大抵今本误者彼多不误"）和后人研究中所取得的新成果，使他的《文选》研究在整理与解说李善注的成绩上，大大超迈清儒。他在张云璈、钱泰吉所列李注义例之基础上，增补二氏未尽者七例百数十条。借此对羼乱已久之李注得能厘清而更趋近原貌，讹文漏字，援得正补。高步瀛于校正《文选》、李注文字外，还兼及勘正李注所引其它古籍之文字讹脱，亦均论据坚实，结论准确，极为精审。有人说：高氏《义疏》之成就远超李注，强胜清儒，为20世纪《文选》研究最高成就，绝非虚誉溢美。作为一部卷帙浩繁的皇皇巨著，他《义疏》漏校误断者亦间或有之。与它的巨大成就相比，只能算大醇小疵了。

《文选李注义疏》，计划庞大，初印仅一序及班氏一赋，已尽一厚册，按初版预计，全书 60 卷须有 60 册。高步瀛以近老之年，奋起担负，虽毅力、勇气可嘉，然杀青何日，学者叹焉。至高步瀛辞世，《义疏》仅得数卷而未竟志，据说当时"家中积稿盈尺"。虽其后已成手稿得以出版，然续作愿望，就功底、就识见、就精神可与先生比肩者，难得其匹矣！继者安在？

《古文辞类纂笺》

《古文辞类纂》是清代姚鼐（1732—1815）编选的一部影响较大的散文选集，以"古文辞"名书，在于说明内容既含古文，亦有辞赋。因采辑博（选文计 700 余篇，屈赋 25 篇，选入 24 篇、韩愈文选入 130 多篇），选择精（姚氏为编辑此书，穷四十年之功，要求词必通雅、句必合法、篇章有序），分类善（全书分为论辨、序跋、奏议、书说、赠序、诏令、传状、碑志、杂记、箴铭、颂赞、辞赋、哀祭 13 类，类别划分，较《文选》分类过于繁琐为优）评校准（评语精当，亦纠旧注之误不少）而赢得广大读者，翻印不衰。此书吴汝纶誉为"古文第一善本"，朱自清亦称其为"古文的典范"。

《古文辞类纂》是代表"桐城派"散文观点的一部选本，为了体现编选宗旨，所选文章，唐代韩愈、柳宗元，宋代欧阳修、曾巩、王安石、苏洵、苏轼、苏辙即所谓"唐宋八大家"占了很大的比重。考证、校勘、辑评三者结合，相得益彰。卷首姚鼐原序，略述各类文体的特点和源流。书成，门人康绍镛、吴启昌先后刊刻，光绪时李承渊重刻姚氏晚年圈点本（明清以来，归有光等倡导以各类不同符号圈点古文，以表示圈点者对文章之理解与态度），全校康、吴两本，并加句读。民国十二年 (1923) 上海广益书局刊行徐斯异、阚家祺、郑家祚、胡惠生等人编撰的《评点笺注古文辞类纂》,广泛搜集古代以及清代方苞、刘大櫆、姚鼐、梅曾亮、张裕钊、吴汝纶等人对入选文章的圈点和评语。有总批、眉批,并加简注。更便读者。

《古文辞类纂笺》是高步瀛花费精力最大、卷帙最为浩繁、最能体现他学术水平的力作。本书与《文选李注义疏》之区别点在于《义疏》循李注收录《文选》全文;而《纂笺》则只录出注文句。类似专书辞典性质,以选篇为单位,按文中语句先后排列。体例大体为:对《序》(包括《类序》)添加详笺,对《目》则详注各选本选入情况于目下。类下按作者编排,文章选篇系于各作者之下。出注原文词句一律顶格,释语皆低一格。释语先列包括姚书选引之各家解说,一一详列出处,使读者易于从流溯源,极便核查。于论证结语处,则加"步瀛按"字样。文字奢俭,依内容而定,少则寥寥数语,多则洋洋万言。每篇之间,用空行隔开。同一字相连属,抄写者习惯用"="表示。全书之末,附录《诸家事迹考略》,主要取正史传记,兼及年谱、碑铭、行状为之注。及编者《姚鼐事迹考略》,极便知人论世。

高步瀛于全书笺注,不厌其多,追源溯本,精心考订,旁征博引,详加诠解。举凡各篇文章中之名物制度、学术、政治、地理、职官及文字词义音训等都一一注明。如经学中之"六宗"之说,"禘祫""圜丘"之制,"九谷"之名,"辟雍""庠序"之事,并系千年争讼,众说纷纭之问题,极难厘清,他原原本本,循其历史脉络,抽丝剥笋,层层解扣。批驳历来误说,确立正确结论。其它名物制度如房、室之分,牲、畜之辨,仓、廪之异,桎、梏之别,浑言颇类,析言非协处一并引经据典,细加比较分辨,以求真知。再如对古代地理类词语之笺释论辨,如殷商诸亳、丰镐之地望,九河之所经,碣石之所在,泜水之源委,吴会之名义等,都以长篇文字，精考详论，纠正多家之谬误，得出正确之结论。至如宋代哲人朱、陆之区异，典籍《列子》沿袭《庄子》之关系，似乎已经超出语词诠释之范围，为哲学史、目录学研究领域，但为彻底廓清迷雾，解惑释疑，亦辨析解说，以使问题得能涣然冰释。

高氏门人程金造于《传略》中评论说："一般注前代诗文集者，大抵释事释义，其阐述范围，止限于本文本句，无所发挥。先生笺证姚书，则贯串古今，穷源竟委。其注解在形式上虽附于某篇某句之下，实则是独立的一首考证文字。若是把这部书中的千万条注解，摘出来辑为一书，便是今时一部顾亭林《日知录》，而文字之细密、条理之井然，则又过之。" 揆之高笺全书，此评价只有未至，绝非虚美。

高步瀛此书稿杀青，除现在保留于中华书局之手稿外，另有清抄稿一份藏于吉林大学图书馆。吉林大学出版社于1997年据该清抄本影印出版，以飨读者。

（王同策）

鲁迅

"青年的吸铁石"

◎ 鲁 迅

鲁迅（1881—1936），本姓周，名树人，号豫才。浙江省绍兴人。文学家、教育家。早年毕业于江南陆师学堂附设的矿路学堂，后留学日本习医学。历任民国政府教育部社会教育司科长、佥事。曾任北京大学、北京师范大学、北京女子师范大学兼职教师，厦门大学教授、广州中山大学文学系系主任兼教务长。

主要著作有《狂人日记》《阿 Q 正传》《祝福》等小说，以及大量杂文，以《鲁迅全集》出版。

鲁迅于 1920 年 9 月至 1926 年 8 月任北京师范大学和北京女师大的教师，为北京师范大学的建设做出了不可磨灭的贡献。他在文学生涯中，从来没有忘记过对青年一代的培养。他不仅是我国文化革命的旗手，也是人民教师的光辉榜样，师范教育的楷模。

早期的教育实践

鲁迅 1881 年 9 月 25 日出生于浙江省绍兴城内。少年时代，由于家庭的变故，他寄住在乡下的亲戚家里，有机会和农民的孩子接触，渐渐了解到农民的疾苦。后来父亲生病，鲁迅几乎每天进出于当铺和药店之间，开始尝到了贫困的滋味，看到了社会的不平和黑暗。社会上资产阶级改良主义思潮的兴起，激发了年轻的鲁迅追求真理的愿望。1898 年他考进了江南水师学堂，后转入江南陆师学堂附设的矿路学堂。在那里他接触了达尔文的进化论，使他相信"将来必胜于过去，青年必胜于老人"。

鲁迅从矿路学堂毕业以后，便被派往日本留学。到日本后，先是学医，原想将来以医学来拯救祖国。但是，他受到某些具有狭隘民族主义思想的日本同学的歧视，深感生为弱国公民的痛苦。于是他毅然弃医从文，企图用文艺为武器唤起民众，改变人们的思想，鼓动人们起来反抗封建主义和帝国主义的反动统治。

1909 年 8 月，鲁迅从日本回国，开始了他的教育实践活动。当时他的好友许寿裳已在杭州浙江两级师范学堂任监学。经许寿裳的推荐，学监（即校长）沈钧儒聘任鲁迅为该校的生理、化学教员兼博物学的日文翻译。

鲁迅在教学中认真负责。他所教的两门课程都自编讲义，一本是《人生象敩》，一本是《化学讲义》。他很注意理论联系实际，为生理设计了 14 项实验，这是我国近代生理学教学中最早的科

◎ 鲁迅 1930 年 9 月 17 日 50 岁在上海

学实验，有很高的科学价值。他还鼓励学生敢于解剖尸体，获得人体的科学知识，在植物学教学中，他经常带领学生到杭州的孤山、葛岭、北高峰去采集标本。

1910 年 7 月，鲁迅回到绍兴，任绍兴府中学堂监学兼博物教员，教植物学和生理卫生学两门课程。鲁迅讲课，自编讲义，上课从不照本宣科，而是联系实际，通俗易懂，言语精炼，条理清楚。他十分重视引导学生接触社会，经常带领学生远足郊游。1910 年他带领 200 多名师生从绍兴到南京，参观南洋劝业会，使师生大开眼界，见到了从未见过的电灯、电筒、汽车、轮船、火车，大家都称赞他有远见，南京一行胜读十年书。

鲁迅回绍兴的第二年，辛亥革命爆发，鲁迅怀着极大的希望迎接这场革命。革命军进入绍兴后，鲁迅被任命为山会初级师范学堂的监督。他十分关心普及义务教育事业，1911 年年底，曾与其三弟周建人联名发表《维持小学教育之意见》，建议政府重视国民义务教育。

青年的导师

1912年临时政府在南京成立。鲁迅应教育总长蔡元培的邀请，到南京任教育部部员，同年5月随部迁至北京。在教育部，担任社会教育司第二科（后改为第一科）科长，后任佥事，主管图书馆、博物馆、美术等工作。他在这个岗位上为发展群众文化作出了卓越的贡献，最大的功绩莫过于筹建北京图书馆和历史博物馆。

1919年我国爆发了反帝反封建的"五四"运动，拉开了新民主主义革命的序幕。在马克思主义指导下，在文化战线上产生了一支崭新的革命新军。鲁迅就是这支新军的旗手。他从俄国十月革命中看到了"新世纪的曙光"，领导了文化革命的新军投入到反帝反封建的革命群众运动中。

早在"五四"运动的前夕，鲁迅发表了一篇白话文小说《狂人日记》。这是文学革命的第一声春雷。小说揭露了封建社会"吃人"的本质，吹响了"打倒孔家店"的号角，为后来的"五四"运动起到了舆论作用。鲁迅写作《狂人日记》以后，"一发而不可收"，从此他在和旧世界的战斗中，冲锋陷阵，所向披靡，成为文化革命的主将。《狂人日记》这篇小说，不仅在文艺上有着重要的价值，而且在教育上也有重要意义。他第一次发出了"救救孩子"的呼声，呼吁人们把孩子从封建礼教的桎梏中解放出来，培养新的一代人。

同年9月，鲁迅发表"随感录二十五"，谈子女的教育问题。他批评旧中国缺乏对子女应有的教育，他说："中国的孩子，只要生，不管他好不好，只要多，不管他才不才。"文章还强调"师范"、"父范"的重要性。

1919年10月，鲁迅写了《我们现在怎样做父亲》一文，全面阐述了他对父与子的关系的认识，深刻地批判封建家庭中父母的"恩威"思想。父母对于子女算不了什么恩，而是作为长者、强者的父母有责任爱护他们，养育他们，教育他们。鲁迅从进化论的观点出发，认为"后起的生命，总比以前的更有意义，更近完全，因此也更有价值，更可宝贵；前者的生命，应当牺牲于他。"他要求中国的父母，长者本位与利己思想、权利思想少一点，义务思想和责任心重一点。"父母对于子女，应该健全的产生，尽力的教育，完全的解放。"要做到这一点，就要：第一，理解孩子。孩子有自己的世界，与成人截然不同，不能把他当作成人的预备或者缩小的成人。如不先行理解孩子，一味蛮做，便有碍于孩子的发展。第二，要加以指导，"养成他们有耐劳作的体力，纯洁高尚的道德，广博自由能容纳新潮流的精神，也就是能在世界新潮流中游泳，不被淹没的力量"。第三，便是解放，交给他们自主的能力，成一个独立的人，但是在旧中国要做了这几点谈何容易，因此要"改革家庭"，"改革社会"。他呼吁从觉醒的人开手，各自解放了自己的孩子，"自己背着因袭的重担，肩住了黑暗的闸门，放他们到宽阔光明的地方去；此后幸福的度日，合理的做人。"

这个呼声却有着极为深远的意义。它好像一声霹雳，在黑暗的天空中划出一道光明，惊醒了怀有革命思想的青年，它的意义远远超出了教育界。

鲁迅在教育部工作的同时，自 1920 年，先后在北京大学、北京师范大学、北京女师大、世界语专门学校、黎明中学等八所大、中学校兼课，直到 1926 年 8 月离京南下为止。

1920 年 9 月，鲁迅应北京高等师范学校（北京师范大学前身）之聘任小说史讲师，至 1926 年 8 月止。1923 年 10 月应北京女子高等师范学校（1924 年改为女师大，后与北师大合并）之聘任国文系讲师，开设小说史课。

鲁迅讲课受到学生的欢迎，每次讲课时，教室里两人一排的座位上总挤着三四个人，在门旁走道里都站满了校内校外的、正式的和旁听的学生。他讲课很自然，用极平常的语句，叙述着中国小说史实，然而教室里却时时爆发出笑声，他向听众揭示了美与丑，善与恶，真实与虚伪，光明与黑暗，他不单是在讲述中国小说史，而是在解剖中国的社会和历史。

在北京任教期间，鲁迅以极大的热情帮助和指导青年，耐心地解答青年们提出的各种各样的问题，帮助他们解决生活上学习上的困难，指导他们办刊物和写作，在他的住处北京西三条胡同24号的老虎尾巴里总是挤满了来访的青年学生。

鲁迅不仅在课堂上宣传新文化新思想，抨击旧文化旧思想，而且积极支持学生参加反帝反封建的斗争。

1925年，在反帝反封建风暴推动下，北京发生了"女师大风潮"。鲁迅参加并领导了这次运动。这是一次北京青年学生反对北洋政府及其在教育界的代理人的斗争，是20年代大革命前夕中国人民反帝反封建革命浪潮的一个组成部分。

这个风潮是由女师大学生反抗校长杨荫榆的压迫而引起的。1924年2月，杨荫榆继任女师大校长。杨到任后推行封建教育，学生起而反抗，遭到她的镇压，非法开除学生，解散学生会。在女师大风潮中，鲁迅始终站在革命学生一边，支持她们的正义斗争。他倡议起草了支持学生的宣言，代学生起草给教育部的呈文，写文章揭露杨荫榆的种种阴谋。当北洋政府教育总长章士钊非法解散女师大时，鲁迅参加了校务维持会，被推举为校务维持委员会委员。学生们被反动教育当局用武力强行赶出校门后，另赁宗帽胡同继续学业，鲁迅带病给她们义务上课。

1926年3月，发生了日本帝国主义炮击我大沽口事件，激起了中国人民的无比愤慨，18日北京各界人民在天安门前集会，会后到临时执政府请愿。但是，当游行群众走到铁狮子胡同执政府门前，竟遭到了开枪镇压。当场打死请愿群众 40 余人，其中有女师大学生刘和珍、杨德群；伤者 150 余人，造成震惊中外的"三一八"惨案。

3 月 25 日，女师大师生和北京各界人民为刘和珍、杨德群烈士举行隆重的追悼大会。鲁迅亲往参加，会后写了《记念刘和珍君》这篇不朽的文章，充满了对他的学生——革命烈士的热爱和崇敬，充满了对反动派的仇恨和蔑视，号召"真的猛士，将更奋然而前行"。这是一曲战士的颂歌，是一声向恶势力战斗的号角，是一尊革命师生共同战斗的丰碑。

在北京任教期间，鲁迅还作过多次演讲，这些演讲反映了他当时的社会观和教育思想。著名的有如下几次：

1923 年 12 月 26 日，在北京女师大文艺会上讲《娜拉走后怎样》。他指出，妇女要得到解放，需要通过"剧烈的战斗"，取得平等的经济权，这就需要进行社会革命。

1924 年 1 月 17 日，应师大附中校友会之请作了《未有天才之前》的演讲。他辩证地阐明了天才与民众的关系。他说："天才并不是自生自长在深林荒野里的怪物，是由可以使天才生长的民众产生，长育出来的，所以没有这种民众，就没有天才。"把天才比作花木，民众好比泥土，"想看好花，一定要有好土；没有土，便没有花木了；所以土实在较花木还重要。"叫做泥土似乎不甚好听，但是要做到能够培育花木的泥土也不是易事，"不是艰苦卓绝者，也怕不容易做"，"这一点是泥土的伟大的地方，也是仅有大希望的地方。"他希望大家都来做泥土，不必空等天赋的天才出现。这种泥土精神，不就是人民教师应有的精神吗？鲁迅一生为培育青年耗尽心血，不惜为青年"打杂"，不也正是这种精神吗？

1926 年 8 月 22 日，是女师大毁校周年纪念日，鲁迅出席了纪念会并作了演讲。他在演讲的结尾时说："希望是附丽于存在的，有存在，便有希望，便是光明……将来是永远要有的，并且总要光明起来，只要不做黑暗的附着物，为光明而灭亡，则我们一定有悠久的将来，而且一定是光明的将来。"

鲁迅无时无刻不在想着儿童和青年的教育问题。为了使他们受到好的教育，就要给他们丰富而优美的精神食粮。但是，当时中国的儿童读物太贫乏了。于是他就抽出时间来翻译外国的儿童读物。他在离开北京的前夕，在烈日炎炎的夏天，还和朋友每天到中央公园去赶译《小约翰》一书。

青年要读书，但要读有用的书。鲁迅竭力反对读脱离实际而无用的古书，更反对用四书五经来禁锢青年的思想。因此当有人主张青年"踱进研究室"去"整理国故"时，鲁迅针锋相对地提出"我看中国书时，总觉得就沉静下去，与实人生离开"，"少看中国书，其结果不过不能作文而已。但现在的青年最要紧的是'行'，不是'言'。"对这句话，当然不能理解为不要读书。鲁迅反对的并不是读书，而是反对读宣扬封建道德的书，反对青年脱离现实斗争，钻到古书堆里读死书。鲁迅自己是很重视中国的古代文化的。他说上述的话是针对当时在民族危急之际，有人还提出让青年钻古书堆的主张而发的。

在厦门、广州的教书、革命活动

1926 年 8 月 26 日，鲁迅离开北京，9 月 4 日到厦门，任厦门大学文科教授兼国学院研究教授。但是不久他发现，厦门的社会和学校与北京一样黑暗。于是他在厦门只耽了四个月就离开了。鲁迅在厦门的时间虽然很短暂，但却给厦门教育界带来了生气，掀起了不少波澜。当时鲁迅来到厦大时，一批青年从北京大学、河南中州大学、山东青岛大学、南京金陵大学、上海南洋大学跟着转学到厦门。等到鲁迅因不满厦大的黑暗而要离去时，在进步青年中引起了强烈的反响，开始是学生派代表挽留，继而挽留运动演变成了要求学校改革和社会改革的运动。鲁迅用他的革命精神在厦门播下了革命的火种。

1927年1月，鲁迅从厦门来到了当时被谓之为"革命策源地"的广州，任中山大学文学系系主任兼教务主任。鲁迅到广州受到当地青年学生的热烈欢迎，许多学生都选修了他所开的课程：文艺论、文论、中国文学史、中国小说史和中国字体变迁史等。

当时的中山大学是革命派与反革命派激烈争夺的阵地。进步力量雄厚。但学校领导权掌握在国民党右派的手里。鲁迅到中大，就是由中共广东区委建议邀请的。在他到广州之前，区委书记陈延年就曾召集会议研究欢迎鲁迅的工作，并决定由区委学生运动委员会副书记毕磊负责公开和鲁迅联系。鲁迅到校后，中共中山大学支部还把《向导》《人民周刊》《少年先锋》等党团刊物送给鲁迅，向他介绍党对政治形势的见解和当地情况。鲁迅热情接待进步学生，对送来的党团刊物认真地阅读。他大力支持、赞助中大党支部创导的"社会科学研究会"和中共广东区委领导下的学生运动委员会机关刊物《做什么？》，并曾多次赠款。在广州期间，鲁迅曾和区委书记陈延年秘密会晤，进行长时间的交谈。

在广州期间，鲁迅除在中大任教外，还做过多次演讲，其中著名的几次是：

1927年2月18日和19日，在香港青年会以《无声的中国》和《老调子已经唱完》为题目的演讲。他告诫青年，要抛弃旧文章、旧思想，跟上时代的步伐，发出时代的最强音。他说："青年们先可以将中国变成一个有声的中国。……只有真的声音，才能感动中国的人和世界的人；必须有了真的声音，才能和世界的人同在世界上生活。"

3 月 1 日在中山大学开学典礼上演讲十分钟，题目是《读书与革命》。他要求学生"读书不忘革命"，以读书得来的东西为武器，向一切旧制度、宗法社会的旧习惯、封建社会的旧思想开火。

4 月 8 日，由应修人陪同到黄埔军官学校演讲，题目是《革命时代的文学》，指出当时更重要的是革命，而不是文学。他说："为革命起见，要有'革命人'，'革命文学'倒无须急急，革命人做出东西来，才是革命文学。"他还说："现在的文学家都是读书人，如果工人农民不解放，工人农民的思想，仍然是读书人的思想，必须工人农民得到真正的解放，然后才有真正的平民文学。"

7 月 16 日在广州知用中学演讲，题目是《读书杂谈》，鲁迅指导青年如何读书，主张学习面要宽一些，要吸收各方面的知识，然后再钻研一门学问，才能学得深、钻得透。在这篇演讲里他还提到，光看书还不够，要自己思索，自己观察。

1927 年 4 月 12 日，蒋介石在上海发动了反革命政变，大肆捕杀共产党员和革命群众。4 月 15 日，国民党反动派又在广州大规模逮捕和屠杀共产党人和革命群众，仅中山大学就有 40 余人被捕，500 多名师生被开除。15 日清晨，鲁迅得到中大师生被捕的急报，当天下午不顾个人安危，冒雨从白云楼寓所赶到中大召开系主任紧急会议，商量营救被捕师生，他坚决要求当局立即释放被捕师生，制止军警继续到学校搜捕。这时朱家骅撕下了假面具，凶狠地说："这是'党'校，凡在这里做事的人，都应该服从国民党的决定，不能有异言。"鲁迅责问他，学生犯了什么罪？他们违背了孙中山总理三大政策的哪一条？朱家骅回答不出来。鲁迅义愤填膺，退席出校。次日，又四处奔走，设法营救被捕学生，并捐款慰问，但营救无效。鲁迅愤然辞去中大一切职务。国民党右派十分惊慌，怕鲁迅辞职引起学生风潮。朱家骅出面挽留，又指使学生"代表"挽留，被鲁迅坚决拒绝，三次退回聘书，向反动派表示了强烈的抗议。

中大被捕的学生中，有平日与鲁迅来往密切的共产党人毕磊、陈辅国等同志。毕磊被捕后，坚贞不屈，壮烈牺牲。鲁迅得悉毕磊被害，悲痛万分，后来他写了《怎么写（夜记之一）》，寄托了他对毕磊的深切怀念。

文化革命的主将

1927年10月3日鲁迅与许广平到达上海。他选择这个文化斗争的中心作为战斗基地，在这里战斗了整整九年，直到生命的最后一刻。在这里，他深入地、系统地学习马克思列宁主义的著作，在与国民党反动派斗争中，和中国共产党的许多党员结下了深厚的革命情谊。他在党的不断帮助下，领导左翼作家在文艺战线上与国民党的文化"围剿"作了浴血的斗争，并粉碎了反革命的文化"围剿"，取得了无产阶级文艺运动的伟大胜利。鲁迅也在这场斗争中成了中国文化革命的伟人。

在上海的九年里是鲁迅文学创作最丰盛的时期。他没有再在学校里任教，因为他觉得创作和教书两者不可得兼。他认为创作需要热情，而教书则需要冷静。他想在火热的斗争中，用文艺创作为武器，向敌人进攻。

1927年10月，《语丝》在北京被查封，移到上海出版，鲁迅担任了全部编稿工作，直到1928年才由柔石代替。1928年6月到1929年年末，鲁迅又和郁达夫合作创办和主编了文艺刊物《奔流》。

从1928年年初开始，鲁迅和创造社、太阳社之间就革命文学问题进行了一场激烈的论战，这场论争促进了他对马克思主义的更深入的学习和对自己更严格的"解剖"。

1929年下半年，在中国共产党的领导和支持下，筹备成立中国左翼作家联盟。鲁迅积极地支持这项工作。1930年3月2日左联成立大会上，鲁迅发表了著名的讲话《对于左翼作家联盟的意见》。在这个讲话里，鲁迅根据列宁文学的党性原则，指出革命文艺工作是整个革命事业的一部分，"无产文学，是无产阶级解放斗争底一翼"。他一方面反对把文艺工作当作为个人沽名牟利的"敲门砖"，另一方面也反对不适当夸大文艺工作在整个革命事业中的重要性，以为作家高人一等的个人主义思想。强调革命作家要正视现实，要和实际社会接触；要坚持"韧"的战斗；注意团结同志，培养新生力量等问题。

左联成立后，鲁迅和共产党的关系更密切了，他曾经积极地参加共产党所支持的活动。1930年2月13日，他和柔石、冯雪峰一道到汉口路江西路附近的圣公会教堂参加共产党赞许的中国自由大同盟成立大会，尽管鲁迅认为这个组织除了"发宣言之外，是无法做什么事的"，但他还是列名为发起人之一。

国民党浙江省党部执行委员许绍棣早就因为《语丝》上发表冯珧的文章而对鲁迅不满。现在借了"自由大同盟"的题目，呈请通缉"堕落文人"鲁迅。鲁迅的安全受到威胁。3月19日只身离寓到内山书店避难，直到4月19日才回家。

在上海期间，鲁迅和共产党人柔石、冯雪峰等过往密切，支持和指导冯雪峰编辑《科学的艺术论丛书》，并和冯合作编辑了《萌牙月刊》。鲁迅以《萌牙月刊》为阵地和资产阶级文学团体"新月社"作了激烈的论战，但《萌芽月刊》只出了五期即被国民党政府查禁。后改为《新地月刊》也只出了一期。在《萌芽月刊》的每一期上连载了鲁迅翻译的法捷耶夫的长篇小说《溃灭》（即《毁灭》）。

1931年1月17日，左联作家柔石、李伟森、胡也频、冯铿、殷夫等被捕。敌人在柔石的衣袋里搜出了鲁迅与北新书局订立的出版合同，鲁迅被迫携全家到日本人的花园庄旅馆暂避，住在楼梯底下一间工友住的斗室里。就是在这样的环境里，鲁迅并没有停止战斗，竭力设法营救柔石等同志，但未能成功。2月7日柔石等23位革命者被国民党反动派秘密杀害于龙华。鲁迅得到这个消息后悲痛万分，思绪万千，他悲痛自己失掉了好同志，中国失掉了好青年。在悲愤中，他写下了这样的诗篇："惯于长夜过春时，挈妇将雏鬓有丝。梦里依稀慈母泪，城头变幻大王旗。忍看朋辈成新鬼，怒向刀丛觅小诗。吟罢低眉无写处，月光如水照缁衣。"

国民党秘密杀害左联作家，不敢公开宣布而且严加封锁。为了把这一惨案告诉人民，鲁迅和冯雪峰合编的左联机关刊物《前哨》第一期就以"纪念战死者专号"出版。鲁迅在这本刊物上发表了深情悼念的文章《中国无产阶级革命文学和前驱的血》。他又写了《黑暗中国的文艺界的现状》一文，把它交给史沫特莱，译成英文，在美国杂志《新群众》上发表，把这一惨案布告全世界。

1931年9月18日，日本军队蓄意制造事端，炮轰沈阳，接着又进占辽宁、吉林、黑龙江三省。全国人民对于日本的侵略，对于国民党当局的不抵抗政策义愤填膺，抗议浪潮遍及全国。各地学生到南京请愿，要求出兵抗日。为了制止学生的爱国行动，国民政府教育部于12月14日通令全国各学校，禁止请愿。12月17日请愿学生竟遭到军警镇压。对于国民党当局这种倒行逆施，鲁迅怒不可遏。他和冯雪峰商量，决定出版小报，发表对时局的意见，于是《十字街头》出版了。在第一期上鲁迅就发表了《知难行难》短篇政论文；第二期上发表了《"友邦惊诧"论》，反驳国民党政府诬蔑爱国学生的电文。

1932年12月，宋庆龄、蔡元培、杨铨（杏佛）、黎照寰、林语堂等人发起组织中国民权保障同盟。鲁迅应蔡元培的邀请参加了这个组织，并被选为执行委员。他们热烈讨论如何反对白色恐怖，如何营救被关押的政治犯和被捕的革命学生。

鲁迅在上海期间，虽然再没有从事教育工作，但是他始终关心着青年一代的教育，曾多次应邀到学校讲演，发表有关教育的文章，想方设法培养青年战士。

他曾经应劳动大学易培基的邀请，答应为学生开设"文学讲座"课。但实际上只讲了两次就终止了。因为易培基逮捕学生，鲁迅非常气愤，当即决定不再在劳大讲课。在上海期间，鲁迅为进步青年举办木刻艺术讲习班，为发展我国版画艺术做出了贡献。1931年8月，内山完造的弟弟内山嘉吉来到上海，他是搞美术的。鲁迅就趁这个机会为"一八艺社"部分成员及爱好木刻的进步青年举办了为期六天的木刻讲习班。鲁迅事先为学生准备了木刻工具，上课时还亲自担任翻译。这次讲习班时间虽短，却培养了我国第一代木刻艺术家，在我国美术发展史上留下了光辉的一页。以后鲁迅又帮助这些青年木刻家出版画集，举办木刻展览会。鲁迅培养的木刻青年，后来大多参加了革命队伍，成为我国革命艺术队伍中的骨干。

鲁迅十分关心儿童教育，在上海的最后几年，他不断地写文章谈儿童教育问题。1933年8月12日写《上海的儿童》，提出儿童教育的重要。他批评中国家庭所采取的两种错误的教育方法：一种是放任，一种是严酷，结果教育出来的一种是蛮横的顽童，一种是只有一副死板板的脸相的所谓"好孩子"，两天后鲁迅又

◎ 鲁迅1932年11月27日在师大演讲

作《我们怎样教育儿童的？》，批评旧教育的落后。1934 年 5 月
30 日作《看图识字》，谈儿童读物，同时讲到儿童的天性是富于
幻想，渴求知识的，给儿童看的图书，要十分慎重。

鲁迅在上海定居后，曾两次回北京看望母亲。第一次是 1929
年 5 月 15 日至 6 月 3 日，在北京期间曾应北京学生之请，去燕
京大学，北京大学、北京第一、第二师范学院（北师大与女师大）
作过四次演讲。第二次回北京是 1932 年 11 月 13 日至 11 月 28 日，
又在北京大学、辅仁大学、北京女子文理学院，北师大、中国大
学讲演五次。这几次讲演，听众都很多，特别是 11 月 27 日下午
在北师大的一次，正值星期日，校内校外听众人山人海。演讲的
地方由第五教室移至风雨操场，又移到大操场。鲁迅在呼啸的北
风中对 2000 多名听众发表了题为《再论第三种人》的演讲，鼓
励青年学生反对帝国主义，与反动势力作斗争。

鲁迅是青年的良师益友。鲁迅走到哪里，哪里就有青年跟着
他。无论是在北京"老虎尾巴"，还是在厦大的图书馆楼上，抑
或是在广州中大的钟楼上，都有许多青年围坐在他的周围，听取
他的教导，希望从他那里得到点阳光雨露。据不完全统计，鲁迅
一生曾经接待过来访的青年 500 多人，给国内外青年回信达 5600
多封。真是像许广平所形容的，他是"青年的吸铁石"！

鲁迅的教育思想闪耀着他所处的时代的光辉。鲁迅的教育思
想给后人很大的启示，鲁迅是人民教师的光辉榜样，他将永远鼓
舞着教育工作者为培养新一代，创造更美好的世界奋然而前行！

（顾明远）

参考文献

鲁迅全集、鲁迅年谱等。

余嘉锡

德行醇正的古文献学家、目录学家

◎ 余嘉锡

余嘉锡（1884—1955），字季豫，自号狷庵。湖南常德人。古文献学家、目录学家、史学家。光绪二十七年（1901）辛丑中举，被选吏部文选司主事。曾参与《清史稿》的审阅，后在北京大学、北京师范大学等校任教授。1931年后任辅仁大学教授、国文系主任、文学院院长，中央研究院院士。

主要著作有《四库提要辨证》《目录学发微》《余嘉锡论学杂著》《世说新语疏》等。

余嘉锡先生是民国时期著名学者,在古典文学、目录学、史学、考据学等方面,成就卓著,其道德文章为学术界所敬仰。

执教京师　勤奋耕耘

余嘉锡生于清光绪十年甲申正月十三日(1884年2月9日)。他幼承家教,学术成就得益于年轻时打下的良好基础。父亲嵩庆公,字子澂,清光绪二年丙子(1876年)进士及第,深通经史,官于河南商丘,为七品县令。余嘉锡生于任所,兄弟姐妹共6人,他行四,所以字季豫。启蒙授课,嵩庆公亲自教诲,口授章句。余嘉锡从幼年起通读了《五经》《四史》《楚辞》《文选》《通鉴》等文史书籍。性强于记忆,过目成诵。既受严教,又博通经典,青年时即立志于著述,自称曾作《孔子弟子年表》和《吴越春秋注》。后以其为少作,弃而不录。他于光绪二十七年(1901年)辛丑中乡试举人,时年18岁,主考者为翰林院编修侍读山东胶州柯劭忞(字凤孙,号蓼园)。余嘉锡后来到北京被选为吏部文选司主事,丁父丧回籍。辛亥革命后,受聘在常德师范学堂授课。他遍读"已见"之书,终生勤奋不辍,自号书斋为"读已见书斋"。他说:"史子两部,宋以前书未见者少;元明以后,亦颇涉猎。"足见他学识之渊博,功底之深厚,故左右逢源;蓄积者厚,则成就自大。著述宏富,声誉日隆,成为我国一代著名学者,其道德文章为学术界所宗仰,然而,毫无夸张矜伐之气。他自认为"无用世材,惟以著书,教学为事"。培养后学,勤奋不息。所开课程极多,以教授终其生,在教育事业上的贡献是极大的。

常德旧称武陵,所以余嘉锡北平住宅门首的牌子自书为"武陵余宅。"武陵即晋陶渊明《桃花源记》所描绘的世外仙境,文章的首句"武陵人捕鱼为业",遂使武陵名扬千古,实际上桃花源是在武陵远郊区的桃源县。常德的面积不大，围城不过十里，而地理环境则占据了优势。南邻沅水，东接洞庭，是通往湖北、江西、四川、贵州的水路商埠。如大米、桐油、莲子、布匹、雨伞、银鱼等土特产都从此地运出，所以地方上多富商大贾，而余氏独为仕宦之族，名重乡里。其一姊一妹皆嫁于豪富之家；夫人陈福彩，是临川陈达焕之女，其叔父三人皆进士及第，为达官显宦。夫人虽出自名门，持家俭约。而余嘉锡于商恶其贪，于官疾其鄙，虽家道寒微，不借助于戚党的金钱与权势，惟淡泊自处，终日读书不辍，虽餐桌、厕上皆一书在手，一生如此。天性耿直方正，大公无私，地方上的大事莫不裁决于他。洁身自爱，不同于流俗，所以不求仕进，因自号狷庵，又称狷翁。孔子所谓"狷者有所不为也"。

20 世纪 20 年代，各地军阀混战，常德地处水路要塞，各个部队往来如穿梭，子弹呼啸，掠头而过，妇孺惊惧，头顶棉被以避流弹。拉民夫，派捐款，市镇扰攘，居无宁日，余嘉锡只身避地长沙。后来得柯劭忞师的介绍到京师，馆于《清史稿》主编赵尔巽家，一面教授赵氏子弟，一面辅仁审阅《清史稿》初稿。这时遂有携眷北上定居之意，因陈夫人顾念陈太夫人年老而未能成行，不料夫人竟于丁卯之秋（1927 年）先于太夫人去世，卒年 39 岁。夫人早逝，家庭瓦解，余嘉锡悲凉凄怆，惶惶不可终日，亲自作铭文并书写，立碑于墓前，称夫人"清闲贞静，出于天生。恕以接人，仁能及物。鞠躬尽瘁，十有九年，存孤继绝，功在宗祀。生叹薄祜，殁有遗恨。"情辞缠绵悱恻，衷怀眷念，誓不再娶，时年四十有四，鳏居近 30 年，教养子女，父代母职。1928 年将二幼女淑宜、淑班分别寄居于弟、妹处，携子余逊到北平，住在前门高庙的常德会馆。来自偏远之乡的一介儒生，以其渊博的学识，出色的文章，名扬于京师的学术界，在北京师范大学、北京女子师范大学任教授、北京大学任讲师，主讲目录学。目录学由此成为大学国文系的一门课程，而余嘉锡则由此享有了"目录学专家"的称号。

1931年，余嘉锡任私立辅仁大学教授，兼国文系系主任，陈垣为校长。其间，北京大学文学院院长胡适曾与辅仁大学协商，想调他任北京大学历史系主任而未成。"九一八"事变爆发，余嘉锡全家南下，邮寄回乡的书籍、手稿，竟被当时北平小实报的头目所扣压，并且洗劫一空。在家乡索居寂寥，无书可读，无人论学，国事日艰，忧心无已。这时辅仁大学又多次电催返校主事，才又回到辅仁大学任教职。1937年卢沟桥事变后，日军侵占了北平，举国愤慨，各国立大学相继南迁，辅仁大学因为是罗马教廷授意创办，当时由德国神甫主持校务，所以敌伪有所顾忌，没有受到大的干扰，遂使辅仁大学成为沦陷区的一所不受敌伪支配的独特的学府。又于1938年考虑到女学生无处读书而设立了女校，校址在恭王府。当时的学费是三袋洋面，对于一般的市民是沉重的负担，但是爱国的青年多不就读于不收学费的伪北大、伪师大，而纷纷就读于辅仁大学，他们以赤子之心，民族之爱，置经济困难于不顾，使辅仁

◎ 余嘉锡与陈垣校长在余家

大学为祖国培养了大批的爱国青年学子、专家学者。

一时没有南下的著名学者都集中到辅仁大学授课，如果名学者接受伪校的聘任，出任伪职，则为学术界同仁所不齿，有极大的社会压力，无形中泾渭分明，互不交往，如投靠敌伪的周作人即明显的例子。辅仁大学的教师以民族气节为重，道德为上，过着吃混合面的艰苦生活，窃听中央广播，打探前方消息，相互转告，盼望王师北定中原，决不为利所动，他们维系着民族气节，坚信胜利永远属于正义者，中国决不会亡于强敌。当时在国文系讲授语言文学课程的先生俱一时之选，如：沈兼士教文字学，高步瀛教唐宋文，孙人和教词选，顾随教元曲，孙楷第教小说史，刘盼遂教《汉书》，赵万里教校勘学，陆宗达教《说文》，戴君仁教《文选》，储皖峰教文学史，陈君哲教《马氏文通》，周祖谟教音韵学，他们都是专家，因材施教，学生中人才辈出。余嘉锡为系主任，凡系中的人员调动，课程安排，一由主任裁决，他自授目录学等课程。自 1931 年起直至 1949 年，余嘉锡始终任辅仁大学国文系系主任，1942 年冬又兼任辅仁大学文学院院长，1947 年以《四库提要辨证》一书当选为中央研究院院士。解放后被聘为中国科学院语言研究所专门委员。他任教 18 年，所开设的课程有目录学、秦汉史、古书校读法、《世说新语》研究、《汉书·艺文志》索隐、经学通论、骈体文讲读、《楚辞》等，包括了经学、史学、文学的各个方面。他曾说："四部书，熟悉千余种，皆知其高下浅深。"足见其学问之博且精。

余嘉锡藏书极多，但只有明清刻本，而没有宋元珍本，因为他是为读书而买书，平时有书店的店员送书到家，留下所要的，或告诉他要买某书，每逢春节必到厂甸去买书、字画、朱墨、石章等。所藏的书凡是四部有用的书和丛书大都具备，与藏书家收藏古本不同。他"读已见书斋"的匾，是罗振玉早年以篆书所写。

◎ 1948 年辅仁大学同人游颐和园。右一周祖谟、右三余嘉锡之子余逊、右四启功、右五余嘉锡、右九陈垣。

起这个名称的意思是区别于那些以读"未见书"为高雅的藏书家们。他说："书尚未见，何以读之！"他是目录学家，善于辨别版本的优劣，所藏的书，虽然普通，却是精选的刻本。每买得一书，必在书根上写上书名和册数，一目了然，便于使用，楷法工整，一笔不苟，年年买书，本本如此，有此功力者世所罕见。他的藏书是他一生心血所积。余嘉锡终日手不释卷，一部书要读好多遍，又强于记忆，意有所见，就分别用五色笔书写在书眉和行间，密行细字，蝇头小楷，不另作札记。某一部书写满，意犹未尽，则再取该书一部续写，再写满后则再取一部续写。他所撰写的书籍，大都是用这种方法写的，然后抄撮成书。由此可见他著书的精勤和坚忍不拔的毅力，只是太耗费时间和精力，如果改为卡片，或者有钱请抄手，那么，将会有更多的精辟论著问世，这是一件令人遗憾的事。

余嘉锡禀性正直，狷洁自好，不阿谀媚上，不苟合求同；对人对事一秉大公，不存偏见，是非曲直，自有权衡，不曲附他人，对洋人、对领导莫不如此。1949 年新旧交替之际，终因此而祸及于身。时余嘉锡已年近古稀，终身从事教育事业之志未遂，被谗言所毁，对他的道德文章，统加之以"封建"的罪名，有人为了表现自己革命，必曰他人不革命，以"莫须有"之罪名，明令夺去他终身所从事的教育事业的职务，发工资百分之六十，真不知所犯何罪，罪属哪条？从此退居于家，心情抑郁，于是奋力继续撰写《四库提要辨证》，几乎是以生命相搏，夙兴夜寐，不顾劳瘁。1952 年秋撰就《元和姓纂提要辨证》稿时，摔伤了右股，因脑溢血而瘫痪，从此再不能提笔著述，美志未遂，仰屋兴叹，左右侍奉乏人，苦不堪言。居于斗室之中，如处囚牢，只有送饭，取碗时才能见到人，离活着的人有五重门之隔。1955 年除夕之夜，吃饭时被馒头所噎去世。一代名家，就这样含恨而终，时年 72 岁。

学贯古今　著作等身

余嘉锡学贯古今，著作等身，文笔灵活，跌宕有致，无呆板冗蔓之病，风格与清李慈铭相似。他既是文献目录学家，又是史学家，曾经有"宋人史学胜清儒"之说。所著书已刊行的有《四库提要辨证》《余嘉锡论学杂著》《目录学发微》《世说新语疏》《古书通例》等。未刊行的有《汉书·艺文志索隐》及《元和姓纂校补》八卷手稿本，存否至今不明。在此书的《辨证》中作者曾写道："余所为《元和姓纂校补》八卷，自谓用力颇勤，蝇头细字，行间几满，既无力雇抄胥别缮清本，又不能觅刻工付之枣木，将来不知何人以之覆酱瓿，抑或以蜡以蔽车顶，则数年心血付诸流水矣。"现在虽然已经辗转寻觅到过录本，但是材料不多，和《辨证》所言的情况不相符，估计是出自早期的稿本而非定本，那么"覆酱瓿"、"蔽车顶"之语则不幸而言中矣。以上几种已刊行的著作问世之后，学术界极为重视，尤其是一部 80 万字的《四库提要辨证》誉满国内外，被赞为"是一部从微观角度研究我国古籍的巨著"。

中国的古籍自周秦至明清流传下来的至少有五六万种，这么多的书籍不能不进行分类，并按照分类编为目录。自西汉时刘向作《别录》开始，把每一种书都注明时代和作者，以及篇数或卷数，兼论其内容和学术的源流及其得失利弊。此后，其子刘歆总群书而作《七略》，到东汉时班固作《汉书》，才删《七略》而成《艺文志》。自此以后正史内大多有《艺文志》或《经籍志》了，私人所著的和公家所修的目录书也多起来了。这些目录书可以丰富我们关于书籍的知识，了解书籍的时代、作者和书的性质、内容，还可以了解学术的源流和学术发展的历史。如果我们要利用目录书，就应当对这些类书的性质、体制、作用和源流有所了解。虽然目录学和目录书是自来就有的，但是却没有专讲目录学的书。余嘉锡为学生设目录学课程实是一种创举，已成为文科学生的必修课了。

《四库全书总目提要》是很重要的一部目录学书。目录书以有"小序"和"解题"的最为有用，可惜有些著作久已亡佚。现存具有"小序"和"解题"的书，只有宋晁公武的《郡斋读书志》、陈振孙的《直斋书录解题》、元马端临的《文献通考·经籍考》，再有就是清官修的《四库全书总目提要》了，此四种书以清修《四库全书总目提要》最为美备。《辨证》作者认为这是刘向《别录》、刘歆《七略》以后所不曾有的著作。余嘉锡说"汉唐目录书尽亡，《提要》之作，前所未有，足为读书之门径，学者舍此，莫由问津。"又"《四库提要》叙作者之爵里，详典籍之源流，旁通曲证，使瑕瑜不掩，淄渑以别，持比向、歆，殆无多让。至于剖析条流，斟酌今古，辨章学术，高挹群言，尤非王尧臣、晁公武等所能望其项背（宋王尧臣有《崇文总目》）。故曰自《别录》以来，才有此书，非过论也。"这就是《提要》的重要学术价值。但是该书成于众手，又受资料的制约，因陋就简，加以编纂者为学识所限，又迫于时日，仓卒成篇，其中疏失漏略处极多，谬误难免。如果学者不加深考，论学著书引以为据的话，难免有以讹传讹之虞。

余嘉锡从弱冠起阅读《四库全书总目提要》，得以略知学问门径，并深知其利病之所在，因而积50余年之功力写成《四库提要辨证》一书，凡24卷，490篇，囊括经史子集四部书，计80余万言。对《提要》误者正之，疏略不备者补之，指陈得失，淹贯群书，出入百家，详征博引，并加以正确的判断，它对研究我国古代的文学、史学、哲学、考古学，以及版本目录学都有极大贡献，是前所未有的皇皇巨著。《四库全书》收书3460种，《总目提要》则有二百卷之多。《辨证》之作，随文摘发，指陈得失，是作者毕生精力所萃。自1900年初读《四库全书总目提要》起，即从事钩沉索隐，辨证疑难。授课之余，陆续著述，积稿二十余册。到1931年诠次先后，已得70余篇，后又删除重复，别加刊定，排印数百册，以当副录。1937年至1952年间治之最勤，先后写定经部稿60余篇，集部稿百余篇，史、子两部稿百余篇，合前此所刊印的，一共490篇，汇为一书，于1954年付印，以为研究古籍者的参考，前后经过50余年。

余嘉锡说："余之略知学问门径，实受《提要》之赐，逮用力之久，遂揿摭利病而为书。"他又说："余治此书有年，每读一书，未尝不小心以玩其辞意，平情以察其是非，至于搜集证据，必权衡审慎，而后笔之于书。一得之愚，或有足为纪氏诤友者。"自称经史子集四部中，史子两部宋以前的书没有读过的很少，而且是读之又读。他说："颜之推曰：'观天下书未遍，不得妄下雌黄。'此虽名言，其实难副。然董遇谓'读书百遍，而义自见'，固是不易之论。百遍纵或未能，三复必不可少。"虽反复读之而不厌，足见读书用力之勤。由于他博览群书和专心致志，故考证一人一事之时，左右逢源，著手成文，又强于记忆，某书某文于某卷能脱口而出。不但指出了《提要》的错误，并且说明《提要》作者所以产生此种错误的原因。前人评论有歧义的，又必详加考辨，无不持之有据，言之成理，绝无空言臆断之病。他用毕生的精力撰写《辨证》一书，祁寒酷暑不辍。《提要》最后经纪氏一手删定，未必与库本原书相合。他遇有疑惑，又要到北京图书馆去检阅文津阁本，以明究竟，且不以此为劳。他晚年右臂麻痹，手颤书写不便，仍然奋力撰述，以嘉惠后学。由于平时读书蓄养者厚，积渐者深，所以当笔之于书的时候，则斐然成章，胜义迭出。

《提要辨证》一书，博大精深，从中得见余嘉锡读书的科学态度和治学的科学方法。他说："读前人之书，不可惟其说之从。虽眼前经史，亦必复检原书，审其是否。又当知其所引据之外，尚有他书。如折狱然；必具两造，所谓实事求是也。"又说："欲论古人之得失，则必穷究其治学之方，而又虚其心以察之，平其情以出之。好而知恶，恶而知美，不持己见而有以深入乎其中，庶几其所论断皆协是非之公。"由此可见其治学之道。论人、论事、论书，都必探求原委，深思博考，用举例、归纳、比较、互证等科学方法求得正确的结论。同时特别注重史实，以宏观论古今，以微观论当世，原本始末，多发前人所未发。或刊正他人的谬误，必以实证为据，不师心自用，以谦虚为怀。他曾说："学问之关涉大力，而一人之精神有限，有所通，则有所蔽；详于此，或忽于彼。稍形率尔，疏漏随之。"其识见之宏通如此。《辨证》一书，淹贯群书，取材至广。其论人，名号爵里以及生卒仕履事迹，必参稽正史、别传及文集；论事，则详考事实的始末，详参史传记叙的异同和当时的政治民情以及与同时代人往来的关系，从多方面加以论证；论书，则首先要明其义例，然后稽考前代官修和私人藏书的目录与《通志·艺文略》《文献通考·经籍志》，朱彝尊《经义考》等书，阐明其旨趣，而清人的书籍题跋和藏书志等尤为参考所资。由《辨证》全书所论，可见作者的史学、史识已达到精深的程度。有考证，也有议论。他说："夫考证之学贵在征实，议论之言易于蹈空。征实则虽或谬误，而有书可质，不难加以纠正。蹈空则虚骄恃气，惟逞词锋。"故《辨证》中多考证而少议论。凡于事实有疑误处，则博引群书，详加订正。至于书中要旨，则提要钩玄，引而不发，由读者自去领悟。所谓议论处，多为陈述学术源流，评骘人品之美恶和士风之高下，以端正学者的趋向。《提要》经纪昀一手删定，崇汉学而贬宋学，似乎宋学一无可取。实际上，宋儒重士习，厚德行，有关家国之兴亡，不为不重要，书中于此三致意焉，用意极为深刻。《辨证》给人们的尚不止此，其中有关版本学、校勘学的内容对整理古籍也大有益处。凡此莫不表现出作者能为深湛之思，长于考证，精于辨析，尚论事实然否与是非曲直，近百年来，很少有人能与之相比。

其《目录学发微》则是在撰写《四库提要辨证》的基础上升华了的有独特风格的目录学理论专著。他对中国目录学的巨大贡献在于继承并总结了一千六百多年来自汉刘向父子一直到清代纪昀的目录之学，建立了自己的目录学理论体系，以"辨章学术"为核心。认为"目录一家，派别斯繁，不能尽限以一例，而要以能叙述学术源流者为正宗，昔人论之甚详，此即从来目录学之意义也。"他对目录学作了多方面的研究，并综合各家之长，举出目录学的体制有四种类型：一篇目，考一书之源流；二叙录，考一人之源流；三小序，考一家之源流；四版本序跋，考一书之源流。起到"辨章学术，考镜源流"的作用，乃目录学意义之所在。

《古书通例》为一部论述古书体例的专著，中国古书流传至今的，时代愈远则问题愈多，如书籍的真伪问题，作者归属问题，作者时代问题，书的篇目卷帙的多寡和存佚的问题，书中有无后人增益和删削的问题等等，要解决这类问题首先应明白古代著作的体例。本书则是一部从宏观角度研究我国古籍的专著。对于汉魏以前的古书，经过探微索隐，详加考证，以解疑释惑、分析归纳来阐明古书的体例。本书分四卷：一为案著录，二为明体例，三为论编次，四为辨附益。从古书的真伪、命名、编定、附益以至书分内外篇和诸子书中用故事说明观点等问题，无不博引群书，旁搜证据，详加解释。可为研究，阅读古书者之一助。例如关于古书的真伪，即是一个看法颇为分歧的问题。《古书通例》举例引证前人不同的说法，作出明确的论断。书中卷四《论附益》说："编书之人记其平生行事附入本书，如后人文集附列传、行状，碑志之类也。……如《管子·大匡、中匡、小匡篇》叙管仲傅公子纠及相齐之事，是即管子之传也。而宋叶适乃曰：'《管子》非一人之笔，亦非一时之书，莫知其谁所为。'姚际恒作《古今伪书考》因之，遂列入'真书而杂以伪'之内，不知此自古书之通例，非伪也。俞樾曰：'《国语·齐语》是齐国史记，《小匡》一篇多与《齐语》同，盖管氏之徒刺取国史以为家乘。'此真明于古人著作之体矣。凡古书叙其身后之事者多，不遑细举，皆当以此例之。"他又说："《四库提要》之于周秦诸子，往往好以后世之见议论古人，其言似是而实非。"明确指出，古书不必自著，不能因为不是自著而目之为伪书。这对于研究诸子之学者是有帮助的。《古书通例》只是在大学执教时的讲义，但对于学术的贡献是极为巨大的，惜为未完稿。

在北平沦陷期间，他写了《世说新语笺疏》一书，同时开设了"世说新语研究"课程。《世说新语》记载汉末魏晋时期的名人轶事，既是小说，又是一部研究魏晋历史极有价值的参考资料，旧有梁朝刘孝标注。《笺疏》的工作除作版本的校勘以外，重在推勘史实，对刘义庆原书和刘孝标注文都加以补正，博采晋宋以下史传杂著和近代的笔记论著，从多方面考核人物的事迹，探寻史实的原委，以订正《世说新语》原书和刘孝标注的虚妄谬误或阙略，一一补充，为之驳正，详征博引。一是正误补遗，二是论史评事，体例有如裴松之注《三国志》。作者渊博的学识，反映在《笺疏》之中，连带所及，考校风俗地理，解释事物称谓，以至字义训释，莫不精审。涉及历史、文学、哲学、语言文字等各个方面。如从文字、训诂、年代等方面考订"石经古文"不是嵇康所写，为经学史的研究提供了资料。时亦品评人物，在《华歆、王朗俱乘船避难》一条，针对魏晋士大夫矫伪干誉之风气说："自后汉之末，以至六朝，士人往往饰容止、盛言谈、小廉曲谨，以邀声誉。逮至闻望既高，四方宗仰，虽卖国求荣，犹翕然以名德推之。华歆、王朗、陈群之徒，其作俑者也。"又如山涛之劝嵇绍出仕，陷人于不义，为邪说之魁首，曾引顾炎武的《日知录》以明之。作者的案语说："顾氏之言，可谓痛切。使在今日有风教之责者，得其说而讲明之，犹救时之良药也。"其对王衍之徒，祖尚老庄，空谈终日，转相仿效，误国殃民之斥责，皆意在彰善瘅恶，借古以喻今，可以正士风，励志节，不仅是为论史而论史也。对魏晋士大夫佯狂避世以自保，高唱无为以求安的矛盾心理状态均作了深刻的剖析，《笺疏》中对李慈铭和程炎震所说不当之处，也加以驳难。要之，《笺疏》不仅就《世说新语》一书的语言、文字、历史事实进行考核，还参稽群书的各个方面，所引证的书籍之博，有数百种之多。有些杂书、笔记极易被人所忽略的，皆加以引用，成为研究魏晋时期历史的名著。并且常有独特的创见，可作进一步的研究和发掘。他说："一生所著甚多，于此最为劳瘁。"充分表现出他勤奋不已的治学精神和深厚的功力。

《余嘉锡论学杂著》（现改名为《余嘉锡文史论集》）一书，包容宏富,收有论文、书序题跋和杂考三类。可以见到作者继清人之后已将考证之学发挥到充盈至尽的地步。仅就论文而言,如论《太史公书》之亡缺,牟子《理惑论》撰人之时代,晋辟雍之兴废,魏晋人之服寒食散,卫元嵩与周武帝之废佛法等专题,必审核群书,皆深入探讨,详为论证,无间毫发,都是新的课题,新的研究成果。又其中《宋江三十六人考实》和《杨家将故事考信录》两篇论著则是以史治小说,别开生面,独树一帜之举。《水浒传》和《杨家府世代忠勇演义志传》两书,其中故事情节虚构者多,可是不能没有几分史实在内。余嘉锡根据史传、地志、文集、笔记等书,旁搜远绍,考校人物的确切事迹和他们在历史中有过什么可称述的业绩,何者为史实,何者为虚构,并推论这些人物何以在历史上长期传播于人口,元明时期不仅写成小说,而且又搬演为戏剧,成为民族文化的一部分,它可以提高人民的素质,不但爱国,而且知耻,寓教于乐之中,是不可等闲视之的,以史治小说乃前代学人所不屑为或言之不能详备者。其撰写二文之意,"在援引史传以明稗官小说街谈巷议之所由来"。在《宋江三十六人考实》的序言中说:"余自少有历史癖。读《水浒传》,喜其叙事之曲折逼真:凡所描写之人物,皆各具性情,各有面目,胥能与世情契合。"几乎是爱不释手。为了考订北宋末年震烁一时英雄人物的业绩而撰写《考实》一文,达五万余言,引书百五十种之多,其内容涉及到官制、赋税、历史、地理、校勘、版本、民俗中的纸牌之戏等。由于金圣叹评《水浒传》,伪撰了《水浒传》的结尾,使清之考证家不信宋江曾有攻方腊一事,作者广泛取证,还宋江以历史的真实,认为"宋江降后实曾隶属童贯参与攻方腊之役,特以偏裨隶人麾下,史纪之不详耳。"

举凡作者著书,多因时感事而发。余嘉锡的《杨家将故事考信录》写于抗战胜利之前夕。序曰:"杨业祖孙三世,皆欲为国取燕、云以除外患，其识乃高过赵普等，使当时能用其言，则金、元无所凭借以起，靖康之辱，祥兴之祸，皆可以不作。"时关东军正是以东三省为凭藉而发动全面侵华战争的，历史的重演，何其相似乃尔！因而对开门揖盗者的历史罪责是不容忽视的。这正是作者感时伤事而写《杨家将故事考信录》的原因。他认为《杨家将演义》小说之文虽不及《水浒传》之工，但杨业在当时有"无敌"之称，辽人闻之丧胆，以一身系国家之安危，生死定辽、宋之盛衰，所以《杨家将演义》虽是小说，它歌颂杨家三代的英雄，乃表现人心之所向，长时期流传于民间，于元之亡，明之兴，起到了御外侮而振兴邦家的作用。作者不仅喜看小说，也听京剧。他认为"元曲能表达人的喜怒哀乐之情，诗赋文词所不能言而曲剧能尽宣泄之。"给戏剧以极高的评价。在京剧中搬演杨家将故事的戏很多，几乎可以与三国、水浒戏等同，即有四郎探母、辕门斩子、李陵碑、洪洋洞等，为谭鑫培所常演，盛行于晚清。老令公、佘太君、杨六郎、杨宗保的名字，妇孺皆知。另有穆柯寨、天门阵、战洪洲、挡马等剧，穆桂英、杨八姐则是巾帼英雄。他由小说而戏剧，宣扬了杨家忠烈满门的感人故事。《杨家将故事考信录》里说："杨业父子之名，在北宋本不甚著，今流俗之所传说，必起于南渡之后。时经丧败，民不聊生，恨金人之侵扰，痛国耻之不复。追惟靖康之祸，始于徽宗之约金攻辽，开门揖盗。因念太宗之时，国家强盛，倘能重用杨无敌以取燕云，则女真蕞尔小夷，远隔塞外，何敢侵陵上国。由是讴歌思慕，播在人口，而令公、六郎父子之名，遂盛传于民间。"这正是关于小说与戏剧来自民间，必有其真实的时代背景和历史意义的正确评论。

清代钱大昕学问极博，于书无所不读，尤精史学，但对小说甚为厌恶，以为专导人以恶，宜焚而弃之，不使传播。余嘉锡则认为这是以偏赅全，不达于理的。焚之与否，系于书的好坏，读者自当善于抉择。小说虽出于街谈巷议，但有益于人者，可以观风俗，察民情，审是非，明史实，发人深省，岂可尽废。正当全民抗日战争时期，因阅《杨家将演义》而写《考信录》，褒扬杨业祖孙三世抗敌的功业，借以鼓舞当时的人心，同仇敌忾；对服从敌伪以邀荣者极为愤疾，大加鞭挞，尤其是对汉奸及知识分子群。其弟子朱泽吉的文章说："老师久居北平，对京剧也很熟悉。有一次偶然谈起孟小冬在余叔岩的传授下演出了《洪洋洞》，老师说：这出戏虽以六郎为主，更引人的却是焦、孟故事。京剧是从元杂剧《昊天塔》演化来的，情节自然出于附会。但是'孟良盗骨'的故事不止表现了人们对老令公的怀念，也寄托了宋代遗民一直哀叹徽、钦遗骸不得南还的悲痛。这种情绪的可贵，不在于'忠君'，而在于'知耻'。如果大家听这种戏都能有所感发就太好了。"这跟他作《杨家将故事考信录》正人心、端士习的旨趣是完全应合的。文章中说："中国虽败亡，而人心终不屈于强敌，无古今一也。"自序后题为"书于北平不知魏晋堂。"换言之即"人心思汉"！无不表现出一位伟大爱国学者忧国悯民的浩然正气和中国不亡的坚定信念，正是揽古以喻今，非等闲之作。《杂著》一书，内容包括甚广，其中考证"寒食散"，以及书册制度的名称，元人杂剧搬演的制度名目等，都是前所未有的专题，为研究中国古代文化教育史开拓了新的途径。

识见宏通　德行醇正

余嘉锡一生勤恳治学，以实事求是为宗旨，不尚空谈，实受清代朴学的影响。虽然浸渍于古学，但是他的学术思想是革新的，不墨守成规，不是古非今。深知去旧更新，乃事理之常。例如对《四库》的分类不是一成不变的，应该随时代的推移而加以改革。

他在《目录学发微》里说:"今之学术,日新月异而岁不同,决非昔之类例所能赅括。必谓四部之法不可变,甚至欲返之于《七略》,无源而强纳之以为源,非流而强纳之以为流,甚非所以辨章学术、考镜源流也。"他既有这种革新思想,所以为学绝不为前人成说所牢笼,他的学问博大精深而不拘泥于古,要自己去探讨、去考证,因此多所发明,常有创见,非常人所能企及,这使他在学术史上占有重要的地位。

余嘉锡识见宏通,不为构墟之见。不只治史,同样重视小说,戏曲,目之为"天下之至文"。论书籍之板刻,固然愈古者错误愈少,愈接近于原著,然而也不能一概而论。刻本最古的当推宋、元,清人必以宋刻为贵,这是就大体来说,像麻沙书坊所刻也不见得很好。他说:"宋人刻书,悉据写本。所据不同,则其文互异;校者不同,则所刻又异。加以手民之误,传写之讹,故明刻可以正宋刻,刊本可以校写本,未可尽以时代论也。"这种观点既符合情理,也符合事实。

余嘉锡治学态度谨严,平心思考,实事求是,不持门户成见。《四库总目提要》标榜"汉学"而黜斥"宋学",不能持平论其得失。后学不察,又往往随声附和,妄加评论,大道遂以多歧亡羊。他在写《四库提要辨证》一书时,对《提要》所说必一一考核。关于作者的姓名、作者的生平事迹、作者所处的时代、书中所涉及的史实必都融贯于胸中。凡有所疑,必审核群书,定其然否。《四库总目提要》所说有时与库本所据并非同一版本,而《提要》的文字曾经纪昀删定又不尽与库本的原文相合,无不需要详加考订,反复参验,所以能得其实,不作空谈泛论而重实证,治学态度是极为谨严的。

余嘉锡立身处世则深受宋代儒学的影响。他秉性刚直,尤严于义利之辨。注重知人论世,砥砺名节。平日读书,不仅考究作品的内容妍媸美恶，而且特别重视作者的生平身世和品德。凡作者生平事迹不详的，必然要翻阅各种有关书籍详加考证。例如《藏海居士集》，题宋吴可撰。《提要》说："可事迹无考，亦不知何许人。"《辨证》既考出吴可字思道，为金陵人，而且知其为蔡京子蔡绦所用，且又出于宦官梁师成之门，人品卑下，前人不察，或称之为高逸之士，为之辩白。《辨证》说"（吴）可诗尚未成家，其人亦非元恶大慝，本不足深论，特以政（和）、宣（和）之际，书阙有间，知之者寡。吾之著书，欲诛奸谀于既死，不得不贬纤芥之恶，故籍吴可之事以发之，庶使读者知凡人立身一败，万事瓦解，虽有文章传世，犹不足以自赎云尔。"又宋施元之曾注苏东坡诗，《辨证》考其行事，进而评论："元之盖倾危之士，虽颇有文采，而用心邪僻，务与君子为仇，其为治以严刻为能，近于酷吏，不能以其能注东坡诗为之末减也。"又如作《云麓漫抄》的赵彦卫，仕于宋宁宗嘉泰、开禧之间，时韩侂胄专权，彦卫阿附侂胄，奏禁私史，以邀富贵，而最后与之俱败。《辨证》痛斥其"不惜以谗言邪说，取媚当时，一时之所得无几，尚不能必其无后患，而笑骂且至于无穷。"由此足见他对古人之立身言行，极为重视，爱憎分明，无所宽假，且具有强烈的爱国思想。在抗战时期，强敌压境之际，家国危如累卵之时，对卖身求荣之人更是愤恨。如在《杨家将故事考信录》中对赵孟頫、留孟炎之徒，背宋仕元，深加责难。在《四库提要辨证》中对既仕于刘豫，又仕于金，又归于宋的杨尧弼，斥其反复狙诈，导夷狄祸中国以为己利，而又作《归朝录》《伪豫传》以欺世盗名之可耻，奋笔诛伐，使后之学者知其丑恶。对宋代的中兴诸将，栉风沐雨，出生入死，破金人，收失土，拯救人民于水火之中者的宗泽、岳飞等名将大加褒扬。《四库总目提要》认为郑思肖的《心史》记事有误，必是明末好事之徒作此以欺世的伪书，以致全祖望也信而不疑。《辨证》作者对此深致不满，指出记事有失误，"为古今著述所不能免，未可独责一人。若摘其一二失误，遂指此数百年来绝无仅有之书为伪作，使学者弃置不读，或读之而不敢信，沮后人爱国之心，而长劲敌方来之焰，此则吾所期期以为不可者也。"他平时常说："读书人第一是讲究做人，第二才是讲究做学问。否则有学无行，读了书有什么用。"身处沦陷区，怀家国之痛，在授课时每引顾炎武《与友人论学书》所云："博学于文，行己有耻，自一身以至天下国家皆学之事也。自子臣弟友以至出入往来辞受取与之间皆有耻之事也。"用此告诫学生，谆谆教导。又说："凡事当明辨是非，不可从风而靡，不可见利而忘义。当有所为，有所不为。"他立言谨行，殷殷期望于后学者如此，都来自于宋学。

总之，余嘉锡先生虽以目录学名家，而熟于历史事实，往往因书而考史，由考史而推寻事之所由起，进而评论历代治乱兴亡之所以然，不为苟同之论而自有创见，所以他又是一位卓越的史学家，也是一位德行醇正的人师。

（周祖谟 余淑宜）

　*文章原刊登在《辅仁往事》第一辑。本文大、小题目均为编者所加，内容稍有增删。

吴承仕

后学楷模的经学大师

◎ 吴承仕

吴承仕（1884—1939）字检斋，又作絅斋。安徽歙县人。经学家。清末举人，曾任大理院主事。民国后任司法部佥事。后师从国学大师章太炎，曾任北京大学、北京师范大学、北京女子师范大学、中国大学教授，先后兼任北京师范大学、中国大学国文系系主任。1936年加入中国共产党。

主要著作有《经籍旧音序录》《经籍旧音辨证》《经典释文序录疏证》《淮南旧注校理》等。

吴承仕毕生潜心研究国学，在校勘、考订、说经、解字等方面均颇有造诣，在经学研究上有南黄（侃）北吴（承仕）两大师之称。20 世纪 30 年代后，吴承仕逐步接受马克思主义唯物史观后，在高等学校首先运用全新的观点讲授国故概要、经学史等课程，并对中国大学国学系实施改革。他本人也由旧文人转化为坚信马克思主义的志士。

家世与受业章太炎门下

1884 年 3 月 20 日（清光绪十年农历二月二十三日），吴承仕出生在安徽歙县昌溪镇仓山源一个富有国学传统的晚清士大夫家庭。曾祖父吴道隆，国学生出身，曾受诰赠朝议大夫；祖父吴景桓，也出身国学生，曾任布政司理问，受封奉政大夫。父亲吴恩绶，字印廷，长期担任京师歙县会馆馆长，是京师歙县同乡中的活跃人士。母亲汪氏，亦是书香家女子，很懂得启蒙教育的一些道理。在吴承仕 5 岁时就入仓山源私塾，为他后来专门从事国学研究打下了坚实的基础。

书香门第中的家学传统，尤其是国学素养的深刻影响，使吴承仕有条件较早地接触中国历代古籍，诸如经史子集、典章名物、文字音韵之类。在长辈们的指点之下，他颂诗读书，受着中国传统文化的教养和熏陶。

1901 年（清光绪二十七年），吴承仕 17 岁，与其父同时应试，又同榜中秀才。次年（清光绪二十八年），吴承仕又应试中举。此后，继续刻苦攻读，立志在学业上有更大的造就。

光绪三十三年（1907 年）四月，清政府在保和殿举行举贡会考，吴承仕应考被取为一等第一名，被点为大理院主事。所谓大理院主事，是清代朝廷中掌管典籍簿册的行政官。这一职位为吴承仕研究历史典章制度提供了极为方便的条件。他广泛研读浩繁的典籍资料，博采群书以作参证，去探索中国历代典章制度的特点和规律。他留意于学问，淡泊名利，谨慎处事，传统的中国知识分子的清高自爱的思想，在他身上还是起着很大的作用的。

1911 年，孙中山领导的辛亥革命，终于把清末最后一个皇帝赶下了台。结束了统治中国长达两千多年的封建帝制。吴承仕对资产阶级民主革命采取了欢迎的态度。

1912 年 1 月，中华民国临时政府成立，孙中山在南京就职临时总统，这标志着资产阶级革命的胜利。

吴承仕曾对显示新时代曙光的资产阶级革命抱有很大的希望。当中华民国临时政府成立不久，他便出任司法部佥事。但是，他的希望很快地被动乱的时局所泯灭殆尽。他便开始了对历代典章制度、三礼名物比较系统的涉猎，并以他智慧的眼光，在学术领域里努力探索，把注意力投向当代著名的大学者、经学大师章太炎。

章太炎不仅是知名于海内外的大学者，而且是享有很高声望的资产阶级民主革命家。在学术研究方面，章氏讲学著述，撰就了文字音韵方面的专著，如《小学问答》《新方言》《国故论衡》等，探索语源，明析流变，纷呈新见，以其严谨的立论、古朴隽永的文笔受到学术界的重视，公认为是精心结构、富于思想的学术价值很高的著作。在政治斗争方面，章太炎早年曾组织爱国学社，激烈地鼓吹反对帝国主义侵略、推翻清廷封建统治的革命思想；参加同盟会，成为资产阶级革命派中影响颇大的人物。辛亥革命后，袁世凯对革命党人实行残酷镇压。章太炎大闹总统府，厉言斥骂袁贼，被袁世凯置于严密的软禁之中。

吴承仕对章太炎这种不畏奸佞、独入虎穴、勇于斗争、敢作敢为的精神，异常钦佩。他以司法官的身份，亲自到章太炎被监禁处探视问候，还常常送衣送饭，真正做到尊师如事亲。正是从这时候起，章吴之间建立起师生之谊。吴承仕出入于囚禁之室，亲聆章太炎口授，或是以书信往来，亲承章太炎在学问上的指导。章氏对经学玄理，多有所议。吴承仕译为笔录，后经整理编纂为《蓟汉微言》一书，书末有章氏题记："是册作于状愤之中，口授弟子司法金事吴承仕，令其笔述，虽多言玄理，亦有讽时之言，身在幽囚，不可直遂，以为览者自能望也。"

吴承仕身负司法之任而不以"犯人"为嫌，于幽囚之室求师问学，表现了他好学笃实的志向和不畏反动权势躬亲事师的高尚品格。从此章吴师生情谊得到忠诚而长久地发展。

吴承仕在章太炎的启发诱导之下，研究王阳明的哲学思想，首先撰成《王学杂论》一文，分析研究了先秦诸子迄至宋明诸儒的哲学思想发展及其自相矛盾之处，用与西方实证哲学及佛学思想相比较的方法，阐述王文成（阳明）理学思想的历史渊源及其主要特征。吴承仕认为研究哲学思想应该懂得见解与效用、思想与实际的界限。他阐释王学，说明名与实、见解与效用的统一性，意图拿王学思想到现实中去"诊其验证"，用以治国济世，以匡救时弊。吴承仕将此文寄交老师一阅，章太炎看后随即复信，肯定了研究王学的社会作用，并指出吴文尚有不足之处。到1919年3月《王学杂论》经修改后在北京大学出版的《国故月刊》第一期至第三期连续发表，并被国学系用作讲义。同时发表的还有章门弟子黄侃（字季刚）的《题辞》。章太炎收到黄侃寄送的这期月刊，复函吴承仕，称："季刚寄来《国故月刊》，见足下辨王学条甚是。"老师对弟子的研究成果表示满意。

诚然，吴承仕秉其师承，研究王学，在哲学领域中具有振发人心，反抗清朝封建思想统治的意义。但王阳明的哲学体系实属于主观唯心主义范畴，其"格物"、"致良知"之说，与唯物主义认识论是大相径庭的。用王学去振发人心，把王学作为反封建的武器，这只不过是拿着铅刀去砍顽石，毫无效用可言，这正是章吴师徒思想的局限所在。

精勤于业　潜心治学

1919年，爆发了举世震惊的"五四"爱国运动。1921年，中国共产党成立，中国工人阶级作为革命的领导阶级担负起改造旧世界、创立新世界的历史重任而登上了历史舞台。这标志着新民主主义革命的开始。

吴承仕徘徊犹豫，陷入深沉的思索之中。阶级和思想的局限，使他既没有步其尊师章太炎后尘去参加反对革命反对共产党的合唱，但也不敢立即站到无产阶级一边。当他还没有完全了解和接受马克思主义的时候，具有深厚爱国主义思想的吴承仕，走着曲折的认识路线和救国之路。他对于军阀统治的憎恨，仍然情感激烈而不可遏止。

吴承仕由于受中国固有文化的影响很深，一时还难以完全摆脱其根深蒂固的影响，在对待固有文化遗产与现实斗争的关系上，还缺乏明确的认识。当"五四"运动后胡适倡导整理国故的风气一时盛行起来后，吴承仕不可避免地受到这一风气的影响而沉入整理校释古籍的纯学术研究中去。

1923年，吴承仕撰写了训释古音文字的专著《经籍旧音辨证》，1924年正式出版，由钱玄同题签，黄侃笺识。章太炎认为此书"其审音考事皆甚精"，表明了章太炎对弟子吴承仕学术新成就的赞赏。尔后，吴承仕相继撰就《淮南旧注校理》和《尚书古文辑录》等专著。章太炎称道这些著作"用功完密"，"洵为精善"。吴承仕与黄侃同出章门，世人有"南黄北吴"之喻。章太炎对吴黄比较后，认为吴承仕"文不如季刚，而为学笃实过之"。

自1924年起，吴承仕已完全无意于司法界的职业，他离开任职十三、四年之久的司法部，专心致力于讲学执教，先后出任北京大学教授、北京师范大学国文系系主任及教授、北京女子师范大学国文系教授、东北大学教授、中国大学国学系系主任，在各大学主讲国故概要、经学史、古籍校读法、论文、六书条例、三礼名物等课程。在中国大学，他参与国学系的建设与改造，苦心谋划，力主革新，使之具有完备的课程而又思想新进，在社会上享有声誉。正是基于此，他对于中国大学有着极深的感情。

革新国学研究

吴承仕1926年辞去师大国文系系主任之职，应聘中国大学国学系系主任，决心改革国学研究。

早先，社会上对于国学系另眼相看，间有微词，认为国学系是"谈古不谈今""抱残守缺"。吴承仕立意改变这种传统观念，

◎ 与1930年国文系毕业生合影。前排右一为吴承仕，左二为钱玄同。

把国学系办得名副其实。在教授难以聘请的情况下，他振臂高呼，号召学生"打破偶像崇拜的观念，平心静气地研究学问"。对于经济的困境，他也未曾惧怕，亲自奔走于外，筹集经费，渡过难关。吴承仕当时已是北京大学、师范大学知名的教授，以他精深的学问侧身于这些名牌大学是无可非议的，但他舍弃优厚的待遇而宁愿在条件尚差的中国大学任教，这对于学生无疑是一种巨大的感召力量。

1930 年以后，吴承仕已开始在共产党的影响和帮助下，逐步学习并接受社会进化论和马克思主义唯物史观。他开始在新思想的指导下从事于国学系的改造。

首先在国学系的方向上，他明确指出："我们现在研究国学，当然不能抱残守缺，尽在故纸堆里讨生活"，所培养的学生应当懂得"认识世界改造世界"的任务，将来能够"为社会服务"。

其次在课程设置及教授方法上，也提出了他的创见，认为要开阔学生的视野，引导学生学习较过去更加丰富的知识。他说："在旧日所有的课目之外，再加上认识世界所需要的各科目。"在国学系"加添社会科学概论这门学科，以及哲学、经济学、史学"。他在强调学习社会科学概论时，特意解释了文学、史学与社会学的关系："我们所托以生存的社会，纵看起来，就是历史，横看起来，就是社会"，"在今日的社会上研究文学、史学，文学、史学便都是社会科学的一方面"，研究、学习的目的在于"为了明了社会各方面体系。"与此同时，他主张除研究国学外，还要"兼习外国语文，看东、西书籍，融会贯通，自然是无可置疑的必由之路了。"这是因为"生产落后学术落后的民族，无疑需要尽量接受先进民族的各种学术。接受学术，当然以学习他们的语言文字为唯一桥梁，至少对于某外国的语文，必然养成阅读及翻译的能力，一面培养自己，一面介绍他人，使世界最进步的知识转化为我们的普通知识，并融合为我们一贯的知识，在世界语言未统一以前，这是研究学问的最有效的工具之一。"

为了实现上述改革的意图，吴承仕非常重视教学大纲的编制工作。从 1930 年创编，至 1934 年在教学大纲已实施三、四年的基础上，又总结经验，做了必要的调整，使之逐步完善。这一大纲把大学四年的课程分成两个阶段：第一阶段为打基础的阶段：博综大略，着重于博，力图丰富知识；第二阶段为提高的阶段，分科训练，各务所好，着重于精，以图发展各人的专业方向及其业务专长。与此相适应，在教材内容上，给学生规定必修或选修课程。教学大纲的制定，为提高教学水平，重点培养人才创造了条件。而在此之前，几乎所有的大学国文系或历史系都未曾编制正式的教学大纲。教师教课，愿讲什么，学生只能听什么；教师愿意讲多少学时，也只能任其自然，无一定计划，完全沿袭了中国古代私塾式教学方法和程序，反映出教育的落后性和保守性。吴承仕所倡导的国学系改革，改变了这种长期安于现状、囿于旧法的状况，给国学系带来了生气，从而形成了良好的学风和浓厚的学术气氛，培养和增进了师生对于专业课题的研究兴趣和研究效率。到 1937 年，国学系又成立了文学研究室和史学研究会，专门从事文史研究。

吴承仕在国学系执教，身任系主任，除应酬繁忙的公务外，还需亲自讲授三礼名物、经典序录、说文、国学要目举要、古文字学导论、文学史略等多门国学课程，主持并检查各门课程的考试，对学生的试卷及论文详阅批点。

在吴承仕的锐意改革下，中国大学国学系一改往日旧貌，北平各大学的文史专业对之刮目相看。

世界观的重大转变

吴承仕接任中大国学系系主任之后，他再不以其业师章太炎的衣钵为满足，他的思想要冲出这安静舒适的小小书房，放眼于"民族"和"人类"的大我。因此，除了按时到北平师大、中国大学等校授课之外，他经常活动的地方还有宣内大街的"海丰轩"茶馆。这里有茶馆主人特备的雅座，在单间里他可以放心大胆地阅读最新的进步书刊；可以与进步学生在这里研究学术、交流思想；可以同出入茶馆的中下层市民对弈交谈，从而接触社会，了解现实。

1924 年，在国民革命运动日益高涨的形势下，孙中山领导的国民党与中国共产党正式建立了第一次合作；1926 年帝国主义炮击大沽口，引起了段祺瑞政府残暴屠杀游行请愿学生的"三一八"惨案；1927 年 4 月 12 日，蒋介石在上海发动反革命叛变；4 月 28 日，奉系军阀张作霖杀害了李大钊等 20 人。动乱的风雨撞击着吴承仕书屋的窗扉，他要完全沉浸于经学的研究和纯学术的探讨已经不可能了。尤其当他亲眼看到，他所任教的学校北大、师大、中大有交往至密的同事突然失踪，有他喜爱的才华横溢的学生遭到逮捕。正直朴素的感情与品格使他在血淋淋的现实面前，开始思考与辨别革命与反革命的界限。

1930 年秋天，吴承仕所熟悉的同事、著名教授范文澜因共产党嫌疑被国民党反动机关逮捕，后来经过共产党的多方营救才得以获释。吴承仕怀着敬佩而又疑惑的心情去看望他。他萦绕于怀的疑问是：像范文澜这样一位勤于治学的老实人都参加共产党，那共产党一定有他革命的道理。于是吴承仕坦率地向范文澜提出，要借共产党的书籍看。范文澜对吴承仕来说还是后学晚辈，在这位心意赤诚的长者面前，范文澜先拿出一本《家庭、私有制和国家的起源》给他。吴承仕对科学社会主义创始人马克思恩格斯那些历史唯物主义的精辟论述非常叹服，他迫不及待地又向范第二次借书，范这才借给他一本《共产党宣言》。数日之后，吴承仕向范文澜归还借书，对范说："这本书讲得很有道理，难怪你要去参加共产党。"并要求范文澜再给他一些书看。从此，两位学者之间的思想愈加接近了，友谊愈加深厚了。他的思想也发生了巨大的变化，由一位纯以学术研究为己任的经学家逐步走上马克思主义经学家的道路。

"九一八"事变以后，吴承仕进一步认清了国民党反动派背叛革命和人民的丑恶面目，对国民党的投降政策表示强烈的痛恨和反对。1931年吴承仕任北平师范大学教授会主席，即举行全体会议，一致通电南京政府，要求抗日救国。与此同时，他密切关心着进步青年的抗日救亡斗争。他慷慨解囊，出资帮助师大学生王志之出版了揭露反动当局镇压学生罪行的小说《风平浪静》；出资帮助中大学生余修等人创办诗刊《大风》。他的学生齐燕铭、管彤（即张致祥，下同）、余修这时已经是爱国学生运动的积极分子，后来都成为北平地下党组织的重要成员。在齐燕铭、管彤等人的帮助下，吴承仕有机会更广泛更系统地接触马克思主义著作，写出了大量的阅读马克思书籍的笔记，并用马克思主义的观点重新研究他长期从事研究的经学、文学和历史。

自1934年至1936年，他和他的同事、学生一道，创办过《文史》《盍旦》《时代文化》三个刊物，除担任繁重的组稿、编辑、校对、印刷、发行等事务工作外，还先后用黄学甫、虞廷、记者等十多个笔名，撰写过数十篇文章，用马克思主义理论继续进行别开生面的文史、经学研究，紧密地把古典经学运用到现实斗争中去，尽其所能，宣传祖国的历史文化，借古讽今、针砭时弊，揭露反动派的罪恶，用以激励人民的爱国热情，鼓舞人民的抗日斗志。他理直气壮地说："我们不会丧心病狂地去当民族刽子手，我们所热烈要求的，自然是民族的独立和解放。"

1934年5月，由他筹集资金，首先创办了进步的学术刊物《文史》，以新鲜的观点，充实的内容和以古讽今的文笔吸引着无数爱国人士和进步青年，它如同黑暗里的一阵雷鸣闪电，给爱国者以鼓舞，给反动派以震惊。《文史》从5月15日出版创刊号至12月1日第一卷第四号共出版4期。鲁迅、沈雁冰等著名作家及一些进步青年，陆续在《文史》上发表了文章。吴承仕在每期上都亲自撰写重要文章，借古喻今，观点鲜明，分析透彻，具有很高的学术价值和现实意义。概括起来，其特点有两个方面：

第一，力图以马克思主义唯物史观和辩证法的观点研究古代经学、礼制和语言文字。反映了吴承仕在接受马克思主义，立场观点发生根本性转变后，对于传统礼制、经学的研究的态度。

第二，于学术文章寓以针对现实的议论，抨击国民党反动派。

《文史》的出现，团结了一批爱国的知识分子，活跃了当时的学术思想和学术风气，使一度沉寂的北平文化界，掀起了一阵波澜。《文史》由影响颇大的学者吴承仕主办，并针对现实有所贬斥，有所揭露，这使得反动当局感到十分恐慌。因此杂志仅仅出版了4期就被查封了。真正革命者的口是封不住的。吴承仕和他的学生齐燕铭、管彤等人，又开始筹备出版新的刊物。

1935年10月15日，以《盍旦》命名的新刊物又出版了。"盍旦"语出《礼记·坊记》"相彼盍旦，尚犹患之"，郑玄注云："夜鸣求旦之鸟也。"以"盍旦"名刊则表达了渴望黎明，为迎接黎明而鸣之意。刊物仍由吴承仕出资创办，管彤负责编辑，经常投稿的作者有曹靖华、谭丕模等人。文章主要宣传马列主义观点，评论时政。至1936年2月连续出版5期。吴承仕先后发表文章

14 篇，如《毒品化的疯话》《张献忠究竟杀了若干人》《木狗子与本位文化》《赵老太太的认识论》《我们要自由，同时要自由的保障》《士君子——中国封建社会意识形态之一》等。

吴承仕在这个时期的文章已较举办《文史》时的观点更加鲜明。他用马克思主义的阶级观点，分析半殖民地半封建中国的社会状况及其文化的特点。表明他作为经学家，已经对传统经学的经院化研究有了明晰的认识，把自己放到人民大众的一边，在斗争中与之同呼吸共命运。《盍旦》以战斗性的杂文，在黑暗统治中如战斗的号角，鼓舞着爱国者和进步青年，不久又遭到反动派的查禁而停刊。

1936 年，吴承仕与张友渔、黄松龄、齐燕铭、管彤等人，经过一番紧张的筹备工作，新创办的《时代文化》于 8 月 5 日出刊。这是中国共产党领导下的一个"以宣传党的抗日民族统一战线为主，同时发表一些社会科学和其他方面的文章"的革命刊物。这个刊物是"同人刊物"，大家出钱，大家写稿，由杨秀峰、吴承仕、黄松龄、徐冰和张友渔组成编委会，负责编辑工作。吴承仕负责文章审定和撰写文学历史方面的文章。《时代文化》相继出版了 5 期。吴承仕撰写了《北平文化界最近的动态》《谁戴了有色眼镜》《有饭大家吃》《一二一二的示威游行与学运》《做戏无法，出个菩萨》等文章。吴承仕在这些文章中，以犀利的笔锋，无情地揭露了帝国主义侵略中国的本质，分析了半殖民地半封建中国意识形态中宗教意识对于人民的麻醉欺骗作用。他对抗日救亡的爱国学生运动给予极大的同情与支持，高度评价"一二一二"爱国学生的示威游行运动："手无寸铁的学生们，全凭着白的心，赤的血，显示出忠勇坚决的举动，作为全国民众的代言人，这至少不得不使敌人和准敌人在我们面前发抖！"他希望学生团体检讨过去，实现团结，继续斗争。他认为："当侵略者加紧进攻的时候，只有侵略者是我们唯一的敌人。除敌人外，自然都是我们同生死共患难的弟兄朋友。"他完全理解中国共产党提出的抗日民族统一战线的政策，指出："联合广大群众结成抗战救亡的统一战线是我们民族解放的唯一出路。"

《时代文化》呼喊出了时代之声、抗战之声。它如同匕首和投枪，刺向反动势力，尤其给站在爱国斗争第一线的青年们以鼓舞和力量。

追求真理　勇往直前

1935 年 12 月 9 日，爆发了震惊中外的"一二·九"爱国运动。此时的吴承仕已年过半百，却抱着抗日救亡的满腔热忱，投入挽救祖国危亡的革命洪流，与热血青年们紧密地团结，共同战斗，奋勇前进。

"一二·九"的当天，吴承仕站在中国大学学生们的行列里，去新华门前集会，又和青年们并肩前进，冒着军警们大刀、水龙的威胁，参加了游行示威，他的行动给青年们以极大的鼓舞和支持。

这一时期，吴承仕的同窗、好友和老师章太炎多次函电往返，建议并敦促他到南京中央大学去担任教授或到章氏所办的国学讲习会去主讲经学。但是经过"一二·九"实际斗争的吴承仕，已经将主要精力集中于支持爱国青年们抗日救国的进步活动，而无心南下了。

1936 年 2 月，南下宣传抗日的学生们返回北平，成立了中华民族解放先锋队。正当革命高潮之时，国民党反动当局，在北平高等院校大肆逮捕进步青年学生和教师。吴承仕积极支持中国大学学生自治会的活动，不仅从精神上、物质上和经济上给以大力支持，并且亲自联络各系的主任和进步教授，同反动当局作斗争。

其中最重要的是 1936 年下半年支持中大学生倒反动校长祁大鹏斗争。倒祁的一些会议就是在吴承仕住宅的书房里秘密进行的，中共北平市委负责人黄敬多次同吴承仕会晤磋商，亲自指挥了倒祁斗争。后来为了避人耳目，由吴出钱在东交民巷德国饭店租了房间，作为学生秘密集会的场所，直到倒祁取得胜利。

1936 年暑假，吴承仕参加北平学联和民先队组织的西山露营；与李达、张申府、许德珩等联名上书，要求政府释放"七君子"；出资租用西单鸿春楼饭庄宣传抗日救亡；四处奔走保释被捕学生出狱。

"一二·九"运动后，北平反动当局加紧迫害进步学生，用另组新学联，开除、逮捕学生等种种手法破坏学生运动。吴承仕针对青年们的思想撰写了《读书与救国》一文，剖析了理论与实践、读书与现实斗争的相互关系，引导青年学生树立正确的方向，平常时期，要"为救国而读书"，在国难当头的非常时期，则应该"为读书而救国"。1936 年暑假，在吴承仕创议下，利用新生入学考试和国文试卷出题、评卷的机会，考查学生思想。他以《无敌国外患国恒亡》为作文题，来考查学生的政治思想倾向。在评分时，他特

◎ 吴承仕为师大学生的题词

别留意被其他学校开除的具有进步思想倾向的学生，予以"特别录取"。当时还有许多在中大和师大求学的爱国青年，都曾亲聆吴承仕的授课，从他的革命活动中受到教育和鼓舞。这些人中有齐燕铭、管彤、余修、佟冬、张楠、荣孟源、王西彦、孙楷弟、王重民、刘汝霖、孙祥偈、王志之、黄寿祺、聂菊荪等，他们后来成长为党的优秀干部、革命作家、知名学者，为民族解放事业和新中国的建设事业做出了贡献。

1936 年的秋天，经过党组织批准，吴承仕光荣地加入了中国共产党，与齐燕铭、管彤同编在一个特别小组。吴承仕由一位饱有学识的清末举人、经学大师而成为一名无产阶级战士。这是无产阶级革命的壮丽事业对他的感召，也是他一生中最有意义的转变。

当年，吴承仕参加北平作协后，和张友渔、张申府、杨秀峰、黄松龄等人发起组织了"星期天文学会"，以聚餐形式，轮流召集一些高级知识分子聚会，讨论时局，并分别在报刊上发表抗日救国文章。后来又在聚餐会的基础上，成立了新启蒙学会。这是个学术性的组织，由吴承仕、张申府、杨秀峰负责吸收北平文化教育界人士参加。吴承仕亲自起草了《新启蒙学会宣言》，提出"唤起比较多数的知识分子，成为时代革新的中心力量"。新启蒙学会倡导的"提倡科学与民主，提倡思想自由和追求真理、反对封建思想和奴化思想"的爱国运动，得到知识界的热烈响应，很快地发展成为影响广泛的新启蒙运动。

老成凋谢　后学楷模

"七七"事变以后，日寇侵入北平，吴承仕等人已被列为缉拿对象。在中共地下党组织的精心安排和他的学生掩护下，吴承仕转移到天津。

吴承仕、管彤同在英租界小白楼的一所公寓里居住下来，立即按照党的指示，着手进行敌后斗争。党组织决定由管彤主编党内刊物《时代周刊》。吴承仕亲眼目睹日本侵略军占领我国领土，凌辱和杀戮我国同胞的罪行，悲愤交加，夜不成寐，他除夜以继日地奋笔疾书为《时代周刊》撰写稿件之外，还到附近一个纸厂去同工人聊天，进行爱国宣传。

日寇占领北平以后，为了笼络人心，曾企图动员吴承仕出任北京师范大学校长。1938 年年初，曾派人到天津见他。吴承仕耻于与侵略者、汉奸为伍，断然拒绝了敌人的拉拢收买。从此，日寇汉奸对吴承仕更加忌恨，加强了对他的迫害。年底，管彤接受地下党的指示转移到解放区，吴承仕只身留居天津，经济也日益拮据。即使在极度困难的处境下，吴承仕还是关心着祖国的命运，间或在天津的公开报刊上发表短文，继续为抗日救国呐喊！

1939 年 8 月，水灾漫及天津，街上可以行船。吴承仕困居室内，粮食接济颇为困难，有时整日断炊。吴承仕身体状况渐差，染患伤寒而不自知，以为是一般感冒。后来病情严重，只好潜回北平。9 月 11 日，吴承仕经友人帮助入协和医院。由于在津延误时日过久，病情严重，又并发旧病支气管炎，于 9 月 21 日不幸与世长辞。终年 56 岁。

吴承仕——一位治学严谨的学者，受青年后学爱戴的良师，在马克思主义熏陶下和斗争风雨的磨炼中成长的优秀共产主义战士，生当民族危难之际，虽屡受国民党反动派和日寇追逼迫害，而战斗不息，为抗日救国、争取民族解放的壮丽事业献出了宝贵的生命。

当吴承仕逝世的噩耗传到延安后，1940 年 4 月 16 日延安各界举行了追悼大会。毛泽东送的挽词是："老成凋谢"。周恩来送的挽联是："孤悬敌区，舍身成仁，不愧青年训导；重整国学，努力启蒙，足资后学楷模"。吴玉章送的挽联是："爱祖国山河，爱民族文化，尤爱马列主义真理，学贯中西，善识优于苍水；受军阀迫害，受同事排挤，终受敌寇毒刃摧残，气吞倭虏，壮烈比诸文山"。这些联句对吴承仕先生的一生做了高度的概括和崇高的评价。

（侯　刚）

参考文献

[1] 吴承仕同志诞生百周年纪念文集．北京：北京师范大学出版社，1984

[2] 吴承仕手稿等

杨树达

享誉海内外的语言文字学大师

◎ 杨树达

杨树达（1885—1956），字遇夫，号积微，湖南长沙人。中国语言文字学家、词典编纂家、教育家。早年就读于湖南时务学堂，师从梁启超。1900年入求实书院，1905年赴日本留学，辛亥革命后回国。国民政府教育部部聘教授、中央研究院院士，曾任北京师范大学教授兼国文系系主任、清华大学、湖南大学教授。新中国成立后，任中国科学院哲学社会科学部学部委员、湖南师范学院教授、一级教授、苏联科学院通讯院士、全国政协委员、湖南文史馆馆长。

著述丰厚，主要有：《高等国文法》《词诠》《中国修辞学》《积微居小学金石论丛》《积微居金文说》《汉书窥管》等。

国学大师杨树达先生是我国 20 世纪成就最为卓著的语言文字学家之一，也是我国 20 世纪具有广泛国际影响的少数学者之一。他在语法学、修辞学、训诂学、语源学、文字学、古文字学、古文献学、考古学等诸方面均卓有建树，在上述各个领域，他的著作被公认为经典之作。陈寅恪誉之为"一代儒宗"。

游学春秋

杨树达于 1885 出生在湖南长沙。父名孝秩，字翰仙，笃厚勤学，喜读史籍和唐宋古文。杨树达 5 岁时从父读书，对训诂学和史学尤有兴致。

清朝末年，河山日蹙。甲午战争后，杨树达"睹父兄愤慨之诚，即切同仇之恨"。12 岁，与伯兄苳诒（名树谷）一同考入湖南时务学堂，与蔡锷、范源廉等同在第一班，从梁启超学习《孟子》《公羊传》，接受了梁所倡导的民权革命思想。1929 年梁任公去世，时务学堂弟子举行公祭大会时，推举杨树达撰写了《时务学堂弟子公祭新会梁先生文》。他在祭文中写道："其诵惟何？孟轲公羊。其教惟何？革政救亡。士闻大义，心痛国创；拔剑击柱，踊跃如狂！"

1898 年的戊戌变法，在中国近代史上写下了浓重的一笔。而在此前一年的湖南维新，则是戊戌变法的前奏。湖南维新的重头戏之一就是湖南巡抚陈宝箴（陈寅恪之祖父）、黄遵宪、熊希龄、谭嗣同和唐才常等共同创办的，梁启超为中文总教习的湖南时务学堂。1954 年杨树达的《积微居小学述林》初版，将原载于《积微居文录》（30 年代出版）的《时务学堂弟子公祭新会梁先生文》收入，科学出版社以与全书主旨不合为由要求删去。《积微翁回忆录》389 页云："科学社来书，欲去祭梁先生文，余主不去。以时务对中国有历史关系也，一千九百年庚子反清之役，民四倒袁之役，皆时务师生合力为之，以一短命之学堂而能有如此事业者，古今罕见也。"时务学堂学生不到一百，办学时间不到一年便因戊戌变法失败而被解散。但这一学堂的学生和教师所创造的伟业，言之为惊天地泣鬼神实不为过。在由唐才常于庚子年（1900）发动的反清自立军之役中，李炳寰、林圭、田邦璇、蔡仲浩、唐才质等烈士都是时务学堂的学生；民国四年（1915）倒袁之役，更是时务学堂中文总教习梁启超和第一班学生蔡锷的杰作。当时梁启超发表《异哉所谓国体问题者》公开反对袁世凯称帝，同时指示他的学生蔡锷潜走云南，起兵讨袁。次年黄兴、蔡锷先后逝世，国葬于长沙岳麓山。人们称黄兴"缔造民国"，蔡锷则是"再造民国"。时务培养的鼎鼎有名的学生，除了以上叱咤风云的蔡锷及诸烈士外，就是曾任民国初年教育总长，北师大的首任校长湘阴人范源廉、黄埔军校教育长并曾兼任代理校长的新化人方鼎英和杨树达了。时务学堂只有两个班，不到一百学生，精华大多集中于第一班的40人中。上面提到的著名学生十有八九出自第一班。第一班中许多是两兄弟同时在读，除了杨树谷、树达兄弟外，还有唐才常的两个弟弟才质、才中等。时务学堂学生中，蔡锷生于1882年，杨树达生于1885年，所以一般历史书中所说蔡锷是湖南时务学堂年纪最小的学生，是不对的。

1900年，杨树达入求实书院肄业，开始钻研郝懿行《尔雅义疏》、王念孙《广雅疏证》，始有志于训诂之学。15岁，受业于叶德辉、胡元仪，学问日益精进。17岁治《周易》，辑成《周易古义》一书。1903年应观风考，以第一名录取。旋入校经堂，肄业。

1905年，派往日本留学，入东京宏文学院大冢分校，同时入正则学校学习英文。1908年考入东京第一高等学校预科，次年3月毕业，派入京都第三高等学校。时湖南留日学生多入速成班学

◎ 杨树达夫妻合影

法政、经济。杨树达受同县友人杨怀中（昌济）影响，决心系统学习"欧洲语言及诸杂学"。在日期间，曾加入杨怀中发起的"中国学会"。

杨树达学习外国语言，对文法和语源最为用心。曾说："余之治中国文法也，资于欧洲文法者多。"又说："我研究文字学的方法，是受了欧洲文字语源字etymology 的影响的。"

武昌起义后，杨树达返国，在长沙各校教授中国文法与英文。"五四"运动期间参加了湖南教育界陈润霖、朱剑凡等发起的"健学会"，响应新潮。他是湖南新文化运动的关键人物之一。后张敬尧祸湘，又毅然参加驱张（敬尧）运动，并与罗教铎一起被推举为教职员代表，与公民代表毛泽东、熊梦飞及学生代表多人共同赴北京请愿。临行前，他对送行的王啸苏等友人说："义无反顾，势在必行，吾意决矣。"在请愿活动最为关键的与北洋政府总理靳云鹏的秘书长谈判的时候，杨树达任首席发言人，他拍着桌子厉声质问秘书长：张敬尧祸湘，民怨沸腾，你们为什么不撤换？！湖南学生来了这么多人，忍饥挨饿，你们为什么不解决？！秘书长被问得哑口无言。解放后，毛泽东见到他还问："还记得当年驱逐张敬尧么？"当时，他的驱张是要冒"背弃师门"的危险的。就在那时，他的老师叶德辉给北京政府上书，说张"功高尧舜，德兼文武"，而杨树达则成了驱张运动的领袖人物。驱张之后，他即在北京任教，先是在北京师范大学，后在清华大学。从此，杨树达开始了"持短笔，照孤灯，先后著书高数尺，传诵于海内外学术之林，始终未尝一藉时会毫末之助，自致于立言不朽之域"（陈寅恪语）的学术生涯，而巍然成为"一代儒宗"。

杨树达治学，成果颇丰，为学人所称道。20 世纪 30 年代初，张岱年在《大公报》上撰文，谓当时中国学术，只有冯友兰之哲学，陈垣之史学，杨树达之训诂学，足以抗衡日本。1942 年，杨树达当选为教育部首届部聘教授，在总共 29 名部聘教授中排在首位；1948 年，当选为中央研究院首届院士（共 81 人）。大约从 20 世纪 30 年代起，他的著作被外国学者译成俄、日、英、法、德等多种文字，广泛流传于全世界，他也因此成为我国 20 世纪少数几位具有广泛世界影响的学者之一。顾颉刚晚年撰《近世治古典之数巨子》一文，认为近 300 年来，治古典成就最为卓著的为王念孙、王国维及杨树达，俞樾、孙诒让、章太炎则稍逊一筹。

京华壮游

杨树达从 1920 年到北京直至 1937 年回湖南，共 17 年。期间，他主要在北京师范大学和清华大学两所著名学府任教。

杨树达于 1922 年到北京师范大学任教，是由他在湖南时务学堂第一班的同学范源廉介绍的。到北师大不久，杨树达便出任国文系主任。他在北师大培养的著名学生并且后来长期保持密切联系的，主要有王重民、孙楷第。王重民是我国著名的图书馆学家，20 世纪 30 年代被派往欧洲、美国，到各大图书馆搜访流失到海外的中国善本书，直至抗战胜利后才回国。回国后，王重民创立了我国大学中的第一个图书馆学系——北京大学图书馆学系。孙楷第是我国最著名的小说史学家；此外，他在诸子研究、戏曲史研究、敦煌变文研究、楚辞及汉魏两晋南北朝乐府歌词研究等领域都取得了令人瞩目的成绩。1924 年下半年，范源廉整顿北师大的努力因经费短缺受阻，遂愤而辞去校长职务，出走天津。杨树达等到天津挽留，范不允；杨树达于是要求辞去国文系系主任职务，以与范同进退。范与他长谈一夜，杨树达才继续留任。在师大期间，他完成了《汉书补注补正》《高等国文法》等书稿的撰写，并开始撰述《古书疑义举例续补》、《词诠》。1926 年，杨树达由他的老师梁启超介绍到清华任教。行前，他推荐的国文系系主任继任者为吴承仕。1924 年，吴承仕到北师大任教，是由他的好友、时任北师大国文系系主任的杨树达延聘的。

杨树达 1922 年至 1926 年在北师大任国文系主任期间，还有三件事情值得一提。一是 1922 年，钱玄同在国语统一筹备委员会上提出《减省现行汉字的笔画案》，得到杨树达、黎锦熙和陆基的联署。这是历史上有关简体字的第一个具体方案，主张把过去只在民间流行的简体字作为正体字应用于一切正规的书面字使用。它提出的 8 种简化汉字的方法，实际上也就是现行简体字的产生依据，影响深远。二是 1924 年冬，国文系学生杨鄂生拿了一张杨树达的名片并自称"杨树达"去拜访鲁迅（其时鲁迅在师大兼课），杨鄂生当时因失恋导致精神错乱，在鲁迅家里胡说八道。鲁迅以为该生装病，是某些势力派遣而来，就写下了《记"杨树达"君的袭来》一文予以谴责。杨树达见报后，亲自到鲁迅家道歉，为此事承担责任。后有与鲁迅关系密切的学生告诉：杨鄂生是真病，且这几天病情加剧。鲁迅于是写了《关于杨君袭来事件的辨证》，在这篇文章中说："由我酿的酸酒，必须由我自己喝下去。"后杨鄂生因庸医误用泻药导致腹泻而死。郁达夫以此为题材写了一篇小说《微雪的早晨》。三是 1926 年"三一八"惨案发生，国文系学生范士荣与女师大学生刘和珍、杨德群一道殉难，杨树达主持召开了国文系追悼会，并亲自撰写挽联："杨君死于医，今君死于盗，吾党纵多才，何以堪此？异类既杀之，同气复杀之，容身无片土，天乎痛哉！"

至抗战爆发前，杨树达的学术研究大致可分为两个阶段，前一阶段以汉语语法研究为主，后一阶段则侧重于语源学、训诂学、文字学的研究。此外，还兼及修辞学、古文献学及考古学。

他关于语法的著作主要有4种：《中国语法纲要》《马氏文通刊误》《高等国文法》《词诠》。

◎ 杨树达为师大学生题词

《中国语法纲要》出版于1928年，是我国较早的一部关于现代汉语语法的著作，在语法史上有重要意义。《马氏文通刊误》的撰作意在修正语法学开山之作《马氏文通》"削足适履"，即以拉丁语法组织规律硬套汉语的错误，《马氏文通刊误》肯定《文通》是马氏用欧洲科学方法于吾国之第一部著作。功不可灭；同时对马氏用拉丁语法强解汉语所造成的缺失提出批评；指出马氏"以他国文法填入中文，不免削足适履，失却中文本来之面目"。杨树达从先秦两汉典籍中列举事例，说明《文通》的不少失误。具体纠正其各类缺失三百几十处。《马氏文通刊误》全书10卷约10万字。1929年由商务印书馆出版。1962年中华书局再次印刷，"文革"之后又多次印刷，是当时乃至今日影响极大的畅销书。当然，杨树达的"勘误"有用英文文法纠正马氏所用的拉丁文法之嫌，因此有人说这是"驴唇不对马嘴"。其实，英语的形态已经退化殆尽，和汉语同归为分析语；而拉丁语属于综合语，其形态十分丰富，语言组织形式与汉语相去甚远。因此，在汉语语法的模仿时期，用模仿英语语法造成的汉语语法纠正马氏模仿拉丁语法造成的汉语语法虽有未惬，却也不失为较为明智之举。《高等国文法》一书，则建立了以划分词类为中心的独特的语法体系，是继《马氏文通》之后古汉语语法方面最重要的著作。它与《马氏文通》以及现代汉语语法另一最重要著作——黎锦熙的《新著国语文法》，在语言学史上并列为汉语语法模仿时期三大重要著作。杨树达说："余著《高等国文法》本为修正马氏而作"，乃是"采欧西方法""要以保存国文本来面目为期"；而马氏"小学甚疏"，"训诂未审"，故在中西结合上出现了不少疏失。《高等国文法》几经修改，1930 年由商务印书馆出版，列入"大学丛书"。全书 19 章近 40 万字。《高等国文法》在国内外影响深远，日、美、英、苏等国一些大学及汉学家大都选用该书作教材或参考书。出版之日，熊希龄、赵元任、陈寅恪等相继致函道贺，亟称其美。《词诠》是《高等国文法》的姊妹篇。该书取古书中常用虚词 470 多个，首别其词类，次释其义训，再举例说明之。该书取刘淇、王引之、马建忠诸家之长，丰富而发展之，又融合了文法和训诂，将字典式体例与文法学体例的优点综合加以利用。《词诠》对我国文言虚词及古汉语语法的研究影响深远，它在体例上为后人提供了成功的范例；在义项上为后学提供了综合的基础；在例句上提供了丰富的材料。全书共 10 卷，30 万字，1928 年由商务印书馆出版。到目前为止，已重印 20 多次，约发行 30 万册，是近代文言虚词著作中影响最大的著作。

进入 20 世纪 30 年代后，杨树达开始将大部分精力用于语源学、训诂学以及以《说文解字》为中心的文字学的研究。这一时期的力作是《积微居小学金石论丛》，该书和其姊妹篇——50 年代出版的《积微居小学述林》，乃是他治语源学、训诂学、文字学的代表作。《积微居小学金石论丛》，1937 年 1 月由上海商务印书馆出版。余嘉锡说《金石论丛》，"于《说文》讽籀极熟，于群经讲贯极精"，"上溯钟鼎甲骨之文以识其字，旁通百家诸子之书以证其义。穷源竟委，枝叶扶疏"；张尔田称 "《论丛》内容精确"，"自开户牖"，有 "创通之美"，"不堕乾嘉大儒之法"。该书的增订本共 6 卷，139 篇，约 32 万字，1955 年由科学出版社出版。《积微居小学述林》是杨树达 1936 年以后写的 "说字之文和其他文字"。全书 7 卷，207 篇。前 5 卷为解说通考文字之学，后 2 卷是故书古史杂考与序跋书札杂文，共约 35 万字。1954 年由科学出版社出版，1983 年后中华书局重印多次。80 年代《杨树达文集》编辑委员会将其增加 23 万字，定名为《积微居小学述林全编》，于 2007 年 8 月由上海古籍出版社重版。曾运乾说《述林》"绅绎许书，广综经典，稽诸金石以究其源，推之声韵以尽其变"，"超二王而迈俞孙矣"。

杨树达治学的最大特点之一是 "虚实交会"，即文法与训诂紧密结合。他说："治国学者必明训诂，通文法，盖明训诂而不通文法，其训诂之学必不精；通文法而不明训诂，则其文法之学亦必不至也。" 以训诂治文法的，有《词诠》，以文法治训诂的，则有《诗于以采蘩解》等多篇训诂学论文，这些论文绝大部分集中于《小学金石论丛》和《小学述林》中。《于以篇》因其精湛，学界誉之可与王念孙《终风篇》先后辉映。杨树达探寻语源与释字，能从实践中得出理论，又用理论去指导实践。在《金石论丛》《述林》两书中，关于语源、文字理论探讨的长篇论文就有《形声字声中有义略证》《字义同缘于语源同》《说文读若探源》等十几篇之多。在《积微居小学述林·自序》中，他将自己这方面的成功经验作了一个全面总结。

上述著作中，《汉代婚丧礼俗考》《汉书补注补正》二书是杨树达多年治《汉书》的结晶。前者是他关于汉代典章制度和民俗研究的成果，不但是研究汉代文化史的必读书，同时对考古学、民俗学、人类学、社会学以及历史学的研究具有极高参考价值。此书解放后虽曾再版，但当河北满城西汉中山靖王刘胜和其妻的墓被发掘以及长沙马王堆汉墓发掘时，考古工作者仍以找不到此书参考为憾。杨树达说："往岁余治《汉书》，颇留意于当时之风俗，以小册录其文，未遑纂辑。"在清华讲《汉书》时，"诸生中有以汉俗为问"，于是"依据旧录，广事采获，成此婚丧两篇"。1933 年《汉代婚丧礼俗考》由商务印书馆出版，全书约 13 万字。该书为历史学、考古学独辟蹊径，是民国时期历史学方面学术性、资料性强，极具代表性、权威性的著作。而后者更为杨树达赢得了"汉圣"（陈寅恪语）的美誉，也使得他在 1933 年即成为清华大学继陈寅恪之后的第二位国文、历史两系合聘的教授。《汉书补注补正》是杨树达读王先谦《汉书补注》，肯定其书取精用弘，荟萃成说后的补正之作。他据《补注》研读数通，颇能了其得失，故凡与班书有涉，辄加纂述，拾遗补缺，撰辑成此书。是书共 6 卷，1925 年由商务印书馆出版。陈寅恪读到《补正》后致函杨树达："湖南前辈多业《汉书》，而君所得独多，过于诸前辈矣。""汉书颛家，公为第一"，"汉圣之名，真不虚也"。黄侃也说："遇夫于《汉书》有发疑正读之功"，《汉书补注补正》"成于遇夫之手，必当突过葵国矣"。《汉书窥管》一书是《汉书补注补正》的增补本。杨树达任教清华大学时，即对《补正》多次增补。在湖南大学教《汉书》时，不断充实《补正》，并更名《汉书窥管》。20 世纪 50 年代初该书最后定稿。这是他研究《汉书》30 年精力的结晶。全书 10 卷 60 多万字，1955 年 7 月由商务印书馆出版。马宗霍称该书在学术上"截断众流","直探本始，先儒积疑为之一扫，盖可视为定论"。杨伯峻认为此书的出版，"可以说研究《汉书》，已无剩疑。纵有地下发掘，只能作为补充或证明汉代的史料和史实，恐难推翻遇老所作之考订"。

晚清时，德清俞樾曾撰《古书疑义举例》，讲读古书易致误的若干事，是一部极有学术价值的佳作，然其书集词汇、语法、修辞、文字、音韵、校勘等于一帙，内容芜杂不精。1921 年，杨树达始撰《古书疑义举例续补》，重点在修辞和校勘方面对俞书进行补正。出版后，章太炎称此书"用心审密"，"足匡高邮王氏之失"。于省吾称《续补》"精湛透辟，是俞书所不及也"。他撰《续补》时，提出了将修辞、校勘从传统语文学分离出来，"使各成专科之学"，因此可以说《续补》是传统语文学向现代修辞学过渡的重要标志。《中国修辞学》是《古书疑义举例续补》的进一步系统化和科学化。杨树达撰《中国修辞学》，十分重视"彰显华夏历古以来"语法和修辞的民族特色，反对认为"修辞之术与欧洲为一源"，而"中国不能独有"的错误说法，指出这种见识是"贬己媚人"，因袭外国。《中国修辞学》第一次把修辞和语言三要素(语音、词汇和语法)结合在一起，在方法上综合运用"归纳法和比较法"，这在汉语修辞学史上具有开创性意义。《中国修辞学》的问世，既使古汉语修辞学从此摆脱了经学的附庸的地位，而巍然成为一门独立的学科；又是传统的中国语文学向现代科学语言学飞跃的标志。郭绍虞认为《中国修辞学》是民族形式与科学内容完美结合的典范，并借用陈寅恪称颂《汉代婚丧礼俗考》的话赞誉此书为修辞学"辟一新途径，树一新楷模"。《中国修辞学》一直被认为是我国修辞学领域两大流派中民族形式派的代表作。全书分为 18 章，17 万余字，1933 年由世界书局出版，1954年由科学出版社增订出版。20 世纪 80 年代上海古籍出版社再版，

2007 年元月上海古籍出版社重版。

即便杨树达认为《古书之句读》(后改名《古书句读释例》)不能成为自己的主要学术著作之林的一部,只是"为初学说法"的小册子。但本书也引起了外国汉学界的极大兴趣。苏联汉学界泰斗、有"阿翰林"之称的阿里克院士就曾来信赞誉,并希望以后能得到杨树达更多的研究成果。

京华 17 年,是杨树达一生中成果最丰硕的时期。这一阶段的著述还有《说苑新序疏证》《盐铁论校注》《战国策集解》《积微居文录》《论语古义》《群书检目》《淮南子证闻》等,平均每年一书,连一向以勤于治学著称的余嘉锡也为之惊叹:"吁,多矣哉!非兼人之力不致此!"

湖湘晚景

正当杨树达沉浸在作学问的快乐之中的时候,日本侵略的步伐日渐加速了。作为深具民族自尊心的学者,杨树达多次表明了他的态度。一位日本人请他题字,他以"恃德者昌,恃力者亡" 8 字付之。抗战发生后,杨树达受聘于国立湖南大学。翌年,举家随校迁往湘西小县辰溪之龙头垴。

杨树达在他一生的学术事业中,历史文献的整理占有极其重要的位置。他整理古籍,既采用清代朴学家的办法,又绳之文法,推诸修辞之理,故能超迈群贤,古今独步。其功力在考据,整理古籍多用考据的方法,涉及义理者不多。但他有一部著作,"一以大义为主,考订之说概不录入",这就是《春秋大义述》。他之所以一改学术既有思路和理念而撰作此书,乃是因为日本帝国主义的侵略变本加厉,"何当被甲持戈去,杀贼归来一卷娱。"又以年迈不能上疆场深以为憾!一天他忽然想到《春秋》大义,以"复仇"、"攘夷"、"大一统"为至要，将这些大义区分而类聚之，对初学认清《春秋》要旨，尤为便利；而"复仇"、"攘夷"、"贵死义"、"大一统"之说，对激励军民杀敌报国，一统河山，应有相当作用。这是撰作此书的重要原因。《春秋》一经，其微言大义，经董仲舒阐发，其最著者即"大一统"，所谓《春秋》大一统者，天地之常经，古今之通谊也"。要实现大一统，必须"尊王攘夷"。而"复仇"之义，《春秋》经传亦再三致意。如庄公四年"纪侯大去其国"经文，《公羊传》就阐明齐襄公之所以要灭纪国，乃是为其因纪侯进谗言在周被杀之九世祖齐哀公复仇。当时举国抗战，"复仇"之义被置于最重要的地位，是容易理解的。所以《春秋大义述》归纳《春秋》之大义凡二十九，而以"复仇"、"攘夷"二义为首。驱逐敌寇，难免流血牺牲，故第三义为"贵死义"，意在激励将士为正义不惜献身。是书之初撰在1939年，而排在"贵死义"之后的第四义"诛叛盗"是于1941年增补的，目的在声讨"凭藉异族之势力以胁父母之邦"的汉奸，矛头显然是指向叛国投敌的汪精卫之流。其他如贵诚信、贵让、贵预、贵变改、讥慢、贵有辞、明权、谨始、重意、重民、恶战伐、重守备、贵得众、录正谏、亲亲等篇，则分别为传统道德、外交、统治术、军备等。《春秋大义述》的"述"即"述而不作"的"述"。该书的体例是将《春秋》中的"大义"分门别类，每一大义即为一篇；再以《春秋》经文及《公羊传》的相关传文为纲，以《谷梁传》《左传》的传文以及《荀子》和两汉诸书中相关内容为目，汇集于该篇。如此则领挈而全裘振，纲举而万目张，散在篇籍的大义赖之以成为一个条理井然的系统；读者可以将同篇所录文字互为比照，交相阐发，因而更深刻地理解相关文字的思想内涵。该书于1939年7月23日初撰，同年秋天完成初稿，并以之教授诸生。从这时起，该书便得到广泛的赞许。章士钊读后，亟称其方法之佳，曾运乾既于读初稿时谓"远胜刘逢禄书，赞叹不已"，又于定稿后在序言中写道："吾友长沙杨积微先生，说字之精，远逾段令；释词之审，上迈二王；注班《汉》则抗手晋颜；校《淮南》殆鼎足高许。亦既天下学士家诵其书矣，迩者以来，鉴于国变日亟，慨然中辍其考订精严之素业，而从事于师绝道丧之微言，条举《公羊春秋》纲义，类系经传于其下，以浅持博，以一持万，为《春秋大义述》一书。展卷观之，不烦钩稽而《麟经》数十义法豁然如披云雾而睹天日。"

《春秋大义述》于1944年元月底由商务印书馆出版，到4月即售出近800部，颇为轰动。有论者认为，抗战期间，陈垣在沦陷的北平写作《通鉴胡注表微》，表彰胡三省的民族气节和爱国精神；杨树达在大后方的荒山野岭中编撰《春秋大义述》，激励军民努力抗战，驱除敌人。方法虽不同，用心却一致，实是异曲同工，南北二贤互相辉映。该书出版时用旧式句读，解放后因卷前有陈立夫序，自序中有一两句赞美蒋介石的话，因而被定为"反动书籍"，一直不能再版。20世纪80年代初，由杨门弟子廖海廷校对一遍，删去陈立夫序及赞蒋文字，并改为新式标点，付上海古籍出版社出版；2006年底，上海古籍出版社请人重新校对该书，并于2007年4月出版。

兵氛漫天，胡尘匝地，物价日腾，"饥肠无米"，参考资料更无从获得。值此山河破碎之际，杨树达为延续民族文化的命脉，不顾年事已高，开始了古文字（甲骨文、金文）的研究。1940年8月，杨树达读孙海波《甲骨文编》，写了一篇《读〈甲骨文编〉》的评论文字，请教于郭沫若。年底，郭复函称："尊著中卓见甚多……就整个言之，我兄于文字学方法体会既深，涉历复博，故所论列均证据确凿。"杨树达认为，欲治殷商文字，"必以《说文》篆籀彝器铭文为途径求之"，"甲骨文所记者，殷周之史实也。欲明其事，必以古书传记所记殷周史实，稽合其同异，始能有所发明"。1953 年，他将 1940 年以来的 53 篇甲骨学论文辑成《积微居甲文说》一书，共上下两卷。上卷为说字之文，下卷乃考史之作，共 7 万余字。《卜辞琐记》是他阅读诸家甲骨文著作，"心有所疑，辄复记之"；或为原作"拾遗补缺"，共得文 49 篇。1954 年 6 月，《积微居甲文说》与《卜辞琐记》合订，由科学出版社出版。于省吾称："《甲文说》义证精确，发挥透辟，并世研契诸公无与抗衡。"胡厚宣云："解放以来，关于金甲小学，惟先生著作最富，发明最多，其贡献之大，盖突破以往所有之学者。"他治甲骨文，迄至 1949 年，论文数目超过了自甲骨文发现以来任何一位研究者。胡厚宣在《五十年甲骨学论著目》中说："杨树达先生以六十几岁的老先生，最后写文章最多，不愧为五十年来甲骨学研究中最努力的一人。"他的许多甲骨学论文如《释追逐》《释滴》等，至今仍被认为不刊之论。

杨树达治金文的成就更高，其心得全部集中于《积微居金文说》中。他是于 1940 年年底始治金文的，在以后的 10 余年中，虽旁治甲骨经典，但绝大部分时间用在研读金文。他说自己治"彝铭之学，用在考史，不惟文字；然字有不识，文有不究，而矜于考史，有如筑层台于大漠，几何其不败也"。《金文说》包括"识字、通读、考史、证经"，它的每篇跋文，"大多是对前人的考释加以纠正和补充"。经他考证认识的金文新字约 50 个，新发现和印证的史实数以百计，成文 400 余篇。1950 年春，他又对文稿大加删剔，存文 282 篇，为器 238，析为 7 卷，计 31 万字，书名《积微居金文说》。中国科学院在审查《金文说》书稿时，充分肯定该书的创新成就。其一，该书根据字的构成要素的变化来考析甲金文字，大都可靠；其二，根据字的音符的同异来考释金文，绝大部分是正确的；其三，根据铭文记事，证明周礼中许多制度都有根据，并非全出汉人的伪造；其四，由文字考通、读通过去许多未能读通的铭文,因而阐明了不少湮灭许多年代的历史事实。该《审查报告》并肯定《金文说》是关于中国古代文字最好的研究成果之一种。1952 年《金文说》列为考古学刊甲种第一号由科学出版社出版。郭沫若称该书"金文考释,卓识明辨","证据确凿"。于省吾称金文诸跋"谊证俱备","思锐识卓,精确不磨"。丁树声称赞《金文说》"说字解经,妙语解颐,发昔人所未发"。胡厚宣指出《金文说》"创见累累",读后"获益良多"。这部书是治金文者的必读书,该书总结的释金文的 14 条方法以及"首求字形之无牾(该字从午从吾)……"的警句,都是学习古文字的研究生必须烂熟于胸的。陈寅恪为此书作序说:"寅恪尝闻当世学者称先生为今日赤县神州训诂学第一人,今读是篇,益信其言之不诬也。……百年以来,洞庭衡岳之区,其才智之士多以功名著闻于世。先生少日即已肄业于时务学堂,后复游学外国,其同时辈流,颇有遭际世变,以功名显者,独先生讲授于南北诸学校,寂寞勤苦,逾三十年,不少间辍。持短笔,照孤灯,先后著书高数尺,传诵于海内外学术之林,始终未尝一藉时会毫末之助,自致于立言不朽之域。与彼假手功名,因得表见者,肥瘠荣悴,固不相同,而孰难孰易,孰得孰失,天下后世当有能辨之者。呜呼!自剖判以来,生民之祸乱,至今日而极矣。物极必反,自然之理也。一旦忽易阴森惨酷之世界,而为清朗和平之宙合,天而不欲遂丧斯文也,则国家必将尊礼先生,以为国老儒宗,使弘宣我华夏民族之文化于京师太学。"

《中国文字学概要》是杨树达在湖南大学任教时编写的讲义,共 8 章。前 2 章介绍汉字知识,后 6 章详析象形、指事、会意、形声、转注、假借六书。1944 年,他对《中国文字学概要》作了增删和调整,改名《文字形义学》。1952 年对《文字形义学》进一步修改,使全书益臻细密。1955 年,《文字形义学》终于定稿。该书概括了他几十年间研究文字学、古文字学、训诂学、音韵学的成果,包含了他的《小学金石论丛》《小学述林》《甲文说》《金文说》诸书的精华。他说:"此书前后经营十余年,煞费心思。自信中国文字学之科学基础或当由此篇奠定。" 1961 年《文字形义学》定本不知流落何处。1981 年夏,由杨家后人据《文字形义学》原稿誊抄一遍,并反复校对数遍,交《杨树达文集》编委会和上海古籍出版社出版。1988 年,上海古籍出版社将《中国文字学概要》和《文字形义学》底稿的前半部,以及《文字形义学目录》合订出版,约 13 万字,2007 年元月再版。

在抗日战争艰苦岁月中的 1944 年的暮春时节,在湘西荒山野岭中的杨树达,迎来了他的六十初度。为此,他作了名为《六十述怀》的七律五首,分赠诸亲友。不久,得到畏友陈寅恪的和诗七律一首:鲁经汉史费研寻,圣籍神皋夜夜心。一代儒宗宜上寿,七年家国付长吟。蔽遮白日兵尘满,寂寞玄文酒盏深。莫道先生贫胜昔,五诗犹抵万黄金!

抗战胜利后,杨树达随校复员省垣长沙,任湖南大学文法学院院长。

1952 年,院系调整,杨树达任湖南师范学院历史系教授,后被评为一级教授,兼任湖南文史馆馆长。同时,中国科学院语言所虚位以待,拟请他出任所长。 1955 年,当选为中国科学院哲学社会科学部首届学部委员。大约在同一时期,当选为苏联科学院通讯院士(共有约院士 100 人,通讯院士约 150 人,通讯院士中有外国学者 30 ~ 40 人,其中中国学者是极少的)。还于 1954 年当选为第二届全国政协委员,是周恩来提议的少数几位"专门人士"之一。

当时有一位苏联语言学家访问我国,对我国语言学家颐指气使,很不礼貌。但却登门拜访杨树达,并当众扑通一下跪倒,口中连连用汉语说:"我是您的学生! 我是您的学生!"原来,这位学者是阿里克院士的得意门生，曾在阿里克的指导下认真读过杨树达多部著作，对杨树达可谓佩服得五体投地。据说，这一事件也是使他晚年待遇大大改善的原因之一。

此时，杨树达已近 70 高龄，患有高血压等多种疾病，左目几近失明，右目视力已降至 0.1 以下，但每日仍工作 10 小时以上。1955 年 10 月，他在北京承担了科学院哲学所委托的《盐铁论校注》一书的撰写任务（抗战前写过一部，原稿失去）。返湘后，只用了 50 天，便完成了初稿。10 天之后，这位永不知道休息的老人，于 1956 年 2 月 14 日获得他一生中惟一的、最后的、永恒的休息，时年 71 岁。

（杨逢彬）

参考文献

[1] 杨树达. 积微居小学述林. 上海：上海古籍出版社，2007

[2] 杨树达. 春秋大义述. 上海：上海古籍出版社，2007

钱玄同
善疑善创的一代宗师

◎ 钱玄同

　　钱玄同（1887—1939），原名师黄，字德潜，曾用名号有怡、汉一、夏、中季等。"五四"运动前，改名玄同；"五四"后又号疑古，有时亦称疑古玄同。浙江吴兴人。著名语言文字学家、经学家。早年留学日本，在早稻田大学师范科就读，同时师从章太炎习国故、文字音韵学等。1907年加入同盟会。回国后，任北京师范大学教授、国文系系主任，曾在北京大学、孔德学校兼课。《新青年》杂志轮流编辑之一，兼任国民政府教育部国语统一筹备会常务委员、教育部国音字母讲习所所长等职，是统一国语、改革汉字的主力、中坚。

　　主要著作有《文字学音篇》《国音常用字汇的说明》《汉字革命》等，以及近年出版的《钱玄同文集》。

民国初年，由知识界引领，在全国掀起一场旷日弥久的反对封建主义思想的启蒙运动，史称新文化运动。1915 年 9 月，陈独秀主编的《新青年》（第一卷名《青年杂志》）在上海出版，揭开了这一运动的序幕。后来成为中国共产党创始人的陈独秀是新文化运动的主帅，一批思想激进的知识分子如：李大钊、胡适、钱玄同、刘半农、鲁迅等为《新青年》的轮流主编。他们纷纷发表文章，高举民主和科学的大旗，反对旧思想，提倡新思想；反对旧道德，提倡新道德；反对旧文学，提倡新文学，全方位地向封建主义猛烈开火，促进了人民思想的解放。北京高等师范学校即后来改为北京师范大学的研究院历史系主任、国文系系主任钱玄同先生，以研究小学、经学而闻名华夏，是著名的国学大师、教育家，同时也是新文化运动中的一员战功卓著的骁勇之将。他在改革旧文化的各条战线如提倡白话文、统一国音、改革文字、改革教育、改革戏剧、古史辨伪、破除旧礼教等方面，无不留下挥戈冲杀的身影而战功赫然。

传统文化营垒中的佼佼者

1887 年 9 月 12 日钱玄同生于苏州。其父钱振常，清同治间（丁卯）举人，曾任礼部主事，又任绍兴书院、江苏扬州书院和苏州书院山长，国学造诣精深，其得意门生有蔡元培等。钱玄同幼随父生活在苏州。家学渊源，孩提时就接受典型的封建式教育，熟读四书五经等，打下牢固的国学基础。他从 4 岁开始背诵《尔雅》《诗经》。8 岁读《说文解字》。10 岁已懂名讳。11 岁熟读《史记》《汉书》。12 岁父亲病故。13 岁从塾师读《春秋左传》《春秋公羊传》。14 岁后开始钻研他人研究《说文解字》和《春秋》的专著。16 岁丧母，阅读梁启超办的《新民丛报》，初识康、梁的"保皇论"。17岁时，上海"苏报案"发生后，阅读了章太炎的《驳康有为论革命书》和邹容的《革命军》，思想发生根本改变。他自己说："看了之后，很使我受了一番大刺激，前此底尊清见解，竟为之根本动摇了。""才恍然大悟二百年以来满廷之宰割汉人，无所不用其极。……章、邹底主张，实在是'有理呀有理'！一定非革命不可！"18岁时阅读了章太炎的《訄言》和刘师培的《攘书》。同年春剪掉辫子，"以表示'义不帝清'之至意"，与几个朋友创办了《湖州白话报》，不肯使用清朝纪年，采用干支纪年。本年，他还向同窗友人借阅梁启超主办的《新民丛报》，思想进一步解放。他在研读了梁启超的《论中国学术思想变迁之大势》一文后，在一般人所熟知的黄梨洲、顾亭林、王船山、颜习斋之外，初识刘继庄（即刘献廷，继庄为其字）。他后来在记述这事情时说："我在十八岁的那年（即甲辰年）读梁先生之文而大悦刘氏之学，因改号叫'掇献'，因欲'掇拾刘献廷之坠绪'也。因为我那时的号叫'德潜'，敝处吴兴读'德'与'掇'同音，'潜'与'献'亦音近，但'潜'为浊声与平调，而'献'为清声与去调耳。"19岁时入上海南洋中学学习，课余研读了刘师培的《国学发微》《周末学术史序》《两汉学术发微论》《汉宋学术异同论》《南北学派不同论》《小学发微补》等著述，又阅读了夏曾佑的《中国古代史》等。钱玄同天资聪颖，青少年时期就打下了广且深的国学基础，思想也有较大进步。

1906年秋，20岁的钱玄同赴日留学，入早稻田大学师范科。当时，章太炎刚出监狱来到日本，在东京办《民报》，任主笔。钱玄同拜章太炎为师于《民报》社，对章氏的思想"极端崇拜"。次年，经章太炎介绍参加了同盟会。由于反清排满，改名为"夏"。1908年，钱玄同经常向章太炎问学，并提议请太炎先生采取经常性讲学方式，为求学者讲课。因此与周树人、周作人、许寿裳、黄侃、马裕藻、沈兼士等人同堂听课，习国故，治文字音韵学。章门弟子后来多成为音韵学等专业的著名学者。1909 年，钱玄同为章太炎抄写《新方言》付梓；又用篆文抄写章氏的《小学问答》，寄往杭州刻版印行。章太炎高度称赞钱玄同的书法，说："字体依附正篆，裁别至严，胜于张力臣之写《音学五书》。"1910 年，与章太炎等一起创办《教育今语杂志》，用白话文介绍文字学和历史方面的常识。

1910 年 5 月，钱玄同回国，曾在海宁中学、湖州中学等学校任国文教员。次年，在故乡吴兴拜见崔适（字觯甫，又字怀谨）请业，研读了崔氏的《史记探源》稿本和康有为的《新学伪经考》。从此，笃信"古文经为刘歆所伪造"之说，认为康有为、崔适为推翻伪古文所撰写的文章在考证学上很有价值。

◎ 在师大服务 20 年教员合影。前排右二为钱玄同。

新文化运动的揭幕人

辛亥革命后，钱玄同曾任杭州教育专署科员、视学。1912年，原同盟会等组织合组为革命党，1919年改组为中国国民党。钱玄同虽是早期同盟会成员，积极参与推翻清朝的革命活动，但上述两党均未参加。然而，他于文化上的革命却有着积极性和敏感性。

1917年，随着陈独秀被聘任为北京大学文科学长，在上海创办的《新青年》杂志也迁往北京。正是这年，钱玄同开始给《新青年》杂志投稿，支持新文化运动。他以通信和撰写杂文、随感等形式，阐述自己的观点。通信的主要对象有陈独秀、胡适、刘半农、吴稚晖、林语堂、周作人等。自1917年2月至1921年初，大约4年时间内，钱玄同在《新青年》发表通信、文章有七八十篇，以1918、1919两年为最多。所发的文章有《赞文艺改良附论中国文学之分期》《反对用典及其他》《论世界语与文学》《论应用文之亟宜改良》《论白话小说》《论注音字母》《新文学与新字典》《文字改革与宗教信仰》等。这些文章涉及文学革命、汉字改革、统一国音、旧戏曲改革、提倡世界语、反对旧道德等诸多方面。

1917年2月1日，《新青年》第二卷第六号上，发表钱玄同首次致陈独秀信函，题目为《赞文艺改良附论中国文学之分期》。文中开门见山，直言道："顷见六号《新青年》胡适之先生《文学刍议》，极为佩服。其斥骈文不通之句，及主张白话体文学说最精辟。公前疑其所谓文法之结构为讲求 Grammar，今知其为修辞学，当亦深以为然也。具此识力，而言改良文艺，其结果必佳良无疑。惟选学妖孽，桐城谬种，见此又不知若何咒骂，虽然得此辈多咒骂一声，便是价值增加一分也。"7月1日《新青年》第三卷第五号发表的钱玄同再致陈独秀信，即《论应用之文亟宜改良》中说："惟选学妖孽所尊崇之六朝文，桐城谬种所尊崇之唐宋文，则实在不必选读。"1917年7月2日，他在与胡适的通信《论白话小说》中，也写道："玄同年来从事教育，深慨于吾国文言之不合一致，令青年学子不能以三五年之岁月通顺其文理，以适于应用，而彼选学妖孽，桐城谬种，方欲以不通之典故，肉麻之句调，戕贼吾青年，因之时兴改革文艺之思。"是钱玄同首先提出"选学妖孽，桐城谬种"，一语中鹄的，第一次明确了文学革命的对象，可谓振聋发聩。

钱玄同在《论应用之文亟宜改良》中，提出写作改革大纲十三事，其中有：以国语（白话文）写作；所选之字皆取普通常用者，约以五千字为度；规定语言的词序；书札之款或称谓，务求简明确当；绝对不用典；在小学课本和报纸上注注音字母；写文章加标点符号；印刷用楷体，书写用草体；用阿拉伯数码书写数字；用公元记事；书写方式改右行直下为左行横迤等。这些在今天看来是极普通的事情，而在20世纪20年代却是"奇谈怪论"。钱玄同最初的几次通信，就因为他能一语破的而引起陈独秀、胡适的高度重视。《新青年》屡屡发表钱玄同的通信、随感以及杂文等，不到一年钱玄同已成为《新青年》的轮流编辑了。1918年《新青年》的轮流编辑依次有陈独秀、胡适、钱玄同、刘半农、沈尹默、李大钊6人。

对于钱玄同的加入，陈、胡等人都有记述和评论。陈独秀在回复钱玄同信函中说："以先生（指钱玄同）之声韵训诂学大家，而提倡通俗的新文学，何忧国之不景从也。可为文学界浮一大白。"胡适后来在《新文学的建设理论》一文中说："这时候，我们一班朋友聚在一起，独秀、玄同、半农诸人都和我站在一条路线上，我们的自信心更强了。"胡适在晚年撰写的《自传·文学革命的结胎时期》中说：钱玄同"原为国学大师章太炎的门人。他对这篇由一位留学生执笔讨论中国文学改良问题的文章（即胡适的《文学改良刍议》）大为赏识，倒使我受宠若惊。……钱教授是位古文大家。他居然也对我们有如此同情的反应，实在使我们声势一振。"著名文字学家、字典编纂家黎锦熙先生也说："提倡'文学革命'的第一篇论文是胡先生的《文学改良刍议》，看题目就知道是不甚激烈的；第二篇是陈先生的《文学革命论》，才正式喊出'文学革命'这个口号来，可是还不如钱先生《通信》和《随感录》的激烈。并且编辑人中，只有他是旧文学大师章太炎先生的高足，学有本源，语多'行话'，振臂一呼，影响更大。"

钱玄同虽出身名门大家，但却站在劳动人民的立场上，坚决要打破几千年来文字、文学、文化只为少数人垄断和服务的状况，提倡新文学，认为使用白话文写作，少用冷僻晦涩的典故，文章才更容易被一般人所接受，更容易为民主制度服务。对于写作，他认为："此十三事之中，第一事（国语写作）自然是根本上之改革。惟弟于第六事（绝对不用典）尤为注意。弟以为今日作文，无论深浅高下，总要叫别人看得懂。故老老实实讲话，最佳。"他又写信予陈独秀，建议在《新青年》率先使用白话文及书写为"左行横式"。在钱玄同的积极倡导推动下，1918 年 1 月 15 日出版的《新青年》第四卷第一号，开始用白话文撰文，并采用新式标点。这是钱玄同宣传、鼓动的结果，是开我国使用白话文、使用新标点之先河。黎锦熙先生评论此事时说：《新青年》四卷一号"是中国直行汉字而用新式标点符号排印的第一本书，出版时许多人一见就哈哈大笑，以为怪物。"就是这个"怪物"，成为拯救了中国的文化的先锋，其意义深远，今天怎样评价都不为过。

钱玄同在为《新青年》不断投稿的同时，也积极为该杂志物色优秀撰稿人。周树人、周作人两兄弟是他东京时的同窗好友，他深知他们的思想与文学才能为国内少有。他多次造访周氏兄弟寓所——宣武门外南半截胡同补树书屋,动员他们为《新青年》撰稿。周作人很快就有稿子交来,而其兄周树人则迟迟没有动笔,也不想动笔。钱玄同一向做事认真,不达目的决不肯罢休。他不厌其烦地一次次到周宅,做说服动员工作。他与周树人都很健谈,常常从下午四五点钟开始,一直聊到深夜十一二点才结束,中间的晚饭也从未使他们的谈话中断。

一次,钱玄同又兴冲冲地到周宅。周树人因社会腐朽、人民浑浑噩噩而心灰意冷,整天消磨在抄录古碑文上。钱见周的书桌上一叠叠的古碑文,就问:"你抄了这些有什么用?"答:"没有什么用处。"钱又追问说:"那么,你抄他是什么意思呢?""没有什么意思。"钱玄同又说:"我想,你可以做点文章……"周树人辩驳说:"假如一间铁屋子,是绝无窗户而万难破毁的,里面有许多熟睡的人们,不久都要闷死了,然而是从昏睡入死灭,并不感到就死的悲哀。现在你大嚷起来,惊起了较为清醒的几个人,使这不幸的少数者来受无可挽救的临终的苦楚,你倒以为对得起他们么?"钱玄同坚决地说:"然而几个人既然起来,你不能说决没有毁坏这铁屋的希望。"他苦口婆心地劝说周树人去唤醒沉睡的人们,大家共同打破吃人的旧社会,希望是存在的。周树人终于写出白话文小说《狂人日记》,以鲁迅为笔名发表在《新青年》第四卷第五号上。这是中国第一篇白话文小说,是讨伐吃人的旧社会的檄文。鲁迅自己在回忆这段历史时说:"是的,我虽然自有我的确信,然而说到希望,却是不能抹杀的,因为希望在于将来,决不能以我之必无的证明,来折服了他之所谓可有,于是我终于答应他也做文章了,这便是最初的一篇《狂人日记》。从此以后,便一发不可收,每写些小说模样的文章,以敷衍朋友们的嘱托,积久就有了十余篇。"鲁迅的作品不断,其文语言犀利,思想深刻,篇篇都是刺向旧社会的利剑。鲁迅这个名字也响遍中外,被毛泽东称为"中国文化革命的主将","不但是伟大的文学家,而且是伟大的思想家和伟大的革命家"。

自从树起文学革命的大旗以来,陈独秀、钱玄同等始终没有遇到一个有力的敌手。为将新文化运动讨论更深入,辩论更透彻,1918年钱玄同化名王敬轩致信《新青年》编辑部,把自己扮作反对新文化运动的顽固派,历数新文化运动的种种"罪证",进而攻击《新青年》杂志。刘半农则以回信的方式,有针对性地对顽固派的观点一一进行批判,成为讨伐顽固派最有力的战斗檄文。实际上,这是由钱玄同与刘半农自编、自导、自演的一场"双簧"。果然,顽固派中有人急不可待地跳将出来,为"王敬轩"帮腔、鸣不平。钱玄同又以《新青年》记者身份写了回信,继续抨击顽固派食古不化。当时,胡适对这出"双簧戏"颇不以为然。鲁迅却说:"矫枉不忌过正,只要能够打倒敌人,嬉笑怒骂皆成文章。"称这是一场"大仗"。"双簧戏"把顽固派批得体无完肤,是新文化运动继续深入的重要步骤,是当时的一件大事。

黎锦熙曾说:"在《新青年》上,唯有钱先生的说话,最大胆,最不怕,最痛快淋漓,最使人兴奋,所以要推他为'新文化'运动揭幕的一人。"

国语运动的舵手

国语运动,即谋求国语统一而开展的现代汉语的研究和推行活动。钱玄同说:"……我以为'国语'一词,涵义甚广,决非'本国现行标准语'一义能包括;更重要的有'统一国语,研究方言,制造音字'三义(改'古文为白话文'亦是一义);……"国语运动开始较早,但取得成果并具有规模,当属20世纪二三十年代钱玄同、黎锦熙等人领军的国语运动。

1925 年 8 月 26 日，与钱玄同共同致力于国语运动和汉字改革的老朋友黎锦熙致函钱说："《国语周刊》，我徒然挂一个编辑的名儿，甚么事情都偏劳您去做，我真惭感。我想以后就是这个办法也好：您在船头上作一个掌舵的（这自然是说轮船），我在火舱里作一个添煤的，……掌舵的有决定船行方向的全权，这是航行的公例。"这里有黎锦熙因生病影响工作的内疚，更多的是对钱玄同推行国语舵手作用的肯定，其中并不带任何虚伪。钱玄同确实是推行国音和拼音文字的主帅、舵手。

1918 年，教育部公布"注音字母"。吴稚晖编了一本《国音字典》，共一万三千字，是根据 1913 年教育部读音统一会全国代表和专家表决的字注音而成。教育部委托陈懋治邀请钱玄同、黎锦熙、王璞、马裕藻参与审查修订。这是我国确立国语字音标准之始。同年，全国第一次召开国语教科书编辑会议，主席为北京高师校长陈宝泉，会议公推钱玄同担任编辑主任。过去小学使用的教科书都是文言文。第一册新编国语课本为一年级教科书，由钱玄同、马裕藻、沈尹默等合编，徐悲鸿画插图，全部是白话文，还有注音字母。这是开我国"国语"教科书之先河。他还向有关人建议：使用注音符号代替某些写不出的字或外国人名、地名。由他负责向相关老师辅导注音符号的使用。次年，他又兼任教育部国语统一筹备会常驻干事。自此，钱玄同对于国语、国音、注音符号、国语罗马字、简体字等的制作、推行，悉心策划。不管前进的路上阻力有多大，他始终抱着救世的热情，以一个正直的知识分子的良知，努力冲破旧文化的束缚，竭尽全力参与新文化的缔造，鹄望新文化曙光的到来。

国语注音与方言注音是统一与不统一的矛盾，但是，它又都是为普及教育服务的。为促进全国语音之统一，首先要通晓全国的方言土语。钱玄同对此事极有兴趣，且非他莫属。他是章太炎的高足，本可以做些高深的专业研究工作，但他在研究音韵学使之精益求精的同时，将更多的精力投入普及国语，普及教育。钱玄同率先与他人合作为《吴歌》《越谚》作注音，并与他人用精密的方法整理出苏州方音的音韵部类，在方音的研究上开了新纪元。他与黎锦熙等人提出"右国左方"办法，即在汉字右侧注国音，左侧注地方音。这样便于学习汉字，对普及教育，可以起到事半功倍的效果。1920年，在他与黎锦熙等人的推动下，教育部明令把小学国文科改为国语科，并公布《国音字典》。1925年《国音字典》增修委员会推选钱玄同、黎锦熙、赵元任等为起草委员；6月，钱玄同与黎锦熙以私人名义在《京报》的副刊创办《国语周刊》，作为与国语反对派作战的阵地。钱玄同撰写《发刊辞》，说明办刊宗旨及欢迎各种意见"在这儿吵嘴打架"。至本年年底共出版29期，钱玄同先后发表文章近50篇。同年9月26日，钱玄同与黎锦熙、刘半农、林语堂、赵元任、汪怡6人成立"数人会"，每月一次以聚餐形式集会，专门讨论国语与国语罗马字问题。

1931年，钱玄同兼任教育部国音字母讲习所所长。同年作《十八年来注音符号变迁的说明》，于9月5日、12日发表在《国语周刊》复刊的第1、第2期（《世界日报》）上。文中对注音符号的24个声符，分为两唇、唇齿、舌尖、舌根、舌面前、翘舌尖、舌叶声7种发音方法。特别列出声调标的阴平、阳平、上声、去声和入声5声标。

从1923年至1932年，他参与修订《国音常用字汇》，计9920字，加上异体异音，凡12220字，均由钱玄同作最后审定，黎锦熙、白涤洲参加意见。其工程之浩大，非语言可以形容。1932年5月7日，教育部正式公布《国音常用字汇》，同时废止民国九年公布的《国音字典》。黎锦熙说，在《国音常用字汇》

卷首的《本书的说明》出自钱先生之手,这篇东西是他近年最精细、简明、切实之作,是一篇深入浅出的好文章。

钱玄同还是字典编纂家。他曾在大辞典编纂处工作多年,与黎锦熙等一起搜集、整理资料,仅排定卡片就多达 250 万张。编著时,钱玄同与黎锦熙分任总编纂,钱负责字性与字音,黎负责字义与词类。钱、黎二人为中国大辞典的编纂工作打下了良好基础。

汉字革命的主将

在人类历史的长河中,记录和传达语言的书写符号——文字的出现,标志着人类文明翻开了新的一页,同时文字对人类文明也起到巨大的推动作用。汉字是世界最古老的文字之一,已有六千多年的历史,现在最古可识的是三千年前殷商的甲骨文和稍后的金文。现在汉字是从甲骨文、金文演变而来的,在形体上由图形逐渐变为笔画,象形变成象征;在造字原则上从表形、表意到形声。一个字一个音节,绝大多数是形声字。但是,中国到了封建社会的末期,历史悠久、结构复杂的汉字已明显成为文化发展的阻力。有识之士纷纷要求改革汉字,或简化汉字,或罗马字母化,或拉丁字母化,或用世界语代替等,众说纷纭,莫衷一是。

钱玄同很早就主张汉字改革。他自己说,他主张汉字改革是受了李石曾、吴稚晖等人影响。钱玄同早期对汉字改革取激烈态度,认为应废除汉字。他看到封建的旧文化旧思想对人民毒害之深,改革心切,言多激愤;另外,他也懂得"矫枉必须过正,不过正不能矫枉"的道理,因此故意将话说得绝对化。对此,陈独秀曾说:"社会上最反对的,是钱玄同先生废汉文的主张。钱先生是中国文字音韵学的专家,岂不知语言文字自然进化的道理?(我以为只有一个理由可以反对钱先生）他只因为自古以来汉文的书籍，几乎每本每页每行，都带着反对德赛两先生的臭味；又碰到许多老少汉学大家，开口一个国粹，闭口一个古说，不音声明汉学是德赛两先生天造地设的对头；他愤极了才发出这种激切的议论。"鲁迅也在《无声的中国》里说："钱玄同先生提倡废止汉字，用罗马字来替代。这本来也不过是一种文字革新，很平常的，但被不喜欢改革的中国人听见，就大不得了，于是便放过了比较平和的文学革命，而竭力来骂钱玄同。白话乘了这一个机会，居然减去了许多敌人，反而没有阻碍，能够流行了。"

为推行汉字改革，钱玄同多次撰文大声呼吁：中国的文字必须改革！他由废除汉字，逐渐到提倡汉字拼音并赞同采用罗马字母，还认为在实行拼音以前第一步应推行简化字。1923 年钱玄同在《国语周刊》第一卷第七期"汉字改革号"上发表《汉字革命》一文，态度鲜明地指出汉字的罪恶及汉字必须革命的理由，又从汉字的变迁史上研究，说明汉字革命，改用拼音是完全可能的。他尖锐地批评了那些已经感觉到汉字的难识、难记、难写，却又赞赏、保留汉字的高深优美，只是另外制造一种粗浅的拼音文字，为知识低下或不识字的人们使用，认为这是知识的不平等。他说："人们对于社会上的无论什么事物，如果发现了它的毛病，非'改弦而更张之'不可，那就应该明目张胆地鼓吹革命：对于旧的，尽力攻击，期其破坏，消灭；对于新的，尽力提倡，期其成立，发展。这才是正当的行为！要是既想改革，又怕旧势力的厉害，于是做出遮遮掩掩、偷偷摸摸的样子，说上许多不痛不痒的话，对于四面八方一律讨好，希望做到什么'妥协'、什么'调和'的地步，那是一定不会有好结果的；不但没有好结果，而且还要发生'是非混淆'、'新旧糅杂'的坏现象！老实说，这样的'灰色的革命'，我是很反对的。"这段话，是钱玄同对于汉字革命的态度，更可以看作是他对待社会变革的态度，表现了他的率真和性格的耿介。这篇被称为"斟酌饱满"的长文与黎锦熙的《汉字革命军前进的一条大路》、赵元任的《国语罗马字的研究》，成为轰击旧汉字的几门重炮。

1922年，钱玄同在教育部国语统一筹备会第四次常年大会上，提出了由他起草的《减省现行汉字的笔画案》（连署人有陆基、黎锦熙、杨树达）文中说："我以为改用拼音是治本的办法，减省现行汉字的笔画是'治标'的办法。那治本的事业，我们当然应该竭力去进行。但这种根本改革，关系甚大，不是一朝一夕就能达到目的的。例如字母的选择，词类的连接，同音字的改换，字典的编纂……都非经过详细的讨论是不容易决定的。""我以为现在减省汉字笔画，应该根据现在通行于民众社会的简体字。这种简体字，十之七八都是从宋元时代流传下来的。我曾拿它分析，得了八种构成方法。"他举了通行于民间的简体字：龜—龟、壽—寿、爲—为、當—当、聲—声、辦—办、從—从、燈—灯、響—响、幾—几等字为例。他说："我们不认它是现行汉字的破体，认它为现行汉字的改良之体。正如我们对于白话文学一样，不认它是比古文浅鄙的通俗文学，认它是比古文进化的优美文学。"大会通过了这个提案，组织了"汉字省体委员会"，钱玄同被推选为首席委员。大会还通过了由黎锦晖、黎锦熙和钱玄同提议的《废除汉字采用新拼音文字案》。

1923年，钱玄同在教育部国语统一筹备会第五次常年大会上，提出请组织"国语罗马字"委员会的议案被通过，大会主席指定钱玄同、黎锦熙、赵元任、林语堂、汪怡等11人为委员。他还提出《请组织国音字典增修委员会案》被通过，指定王璞、钱玄同、黎锦熙、汪怡、赵元任、吴稚晖、沈兼士等27人为委员。在改革汉字、统一国音的各组织中，钱玄同始终是重要成员。

自1929年以后，钱玄同就患高血压症，血管硬化，神经衰弱，一直到后来的视网膜炎。但是，他还一直努力编写一部《简体字谱》。1934年，在国语统一筹备委员会召开的第二十九次常务委员会上，钱玄同提出《搜采固有而较适用的简化字案》。1935年3月到6月，他带病制定出1 300余简化字，即《第一批简体字表》。同时，他致函教育部长等人，详细叙述了搜集、选择简体字的经过和参考书目。他还在《论简体字致黎、汪书》中讨论了"简字之原则"，如：所采之材料，草书最多，俗体次之，行书又次之，古字最少。又说：所集之字，字字有来历。上报教育部后圈定了仅324个字公布。后因一些国民党上层人物的反对，这批简化字仅推行一年就被下令"暂缓推行"。钱玄同无可奈何地说："倒也不在乎！"在这满不在乎的背后，他对自己的心血付诸东流是何等的悲痛和惋惜。但是，钱玄同毕竟是我国简化字最早的官方制定人，相当数量的简化字已经被社会认可，广泛使用，并深入人心。人民是不会忘记他的。1958年周恩来总理在《当前文字改革的任务》报告中曾代表政府充分肯定了钱玄同、黎锦熙等人在汉字改革之初所作出的种种努力和卓越贡献。

古史辨伪的坚强后盾

钱玄同读史敢言无尧舜，主张离经叛道，在历史的辨伪方面作出卓越贡献。他有两句名言："考古务求其真，致用务求其适。"他提倡疑古，对古代经史做了许多考证并撰写翻案的文章。他就是要还历史的本来面目，即实事求是。他多次以通信形式发表对历史、历史人物及历史书籍辨伪的文章。1921年他与顾颉刚为辨伪问题的通信，在学术界产生很大影响，可以说这是1923年中国学术界轰轰烈烈讨论我国上古史问题的前奏。

1922 年，钱玄同任北京大学《国学季刊》的编辑。其他编辑还有胡适、沈兼士、周作人、李大钊等，胡适为主任编辑。他希望《国学季刊》中要多发表"离经叛道"、"非圣无法"的材料，免得渐渐"遗老化"。

1923 年钱玄同再次与年轻的历史学家顾颉刚讨论古史辨伪问题，他称赞顾颉刚的"层累地造成的中国古史"的意见"精当无伦"。他对古史中从尧舜的存在到一些古史、古文的内容、时间提出质疑。虽然，当时钱玄同没有掌握历史唯物主义的批判精神，难免有形式主义地看问题的缺点，然而他敢于揭穿经书的老底，剥去它们神圣的外衣，从根本上推倒二千余年来人们崇信的偶像和信条，那种彻底反对封建主义的精神十分可贵。这些通信发表以后，学术界立即展开激烈的争论。他认为，新文化运动的目的就是除旧布新。有五千年文明历史的中国，要破除的任务既多又艰巨。他重视辨伪事，也辨伪书。他说："考辨真伪，目的本在于得到某人思想或某事始末的真相，与善恶是非全无关系。"又说，辨"伪书"与辨"伪事"宜兼及之；而辨"伪事"比辨"伪书"尤为重要。顾颉刚在他的帮助指导下，写出《古史辨》一书。顾颉刚晚年撰写《我是怎样编写〈古史辨〉的？》写道："钱玄同一身受了章太炎和崔适两人的相反的思想影响，于今、古文家都不满意，他常对我说这两派对于整理古籍不实事求是，都犯了从主观成见出发的错误。"在支持顾颉刚古史辨伪的朋友中，"其中最主要的一位就是钱玄同"，称钱玄同关于古史辨伪的几通信函，就是"轰炸中国古史的原子弹"。后来，郭沫若在《中国古代社会研究》中高度赞扬钱、顾的古史研究的态度，对钱玄同的观点不但表示赞同，而且说："这些见解与鄙见不期而同，但都是先我而发的。"1931 年，钱玄同为方国瑜标点的《新学伪经考》作长序，题为《重论经今古文问题》，这是钱玄同对经学今古问题的成熟见解，他在文章结尾有精辟之语："总而言之，我们今后解经，应该以'实事求是'为鹄的，而绝对破除'师说'、'家法'这些分门别户、是丹非素、出主入奴的陋见。"由此可见他的疑古精神既彻底又客观。

音韵学大师和教育家

1913 年 8 月，钱玄同到北京，9 月任北京高等师范学校（北京师范大学前身）史地部及附中教员。1915 年后长期出任国文系教授，1928 年后任系主任，讲授音韵学、说文研究、经学史略、周至唐及清代思想概要、先秦古书真伪略说等课。1931 年，任北京师范大学研究院导师，曾在北京大学、孔德学校等学校兼课。

钱玄同是著名音韵学大师。他在日本留学时师从章太炎，回国后又拜崔适为师。他对音韵学家章太炎、崔适以及黄侃的音韵学有继承、学习，也有修订和发展。他最先利用国际音标拟测古韵的全部音读。从民国初年他就开始在北京高等师范学校和北京大学任教，讲授音韵学等课程，成为当代著名大师，并培养出许多语言学家，如著名语言学家罗常培、魏建功、白涤洲、赵荫棠等都是他的学生。魏建功先生在《回忆敬爱的老师钱玄同先生》一文中曾说："先生的伟大在'循循善诱'而'无拘牵罣碍'的引导后军。只有我相随十多年才晓得先生这一点美德，是若干旧或新的人师者所不及！"在魏建功的眼中，钱玄同是举世无双的人师。这个评价，钱玄同当之无愧。黎锦熙称："他教授音韵学二十年，参稽甚广，剖析极精，酌古准今，日新月异，所以十余年来，索性不编讲义，只印制几种重要的表，……最后几年，连这些表也不要了，全凭口说，任人笔记。"关于音韵学，他的论文很多，但专著却不多，只有《文字学音篇》讲义和教育部国语讲习所编的《国音沿革六讲》。他又都不满意，常常扬言要修改

101

后再发表。但他实在是事情太多,无暇坐下来专心撰写长篇专著。他的学生白涤洲曾想为他做课堂笔记,然后整理成书。怎奈白涤洲仅听了一堂课,就染病去世,此事只好作罢。

钱玄同博学善言又教学认真,讲课非常精彩,受到学生们的一致称赞。文化名人张中行在《钱玄同文集》的《序言》中有这样一段:"其时钱先生是师范大学国文系主任,到北京大学任教是兼职,名义是名誉教授。中国音韵沿革一周两课时,连续讲,钱先生很少请假,所以每周可以见到一次。印象呢,中等身材,偏于丰满,面部大而白净,眼也大而很近视。口才好,立着讲,总是准时开始,准时结束。在大学(尤其北京大学)授课,重学而轻法(教学法),就我听过课的一些文史界名流说,多数是笔高口低,举顾颉刚先生的例,下笔千言,到课堂上讲就既不清楚又不流利。钱先生不然,用普通话讲,深入浅出,条理清晰,如果化声音为文字,一堂课就成为一篇精练的讲稿。记得上学时期曾以口才为标准排名次,是胡适第一,钱先生第二,钱穆第三。胡先生名列钱先生之前,是因为有时加点风趣,能使学生破颜为笑。钱先生则总是郑重其事,与朋友间或书札中的表现不同。这证明钱先生性格的重要一面是认真负责,上课堂,所传是师道,专由外表看就不得不偏于严肃。"

早在 1916 年,钱玄同曾与马裕藻合著过《高等师范学校预科国文教授法》一文,他们根据学生的不同专业对国文要求亦不同,英文部选文"宜高美博雅";历史地理部"宜偏重史地一方面,故凡左传、通鉴及四史中叙记之文";国文部宜选"实用主义"等,对各预科的国文均有所侧重。后来,他多年出任国文系系主任,对系内各课程的内容和学分都有详细的规划。虽然在 1917 年钱玄同就提出"选学妖孽,桐城谬种",因此被誉为新文化运动的揭幕人。这是针对千百年来封建的科举选才办法,使国人禁锢于旧学,不思变革，最终导致国家衰败。但是，作为散文中的一个流派，钱玄同并不排斥桐城派。当他出任国文系主任后，聘请桐城派领袖吴汝纶的高徒、被陈垣誉为中国"三百年来，无与伦比"的骈文魁首高步瀛讲授骈文。这是他对学生高度负责的态度。1934 年，师大为表彰他执教学校 20 年，奖励他一尊刻有"诲人不倦"的银盾（现存师大）。

◎ 学校授予钱玄同的银盾

钱玄同关注教育的宗旨，关心学生的成长，要把青年学生培养成改造社会、对国家对人民有用之才。1919 年他在《北京高等师范学校周刊》第 62、63 两期上连载题为《施行教育不可迎合旧社会》的文章，开宗明义说："教育是教人研求真理的，不是教人做古人奴隶的。教育是教人高尚人格的，不是教人干禄的。教育是改良社会的，不是迎合社会的。中国数千年来的教育和上面所讲的三句话，没有一句不相反背。"文中，他将过去的教育分为两种。一种为："教人取消自己的人格，一味给古人做留声机器或把自己锻炼琢磨，造成一个假古董。所以他们的教育宗旨，就是什么'诵法先王'、'希圣希贤'这些话。……这是教人只许做古人的奴隶，不许研究真理。"另一种为："以前的小孩子，他的父母送他到书房里去读书，是希望他将来中状元，做大官的。读书就是做官的敲门砖。"钱玄同向"学而优则仕"和"万般皆下品，唯有读书高"封建信条挑战。他严厉地批评了当时社会上流行的"施行教育，不可违反了社会的习惯"的种种流弊。最后，他说："教育就是改良社会的，不是迎合社会的。现在世界上一切新理，诸公研究了认为正当的，在学校方面，应该积极提倡，冀青年学子依着去做。在社会方面，也该想法诱导冀其潜移默化，千万不可'枉道而事人'，去敷衍那'乌烟瘴气'的旧社会，干那'贼夫人之子'的勾当。"这是钱玄同作为一位教育家改革社会、讨伐旧教育的一篇宣言。

1925 年，钱玄同在孔德学校《旬刊》上发表了《我所希望的孔德学校者》一文，对教师和学生均提出希望。其中对学生提出：1. 有科学的头脑；2. 有文学的手笔；3. 对于古书有历史的眼光；4. 对于社会有改革的热诚。仅从这四条，就足以看出钱玄同对青少年教育高瞻远瞩。

爱国反帝反封建的楷模

钱玄同一生自言对政治不感兴趣，但是他对中国政治、经济上的革命、改革，思想、文化方面的革命、革新一向十分热心，又一贯主张政治民主，思想自由。他是有鲜明的爱憎的，并以自己理解的方式表达一颗赤子之心。

1919 年"五四"运动当天，在教授中自始至终陪着学生游行的，只有钱玄同一人。是年 11 月 1 日，他到天津"觉悟社"与周恩来等社员座谈，一起研究白话文学的问题。

1924 年 11 月，钱玄同等创办《语丝》，多次不顾个人安危，以犀利的笔锋、诙谐的文字发表杂文，抨击时弊，讽刺军阀政府查禁进步书刊。1925 年"五卅惨案"发生后，钱玄同曾在给朋友的回信中说：中国"革命的目的"不是简单的"救亡"，主张中国革命的道路应在接受"全世界的现代文化"，而不是"复兴古人之精神"。他根据自己的研究，相信"历史的确是进化的"，就全体而论，后代总是胜过古人。他又说："现在的中国，无论国强国弱，国危国安，国存国亡，革命总是不可以已。吾人一息尚存，革命之志不容少懈。"他一生忠于自己的信条，并为之奋斗。同年，他还发表了题为《关于反抗帝国主义》一文，文章中说，"五四"以来有两个口号，它们是"内除国贼，外抗强权"。关于"外抗强权"，他说："帝国主义对于咱们施行政治和经济的侵略，真可谓无所不用其极了。……咱们被人家侵略，绝对的不应该投降，绝对的应该反抗，这是天经地义，不容丝毫疑惑的。"对于"内除国贼"，他说："军阀政蠹自然是国贼……。凡与中华民国国体政体和一切组织抵触的，都是'国贼'，都应该'除'它，而且'除恶务尽'！"他主张将反抗帝国主义和反封建斗争结合起来，一面积极反抗帝国主义的政治、经济侵略，一面用民主、科学思想和现代文化知识"唤醒国人"。文中大声疾呼，要反帝反封建就要唤醒民众，并铲除民族的种种恶习——即今天我们所说的提高国民综合素质，尤其要铲除国民的奴性！要请德先生（Democracy）、赛先生（Science）、穆姑娘（moral）来帮助我们建立新的国家。这是"五卅惨案"后，钱玄同写的一篇用意深远，感情沉痛，说理透辟的政论文。他还多次在《猛进》杂志上发表文章。

1926年"三一八"惨案后，他积极参与为北京师大范士融烈士的遗孀、孤女捐款，并为范士融烈士纪念碑书写碑文。

他留日多年，日语很好，日本朋友也不少。但是，自"九·一八"事变以后，他越来越不愿意与日本人接触。他耻于与侵略我国的敌国人交往。当然，他的做法并非完全正确，但至少说明他对侵略者的痛恨和对祖国河山破碎的痛心。

1935年12月，"一二·九运动"中，钱玄同积极参与捐款，为被军警打伤的师大学生疗伤。

1936年，因为日本帝国主义侵华日益嚣张，钱玄同与北平文化界教授徐炳昶、黎锦熙等 70 余人联名发表宣言，向国民政府提出抗日救国七条要求。同年 11 月，他踊跃为绥远抗日将士捐款。

1937 年"七七"事变后，钱玄同因病不能与北师大转移西北，留在北平。他恢复钱夏旧名，表示是"夏"而非"夷"，不做敌伪顺民，拒绝伪聘，赋闲在家，过着贫寒的生活。他写信给已迁至西北城固的师大老朋友黎锦熙，信中屡次说道："钱玄同决不'污伪命'。"他认为凡到敌伪组织任职或任教都是"污伪命"。他也常常自责"无执干戈以卫社稷之能力"，并为此痛苦万分。

钱玄同极端痛恨并反对封建礼教。他所受封建礼教颇多颇严，对三纲五常等封建礼教最痛恨，反对也最坚决，他曾用诗句"切齿纲伦斩毒蛇"表明自己的心声。他批判旧礼教的言论特别多也特别激烈，是一个敢于向旧礼教宣战的猛士。同时，他对中华民族数千年的传统美德率先垂范，受到学人交口称赞。

他少年时父母双亡，一直跟随长兄生活，凡事必禀明兄长。他对兄嫂十分尊敬，每年阴历年必携妻带子到兄长家拜祖先。他中年时，已 80 高龄的嫂子在编著关于清代闺媛诗文，钱玄同亲自去付梓、校对，并为此书编写了依"广韵"排列的姓名索引。他对与自己年龄相仿的侄子们一向十分友爱。

他反对封建的包办婚姻，主张自由恋爱，但也绝对反对乱爱。他与由哥哥包办的妻子相亲相爱，关系非常和谐。妻子常年有病，他关心体贴，照顾周到。旧社会文人纳妾、逛青楼都是平常事。钱玄同从不行这种龌龊事，他说"如此便对学生不起"。有人以他妻子身体不好为由劝他纳妾。他严词拒绝，并说："《新青年》主张一夫一妻，岂有自己打自己嘴巴之理？"他还说："'三纲'者，三条麻绳也，缠在我们的头上，祖缠父，父缠子，子缠孙，代代相缠，缠了两千年。'新文化'运动起，大呼'解放'，解放这头上缠的三条麻绳！我们以后绝对不得再把这三条麻绳缠在孩子们头上！……所以我自己拼着牺牲，只救青年，只救孩子！"他积极支持长子自由恋爱，并为其主持新式订婚仪式。黎锦熙曾高度评价钱玄同说："钱先生自己一生在纲常名教中，可算得一个'完人'。"又说："他一生安身立命之处，还是'最大多数的最大幸福'之'功利主义'，墨家的人生观。"

钱玄同虽然常出言激烈，但待人极宽厚仁慈，不乏友朋和弟子。鲁迅是他众多朋友中的例外。当年在日本师从章太炎习音韵学，他们是同门兄弟；在动员周氏兄弟为《新青年》撰稿时，钱玄同堪称伯乐；在编辑《新青年》杂志时，他们是志同道合的同事。后来，钱玄同遭到鲁迅莫名其妙的讥讽，他总以避之为上。1936年，鲁迅病逝。钱玄同撰写了《我对于周豫才君之追忆与略评》一文，高度评价鲁迅的思想是"海内数一数二的"，"读史与观世""能抉发中国社会的痼疾"，说鲁迅"治学最谨严"，同时也指出鲁迅的多疑、轻信、迁怒三短处，表现了一代大师的胸怀与脱俗。

1939年1月14日，钱玄同因老友李大钊的子女生活窘迫（实为李星华等筹款去延安），帮助变卖大钊遗留的《九通》图书四处奔走。时值严冬，为心血管病的高发期。17日，他奔波大半天后回家，突发脑溢血病逝。

一代宗师就这样忙碌而热情地走完了他短暂而光辉的一生！

（王　珏）

参考文献

[1] 曹述敬．钱玄同年谱．山东：齐鲁书社，1986

[2] 钱玄同文集．北京：中国人民大学出版社，2004

张星烺

中西交通史研究的开拓者

◎ 张星烺

张星烺（1888—1951），字亮尘，江苏泗阳人，历史学家。北洋大学毕业，后留学美国、德国，就读于哈佛大学、柏林大学，专习生理化学专业。曾任北京大学、厦门大学、辅仁大学、北京师范大学、燕京大学教授。

主要著作有《中西交通史料汇编》《欧化东渐史》等，并曾翻译《马可·波罗游记》玉尔校注本一部分和贝内戴托本。

张星烺是我国 20 世纪上半叶著名学者，长期从事于中西交通史（亦称中外关系史）的研究，1930 年出版的巨著《中西交通史料汇编》，被学术界公认为是我国中西交通史学科的奠基之作。他以《中西交通史料汇编》等一系列成就，对我国中西交通史的研究与发展作出了杰出的贡献。

童年、家学与求学生涯

张星烺出生于 1888 年，他的父亲张相文（1866—1933）是我国现代地理学领域的先驱者。张家祖辈务农，家境贫寒，张相文虽然自幼聪慧好学，但是家里却无力供他读书，他常立于私塾窗外旁听，私塾先生发现了他的聪明才智，认为是可堪造就之才，于是就任他随意旁听自学。青年时代的张相文以勤奋刻苦、博览群书、能诗善文闻名乡里。晚清的中国多灾多难，甲午战争后，清政府割让台湾与日本，张相文感受到了前所未有的震惊与屈辱，因此促发他开始专注中外舆地之学。张相文辗转于苏州、常州、上海等地，一面以教书为生，一面竭力购置中外舆地新书，潜心研究地理学。1901 年，他参照日本等国外地理教科书资料，编写了《初等地理教科书》和《中等本国地理教科书》等地理教材，1908 年出版了中国第一部普通自然地理著作——《地文学》。1909 年（清宣统元年），张相文在天津创建了著名的"中国地学会"，担任会长，并编辑出版中国最早的地理学期刊——《地学杂志》。张相文主张"地学救国"，他痛恨清政府的腐败，辛亥革命时积极参加了著名的滦州起义。他曾任天津北洋女子高等学堂校长，并在北京大学等校讲授地理学。

张星烺出生于这样一个爱国知识分子家庭，他自幼跟随父亲及师长学习中国经典史籍，受到过良好的传统文化教育和品德培养。1899年，张星烺跟随父亲来到上海，考入父亲任教的南洋公学留学甲班（小学低班）。不久，父亲因故离开南洋公学回到家乡，却把年幼的张星烺留在上海，许多人不解其意，张相文曾作诗《携儿子星烺就学沪上》，诗中写道，"别有传家新作计，任教父老惜狂徒"，表达了自己有意让儿子经受磨砺、承继家学的心意。1902年，张星烺考入北洋大学，学习理科。

1906年，张星烺因成绩优异，被选派到美国留学，就读于哈佛大学化学系。1909年他在美国完成学业后，转赴德国柏林大学，师从 Emil Abderhalden 教授学习生理化学，研究多肽合成，他是我国第一个学习生理化学的留学生，学有所成，曾在德国著名的生理化学杂志上发表过学术论文。

1912年，辛亥革命胜利的消息传到欧洲，海外华人欢欣鼓舞。张星烺当时正在德国攻读博士学位，闻听喜讯，热血沸腾，激动不已，认为报效祖国的时候到了，这一年的4月他加入了留欧中华共和会，并于8月毅然决定放弃学业回国。在回国前他拿出自己的积蓄，倾其所有，购买了许多科学书籍、仪器、药品，带回国。和当时许多爱国青年一样，他满怀"科学救国"的理想，准备一展宏图。但是辛亥革命后，军阀混战的社会现实使他根本无法施展自己的才华，他的理想很快就破灭了。回国后的一段时间内，他先后在汉阳兵工厂、南京省公署等地做技术工作，生存的巨大压力使他疲于奔命。

从科学救国到潜心史学

张星烺从一位化学专家转而研究中西交通史，和他的父亲张相文是有较大关系的。张相文在南洋公学任教时，从日本教师那里学会了日文，并通过日文了解了西方先进的科学和文化。张相文翻译了诸多西方地学著作，同时还进行实地的学术考察，发表了《成吉思汗陵寝辨证书》《长城考》等一系列著述。他还考察了开封中国犹太人的碑文，写下了《大梁访碑记》，成为研究中国犹太教的重要成果，至今仍被学术界所重视。张相文的学术活动对张星烺产生了影响。早在留学德国期间，为支持父亲创办《地学杂志》，张星烺曾研究历史地理，为《地学杂志》翻译地学论文，撰写多篇游记类文章。1910 年，他开始向国内介绍西方学术界关于《马可·波罗游记》的研究情况，并开始着手翻译这一中西交通史的海外名著。回到国内后，他的"科学救国"理想屡屡碰壁，他的历史学方面的才能却逐渐得到施展。

　　1917 年，蔡元培出任北京大学校长，实行兼容并包、思想自由的办学理念，使北大成为民主与科学的堡垒。早在南洋公学时，张相文与蔡元培过从甚密，他们都加入了同盟会，参加了革命活动。张星烺留学德国时，蔡元培也在德国莱比锡大学留学，张星烺前往莱比锡看望蔡元培，两人一起参观了马丁·路德、歌德、席勒等名人故居，思想有过深入的交流。蔡元培了解张氏父子的为人和学识，遂聘请了张相文、张星烺父子来北京大学。由于回国后生活不稳定，加上工作劳累，张星烺患上严重的"吐血病"，身体状况不好，蔡元培对他很关照，聘他为当时由北洋政府附设在北大的"国史编撰处"的纂辑员，派他去日本一面收集国史资料，一面就医。张星烺到日本后被确诊为肺结核，需要在空气清新、环境幽静的地方静养，于是他就常常去东京上野公园帝国图书馆，埋头收集资料。除国史资料外，他尤为注意阅读亨利·玉尔译注《马可·波罗游记》时所使用的资料，逐渐进入到一个新的研究领域。在阅读的过程中，他发现，在中西交通史研究领域，西方学者多有著述，整理出许多有价值的资料，而中国学术界却极少有人研究。他的心被深深触动了，后来他自己回忆说："古人所存而不议之史料，视为纰缪不经者，西人皆代吾一一证明。甚至中国版图以内多种问题，中国学者争论不定。西洋人代为调查探测，清理判决者，不一其事也。"他感慨道："中国史地，西洋人且来代吾清理。吾则安得不学他人，而急欲知彼对我研究之结果何如乎？昔契丹主谓我于宋国之事，纤悉皆知；而宋人视我国事，如隔十重云雾也。呜乎，是何今之人，酷类于宋之人也！"正是"有慨于是"，所以他才下决心要全力收集有关中西交通史的外文史料。在日本的一年里，除了完成蔡元培交给他的任务外，张星烺还完成了后来《中西交通史料汇编》一书的框架，以备回国后继续收集整理相关的汉文文献，中外文献结合，丰富完善。

　　1919年，爆发了"五四"运动，蔡元培因北洋政府镇压学生运动等缘故，辞去了北大校长之职，"国史编纂处"被政府收回。张星烺回到浙江黄岩的岳父家休养。他的岳父王舟瑶是一位著名的经学大师和教育家，家藏古书数万卷，为张星烺的研究提供了极大的帮助。他遍览中文文献，辑录出有关中西交通史的文献，并将中国史书的记载同他所搜集到的外文资料进行比勘，"中国记载，证明外国事实，或外国记载，证以中国事实"。此后，为生活计，他还曾出任长沙工业学校化学系主任和青岛四方机车厂化验室主任，据其子张至善回忆，这段时间他白天以化学为业，和化学药品、仪器打交道；夜间则致力于中西交通史料的整理和研究。张星烺自己说："年当而立，为家庭盐米之故，南北奔波，挟稿以随。稍有余暇，捉笔书之。盛暑挥汗，严冬呵冻，未尝辍笔。凄风苦雨，孤灯寒月，费尽心力，始得毕业。"

受聘厦门、辅仁大学与从事中西交通史研究

1926 年，厦门大学校长林文庆在全国范围内不拘一格网罗人才，以提高学校的声誉，他聘请张星烺出任厦大国学研究所所长。来厦门大学工作后，张星烺实现了以史学为业的理想。

南洋地区是古代中国和西方物质文化交流的重要交通通道，南洋史地和中西交通史关系密切，来厦门后地缘的关系使得张星烺开始研究南洋史和华侨史。张星烺在厦门大学开设了"南洋史地"和"华侨史"的课程，系统讲述南洋史和华侨史。

张星烺在南洋史地相关研究方面先后发表了《唐时非洲黑奴入中国考》《菲律宾史上李马奔 Limabong 之真人考》《泉州考古记》等六篇论文，对南洋史地进行了深入的研究。张星烺对南洋史地研究的贡献还体现在他的《南洋史地》中，这是由清华大学印制的《南洋史地》课程的讲义，线装，一函，上、下册，共 362 页。讲义内容分为南洋地理概观、印度文明传入马来西亚、中国与马来西亚之古代交通、阿拉伯与马来西亚之关系、元明两代中国努

◎ 1931 年辅仁大学史学系师生合影。前排右五为张星烺，右三为陈垣。

113

力伸入马来西亚、回回教在南洋之广布、欧洲与马来西亚之初期关系、葡萄牙之东方帝国之盛衰、西班牙在菲律宾之历史、美国在菲律宾之历史、荷兰在爪哇等地之历史、英国在海峡殖民地及北婆罗洲之历史、华侨史。南洋的概念很宽泛，张星烺所研究的南洋史地的重点是在英属马来半岛，荷属东印度诸岛，包括英属北婆罗洲及美属菲律宾群岛，因为在他看来，"此三处皆有甚长期之历史，在甚早时期，即与中国有交通。在今日为华侨繁殖之地。"

1927 年，辅仁大学在北平创办，经著名历史学家陈垣举荐，张星烺被聘为辅仁大学历史系教授兼任系主任。张星烺在辅仁大学开设了"中西交通史"课程，受到欢迎，当时北京大学、清华大学、北京师范大学、燕京大学也纷纷聘请他讲授这门课。此外，他还在辅仁大学讲授了"南洋史地""秦以前史""隋唐史""宋辽金元史"等课程，1928 年，他还受聘在师范大学讲授"高等有机化学"课程。

到辅仁大学任教，张星烺带来了一份大礼，即他倾注多年心血完成的《中西交通史料汇编》。1930 年，《中西交通史料汇编》作为"辅仁大学丛书第一种"正式出版。"这是我国最早出现的一部有关我国历史上对外往来史料的专著"，在学术界和出版界引起巨大影响，天津《大公报》载文评论说，"张君是书可谓最近出版界中惊人之事业"。该书的学术贡献主要体现在以下几个方面：首先，全书结构恢宏，内容完备，奠定了我国中西交通史研究的坚实基础。全书分为八编，共 120 万字，它完整、系统地梳理了自上古时代至明朝漫长历史年代里中国和欧洲、非洲、阿拉伯、波斯、印度、中亚物质和文化交流的历史，第一次将中西交通的丰富内容展现在国人面前。

其次，在编著体例上，尽管全书体系完备，张星烺却没有写成专著，而是采用了资料汇编的形式。这里面张星烺是有考虑的，他说，"不曰史，而仅作史料汇编者，盖史有史之体裁"。著名学者朱希祖对张星烺的这一做法极为称赞，他在为本书作序时说："《史料汇编》云者，固供学者之参考别裁，其谦而未称史，正可以觇张君之虚衷雅量，有殷殷期待后学之意焉。"本书名虽曰《史料汇编》，实际上却饱含着作者的研究心得。张星烺在引用资料之后，加入旁征博引的考订文字，将东西方已有的研究成果融入其中，并且"以其博览之姿，于从来疑滞实多疏通证明之功，他人所忽不经意者，张君抉发而贯穴之，遂得其映带之关系。"（《中西交通史料汇编》Barry O'Toole 序）张星烺还将自己的一些研究专题作为《附录》，穿插在各章节中，如第一册中附录的《支那名号考》、第二册中附录的《昆仑与昆仑奴考》、第五册中附录的《唐代西域人组成的军队考》等，学者们指出，这些附录具有较高的学术价值。

第三，该书在史料的挖掘和译介方面作出了突出的贡献。该书参考中文文献 274 种，外文文献 42 种。在中文史料方面，除正史外，广泛涉猎文集、方志、碑刻，甚至文学作品、神话传说，如先秦古书、两汉六朝神异怪诞之书，张星烺都有辑录。他虽不认为神异传说是信史，但认为它的出现有其背景和意义。域外史料方面，则是将许多珍贵史料第一次介绍到中国，从而使我国中西交通史的研究建立在坚实的基础之上。资料的丰富，受到学术界极大的称赞，有人评价说："取材宏富，致力精深，毅然于古今中外悬而未决之公案作一囊括席卷之壮举者，则断然当推最近出版之张星烺氏中西交通史料汇编。"研究中西交通史的另一名著名学者冯承钧称赞说：此书是"今年出版界之一大巨刊也。此书搜集中西交通材料之多，从前此类出版物莫能与之仪比。"

《中西交通史料汇编》的出版使张星烺获得了巨大的学术声誉，进入到著名学者的行列。当然，他也为此书的撰著付出了大量的心血，尽管当时他只有三十七、八岁，但已是满头白发。1981 年台静农在《联合报》上发表《辅仁旧事》一文回忆说，一次在胶济火车上，张宗昌的大兵见张星烺鬓发皆白，以为他很老，居然给他让座位，当年陈垣常常以此开玩笑。

张星烺到辅仁大学任教后，生活安定下来，待遇优裕，健康也有所好转。在辅仁大学，中西交通史是他的主要研究领域。除了对古代中国与世界物质文化的交流进行深入研究之外，张星烺还对西方文明对中国的影响投入了较多精力，因为进入近代以来，以欧洲文明为代表的西方文化对中国社会产生了深刻的影响，这种变化是亘古未见的。张星烺将欧洲文明分成有形与无形两大类，他认为，中国与欧洲文化，有形上与无形上，完全不同，都是经过了千年的演变。东西方文化孰为高下，诚不易言，但自中欧交通以来，欧洲文化逐渐散布东土，使得东方固有文化呈现式微之势。以有形之物质文明来看，中国与欧洲相去，何止千里，不效法他人，必致亡国灭种。但是对于无形之思想文化，则以东西方民族性不同，各国历史互异之故，需要慎重考虑。可见他主张学习西方，但不是全盘西化。1934 年，作为"新时代史地丛书"的一种，商务印书馆出版了张星烺的新著《欧化东渐史》。该书共分三章，各章标题是：一、欧化东传之媒介；二、有形欧化即欧洲物质文明之输入；三、无形欧化即欧洲思想文明之输入。全书详细论述了西方宗教的传入，商贾游客、军政界人士之东来，中国人留学欧洲，以及军器、艺术、财政、交通、教育、宗教、伦理、政治思想、学术思想等对中国社会造成的深刻影响。该书的出版同样受到赞誉，被认为和《中西交通史料汇编》一起奠定了我国中外关系史研究基础。该书解放前就曾多次印行，1974 年台湾再版此书，2000 年，商务印书馆根据该社 1948 年版修订后再版，可见其学术价值和社会影响之深。

《马可·波罗游记》的介绍、翻译和研究

张星烺研究中西交通史的另一个突出的贡献是对学术名著《马可·波罗游记》所进行的介绍、翻译和研究。根据目前学术界的研究成果,我国开始有人介绍马可·波罗始于 1853 年,英国伦敦会所属的英华书院在香港出版的《遐迩贯珍》中文月刊 10 月 1 日第 3 号上,刊出了未署名的《西国通商溯源》,讲述了中西互市的历史,其中特别提到了马可·波罗的来华。1909 年,魏易开始将马尔斯登英译本翻译成汉文,1913 年出版了我国最早的一个全译本《元代客卿马哥博罗游记》。学者们认为,魏易汉译的底本不是最好的,再加上他历史知识的缺乏,译本中错误很多。最早将《马可·波罗游记》及西方权威性的研究成果系统准确地介绍给国内并对学术研究产生较大影响的当属张星烺。

根据张星烺在《马可·波罗游记导言》自序中的回忆,1910 年,他在德国留学时,经德国朋友介绍,从皇家图书馆借到了"为世界各种文字中最佳之本"的英国学者亨利·玉尔译注的《游记》,遂"发愿译成汉文,介绍是书于汉土之历史地理家。"《马可·波罗游记》在传抄的过程中,形成诸多不同的抄本,其中著名的有 F 本、G 本、R 本和 Z 本等,Z 本发现稍晚。英国学者亨利·玉尔(Henry Yule)依据 G 本并参照 F 本等,对《马可·波罗游记》进行了补订,译成英文,并利用更为丰富的东方史料加以注释,完成了一个校注本,题名为《威尼斯人马可波罗阁下关于东方诸国奇事之书》,考狄埃(Henri Cordier)又作了增补。玉尔—考狄埃的著作被誉为是 19 世纪博学的不朽巨著,在 1938 年由穆勒(A.C.Moule)与伯希和(P.Pelliot)完成的以 Z 本为底本,校订汇补其他抄本而成的《马可·波罗寰宇记》出版之前,这是国际学

术界公认的最好的本子。张星烺选择亨利·玉尔译注的《游记》，进行译介，当然是颇具慧眼的。

1913 年，他的翻译工作开始，1923 年所译导言部分在《地学杂志》上刊登，1924 年《〈马可·波罗游记〉导言》作为北京受书堂丛书，由中国地学会出版发行。该书共 14 章，91 节，书中介绍了马可·波罗和鲁思梯切洛的人生经历和相关情况、《游记》最初使用的语言、抄本和历次翻译、刊行的情况、它的价值影响。张星烺在玉尔的考订之外，做了许多增补，他说"余研究此书十余年矣。常将西人研究，与吾国史书互相参证，辄觉西人之说有理，循其理而旁证之，时能得有新证据，足以阐明西人之说者。又西人之说谬误之处，间亦有之，翻译之时，参证中国史书，据实改正者，亦时有之。"今天研究马可·波罗的学者依然认为，该书是我国第一部全面准确地介绍《马可·波罗游记》相关问题的著作，具有重要的学术价值。至此，学术界开始期待张译《马可·波罗游记》的全面问世。

实际上在 20 世纪 20 年代的中国学术界，出版这样的译注并不容易。张星烺的部分译稿在民国七八年便已完成，但"收藏有七八年，无人承印"，为了能"早日出版，贡献于士林"，他不得不"携此稿南北奔走"，一无所成。张星烺到辅仁大学任教之后的 1928 年秋，情况发生转机，美国哈佛大学与北平的燕京大学合办中国国学研究所，愿意资助出版学术著作，这样 1929 年张星烺翻译的玉尔本《游记》第一册才由燕京大学图书馆发行。张星烺感慨说："提倡学术，端赖外人，不亦愧乎？"本译注包括序言 18 章，第一卷 30 章。全书采用文言文翻译，原书中玉尔的注释和诸多学者的考证全部被翻译出来，在"张星烺补注"名下，译者也加入了大量自己的研究成果。丰富的资料和精密的考订，使得该书受到学术界的称赞。遗憾的是，全书只译出七分之一，此后未再出版。

此后张星烺研究《马可·波罗游记》的工作并未停止。1934 年，他为商务印书馆百科小丛书编著了《马可·波罗》的小册子，1936 年，则将利奇（Aldo Ricci）的英译本翻译成中文出版。1928 年贝内戴托（Luigi Foscolo Benedetto）以 F 本为主，以 R 本、Z 本为辅，刊布《游记》补注本，受到学术界的称誉。1931 年，利奇将其译成英文出版。张星烺选择这个本子翻译，除了因为它是"最新而又最完备的之版本"外，还有一个原因是为了将《马可·波罗游记》这一学术名著推荐给普通读者，他说：英文中最有名者，即亨利·玉尔本，此所谓学士著作（Scholar Works），注释中陈列各家之说，往往一注能有数千字，或万余字，专为学士研究学问而作，定价昂贵，非一般民众购买力所能备，而亦非一般民众所必须知者。今此译本之原书，属民众读本（Popular Works）。此次完成的中文译本采用白话，不分卷次，全书共 526 页。原书无注释，为阅读方便，张星烺对书中的地名略作注释，附录了中西纪年对照表。研究马可·波罗的学者党宝海曾指出，该"译本虽然文字稍显简略、行文不够流畅，但是其中包含了新的 Z 本的内容，有许多记载是其他版本所没有的，具有较高的史料价值。"

《中国纪行》的介绍和研究

中亚人赛义德·阿里·阿克巴尔·哈塔伊（Seid Ali Akbar Khatai）于 1516 年（明武宗正德十一年）在奥斯曼土耳其的首都君士坦丁堡用波斯文写成了一部关于中国的书——《中国纪行》（Khatay Namih）。中外学者对这本书给予了高度评价，季羡林说："此书记载了中国各方的情况，地理、军队、宗教、仓库、皇帝宫廷、监狱、节日、教坊妓女、医疗、立法、学校、外国使臣和侨民、农民、货币、法律、剧场等等。学术界认为这部书具有极其重要的文献价值，简直是一部关于中国的百科全书"，"它完全能够同《马可·波罗游记》相媲美，先后辉映，照亮了中西文化交流的道路"。德国学者保尔·卡莱说，"它填补了从马可·波罗到17世纪下半叶开始的耶稣会传教士所作的报告之间的空白"，对于16世纪的西亚人直接或间接地了解中国，起到了重要的作用。但是长期以来，由于该书只以波斯文和土耳其文传世，没有西方文字的译本，所以没有得到应有的重视。尽管张星烺较早知道有这部著作，由于没有详细的材料，他在编著《中西交通史料汇编》时没有使用它。

20世纪30年代，德国著名学者保尔·卡莱（Paul Kahle）和印度穆斯林学者哈密都拉合作，准备将《中国纪行》翻译成德文、英文。对于保尔·卡莱这样的西方学者来说，由于不熟悉中国古代的历史与文化，对于书中记载的人名、地名、官职名，难以解释，无法进行深入的研究，这些工作必须由精通中国历史、熟悉国际东方学研究且须懂德文的中国学者参加。当时张星烺在中西交通史研究方面的成就使他在德国东方学界已有名气，所以当有人向保尔·卡莱举荐张星烺时，保尔·卡莱决定同他合作，共同翻译研究这部关于中国的重要文献。保尔·卡莱将德文译稿寄给张星烺一份，请求他根据中文史料注释其中西方人难以理解的事物。张星烺"费一夏假，将其读竟"，对书中内容的真实性作出判断，"觉其书中所记者十之八九皆为确实事情，其余则道听途说也"。他根据中文史料注释了第四章，并亲自到北京牛街礼拜寺进行访查，拓下寺中最古老的阿拉伯文碑文，寄给保尔·卡莱。张星烺初步的研究成果给了保尔·卡莱极大的帮助，"他（指张星烺）精确地研究了我寄给他的此书译本，并给我寄回许多极有价值的建议，例如关于阿里·阿克巴尔提到的中国十二个省名，哈吉·

哈立发就无法说明它们是一些省和城镇的古名。"保尔·卡莱极力争取张星烺来德国共同研究《中国纪行》。但这个愿望因战争的爆发等原因而未实现,保尔·卡莱遗憾地说:"我的努力全部报废了",留下终生的遗憾。

张星烺极其重视《中国纪行》,1936 年,他在《地学杂志》上发表《德文译本阿梨·爱克伯尔之〈中国志〉(*Khitayname*)之介绍》一文,第一次向中国学术界全面介绍了这部重要文献,包括版本及国际学术界研究状况,特别是开列了全书各章节的内容提要。他说,"此文可以为中国文中第一次叙述阿梨·爱克伯尔《契丹志》(*Khitayname*)即《中国志》者也。但此文仅可称为全文翻译之初步广告而已。"张星烺是我国介绍和研究这部穆斯林文献《中国纪行》的第一人,在学术史上有着重要的意义。50 年以后,在外国友人的帮助下,张星烺的后人张至善主持终于将这部重要文献翻译成中文,完成了先生未竟的事业,也为这段中外学术交流佳话画上了句号。

学者风范

抗日战争爆发后,北平变成沦陷区。辅仁大学尽管是外国人创办的教会学校,但是仍然受到了日寇的摧残。张星烺和其他辅仁大学的爱国师生一样,受到日寇的迫害。根据刘绍荣在《张星烺和他的〈中西交通史料汇编〉》一文中回忆说:张星烺曾被日本宪兵队抓捕审讯,遭受凌辱。他失去平静的学术环境,经济上陷于困窘,他的身体健康也迅速恶化。在黑暗的年代里,他向往光明,关心国家和民族的前途。他用一篇文章的稿费购买了一部收音机,偷偷让人安装了短波,这样他就可以收听到英国 BBC 和重庆电台的广播。世界反法西斯战争和中国人民抗日战争的形势大好，日本帝国主义日薄西山，这一切给他带来希望和快慰。

抗战胜利后，中国又陷入到内战的状态，令张星烺极度失望。他很快认清了国民党反动派专制独裁的实质，他拒绝参加国民党以保住系主任的位置。据家人回忆，他通过收音机收听陕北电台的广播，了解共产党和解放区的情况，接待解放区来的亲友，听他们讲解放区的新事物。他同情和支持进步学生。1950年，他被选为新的辅仁大学校委会第一届成员，他还以爱国人士的身份同陈垣校长一起受邀参加了中国人民政治协商会议。

张星烺虽是知名学者，但是他的生活却极为俭朴。他一直身穿布鞋和长袍，烟酒不沾。他上课用的一只小皮箱，跟随他几十年，一修再修，不忍丢弃。他工作极为勤奋，他曾让人在他使用的一个墨盒上刻上了一个警句："业精于勤而荒于嬉"。来北京工作后，一般上午时候他奔走各校授课，下午偶尔接待客人，晚饭后开始伏案工作，常常工作到深夜。

张星烺长期在大学任教。作为师长，他对学生关爱备至，让人感受到他的循循善诱和爱护栽培之心。洪煨莲曾经回忆说，1946年张星烺为了给他推荐一个好的研究生，他亲自从鼓楼步行到东单，以至走破了一只布鞋。而这位被张星烺推荐的学生——万心蕙后来为报答师恩，在北京师范大学历史系设立了王桐龄、张星烺奖学金，留下一段感人的佳话。

1951年7月13日，著名学者张星烺因病去世，走完了他的人生历程。临终前留下遗嘱将他自己连同父亲张相文的藏书约四万册，全部捐赠中国人民大学，他用此举来表示他对新中国人民的大学的尊重。

（王东平）

参考文献

[1] 张铁伟. 我国中外关系史学科创建人——张星烺. 载《西亚非洲》1983（5）

[2] 刘绍荣. 张星烺和他的〈中西交通史料汇编〉. 载《风云录》，北京：北京师范大学出版社 1985

[3] 张至善. 记张星烺先生. 史学史研究. 1992 年（3）

[4] 张至善. 张星烺著〈中西交通史料汇编〉的一处增补——对阿里·阿克巴尔著〈中国纪行〉一书的评介. 七十年来中西交通史研究的回顾与展望——以辅仁大学为中心研讨会论文集. 台湾辅仁大学历史系，1990 年发行

张耀翔

敢为天下先的心理学家

◎ 张耀翔

张耀翔（1893—1964），湖北汉口人。心理学家。早年考取清华学校，后被保送到美国留学，获哥伦比亚大学心理学硕士。1920年回国，曾任北京师大、北京女师大、上海暨南大学、大夏大学、复旦大学等校教授。是中华心理学会、中国心理学会、《心理》杂志的创办人之一。1952年后任华东师范大学教授。

著述丰富，专著有《心理学讲话》《感觉心理》《儿童之语言与思想》等，以及论文数十篇。

张耀翔先生是 20 世纪 20 年代就已闻名全国的心理学家。他勤于研究，勇于探索，在心理学的许多分支学科都做出卓越贡献，成为中国心理学的奠基人和领军人。

寒舍走出的心理学家

张耀翔出生于湖北汉口的一个贫寒家庭里。他的父亲张光禄是个无产无业的人，靠教私塾过活，母亲是不识字的农村妇女。张耀翔少年时进入当地教会办的免交学费的文华学校，在学校里他喜读严复的译著与《新民丛报》刊物。课余之暇，常与同学玩七巧板、九连环及下围棋。他说：从这些游戏里，可以测知人们智力的差别和学习、办事的能力。他又自编了"常识问答"的游戏，名为"养脑片"，用以测量人们的反应快慢。他从小就对心理学方面的问题发生了浓厚的兴趣。

张耀翔 20 岁时，考取了清华学校，插入高等科三年级，两年后毕业，由清华学校保送赴美留学。赴美前夕，他和同班同学廖世承商量赴美学习的专业。廖世承在表上填了教育学，他填了心理学。张耀翔在美国留学五年，在哥伦比亚大学获得心理学硕士学位后，接着就准备参加博士论文答辩，题为《中国古代学者关于本能说的介绍与剖析》。这时，北京高等师范学校校长陈宝泉赴美考察教育，到哥伦比亚大学参观，邀请几位留学生回国任教。张耀翔没有来得及参加博士论文答辩就应聘回国了。

首倡心理测验和新式考试法

当时，国内对心理学还很陌生，能讲授心理学的人可谓凤毛麟角。张耀翔回国后，在北京高师共承担四门课，即普通心理、

◎ 张耀翔夫妻合影

实验心理、儿童心理、教育心理，自编这四种课的讲义纲要，大力宣传介绍心理学这门新学科，希望让人们知道这个学科不但可以应用在教育上，还可应用在实业、商业、医学、美术、法律、军事以及日常生活等方面，是世上最有实用价值的一个学科。他在教学中筹备了中国较早的一个心理实验室，这个实验室分陈列和实验两部分。他将上课的内容与实验的结果和学生展开讨论。以加深学生的印象，并且使他们懂得如何通过实验来进行研究，那时他独居北京梁家园北京高等师范学校教职员宿舍里，将全部精力都用在教学和筹建心理实验室上。他那满腔热情，不知疲倦，一心为我国心理学的建设而努力奋斗的精神，深得当时许多师生的称赞。学生上过他的课后，就能深刻意识到搞好教育工作，必须懂得心理学。

张耀翔在北京只教了一个学期的课，就又有三处学校邀请他兼课。他为了专心搞好教学，只接受女高师的聘请，去讲"儿童心理"课程。他曾在女高师作过一个报告，题为《心理测量》，发表在北高师主办的《教育丛刊》上，被时人称为心理测验运动在中国的第一声。1921年他又在同一刊物上相继发表关于《新法考试》的三篇文章，主张改变旧法考试，而代以心理学试验体材的考试。他认为，旧法考试对学生来说，有三种痛苦：（1）预备功课时死记的痛苦；（2）临考时搜索枯肠，无病呻吟的痛苦；（3）考试后盘算自己的答案合不合乎教师的心意，疑惧自己能不能得到好分数的痛苦。新法考试能减去第一种痛苦的大半，完全免去第二、第三种痛苦。具体来说，新法考试就是提倡用正误法和选择答案法来进行考试。正误法，答对者得分，答错者倒扣分。倒扣分是使考生不能图侥幸，必须对此题十分有把握才答，对有疑惑的题则可不必答。如果对这门课没有充分复习和准备，完全乱猜，则猜对与猜错对销，仍得零分。而且，正误法、选择答案法，对就是对，错就是错，可避免判分的不公平，也可以让学生自己判卷或交换判卷。这种办法还能引起学生的好奇心和求知心。总之，新法考试注重掌握专门知识，不注重文句。新法考试的形式当时颇为北京和各省学校所采用；其实，看来在今日也具有变通运用的价值。

首创心理学会和《心理》杂志

1921 年夏，南京高等师范学校举办暑期教育讲习会，听讲者多为各省中等学校教职员及南高师教育系学生。张耀翔在该会担任"教育测验"和"教育统计"两门课。他将平时所搜集的有关材料及测验样张陈列于两个教室，作公开展览。国内学校开设"教育测验"课程并举办有关展览的，这是第一次。讲习会将结束时，与会人员签名发起成立中国的第一个心理学组织，征求几位心理学教授的同意，在南京高等师范学校礼堂宣告成立中华心理学会，当时推选张耀翔为心理学会会长兼编辑股主任。第二年冬天，中华心理学会总会在北京中山公园来今雨轩召开，到会的会员有二百多人，这是中国的第一个全国性的心理学会。这次会上还议决在各省成立分会。

北京高师改为国立北京师范大学后，学校聘请张耀翔为大学本科教课，同时还兼任教育研究科主任。当时的教育研究科的性质相当于现今的研究生院，研究科学生的年龄普遍较大，有一定的教学经验与办事能力。张耀翔和他们一起筹备心理学教学工作并创办心理学杂志。1922年1月，中国第一本心理学杂志——《心理》由上海中华书局出版问世。《心理》杂志的内容包括儿童心理、青年心理、心理学史、心理学动态等，选载文章采取认文不认人的做法，如果文章平常，虽名家之文亦不采；如果文具特色，虽学生之作亦刊；文章力求适合科学标准，文字力求通俗。因此，当时学术界都愿义务投稿，备受读者欢迎。第一期出版不到一个月时就再版了，科学杂志在当时得到再版的，殊不多见。外国许多图书馆和大学纷纷来函订购。次年日本的第一本心理学杂志也问世了，其中译有张耀翔的文章。张耀翔在《心理》杂志上前后共发表过29篇文章。当时研究心理学的许多学者如陈大齐、陆志韦、陈鹤琴、廖世承、谢循初、艾伟等教授都积极参加撰述。《心理》杂志对心理学在国内的广泛传播起了相当大的作用。《心理》杂志的印刷费用是靠会员每人每月交二元会费维持的，始终未取公家和私人的分文津贴。心理学会会员虽年有增加，但散在四方，会费不易收齐，印刷费用不足之数由张耀翔一人贴补。可是，他的薪金有限而学校年年闹欠薪，时局不宁，书局营业大受影响，刊物不能如期排印。《心理》杂志在这种处境下，共出了14期就不得不停刊了。（《心理》杂志共发表论文163篇，2000余页，计140余万字）为了让更多的心理学爱好者读到有关论述，张耀翔从《心理》杂志中精选出论文50篇，辑成《心理杂志选存》，仍由中华书局印行。这当是中国最早的心理学论文汇编了。

张耀翔少年时家贫，无力进学校，后经汉口的一个美国传教士把他送到当地的一所教会学校——文华学校免费学习，当时是想把他培养成为一个中国的传教士。但他因受了达尔文进化论思想的影响，独立思考，识破宗教对人们的麻痹作用。他从20世纪 20 年代起，就大力提倡科学，反对迷信。1923 年，张耀翔和北京大学李大钊、清华大学梁启超共同发起非宗教同盟，各校师生纷纷响应。他们到处讲演，写文宣传，对于国人破除迷信，提倡科学，起了一定的作用。解放后，张耀翔撰写的《我打断了宗教的锁枷》一文，就是叙述他少年时如何受宗教的束缚和后来思想转变投入反宗教的过程。

张耀翔在《心理》杂志"创刊号"上发表了《中国学者心理学之研究》一文，将过去杂志中有关心理学的论文编成索引，并摘要介绍。中国杂志论文之有索引和摘要，当以此为开端。几年后，他又将上述《中国学者心理学之研究》一文加以增补，把 67 种杂志中有关心理学的论文编成《心理学论文索引》一书，包括论文题目、作者、出处、内容提要等，由暨南大学出版。这一有关心理学的工具书为研究心理学者提供了极大的方便。

始创民意测验

张耀翔还是国内搞民意测验的创始人。1922 年北京高师成立纪念大会和成绩展览会上，当千余来宾陆续走进心理研究室参观时，他组织了一些同学发给每位来宾一份问卷，内提八个问题，请他们填答，共收到答卷 931 份，他根据这个测验的结果写了《民意测验》一文，刊登在《心理》杂志第二卷第一号上。这八个问题是：（1）假如你有选举权，你将推举谁做下任大总统？答卷中孙中山以压倒优势取得最多票。而当时有权有势的一些军阀、政客得票均寥寥无几。（2）你赞成女子参政吗？有 786 票答曰赞成。（3）你最喜欢读的中国旧小说是哪一本？有 419 人答《红楼梦》，其次有《水浒》《三国演义》。（4）当今活着的中国人你最佩服哪一个？得票最多的是孙中山。（5）你相信宗教有存在的必要吗？

多数 555 票认为没有存在必要。（6）中国有许多不良的风俗和习惯，你觉得哪一样应当改良。大多数答卷认为首先应当改良不合理婚姻制度。（7）北京地方上急当设立的是什么？多数人认为急当设立电车、工厂、平民学校。（8）北京地方上急当取缔的是什么？多数人认为急当取缔娼妓，欺压平民的警察。这个民意测验的结果，确实反映了"五四"运动后中国知识分子的一些思想状况。

1928 年，因政府拖欠国立大学教育经费，北京师大闹欠薪，积欠至两年之久，张耀翔不得已辞去北平男、女两师大的课务到上海私立暨南大学和大夏大学任教。那时，邹韬奋主编的《生活周刊》约他撰稿，他写了《厌世心理》一文。文中说 1925 年仅上海一地自杀人数就达 973 人，平均每天差不多有 3 人自杀。当时上海当局已注意到这个问题，在黄浦江边、苏州河畔，立了好几个带画的木牌，上面用大字写着："死不得的，快回头去"的字样。张耀翔认为，对这一社会问题应作心理分析。他根据所掌握的材料，举出了当时人们自杀的十大原因。这篇文章发表后，收到许多青年的来信，提出自己的各种问题，请给予帮助解决。他对读者来信一一亲自答复，并选择有代表性的在该刊上予以刊载。这是张耀翔在我国积极提倡心理卫生方面的一大贡献。

张耀翔历年在教育心理教学过程中，深感汉字有改革的必要，因此于 1930 年写了《改造汉字争议》一文。这篇文章是根据他的旧作《鲁鱼豕亥问题》发挥而成的。他认为学习汉字有三难：难读、难记、难认。这使广大群众不易学会，全民族的文化不能提高，国家也就无从繁荣富强起来。当时有不少人，如钱玄同、林语堂等主张废除汉字，完全改为拼音，即所谓罗马化。张耀翔认为，完全废除汉字是脱离实际，脱离群众的，可以一方面推广注音字母，一方面改革汉字。针对当时大量知识分子对改革汉字存在着保守思想这一实际，他大声疾呼："物不适用则须改革，当为天经地义，汉字何能除外。"并具体提出改革汉字的第一步应当改革那些容易混淆的字。

张耀翔在治学上很注意运用科学分析的方法，来研究我国的有关资料。《癖》和《中国历代名人变态行为考》是他根据历史的记载，分析研究写成的有关中国古人变态嗜好的文章。为了发掘中国古代在心理学研究上的贡献，他集中精力，用了大约十多年时间，断断续续地搜集和整理史书上的有关资料，汇编成为《耀翔读书杂记》，并为编写《中国心理学史》作准备。抗战初期，他写的《中国心理学的发展》一文可以说就是它的序篇。以后由于工作繁忙，迄未完成全书，引为憾事。

张耀翔对介绍外国最新心理学研究成果也是不遗余力的。他曾为商务印书馆主编的《教育杂志》中《世界著名杂志摘要》一栏摘译外国最新发表的心理学论文，以便在短期内能和国人见面。这项工作，一直持续到抗战爆发后才停止。

张耀翔平时只热衷于教学、科研工作，决不迎世阿俗，更痛疾趋炎附势。1934年国民党上海市党部想拉他参加，派人和他商谈，被他断然拒绝。第二年夏天，他在暨南大学任教授兼教务长时，在考场中发现有一男生代替女生参加新生入学考试，他立即让此人离开考场。这时，忽有一个暨南大学附中党棍拔出手枪对着张耀翔，坚持要代者考下去。校长闻讯，入场周旋此事。张耀翔宁肯辞职不干也不屈服。经校方多次挽留，他仅肯担任教授一职。当时许多学生说："张老师是为了拒绝加入国民党，才受此厄，他的骨头真硬。"他这种"富贵不能淫，威武不能屈，贫贱不能移"的精神，使学校师生深受感动。

前面所说的20年代成立的中华心理学会随着《心理》杂志的停刊也没有任何活动了。1936年，北京、上海、南京等地的心理学者 34 人发出通知,正式发起组织中国心理学会,张耀翔是发起者之一。中国心理学会当时的主要活动是出版《心理季刊》杂志,还举办一些讲座。张耀翔在中国心理学会举办的《心理与人生》的系统讲座中主讲了《青年心理卫生》。

张耀翔曾两次整理他课堂教学的讲稿。1931 年,他汇集了"普通心理""儿童心理""教育心理""应用心理"的稿件。1937 年到 1940 年,他又将讲稿编写成《心理学集成》,全书共 14 编,每编约 5 万字到 7 万字。其中《感觉心理》《情绪心理》两编于 1947 年由商务印书馆出版。《绪论》一编于 1946 年以《心理学讲话》为名,作为世界书局编辑的《教育讲话丛书》之一问世。其他如《知觉心理》《实验心理》《社会心理》《变态心理》《心理测验》等几经沧桑,均已不知下落。

"七七"事变抗战爆发后,暨南大学由上海迁至福建建阳,张耀翔因长子正奇患肺病,未能随往。以后他在私立沪江大学任教,并在私立大夏和光华两所大学兼课,因为私立学校设在租界内,与敌伪无关。那时,通货膨胀严重,一日之间物价数变,张耀翔及夫人二人每月收入不够买一担米,七口之家濒于难以糊口的境地。他与挚友郑振铎教授、孙贵定教授每日相见,彼此以"保持民族气节"六字互勉。1943 年,中华书局约张耀翔撰《儿童之语言与思想》一书,稿费 10000 元,先付 5000 元,当时就买了两担米,度过两个月。书成,书局又付其余 5000 元,只能买到大饼油条 7 副,全家分食。他叹气说:"私立学校剥削教师,一学期最后一个月的薪水,只能买几付大饼油条,想不到书局也效法剥削,真是令人气愤!"抗战后期,因家中贫困,入不敷出,他体重减轻了 30 多斤。这时,有的教授甚至靠摆地摊生活,彼此以"穷且益坚"互勉。

抗战胜利不久,暨南大学迁回上海,他辞去沪江大学之职,重回暨南大学，并兼复旦、大夏大学教职。他除教学外，还撰写发表了《大器早成》《具体对抽象》《求知的乐趣》《强国与强民》《论效能》《才命新论》等论文，又分秒必争地利用有限的课余时间阅读古籍，继续为编写《中国心理学史》搜集材料。

晚年执著研究心理学

1952年上海各大学进行院系调整后，张耀翔以其对教育学、心理学的热爱，在华东师大教育系教书，并担任中国科学院心理研究所特约研究员及中国心理学会上海分会理事等职，耳顺之年，老当益壮。

1960年"五一"劳动节那天，张耀翔参加了区里的游行。同事们称他是个不服老的老黄忠。次日，上下午均有友人来下围棋。晚饭后，他又翻译《文摘》，夜12时洗澡，洗毕入房，不久便昏迷不醒。经校医诊断，认为中风，马上送入华东医院，过了几天才慢慢醒来，已半身不遂。他虽患重病，写字有困难，但每次他女儿回上海探亲时，他总吃力地向她口述心理学论文内容，要她代写成文章。1964年他患热病，发高烧，7月9日进华东医院，不治，竟于当晚与世长辞，享年71岁。

张耀翔的一生是为了心理学研究、教学的一生，是"学而不厌，诲人不倦"的一生。他是我国现代心理学的创建人之一。早在1936年在他写的《我的教学生活》一文中，就向心理学界叙述自己1920年回国到抗战前从事心理学教学与研究工作的历程。他在文中写道："知我者莫若自己。最后请让我对自己的十七年工作，试下一客观的批评：张某对心理学并没有什么特殊贡献。不过他把心理学在国人心目中演成一个极饶兴趣、惹人注目的学科，则是事实。民九（1920年）以前，心理学在中国太神秘了，太枯燥了。

133

凡听过他讲授或读过他的文章的人，大都感觉兴趣，留下深刻的印象，从此对心理学注意的不知凡几。因受他影响而志愿专门研究，毕业出去担任同样学科而成功的，亦不乏人。这些，当然同时也要归功于他人。"这段话可代表他在教学、研究生活的意境。他在1954年写了一篇叫《这五年》的文章，阐述了他解放后学术思想的一些转变。

张耀翔先生的一生是在紧张繁忙中度过的。1958年，他为之尽瘁近40年的心理学虽被定为资产阶级反动学科，他依然认定：这是一门深具实用价值的学科，定能为祖国的社会主义建设服务。他在弥留之际仍怀着信心，认为这一学科一定能够在国内得到复苏和发展。他对自己所学习、钻研的一门学问，就是这么地执著而毕其一生！

（张纯音）

　* 文章原刊登在山西人民出版社1987年版《中国现代科学家传略》第九辑，本文大、小标题为编者所加，内容稍有增删。

胡先骕

中国植物学奠基者

◎ 胡先骕

　　胡先骕（1894—1968），字步曾，号忏庵，江西新建人，植物学家。早年入京师大学堂就读。后入美国加利福尼亚州立大学专习植物学，卒业后归国任庐山森林局副局长、南京高等师范学校及国立东南大学植物学教授、生物系主任。参与创办中国科学社生物研究所和文史刊物《学衡》。1924年再往美国求学，获哈佛大学博士学位。1928年参与创办静生生物调查所，曾任所长，并任北京师范大学、北京大学教授。1934年创办庐山森林植物园，1937年创立云南农林植物研究所，出任所长。1940年任中正大学首任校长，1948年当选为中央研究院第一届院士。新中国成立后任中国科学院植物研究所研究员，并兼北京师范大学教授。

　　论著丰厚，一生发表《高等植物学》《中国森林植物图谱》《植物分类学简编》《经济植物学》等植物学论著十余部，植物学论文150余篇，并有《忏庵诗稿》行世。

胡先骕生于清王朝日益衰败的甲午年（1894 年）。自 1840 年鸦片战争以后，古老的中国在与西方列强的摩擦中，屡屡败北，国势日渐衰微。甲午一役，士大夫阶层被彻底震醒，举国上下莫不痛恨国事日非，而谋求改造，否则国将不国。然而如何改造中国，人心分为两派：一曰立宪，一为革命。胡先骕一生虽以科学为事业并成就卓著，却恪守传统价值观念，主张立宪，反对革命，这就注定了他与历史潮流的分离。在民国时期，他的政治倾向并未妨碍其对科学的探索。1949 年之后，胡先骕虽长期饱受精神磨难，但仍矢志不渝潜心学术。胡先骕生活在一个传统不断丧失，革命不断高涨的时代，他在新旧激荡之中度过自己跌宕起伏的一生。

家世与求学

胡先骕出生于官宦之家，自其曾祖胡家玉始，代代都有立下功名的人。其家庭为他设计的也是一条科举进学的道路，以"步曾"为字，便是他的父亲期望他能继承曾祖的德业事功，光耀门庭。胡先骕自幼即表现出甚高的天资，有神童之誉。5 岁时，其父出一"五龄小子"上联，他随即对出"七岁神童"下联，令其父欣喜不已。但在胡先骕 9 岁时，却遭遇父亲病故，家道从此中落，对其培养的重任便落在他母亲的身上。他的母亲也如同中国传统中的许多丧夫的母亲一样，守寡抚育自己的孩子，含辛茹苦，盼望自己的孩子能早日建功立业。胡先骕后来成长主要是遵循母亲的教诲。12 岁科举进学，得到一代大儒沈曾植的提携。沈曾植曾是胡先骕曾祖的门下士，国学渊博，但思想保守更为知名，曾为清朝的复辟积极谋划。在胡先骕的成长过程中，沈曾植曾予以甚大影响。

科举废除后，胡先骕进南昌洪都中学念书，1909 年入京师大学堂预科。晚清社会变化频仍，他只赞许改良主义，深惜戊戌变法的失败，否则中国也可走上如日本明治维新的富强之路；而对孙中山所领导的革命，则认为非正途，未曾予以关注。对于在京师大学堂的学习、生活，胡先骕曾写有《京师大学堂师友记》，所记甚详，此仅列其师友之姓字，以见其最初的交游，他们是林琴南、秉农山、李麟玉、姚鹓雏、汪国坦、王晓湘、林庚白、黄秋岳、梁鸿志等。

民国后，胡先骕遵从母亲的教诲，决定学一门有用的技术，藉以维持自己的生计。当 1912 年考取江西省第一届官费赴美留学时，他选择了加利福尼亚州立大学之农艺系，后转入植物系。在美期间，他加入任鸿隽、胡适、赵元任、秉志等组织的中国科学社，抱有科学救国的理想。

1916 年 7 月胡先骕归国，受聘于江西省实业厅，被派任庐山森林局副局长。该林场系清末江西省劝业道创办，其时成立有年，但人员变动频繁，事业也未步入正轨，胡先骕所学难以施展，致使思想至为苦闷。然精神的压抑，却带来诗情的爆发，以写宋诗自遣。柳翼谋尝论胡先骕之诗云："庐岳之气，蒸而为云、削而为石、盘而为松、娇而为樟、喷而为瀑、渟而为渊，其钟于人者惟诗有以肖之。余未履兹山未知君诗所自孕也，觌兹山，读君诗，僭谓始知君诗所自来。"《忏庵诗稿》中有不少篇章，写于庐山。胡先骕还是南社社员，在来庐山之前，在《南社丛刊》发表不少诗词，后因他的诗学观点与柳亚子不同，而引发南社成员之间就唐诗与宋诗的大争论，进而造成分裂。胡先骕认为柳亚子过于义气用事，而未加入争论，此后与南社也少有联系。

植物学教授与《学衡》主将

在江西一年半之后，1918 年秋胡先骕应南京高等师范学校（后改组为东南大学）之聘，任该校农业专修科教授。时为"五四"运动时期，蔡元培以革命元勋主持北京大学，以革命精神领导北大，先后聘请陈独秀、胡适诸人为教授，发行《新青年》，打倒孔家店，倡导白话文。

此时胡先骕的思想虽然仍是"大隐在朝市"，与名宿陈三立、陈石遗、王伯沆等相过从。面对北大的风潮，他并不认为是一场伟大的政治运动，反而看作是毁灭中华民族优秀文化的劫难。他虽是一个自然科学家，对旧学也有相当深入的研究，十分珍惜中国传统文化。此时胡先骕不能坐而视听，"卫道思想"令他拍案而起，即在南高校刊发表一文《论文学的改良》。不久梅光迪、吴雨僧（宓）等先后也来东大，与刘伯明皆感"五四"以来全国之学风，有越常轨，乃谋以匡救，遂有《学衡》杂志之发行，求以公正不偏的态度来发扬国学、介绍西学。刊行之后，大为学术界所称道，于是北大学派乃遇旗鼓相当之劲敌。胡先骕之师林琴南在北大与胡适辈提倡白话文攘臂起而相抗，惜不通西文，未能以子之矛攻子之盾，终不能居上风，遂在时代风尚之下，首作牺牲，受到欺侮。胡先骕在《学衡》之第一、第二期上发表二万言之长文《评尝试集》，博引中外文学批评家之语以证明胡适的主张不当。在当时胡先骕是自鸣得意的，以为文章刊出后，《新青年》《新潮》两刊物中没有人能作一文以批评，仅有罗家伦曾作一讥讽口吻之短评而已。以后胡先骕在《学衡》上曾作评论明清诗词之论文多篇，同时主编诗词，影响甚大，他也引为快事。

而于植物学专业，胡先骕则勇猛精进，组织植物采集队，前往浙江、福建、江西、四川等省进行大规模的采集，与邹秉文、钱崇澍合著《高等植物学》，此为我国高等学校第一本中文植物学教材，由商务印书馆出版。当秉志在美国获得博士学位回国后，拒绝北京大学之聘，而应胡先骕和邹秉文之邀来南高主讲动物学，后又一同设立我国大学中第一个生物学系，建立最高标准，倡导研究。时国内各校，除北京大学地质系在丁文江、翁文灏的领导下，另有地质调查所之设，开展中国地质研究外，各校尚无研究之风。胡先骕、秉志在中国科学社任鸿隽、杨杏佛等的支持下，在南京创立生物研究所，以极少之经费进行动植物学之研究。秉志任所长，兼动物部主任，胡先骕任植物部主任。他们以个人在学校的收入贴补所用，以私人的藏书供大家阅览。时在金陵大学任教授的陈焕镛，因与教会学校中的外籍人员有隙，也被胡先骕邀来东大教学和在生物所从事研究。后来东南大学生物系毕业生来所从事研究受其培养教育而成名者辈出，此仅列其名如次：有王家楫、寿振黄、伍献文、张春霖、沈嘉瑞、方文培、汪发缵、唐进、郑集、郑万钧、严楚江、张肇骞、汪振儒、戴蕃瑨等，堪与地质调查所媲美，同为民国时期中国科学成就最大的学科。

1924年，胡先骕得陈焕镛介绍，再往美国，入哈佛大学投杰克（J. G. Jack）门下，攻读植物分类学博士学位，其博士论文是《中国植物志属》，在美期间与阿诺德树木园、纽约植物园、密苏里植物园等植物学研究机构建立了联系，1926年回国。此次留学期间，胡先骕受其导师的影响而接触美国进步刊物《民族》，接受英国费边社的社会主义，对政治、经济、外交、时事都发生了兴趣，改变了他做遗民的思想。此后，他以自由知识分子身份，对国家的政治、经济、文化、教育等方面都曾发表言论，以求匡正。

研究所所长与大学校长

　　胡先骕回国之后，与秉志等人谋求在北京设立一生物调查所，得中华教育文化基金董事会干事长范静生（源廉）之支持，在筹设之中，范静生不幸病故。范静生生前所创办的尚志学会为了更好地纪念范静生，出资15万银圆，交由中基会设立静生生物调查所，于1928年10月成立。该所之体制仿照中国科学社生物研究所，设动、植物两部，秉志、胡先骕各担其任，秉志兼任所长。秉志不能长住北京，所长一职由胡先骕代理，1930年胡先骕继任所长。该所上设委员会，任鸿隽为委员会主任，委员始由江庸、翁文灏、王文豹、祁天锡、陈宝泉、周诒春、任鸿隽、范旭东组成，负责审议该所事业的大政方针、经费预算等。任鸿隽继范静生之后担任中基会干事长，对静生所给予了更大资助。静生所先以范静生之故居石驸马大街83号为所址，后中基会斥资在文津街3号盖新厦，与中基会出资兴建的另一机构北京图书馆毗邻，同为世人所瞩目。此有胡先骕在中国科学院接管静生所时，成立整理静生所委员会，在列席该委员会第一次会议时的发言记录，言及静生所的创办，摘录如下：

　　"当初范静生先生在晚年时，对生物学有很大的兴趣，当时他是中美庚款所属中华文化教育基金会的总干事，范先生初步意见希望创立博物馆或标本馆的，不久范先生病故，他生前曾经留下三十多万元银元整个捐出作为尚志学会的经费，曾创办了私立的法政学校和医院，都因未具成绩而停止，继而办尚志学会丛书，不久也停顿，最后才捐出十五万银元创办静生所，中基会也补助很多经费。这十五万元交给中基会储存生息，而该所的经常费则由中基会拨给。以后范旭东先生向静生夫人收买石驸马大街房屋赠于静生所作为所址，有书面证明可凭。但契据仍用范家堂名，并曾在口头上说：如静生所停办，此房应归还范氏。而中基会也曾非正式的说：如静生所停办时，基金应还尚志学会。不久之后，中基会才又为静生所筑新址，当时为了种种方便，与北京图书馆合作，故煤气、锅炉管、水表和水锅均为双方合办。当时还有社会研究所（调查所）与静生所一起工作，静生所实际仅占新址的一半，当时静生所工作人员有几十人。"

胡先骕在主持静生生物调查所期间，又组织了大规模的动植物资源调查，尤以先后派遣蔡希陶、王启无、俞德浚等轮流赴云南采集最为著名。他们先后深入到许多人迹罕至的地区，前后共进行了8年，克服了许多难以想象的困难，采得植物标本至为丰富，其中有许多新属新种。静生所人员获得丰富的研究材料，故不断有新种发表，这些论文大多发表在静生所编辑出版的《研究汇报》上。该刊物自1929年创刊后，即与国外生物学界进行交换。不断发表的新种，引起国际植物学界的震惊和重视，为中国科学赢得了声誉。因此也奠定了胡先骕在中国科学界的地位。1931年中央研究院成立评议会，胡先骕当选为评议员，参与中央研究院的工作。

自从1928年胡先骕移家北平之后，还曾兼任北京大学和北京师范大学植物学教授，具体始于何时，因材料匮乏，尚不确知。但据现有资料，可知胡先骕在北京师大期间，对学生循循善诱，关爱有加，奖掖后学，不遗余力。著名植物学家、中国科学院院士俞德浚即是胡先骕任教于师大的学生，读书之时受到胡先骕的器重。1931年，大学毕业后，担任了胡先骕的助教，负责北京大学和北京师范大学植物分类的实验教学工作，并在静生生物研究所从事植物分类学研究，一直跟随胡先骕，1947年得胡先骕帮助，赴英国留学。台湾著名学者张我军，1929年毕业于北京师大后，

◎ 耳顺之年前后的胡先骕

留校任教，1930年著《人类学泛论》一书，胡先骕为了使该书成为比较完整的人类学的入门书，为其校阅全稿，增补甚多文字。张我军在《译者赘言》云："胡先骕博士之校阅本书，不是'挂名'的，他不但与我以许多有益的主意和指导，使我自己修改一遍；并且费了两三个月的工夫，把我的译稿细阅一遍，改了不少专门用语，而不妥的字句，也经他修改。他这种负责的校阅，自是学者纯正的态度。惟挂名校阅盛行的今日，这种忠于职责的学者，实在不可多得，所以不独译者，便是读者也应该感谢的。"同样，张我军的感谢之词，也不是一般表示谢意，此亦是中国人类学的一则佳话。惜胡先骕、张我军之于人类学之贡献，今人多所不知。

20世纪30年代初熊式辉出任江西省主席，为建设江西，1933年邀请江西籍的科学人士回赣咨询商议。胡先骕也在邀请之列，他提出成立农业院，并详为规划，拟定该机构以农业行政管理与农业科学研究为一体，并推荐曾任北京农业大学校长的著名农业经济学家董时进出任院长。进而胡先骕又策划，由静生所与农业院合作，在庐山创建森林植物园。植物园不仅是研究工作的基地，还是向公众开放，展示植物多样性的场所，是社会科学文化进步的标志。创建植物园是胡先骕多年的梦想，早在留学美国时期，见到美国的植物园中栽植了许多原产于中国的植物，供学人观察研究、供民众参观欣赏，而在中国却不为人所知，不免产生民族的耻辱感。遂立志归国后创办植物园，几经周折，终于

1934 年实现夙愿。是年 8 月庐山森林植物园正式成立，胡先骕委派著名的蕨类植物学家、静生所标本室主任秦仁昌前来主持。当时的庐山是国民政府的夏都，该园的创建引起社会各界的注意，纷纷给予支持，不几年就初具规模。胡先骕为把该园建设成为世界一流的植物园，在建园之始即派陈封怀赴英国爱丁堡植物园学习，专习植物园造园。1936 年陈封怀学成回国，即任该园园艺技师，园林布置皆出自其手。庐山植物园之创建，也为胡先骕赢得极高的社会声望。

1936 年陈果夫约见胡先骕就国家之教育文化诸事相谈，胡先骕的意见引起陈果夫的重视，又被引见于蒋介石。在与蒋介石的谈话中，胡先骕针对国民党的种种错误作了深刻的批评，他说："国民党以三民主义相标榜，而实际上为人民谋福利还赶不上英美等资本主义国家，国民党要免除共产党的威胁，必需要向左走。"在给友人的书信中，对此次会谈有这样记述：

"此次得谒奉化，畅所欲言，所谈约分经济、建设、政治、教育四端，大约劝其积极注重民生主义之实行，重工业之建设，行政以不扰民为原则，中枢部院则须汰除阘茸不职之事务员，而尤主张彻底改造中国教育，并面交一条陈。计纵谈一小时半，了无顾忌，奉化与陈布雷先生皆鉴其诚恳。"

胡先骕出于知识分子的良知，敢于批评蒋介石，也见他的骨气。他希望政府对他的科学事业予以支持，以实现自己的理想，而非是谋求官职。

1937 年，抗日军兴，平津沦陷，大多文化教育机构都迁往祖国的西南，静生所一面得美国势力的保护，在北平继续维持；一面与云南省教育厅合作，在昆明创设云南农林植物研究所，以便在北平本部不能维持时，可以云南为分所继续工作。胡先骕在北平被日人怀疑为抗日分子受到监视的情况下，而往昆明，亲为主持农林所工作。

1940年，江西省在泰和创办国立中正大学，因胡先骕与熊式辉、蒋介石、陈果夫之间的交往，被教育部长陈立夫任命为中正大学首任校长。经几年的努力，在战时极为艰难的条件下，仍把大学办得有声有色，聘请到一些著名教授，学生也安心学习。如果说在此之前胡先骕尚属中国传统的士大夫，但是在办学上，在大学校长的职位上，胡先骕却是具有独立人格的，属于现代意义上的知识分子。他不愿做某一人的党羽，没有按熊式辉之意图，为其培养干部；也没有讨好蒋经国把学校迁往赣州，而加入小蒋所领导的新生活运动。在胡先骕办理中大期间，禁止党团分子在学校里活动，因为党是熊式辉的党，团是蒋经国的团，不愿受到他们的控制。学校没有党团气氛，教授与学生都诚心教和学，胡先骕也得到学生的拥护。然而，胡先骕的率真终为权力所不容，在其执教三年半，首届学生尚未毕业时，蒋经国即向其父进谗言，以为只有胡先骕去职，中正大学就可以迁往赣州，遂使胡先骕不得不辞去校长之职。

抗日战争胜利后，胡先骕重回北平，主持静生所的复员，虽仍得中基会的资助，然支持的力度已不如抗战之前，静生所的复员也仅是植物一部，且规模也小得多，在经费困窘之中，任鸿隽和胡先骕为了不至于让此著名学术机构中断，多次与教育部联系请求补助，或者改隶，然都未办成。不久又爆发了国共两党之间的战争，当共产党即将夺取政权时，胡先骕与大多自由主义知识分子一样，对国民党政府已感失望，而于共产党所领导的革命因惧怕，而反对。这时，他的政治主张是走第三条道路，积极与北京大学知名教授崔书琴、张佛泉、王聿修、胡适等人一起组织"独立时论社"。撰写了《对立法院之期望》《今日自由爱国分子之责任》《与翁院长一封公开信》《论"二分军事、三分政治、五分经济"

之戡乱政策》等时论文章，经该社而刊于全国性的大报上；并组织成立社会党。

这时期，胡先骕的科学研究工作主要是，与其门生郑万钧共同发表水杉新种。水杉的发现与命名被誉为中国近代科学史上的重大成就。同时编辑出版了《中国森林植物图谱》。1948年中央研究院评选首届院士，胡先骕当选。重回北平之后，1947年胡先骕又继续兼任北京师大植物学教授，直至1950年国家规定不能兼职时为止。此时胡先骕经其助教王富全介绍，发现了对植物分类学甚有兴趣的师大学生王文采，首先委以编著《植物图鉴》，后又介绍至新组建的中国科学院植物分类研究所工作，并在学业上予以指导。王文采终于卓尔有成，成为著名的植物分类学家、中国科学院院士。

蹉跎岁月

1949年年初，中国大多知名人士面临重要选择，是留在大陆等待共产党的解放；还是跟随国民党逃到台湾，或往香港、或往海外。"独立时论社"的人员几乎都离开了大陆，惟胡先骕因爱护静生所事业而留了下来。

起初，胡先骕急切希望政府接管静生所，主动去函军事管制委员会文化接管委员会，即由华北大学接管。当中国科学院成立时，科学院看中静生所的历史成就，转而被科学院接收。但在当时，科学院更看中静生所的房产。科学院成立时尚无可供办公之所，接管静生所首先是把静生所所址改为科学院院部。这却出于胡先骕的意料之外，但是他已无力拒绝，出于对历史的责任，胡先骕只想保留"静生"的名义，然此也未能实现。后来，静生所与北平研究院植物研究所合组为中国科学院植物类研究所，胡

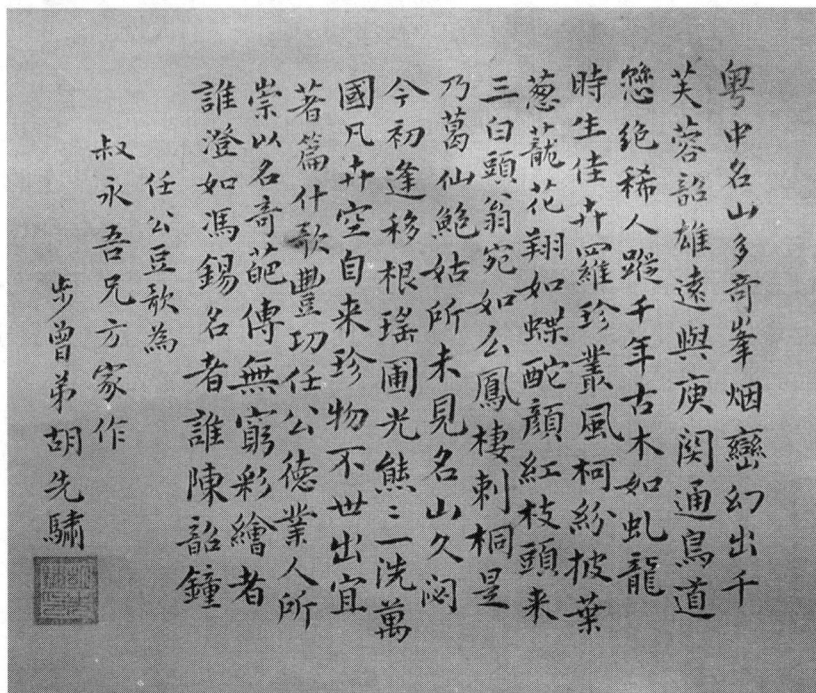

◎ 胡先骕自作诗《任公豆歌》

先骕知道已是今非昔比，不求任何名利和地位，只愿继续从事研究工作。入植物分类研究所，他也仅任三级研究员，而与他的许多门生同级。这显然是政治而非学术的原因，使得胡先骕受到不公正的待遇。然而不仅仅是这些，在1952年的思想改造运动中，胡先骕首先受到冲击，叫他作学习笔记，他不知道这是新政府考查一个人是否忠诚的最基本项目，属于学习态度是否端正的问题。他却说：自从读大学起，就没有记过笔记，没有记笔记的习惯，并说自己的记忆力非常好。最终却不得不一而再，再而三地检讨，在一派批判的声浪中，不得不低下高昂的头，方才获准通过。

1955年中科院评选学部委员（即院士），胡先骕又因政治原因而落选。后来毛泽东也知道胡先骕是中国植物学的祖师爷，对于其落选学部委员以为不当，应当选入。只是不知是什么人说要和胡先骕斗一斗，最终仍未能列入。

胡先骕被打入另册的真正原因，是他参加"独立时论社"，撰写的许多反对共产党的政论性文章及组建走第三条路线的"社会党"。新的社会没有雅量来容纳一个自由知识分子曾经发表过的自由言论，这都是胡先骕未曾料到的。他自认为在 1949 年以前就已得到了身前身后的名，不需要依附于任何人，只愿在植物学领域继续从事研究，了此下半生。

胡先骕所要求从事研究和著述也只有植物学专业暂得继续，他好撰写的文史类随笔，因文中肯定美国退还庚子赔款对中国科学化运动起了积极作用，而遭到批判。在 1949 年之前，以中华文化教育基金董事会所管理的美国退还庚子赔款，对中国教育、文化、科学的发展都起了不可磨灭的贡献。新社会却认为，美国退还庚子赔款是对中国的文化侵略，中基会则被看作是美国对华的文化侵略的走狗，被彻底否定。此后文章几无发表之处，晚年所作怀念师友的《忏庵丛话》，未得刊行。仅有《经济植物学》《经济植物学手册》《植物分类学简编》等著作和专业论文得以出版和发表。

《植物分类学简编》虽得出版却给他带来新的麻烦。该书由高等教育出版社 1955 年 3 月出版，胡先骕所秉持的知识分子坚持真理的良知未曾泯灭，在书中，针对苏联农科院院长李森科的"小麦变黑麦"的论点，他作了严厉的学术批评，指出其不符合现代遗传学，是反达尔文进化学说的非科学理论，并批评李森科是靠政治力量来推行其伪科学。他在书中告诫中国的生物学工作者，尤其是从事植物分类的学者："必须有深刻的认识，才不至于被引入迷途。"虽然当时李森科的伪科学在苏联已有科学家对其进行批判，但在中国科学界，公开对李森科的理论进行批判，胡先骕还是第一人。而在当时的中国还是以苏联为"老大哥"，实行一边倒政策。胡先骕批判李森科被认为有"严重政治性问题",指出此问题的始作俑者,是北京农业大学六位讲师助教,在此书出版近两个月时,致函出版社,并要求停止《简编》的发行。随后在高教部的苏联专家提出"严重抗议",说"这是对苏联政治上的诬蔑"。继而中科院在纪念米丘林诞辰一百周年的纪念会上,对胡先骕的观点进行了批判,并要求他检讨。在一片批判的声浪之中,惟有老友秉志敢于直言,说要胡先骕检讨不但不现实,也无需要。幸而不久李森科在苏联倒台,对胡先骕的批判才转变为"百家争鸣"的青岛遗传学座谈会,胡先骕不仅没有检讨,反而应邀赴青岛,参加座谈会,方得到应有的尊重。

胡先骕对其诗作甚为自负,晚年请钱钟书代为编定诗集上、下两卷,名《忏庵诗稿》,并自费油印线装三百部,分送亲友。钱之跋语云:"挽弓力大,琢玉功深,登临游览之什,发山水之清音;寄风云之壮志,尤擅一集胜场。丈论诗甚推同光以来乡献,而自作诗旁搜远绍,转益多师,堂宇恢弘。谈艺者或以西江社里宗主尊之,非知言也。"

"文化大革命"中,胡先骕又受到冲击,以古稀之年,或抄家、或陪斗,悲愤之中,心脏病猝发,于 1968 年 7 月 16 日逝世,享年 75 岁。

胡先骕在晚年受到"改造"之后,对于其在《学衡》派中所造成的影响,在检讨中不得不说:"同梅光迪、吴宓办《学衡》杂志,在东南大学造成了强有力的富于封建文化气息的学派,在今日以革命的眼光来看是毒害了许多青年,对革命运动是起了巨大的障碍作用。"然而,随着时代的发展,《学衡》派的文化主张在20 世纪末始,又被重新认识、重视。胡先骕之名不时被人提及。胡先骕及同人们在 80 多年前的坚守,不能不说有先知先觉之明。在胡先骕忏悔中所言被其毒害的青年中,有一位即被今日誉为国学大师、受到学坛广泛的尊崇的钱仲联。2000 年钱仲联为纪念胡先骕题诗一首,云:"束发拈诗笔,倾心属此翁。秀州传钵袋〔原注:先生为沈寐叟弟子〕,西海畅宗风。学派群流上,专长植物中。名园开盛会,仰止万方同"诗名为《庐山植物园定于农历辛巳举办胡先骕先生纪念展览,赋诗奉献》,可谓评价恰当。

(胡宗刚)

参考文献

[1] 张大为等编.胡先骕文存.上下册,南昌:江西高校出版社,1994

[2] 谈家桢主编.中国现代生物学家传.长沙:湖南科学技术出版社,1985

[3] 中国科学社编.科学.杂志,1921—1954

[4] 中国科学院植物研究所档案

董守义

毕生献身体育事业的国际奥委会委员

◎ 董守义

董守义（1895—1978）河北蠡县人。著名体育教育家、体育理论家、中国国际奥委会委员。早年毕业于北京通州协和大学，后留学美国专习体育，是麻省春田学院的高材生。多次参加国内外的重大体育赛事。曾在南开大学、北京师范大学以及抗战期间的西安临时大学、西北联合大学、西北师范学院和后来的西北师范大学任教授。曾兼任中华体育协进会总干事长、国民政府教育部体育委员会专任委员等职。1947年当选为国际奥委会委员。新中国成立后，历任中华全国体育总会副主席、中国篮球协会主席、全国政协委员等职。

主要著作有《田径赛术》《足球术》《最新篮球术》《篮球训练法》《羽毛球板羽球规则》《国际奥林匹克》等。

新中国成立以前，我国有三位国际奥委会委员。一位是关心体育事业的民国政府前外交总长王正廷，一位是对体育毫无兴趣的民国政府财政部部长孔祥熙，另一位就是毕生从事体育工作并对中国体育做出卓越贡献的北京师范大学教授董守义先生。他一生以不畏艰险、百折不挠的精神献身于现代体育事业，是中国现代体育事业的杰出拓荒者。

立志体育的农民之子

董守义 1895 年诞生于河北蠡县郑村。董家世代务农，无读书人，为一贫寒农家。1907 年年初，皈依基督教的四叔托人介绍董守义进入保定公理会办的同仁学堂就读。他年少但有心计，自恨上学晚，基础差，遂发奋读书。教会学校较国人办的新旧学校均有很大不同，即重视体育教育，学生较热爱体育活动。他因从小营养不良，身体瘦弱，在老师的引导下刻苦锻炼。当时，学校的体育教育有跑步、体操，还有球类。老师经常教的一种活动叫"筐球"。就是将两个没有底的柳条筐挂在操场两端的两棵树上，学生们在老师的指导下，分为两队，练习拍球、运球、传球，并想方设法将球投到对方的"筐"里，玩法较其他游戏更有意思。这是弱冠之年的董守义初识篮球。

1910 年，董守义考入通州协和书院中斋部（现北京通州潞河中学）。协和书院原称协和大学，其前身是八境神学院，1867 年由美国公理会牧师姜戴德创办，1902 年改称协和书院，是下设大学和中斋（学）部的高等学校，1912 年，又改称华北协和大学，1919 年其大学部并入新成立的燕京大学。

协和书院优美的校园，品学兼优的教师，良好的校风，为青年学子营造出良好的学习环境。董守义一面潜心攻读文史数理化各科，一面积极参加体育锻炼，学识、身体均突飞猛进。为了减轻家庭的经济负担，他在学校兼作杂役：打钟、添油灯、生炉火等。每到寒暑假回家，从通州到蠡县200多公里路，往返他都是步行。贫穷没有使他自卑，反而造就了他自强不息的顽强性格。

在协和，董守义结识了两位酷爱篮球、足球的美国教授：博晨光（Porter）和伍德（E.J.Woodall）。在这两位先生的指导下，董守义的篮球、足球球技都有了很大提高。后来，董守义又认识了天津基督教青年会的体育干事蔡乐尔，对他的球艺也多有指点。两年后，他进入协和书院大学部，被选为学校篮球队队长和中锋，又成为学校体育会的委员和足球队的中锋。1913年，他与另四位同学代表协和大学参加北京环城赛跑，获得团体冠军。1914年5月，在北京天坛举办的第二届全国联合运动会上，董守义以游击手参加华北棒球队获得冠军；他以中锋兼队长的华北足球队获得亚军。从此，董守义声名鹊起，成为一颗引人注目的体坛新星。

1915年1月，已连续3年担任学校体育委员会委员和篮球队长的董守义，又被同学推选为体育会会长。他与体育会其他同学一起在学校组织全校学生、教师的体育活动，动员每一个师生参加运动，使协和书院出现人人参加体育锻炼的空前景象。工夫不负有心人。过去，在与清华学校、汇文学校三校的体育运动对抗赛中，协和每次只能屈居第二名。由于一年来的全校体育运动的开展，1916年的三校对抗赛中，协和首次获得总分第一。

在协和6年的学习中，董守义成为师生瞩目的体育人才。

1916年，董守义以优异成绩从协和大学毕业。在毕业即失业的年代，家境困难又毫无背景的董守义为获得一份工作绞尽脑汁。他中学、大学都是就读于教会学校，当一名传教士即理所当然且顺理成章，这也是某些老师的期望。但是，他不愿意成为一个布道者。蔡乐尔和伍德都不断对他说：你有体育天分，干体育吧！

原来，协和大学的校长和伍德，都觉得董守义身体素质好，且为人谦和忠厚品德好，很适合教体育，要留他在学校当体育教师。蔡乐尔也力主他到天津基督教青年会体育部工作。经协商，协和大学向蔡乐尔妥协。董守义虽然极不愿意作一个传教士，最后还是在基督教青年会工作了。董守义对自己的工作做的解释是：

"是的，我是要立志传道，但是，是传体育之道。"

董守义选择了终生从事体育事业，并不是他求学的初衷，更出乎家庭、同学、朋友等人意料。那个年代，许多人视体育为不务正业，是嬉戏玩耍，将从事体育工作的人视为浪荡公子、游手好闲之徒，体育教师被称为"动物标本"。他因怕父母不理解，对家里隐瞒了自己的工作长达3年之久。董守义晚年时，回忆这段经历时说：

"我选择体育工作为终身事业的动机，一开始不论是家庭、同学、朋友中，都有不同看法，我自己也是抱着怀疑态度经历了一番思想斗争的。后来，体会到一点体育运动除了有促进身体健康的价值外，更重要的是有培养一个人如何做人。这是一个人活到老可以干到老的工作，因此才下了一生干体育工作的决心。"

工作着是美丽的。董守义因终生所从事的体育事业内心充满自豪、幸福。

优秀的运动员、教练员

1917年4月，董守义首次代表天津队参加京、津篮球选拔赛，这是为筹备第三届远东运动会选拔篮球队员。经过激烈的角逐，天津队取得了代表中国队参赛的资格，董守义为篮球队队长、前锋。5月，第三届远东运动会如期在日本东京举行。但是，他们不敌老对手菲律宾队，在三个参赛的国家队中屈居第二。一个四亿多人口的泱泱大国，竟敌不过只有几千万人口的菲律宾，不能不说是一个悲哀。董守义内心充满苦涩。

　　归国后不久，天津基督教青年会保送董守义到上海青年会体育学校学习。他们是第一届学员。一年后，培训班改为青年会全国协会的体育专门学校，同时招收第二批学员。学校的课程分为两大部分：体育理论和体育实践。每天上午为体育理论课，在四川北路青年会楼上进行；下午为体育实践课，在南京西路的上海青年会或在虹口运动场进行。这些课程基本上都是由外籍教师讲授。他十分珍惜这来之不易的进修机会。无论是解剖学、生理卫生学，还是田径、球类的理论和规则课，他都认真听讲，并一一做了详细记录，也牢记在心。运动实践课自然是学生最喜欢的课程。董守义不是将实践课当成放松脑筋的玩耍游戏，而是实践理论和提高技术的机会。他学习了体操、棒球、篮球、游泳等技术课。课余，他经常向任课老师请教，因此，与一些外籍教师成了朋友。美籍教师麦克尔就是这些朋友中的一个。麦克尔是个优秀的体育教师、篮球教练，他从不歧视中国和中国人，在中国传播和推动现代体育事业的同时，还呼吁整理和发掘中国传统体育活动和游戏。上海青年会专门学校的篮球队称"全白队"，由麦克尔任指导，董守义为队长。他们代表上海参加"万国篮球赛"。所谓万国，就是指在上海的外籍球队参与，主要有西商队、西青队（青年会的外籍人士）、西人划船会队和美国学校队等。当时中外人士都看好西商队，因为，数年来这支球队几乎战无不胜。但是，几场循环赛下来，登上冠军宝座的竟是"全白队"。上海体坛对"全白队"刮目相看。"全白队"不负众望，一直保持不败的战绩一年有余，直到这批学员毕业。董守义在国内已有了战胜外国队的经验。

　　在读期间，董守义为缓解经济拮据状况，被介绍到上海爱国中学和东亚体育专科学校兼任体育教员近一年。这是他从事体育教育的开端。

在上海不到两年的时间里，董守义在与各地同学的接触中，特别是与外籍教师的交往中，使他看到中国的体育事业太落后了，与国外不可同日而语。这种落后不仅影响了全体国民的身体健康，同时也制约着中国的教育、工农业、商业和国防的发展，这种滞后直接、间接影响着中国社会进步。他认识到体育教育的重要性，也为国人的麻木愚昧而焦虑。

1919 年 4 月，董守义从培训班毕业返回天津，出任天津青年会体育干事，兼篮球队、足球队队长。不久，张伯苓校长邀请他兼任南开学校（南开大学和附属中学的前身）的体育教师。董守义因青年会的体育干事工作繁忙，不能全职任教而推辞。在张伯苓的盛情邀请下，他只好同意义务担任体育指导。张伯苓先生不仅是一位热心兴办新学的教育家，也是一位倡导体育健身的热心人，是两届全运会和华北运动会的发起人，还是远东运动会中国代表团总领队、华北体联和天津学校体联会长。

当时的南开学校是国内少数体育设施较完备的学校之一，有一个田径场、两个足球场、一个排球场、6 个网球场、12 个篮球场，单、双杠等体操器械均齐全。学生除按规定上体育课外，每天上午有课间操，下午 4 时后为全体学生的体育锻炼时间。董守义每天上午 10 时在学校领操一次，下午到校指导训练篮球队。篮球运动在南开本来就受到学生的青睐，原来指导教师也具有一定的水平，现在有了董守义作指导，学生的劲头更大了，球技迅速提高。1922 年，在天津学校联合运动会上，南开篮球队初露锋芒，连克实力最强的青年会队、曾获华北运动会和全国运动会冠军的高等工业学校队、称雄津门多年的新书院队、北洋大学队等多支劲旅，一举夺魁。1924 年的第三届全国运动会上，以南开队员为主力组成的华北队再征武汉，为华北第三次夺得全国篮球冠军。董守义带领的南开"五虎将"，蜚声全国。

1923 年 5 月，董守义以篮球队员身份参加在日本举行的第六届远东运动会。中国队一败涂地，原计划将上届夺得的篮球冠军保持下来竟落空了。董守义曾数次代表中国队参加远东运动会，无论是田径，还是球类、游泳，中国均输多胜少。他的民族自尊心受到深深的伤害。中国人饥馑病弱，被西方人讥讽为"东亚病夫"；且毫无国家、民族荣誉感和组织纪律观念，如一片散沙。中国人的这些劣根性在体育竞技中暴露无遗。在各类比赛中，包括运动员和裁判员，不懂竞赛规则，没有体育道德，自私狭隘……他为自己身为体育工作者而内疚，也深感责任重大。他坚信外国人能办到的中国人也应该能办到，也一定能办到。他立志通过发展体育运动强国强种，改变中国的落后与孱弱。

1923 年初夏，董守义刚刚结束第六届远东运动会从日本回来，经青年会保送到美国麻省斯普林菲尔德市的春田学院深造。该学院原来是北美基督教青年会于 1887 年开办的一所干事学校，专门培训各国青年会的体育干事。在董守义之前，中国已有马约翰、郝更生等来此培训学习。

在这个体育王国里，当时已经兴起的体育运动都是教练项目。董守义选择了网球和棒球为主攻方向，兼顾橄榄球。他认真研究体育理论，努力实践体育技巧。董守义孜孜不倦的努力，换来各项体育技能的迅速提高。这位黑头发黄皮肤的中国人在美国成了著名球星：美国中部青年会夏令会体训班网球双打冠军，棒球赛的冠军队员，春田学院网球队长，曾夺得美国东部青年会网球比赛的单打、双打冠军，同时又是春田学院橄榄球队中锋。他以自己的行动向全世界证明了中国人不是"病夫"，也证明外国人能办到的事情中国人一样能办到。

1925 年 7 月，董守义谢绝了春田学院的挽留，毅然返回天津，出任青年会体育部主任、青年会执行干事兼南开大学的体育指导。

重返天津后，董守义与朋友组织了一年一度的天津万国足球赛和篮球赛。天津各大学、中学多组织球队，厉兵秣马，迎接每年的赛事。比赛推动了球类的普及，也是对运动员进行体育道德的培养。由董守义任指导的青年会竞进队和南开学校队，都养成了遵守规则、服从裁判的良好体育道德。

董守义是我国解放前参加国际体育赛事最多的运动员、教练员、裁判员。1917 年第三届远东运动会篮球队长，1921 年第五届远东运动会裁判员，1923 年第六届远东运动会篮球运动员，1927 年第八届远东运动会篮球委员会主任兼篮球裁判长，1930 年第九届远东运动会篮球队教练，1934 年第十届远东运动会篮球教练，1936 年第十一届奥运会篮球教练、代表中国出席国际篮球会议并被选为国际篮球裁判会会员。虽然中国的体育运动仍处于落后状态，竞技中常常不敌他国，但董守义个人的品德和体育技能受到中外的普遍赞誉。

杰出的体育教育家

董守义精湛的体育技能，颇具亲和力的组织才干，古道热肠为普及群众体育的奉献精神，渊博的学识及儒雅的君子之风，特别是他的公正、大度、忍让等品德在体育界少见。师范大学体育系主任袁敦礼对他非常赏识，几次邀请他到师大任教。他对袁敦礼说："中国体育落后，和热心推广体育的人士太少很有关系。师大体育系是培养体育师资的，对推动体育很重要，所以我愿意听从您的号令。"1930 年秋，董守义欣然到师大任教授兼学校篮球队指导。

师大篮球队在"五四"前后就成为北京、华北地区的一支劲旅，曾多次代表中国征战国外。1921年在上海举办的第五届远东运动会上，以师大为主力的中国篮球队首次在国际上获得冠军。董守义球技精湛，教学有方，他的到来，使师大篮球队技术、战术更上一层楼，可谓锦上添花。

1931年元月，师大篮球队应大连华商会和新闻界联袂邀请，到大连与日侨联篮球队比赛。时值隆冬，海上风大浪高且所乘坐的船小体轻，一叶扁舟在风浪里上下颠簸一天多。运动员普遍晕船，呕吐严重，体力消耗极大。日本队以逸待劳，又有从国内调来的专业球员，趾高气昂，气冲斗牛。篮球比赛本是体育竞技，但是，日本人在我东北盘踞多年，国人忍恨数载，不得抵御良策，这次都希望师大篮球队能为中国人出口恶气。董守义与师大的运动员都认识到：这不是一般球赛，是中国人民志气的展现。他告诫学生虽然这是为中华民族争光，为国家争气的机会，但不要背任何包袱，鼓励学生放开打，并合理排兵布阵。在三场比赛中，师大篮球队都以超出20、30的大比分战胜对手。这次比赛在东北、乃至全国都受到瞩目，大、小报纸都争先报道。

董守义从爱打篮球到在全国推广篮球运动，培养了南开大学的"五虎将"，特别是带领师大的几代"五虎将"多次代表国家队参加远东运动会、奥运会。因此，董守义曾被尊称为"中国篮球之父"。

从大连回来后，董守义辞去天津的所有兼职，专心师大的教学工作，还担任了学校的足球、网球、棒球队的教练。董守义的体育技能全面，田径、体操和各种球类技术均属上乘，又有深厚的体育理论修养。因此，他教导出来的学生都是多面手。学生在回忆他教学时说："董先生是我学习体育专业的启蒙老师，他教授体育系大一的体育基本技术课（包括田径、体操、球类等基本技术）。通过基本技术课的学习，从而得到身体的训练，为学好体育技术课打好身体素质与掌握基本技术的基础。董先生在教学中亲自示范，摸爬滚打，不辞劳苦的精神感人肺腑，我们学生无不为之感动……"

在师大任教较在天津工作时生活相对稳定，杂事不多。鉴于国内体育理论书籍的匮乏，甚至有的体育工作者对体育理论、竞技规则也不甚了了的情况，董守义利用工作之余，于1931年撰写并出版了《田径赛术》《足球术》。后来又先后出版了《最新篮球术》《篮球训练法》等多部专业书籍，详细介绍了田径、足球、篮球的比赛规则和训练方法，希冀以文字的形式更广泛推动、普及体育运动的开展，并养成国民的良好素质。他还撰写了《国际奥林匹克》一书，对国人知之甚少的奥委会组织、奥林匹克精神和历届奥运会等做了翔实的介绍。他感悟到：比赛所给予运动员的，不仅仅是技术，更重要的是精神和道德。因此，他常说：

"运动员不应单纯以胜负为荣辱，而只应用全力求技术的精进和身心的健全，以养成有为的国民。""一个好的运动员不但应当绝对遵守运动规则，而且要消除自己一切的脾气，对人应当较平时更加和蔼可亲。胜利当然是要争的，但更重要的是求技术的精益求精。"

1932年，天津创办《体育周报》，请董守义为之撰写文章。他经过认真思考，将他平素最爱讲的几句话，概括为运动员的三信条，庄重严肃地写下：

"一、在任何运动中，当绝对遵守那项运动的规则。二、自己一到场地，要消除自己一切的脾气；对人应当较平时更加和蔼可亲。三、不以胜败为荣辱，只用全力求技术的精进，身心的健全，变成一个有为的中国国民。"

这几句话今天看来是很简单的常识，在当时执行起来却是困难异常的事情。在竞技场上，董守义常常看到许多运动员、教练员、观众，不服从裁判，甚至殴打、辱骂裁判，竞赛的双方运动员从竞技演变为斗殴，观众甚至为输赢厮打、对骂等。不文明的行为比比皆是，屡见不鲜。董守义有感于此，写下了以上的三点。

学校的教师大都可以利用寒暑假进修、休息或做自己想做的事。但是，董守义在前前后后的近 20 年的教学生涯中，每年暑假恰恰是他最忙碌的时候。他总是利用暑假时间，协助有关部门举办体育师资训练班或讲习会。如 1930 年在清华大学举办的全国性体育讲习会，1931 年在哈尔滨举办的体育讲习会，1933 年在广州的体育讲习会，1934 年在师范大学举办的体育训练班，1935 年中华全国体育协进会举办的体育教师和运动员训练班，1937 年在师范大学举办的体育教师讲习班，1937 年年底在陕西南郑举办的体育教师训练班，1940 年、1942 年、1943 年举办的体育干部训练班、体育讲习会等。他总是先参与筹备，开班后就是主讲教师，为训练体育人才，不遗余力。

1933 年 7、8 月，广东省教育厅在岭南大学举办第二届暑假体育训练班，培训全省的 200 余名中小学体育教师和优秀运动员，董守义担任篮球理论课和技术课。因为他不懂粤语，自费带上广东籍的妻子邝亚英充任翻译。学员回忆他的教学时说："他每课都编出讲义，详述要领，有些还附有图解。讲课深入浅出，循序渐进，讲解透彻，清楚流利，深得学员敬佩和称颂。在技术课教授中均做出各种示范，还传授了当时先进的攻防战术，如八字进攻，一三一进攻，区域联防，半场盯人等。虽暑假广东气候炎热，董先生仍与学员一起汗流浃背。每次授课结束时，董先生都要求学员提出问题。学员提出的问题，他总是耐心解答后，还鼓励学员继续思考，下次多提问题。有时休息时间也被挤去。"当时，广东的篮球运动相对滞后，在董守义的大力推动下，篮球运动迅速活跃起来。

曾受教于董守义的运动员、教练员、体育教师、体育官员，以及在师大 15 年、在民国大学、北平女子文理学院等学校培养的学生，当以数千计。可以说，解放前中国相当一部分体育工作者出于董守义门下或曾受到他的教诲。

群众体育的热心倡导者

梁启超早在 20 世纪初撰写《新民说·论尚武》中就尖锐地指出：中国人"以文弱为美称，以羸怯为娇贵，翩翩年少，弱不禁风，名曰丈夫，弱于少女；弱冠而后，则又缠绵床笫以耗其精力，吸食鸦片以戕其身体，鬼躁鬼幽，趦步欹跌，血不华色，面有死容，病体奄奄，将息才属；合四万万人，而不能得一完备之体格。呜呼，其人皆为病夫，其国安得不为病国也！……呜呼，生存竞争，优胜劣败，吾望我同胞练其筋骨，习于勇力，无奄然颓惫以坐废也！"董守义也坚信：要有健全的民族，就先需有健全的体魄与精神。面对国民体质的低下，从事体育教育的人员太少又水平不高，他焦炙万分，也有要"饮冰"的欲望。董守义常说：

"体育普及与否，关系国家的兴亡，民族的盛衰和人民的苦乐。""要有健全的民族，就先要有健全的体魄和精神。"

董守义积极热情参与一切关系大众体育的事情，更坚定了终生"传授体育之道"的志向。他在大学、中学指导田径、球类，在青年会训练篮球、足球；在各学校间的体育比赛中任裁判；在全国、地方性的比赛中任组织、裁判等工作；到学校、机关团体讲演开展体育运动，增强体质的意义。为说服社会上有影响的人士重视体育，他甚至到家庭做体操表演。表演最多的是火棒操，即双手舞动两根缠有浸满酒精或汽油布包而熊熊燃烧的木棒，特别是在漆黑的夜间，如两条火龙上下飞腾，似蛟龙出水，如金蛇狂舞。

董守义因为出色的工作，得到各界的信任，他担负的社会工作也在逐年增加。他先后担任天津学校体育联合会委员，中华教育改进社下属体育研究会干事，北平市体育委员会委员，河北省体育委员会委员，北平五大学体育委员会委员，华北体育联合会执行委员，国民军第 32 军体育顾问，中华体育协进会理事、副总干事、代总干事、总干事，教育部国民体育委员会委员等，至于为球队、夏令营等任指导的兼职更数不胜数。他奔走在全国各地，发展组织，策划、实施培训，组织比赛，执行裁判，讲演鼓动……凡是与发展群众体育运动有关的活动，几乎都能看到他的身影。1925 年以后，他几乎参加了历次华北运动会、全国运动会的筹备、组织等工作。北平先农坛体育场、天津河北第三体育场、抗战时重庆陪都体育场等的建立都有他的功劳和辛劳。董守义一直是群众体育运动最积极的倡导者、推动者。

1937 年"七七"事变后，董守义经河南转赴西安。北平师范大学与北平大学、北洋大学一起组建西安临时大学。当时，日军侵略的铁蹄已到了山西，日军的飞机经常轰炸风陵渡，西安已不安全。学校派董守义率领体育系、英语系部分学生步行到汉中及周围地区宣传抗日救国和寻找新校址。他们在汉中、勉县、褒城、城固等地，以讲演、写标语、绘画、演出文艺节目等形式，向当地群众宣传团结抗日的道理。特别是他带领的体育系学生为群众表演体操、武术、球类等，深受群众欢迎。当大队返回西安后，他与体育系的师生仍留在汉中，为当地中小学体育教师讲课一个月。

董守义在全国体育组织——中华全国体育协进会主持日常工作，是主要负责人，任劳任怨、百折不挠工作多年。中华全国体育协进会成立于 1924 年 8 月，由热心于体育的民国前外交部长王正廷和南开学校的创始人张伯苓分别担任名誉会长和董事长。董守义最早与体育协进会直接发生联系，应是 1928 年，天津市学校体育联合会改组为天津市体育协进会，张伯苓出任会长，董守义为委员兼会计。1935 年，第六届全国运动会在上海召开，董守义任大会的裁判委员兼篮球裁判长。会后，他被推举为中华全国体育协进会理事和教育部体育委员会委员。1939 年 2 月，张伯苓会长在陪都重庆召开全国体育协进会董事会议，商议参加将在东京举行的第十二届奥运会的各项事宜。在这次会议上，董守义被推选为奥运会筹备委员会委员兼秘书。1941 年 2 月 1 日，张伯苓主持召开体育协进会董事会议，增选董守义为副总干事长。1942 年后，他以代总干事长主持体育协进会的工作。当年的体育协进会一无权，二无经费，三无人力，最根本的是无政府支持。总之一句话，要发展体育就靠自己跑腿、磨嘴、费神。

抗日战争期间，前方战火纷飞，形势险峻，也没有挡住董守义为发展群众体育运动奔走的步伐。1940 年后，董守义等组织举办了 3 届嘉陵江水上运动会；1940 年组织“九九”登高比赛。1942 年日寇入侵晋豫，风陵渡失守，潼关告急，中原危在旦夕。6 月 11 日，董守义却以中华体育协进会代总干事的身份赴西安，筹建体协西安分会。在 28 日的成立大会上，他带领西北师范学院（抗战时的北师大）在城固的垒球好手组成西安体协队与韩国青年队举行了垒球比赛，以壮声威。7 月 2 日，他又冒着炮火赶到了郑州，筹建体协河南分会。期间，他还创建了汉中、重庆两个分会，并兼任董事、总干事。1943 年 6 月，为纪念体协西安分会成立一周年，董守义带领西北师范学院在城固、兰州两地的体育系师生，以及一些国手在西安举行大型篮球、足球、垒球比赛；他与中华体育协进会的同事组织了重庆地区专科以上学校运动会；年底，在滇缅局势稍好后，董守义就以中华全国体育协进会的名义组织了一支篮球队在滇、黔两省巡回比赛一个多月，为体育落后的边疆地区带去了新空气。1944年组织举办陪都中等以上学校联合运动会、公务员运动会等。

抗战期间，董守义还应"新生活运动"总干事长的邀请在新运会体育组工作。虽然只有1940年6月至8月的短短的两个多月时间里，他参与筹备、组织了重庆第一届水上运动会和一些篮球比赛，为新运总会举办了两期体育短训班。只要是有利于体育事业的发展，他从来都是不计名不计利，不怕苦不怕累，冲在最前面。

1943年，董守义被教育部聘为国民体育委员会专任委员；1945年抗战胜利后，又成为三名常委之一。他在教育部国民体育委员会和中华体育协进会都有重要任职。无论在政府部门，还是民间组织，他都在兑现自己"布体育之道"的诺言，并取得一定成就。

天险蜀道就像道道鬼门关，多少人在蜀道上丧命。抗战期间董守义随师大西迁至西安、城固、兰州。同时，他在全国体协和教育部都有兼职，8年中常年往来于重庆与西安、城固、兰州之间。他搭乘的"黄鱼车"掉进嘉陵江中，他因身手矫健有惊无险只受了皮肉之苦；他搭乘的运桐油的民船撞上礁石，使他满身浸透桐油，有幸抓到一块船板在急流中游泳上岸；……董守义不仅是用汗水，而是以鲜血和生命为代价来推动中国体育运动和体育教育事业的。

并非所有的人都能理解董守义对体育的痴迷和长年累月为之付出的艰辛与劳碌。他曾感慨地引用《诗经》上的诗句表达自己的心境："知我者谓我心忧，不知我者谓我何求。"就是师大体育系的个别同事也以为他的兼职过多，是为多拿薪金。其实，他的大部分兼职是义务的，讲课是无偿的。抗战胜利后，他专职于教育部和兼职体育协进会，其收入比在师大任教还低。

国际奥委会委员

抗日战争胜利后，政府机关和中华体育协进会将搬迁南京，在西北8年坚持办学的师范大学将迁回北平。董守义无法再兼顾两地，只好忍痛辞去在师大任教15年之久的职务，专职体育行政工作。

1945年9月，在全国体协常务理事会上，王正廷对中国将增加的国际奥委会委员应具备的条件时说："这次被推荐的奥委会委员应当年轻一些，真是搞体育的，能做具体工作的。"并提名董守义。董守义为振兴中华体育事业的卓有成效的工作是体育界人士有目共睹的。张伯苓率先举手同意，其他常委也纷纷赞同。1947年6月，在斯德哥尔摩召开的国际奥委会第四十次会议上，董守义正式当选为国际奥委会委员，成为中国继王正廷、孔祥熙之后的第三位奥委会委员。王正廷是1922年成为国际奥委会委员的。

◎ 1948年董守义（前排右二）与全国体协部分理事合影

1939年由王正廷推荐，孔祥熙当选。孔祥熙当选原因，就是王正廷等人为筹措开展体育活动经费而请的"财神爷"。但是，这位奥委会委员一次也没有出席国际奥委会会议。作为"财神爷"，于公几乎没有给体育协进会和出国参赛的团队特别拨款，于私他也几乎没有对体育活动有所赞助，只是挂一个虚名而已。

顾拜旦等国际奥委会创始人，倡议恢复希腊奥运会的主观愿望是：通过体育运动使全世界的青年具有健康的身心，使人类趋向完美，使人民互相接近，最终达到世界和平。这就是奥林匹克精神、精髓。

国际奥委会决定于1948年7月在英国伦敦举办第十四届奥运会。为此，全国体协于1947年1月召开常务理事会，成立以王正廷、董守义等7人组成的第十四届奥运会运动员遴选委员会。同年11月，全国体协召开理监事会，重新讨论各项目运动员选拔办法和标准，并确定了由王正廷为总领队、董守义为总干事、马约翰为总教练的第十四届奥运会中国体育代表团领导层。

当时，国民政府的高官们都忙于"接收"发财，无心民众的体育事业，身为国际奥委会委员和中国体育代表团总干事的董守义曾与师大校长的袁敦礼商议：以申办奥运会来推动中国体育事业的发展。但是，董守义为筹措体育代表团出国经费时，四处求援，恳请社会各界、华侨等捐款，结果收效甚微。足球队先期到菲律宾、泰国、越南、印度尼西亚、印度等国，以比赛筹款。他们的"申办奥运"动议只好作罢。鉴于以往的乘船出国耗时、耗体力的教训，中国体育代表团于7月12日、20日分两批乘飞机赴伦敦。但因所筹资金有限，队员们只能借住一小学，自己起火做饭，是所有参赛国中唯一不住奥运村的体育代表团。因为有些运动员并非公正遴选产生，领导班子又有分歧，相互掣肘，指挥不当等时有发生，原本有望进入前八名的篮球队也名落孙山，中国体育代表队再次全军覆没。返程无经费，队员流落街头，王正廷、董守义如热锅上的蚂蚁，向驻英大使、华侨、英国朋友等，或借贷或募捐，又将没有吃完的粮油变卖，才勉强分批踏上归程。

董守义慨叹自己为之奋斗了大半生的体育事业，仍旧是这样的衰败、不景气。他感到十分无助与无力。回国后，他已是无官一身轻了。当时，中国人民解放军正以排山倒海、摧枯拉朽之势，解放了大半个中国。有人动员他退居台湾，被他严辞拒绝。因妻子、儿子在上海，他选择了到杭州体育专科学校任教，并听从周恩来的指示，在杭州迎接新中国的诞生。

1949 年 10 月新中国刚刚成立，杭州市人民就积极筹备召开运动会，董守义应邀参与筹备和比赛的裁判工作。不久，他收到兰州西北师范学院（现称西北师范大学）体育系的聘书。1950 年 3 月，他举家迁往兰州。抗战胜利后，师范大学复员北平，但仍有部分师生留在兰州继续办学。董守义任体育系教授，主要教授篮球、足球、棒垒球和裁判法等课程，同时兼任学院篮球队的教练。1951 年，他应邀担任中国人民解放军西北野战军第四军运动会的顾问。不久，他又带领一批学生参与中国人民解放军西北军区运动会的筹备和裁判工作。该运动会结束后，他就被聘为总教练，为西北军区举办的篮球、足球、棒球和裁判法训练班讲课三个月。同年 9 月，董守义担任西北军区警卫团运动会的筹备和裁判工作。冬季，为兰州军分区体育训练班讲课。1952 年 1 月，参与筹备兰州冰上运动会……

解放前，董守义为推广群众体育运动，多方求助，四处碰壁，总是以失败告终。但是，今天不同了，新中国的人民要强身健体，国家需要体育人才。特别是毛泽东主席向全国人民发出"发展体育运动，增强人民体质"的号召以后，全民体育运动像雨后春笋蓬勃开展。董守义深深感受到新、旧中国的巨大反差。

◎ 1976年董守义与夫人

1952年7月，董守义以国际奥委会委员、中国体育代表团总指导的身份出席在芬兰赫尔辛基举行的第十五届奥运会。7月31日，在中国体育代表团举行的记者招待会上，董守义以中国国际奥委会委员身份发言。他义正词严地驳斥了台湾一些政客别有用心地散布种种谣言，并指出，原中国国际奥委会委员王正廷现在香港、孔祥熙在美国，他们早已不能履行其国际奥委会委员职责，更毫无资格代表中国奥委会。该奥运会结束后，他与荣高棠一起出席了由21国代表参加的国际体育教育会议。

1954年，董守义当选为中华全国体育总会副主席、全国政协委员，并在国家体委竞赛司工作，又任中国篮球协会主席等职。从董守义进京到1956年，他参与筹备和组织的全国性运动会10个，地区或部门的运动会3个。虽然，他已进入花甲之年，但是他感到从未有过的轻松、愉快和精力旺盛。

1955年6月，董守义出席在巴黎召开的国际奥委会第五十次会议和国际奥委会执委会与各国奥委会、各国际单项体育组织的联席会议；1956年1月出席在意大利召开的国际奥委会第五十一次会议和第七届冬季奥运会；同年11月，出席在澳大利亚墨尔本举行的国际奥委会；1957年9月，出席在保加利亚索非亚举行的国际奥委会第五十三次会议等。董守义为维护中国在国际奥委会中的合法席位做了坚决、灵活的斗争。怎奈，由于美国的布伦戴奇把持着国际奥委会并推行两个中国的政策，以及中国当时的对外政策所限，中国于 1957 年后与国际奥委会脱离了关系，董守义的国际奥委会委员身份也告终止。1974 年，时任国际奥委会主席的基拉宁，邀请在伊朗德黑兰参加第七届亚运会的中国代表团团长出席奥林匹克团结大会，向中国发出重返奥委会的邀请。董守义得知这一消息以后，不顾 80 高龄，连夜赶写文章，支持中国体育健儿重返国际体坛。

在 1957 年的"反右"和十年浩劫中，董守义都曾受到不公正的待遇。但是，他对国家、对为"在世界体坛上争中华一席之地"的信念始终没有动摇。他先后撰写关于体育史的文章多篇，现在都成为研究中国现代体育历史的珍贵文献。

1978 年 6 月 13 日，董守义因病去世，享年 83 岁。

董守义先生为中国奥林匹克运动发展作出的卓越贡献，人民永远不会忘记。董守义的学生、体育教育家刘世明、李一清、吴玉和、郑志国等联名撰写文章《回忆我国著名体育家董守义教授》，高度称赞董守义先生对我国体育事业的非常贡献。他们说：

"董守义教授可以说是中国现代体育的开拓者之一。在民国时代为提倡体育、培养体育人才，作过艰苦不懈的努力，有不可磨灭的功绩。建国后，为新中国的体育事业曾作出卓越的贡献，在国际体育活动中，也曾为中国赢得应有的地位和荣誉而奋斗不懈。……董教授高尚的道德品质、爱国主义思想、体育专业精神，都心悦诚服，也成为我们终生学习的榜样。"

今天，新中国体育事业兴旺发达，发展体育运动已成为党、政府和全国人民共同关心的事业，中国已成为世界体育强国，许多体育项目已属世界强项，"东亚病夫"已告别中国。这就是董守义先生当年的梦想和追求！

（王淑芳）

参考文献

[1] 谭华 董尔智 . 夙愿——董守义传 . 北京：人民体育出版社，1993

[2] 董守义 . 国际奥林匹克 . 北京：世界书局，1947

王森然

文化名人与"后文人画家"

◎ 王森然

王森然（1895—1984），原名王樾，曾用哑公、杏岩、杏南等数十个笔名。河北定州人。中国现代学者、教育家、思想家。曾任中国大学、河北大学、北京师范大学、中央美术学院教授。

著述繁多，主要有《中学国文教学概要》《文学新论》《世界妇女运动大系》《近代二十家评传》《中国剧目大词典》等。

　　王森然先生是我国 20 世纪著名学者，在新文化传播、教育学、文学、史学、哲学、美学、社会学、语言文字学、文学教育、史学教育、艺术教育、美术理论和中国书画等诸多领域都有建树和影响。

　　王森然的名字相对具有更多的特殊性，他的一生充满着传奇，却更多含括着与悲剧的交融。

王森然

　　王森然于光绪二十一年（1895 年）出生在直隶定州一个贫苦农家。在他 16 岁的时候遭遇父亲去世的厄运。作为长子，父亲给他遗下正待成长的两个弟弟、四个妹妹和需要供养的母亲，襁褓中最小的妹妹不满周岁，孤儿寡母饱受欺凌，母亲马氏没有受过教育，有的只是艰忍善良、深明事理与慈祥。

◎　1927 年王森然（右二）与胡也频（右一）、丁玲（右三）、于赓虞在北海五龙亭。

他的少年不仅仅是自食其力，还要挑起供养家庭的重担。他在日以继夜读书求进的同时又必须以教书来供弟弟妹妹们上学，然而他的两个弟弟在刚刚成年的时候双双留下两个子女而撒手人寰，这又大大加重了他的生活压力，他又必须担负对两个弟妹和四个侄子女的供养责任。结果，他的前半生，在20世纪20年代的贫瘠荒凉的旧中国居然为他的祖国和家族培养了连同他自己在内的14位大学生。

他亲历了辛亥革命和"五四"运动，自少年时代起便接受新思想，开始思考和寻找中国社会改革的道路，继而在极度艰辛之中投入了新文化运动。他结识梁启超、蔡元培、陈独秀、胡适，之后又结识李大钊、邓中夏、蔡和森、何孟雄和鲁迅兄弟、胡也频、李子洲、魏野畴、杜斌丞、杨虎城、刘半农、钱玄同等。因为他的革命和进步活动，先后遭到反动军阀曹锟、张宗昌、蒋鸿煜的三次通缉。

1920年起至1926年，他在华北、陕北、山东、绥远传播新文化思想。在他的学生中就有刘志丹、谢子长、刘澜涛、高岗、杜聿明、李培之、安娥、李广田、邓广铭、臧克家、赵望云、史树青等人。在对社会探索和从事教育改革实践的过程中，逐渐形成了王森然的教育思想。

王森然不但是一位重要的教育思想家，而且是杰出的实践家。自新文化运动起，便开始在中外思想文化界产生影响，在刚刚废除经史子集的年代，他提出了一整套科学的教育思想，提倡教育为进步事业服务，为祖国为民族服务；提倡教育与人民大众结合，为人民大众服务；提倡教育改革；强调教育不能脱离时代，不能钻到象牙之塔里去读死书；强调教师要有正直的人格和渊博的学识。他非常具体地提出教育的四大原则：要把培养学生的自学能力作为教育的核心；教学要重视实效，要科学化；要着眼于时代，着眼于民族，着眼于社会服务；教育要进步的教育。他强调培养学生的品德和情操，注意"知的灌溉"、"情的培养"和"意志的锻炼"。他强调"教师的责任"、"教师的修养"，"教师为学生服务"及"为社会进步而育人"的主张，并指出：教师要给学生"一把长利的斧子，一个长明的灯笼。长利的斧子是教他们在荆棘丛里谋生的工具，长明的灯笼是教他们在黑暗里寻光明的出路。"80多年前梁启超为他作序言的《中学国文教学概要》（商务印书馆出版），成为废除科举之后我国现代教育史上最系统、最具权威性的第一部国文教学法论著作，中国语文教育史家已经将其作为现代语文教育史上一部具有里程碑意义的扛鼎之作列入史册。

在20世纪20年代末期的1927至1930年间他主编和创办过十余种文学和艺术刊物，创作了大量的诗歌、小说、散文、杂文，抨击暴政，掷地有声。他深入思考文学革命和革命文学，形成他自己的新文学思想。他指出："文学是社会产物，文学不能背离社会时代的环境而存在，文学家生活于某一阶级的环境里，受某一阶级的利益的熏染陶溶，必为某一阶级的心灵所同化。""文学是表现社会、批评社会、指导社会的，文学是时代的先驱，是时代的反应，这样的文学作品才有生命，才有永久不朽的价值。"他呼吁青年多多接近社会和民众的生活，从而写出好的作品，使读者从中"获得新的宇宙观和人生观，借以成为未来社会的斗士"。他撰写完成了系统的文艺美学理论著作《文学新论》，阐明文学的社会作用、现实主义原则以及文学本身的特殊规律，《文学新论》在中国现代文学史上，有着不可或缺的瞩目地位。

这一时期他还有《印度革命与甘地》《世界妇女运动大系》等重要巨著问世。

他是第一位为李大钊撰写传记的人。李大钊被奉系军阀张作霖杀害后，王森然随即不畏强暴，称李大钊为"一代青年范者"，

"其学问之渊博，道德之高尚，理志之宏远，热诚之深厚，胆气之雄伟，意志之坚强，均横绝一世"；"先生一生，勤朴清直，艰苦卓绝；洁身远名，不营时誉；和易平直，表里如一；临事不苟，临财不得，是所谓富贵不能淫，威武不能屈，贫贱不能移者也。"《李大钊先生评传》是在白色恐怖下，不畏强暴公开发表的。经学术界确认"是迄今为止发现的最早发表的李大钊同志传记，作者痛悼烈士的至诚之言，也绝不仅仅是'难能可贵'，而是要有非凡的胆识，是要冒着杀头的危险的。"

王森然在陈独秀入狱后撰写的《陈独秀先生评传》中称："夫中国人民，以保守为天性，遵已动为大教，其余，陈氏之反宗教军阀及孔子主义并赫赫然领导无产阶级革命，相率惊骇而诅之，良不足为怪！顺政见自政见，而人格自人格也，独何奈以政见之不同，党同伐异，莫之能胜，乃密报私隐以陷害之？""以先生之学历，若求高名厚利，与世人争一日长短，将何往而不自得耶？""先生不因个人荣利，而一变为世之所谓新官僚，就此而言，实值吾人矜惜也。""呜呼先生！满腔热血，洒向空林。一生有毅力，无用武之地。吾不反为先生惜，吾惊为民族哭矣。"今天的学者已提出正是因为纪念陈独秀，首先要钦佩和纪念当年写如此评传的人。

王森然是著名的传记作家。1928年蔡元培建议他考入北京大学国文研究馆史学组进行攻读。由于向史学研究的学术转向，使他成为一位治学严谨的历史学家，以后的几年为他研究中国当代社会政治思想史，撰写中国近代百家思想评传提供了条件。他于20世纪30年代之初完成的近代人物评传包括王闿运、吴昌硕、沈曾植、柯劭忞、廖平、林纾、严复、康有为、罗振玉、章炳麟、梁启超、王国维、陈独秀、周树人、章士钊、刘师培、李大钊、胡适、郭沫若、李泰棻、辜鸿铭、樊增祥、陈宝琛、王树桐、陈三立、张謇、易顺鼎、梁鼎芬、齐白石、谭嗣同、蔡元培、傅增湘、黄节、高步瀛、丁佛言、吴承仕、黄侃、钱玄同、黎锦熙、刘半农、徐志摩等,《近代百家评传》《近代二十家评传》成为 20 世纪研究中国近百年学术史和社会政治思想史的重要著作,也使王森然成为一代文史宗师,受到国内外学术界的重视和推崇,国外学术界称誉他是中国近代史的"活化石",日本学者赞扬他为"传记作家"。

20 世纪 30 年代后,他先后被河北大学、中国大学、民国大学、蒙藏学院、天津女子师范学院、北京师范大学等多所高等学校聘为教授。由于他当时的社会影响,直至 1937 年之前在学术研究之余,应邀相继为国立艺专、京华美专、北京美术学院讲授艺术概论等理论课程;继而创办了华北学院艺术专修科并任主任,讲授艺术哲学、艺术概论、文艺美学和"普罗"艺术思想,始终在传播大众文艺理论的讲台上。

在国学方面,他先后讲授了自秦汉至明清的中国学术史和中国史学史,包括先秦经学、先秦子学、西汉经学、魏晋玄学、隋唐佛学、宋明理学、清代考据学,校勘、辨伪、辑佚、文字、声韵、训诂诸学。出版了他撰写的《周秦学术史》《汉唐学术史》《宋元明学术史》《清代学术史》《中国学术史》全部讲义。北京师范大学为他出版有《汉裴岑记功颂碑考》《双声与叠韵》等著作。在多年的教学生涯中,他严肃地面对社会和历史,将时代之利弊、民族之功过、祖国之毁誉,为治史的准则,论人的尺度。他坚持"治史之人,重在有'史德'。有'史德'之人,襟怀坦白,有'史德'才能如董狐之笔,秉笔直书。"他作史评史,重史实,求客观,于历史人物,他说"传记无须为贤者、尊者、亲者及自己讳,是什么说什么。凡是推动历史前进而为人民做过好事;在学术方面那怕一点一滴超越前贤者,都不能抹煞。"他反对"爱则大捧之,

176

憎则丑化之"情感态度。

1948 年他受聘到国立艺专（后为中央美术学院）进行美术史和古代画论研究。自 1925 年起王森然与齐白石 30 余年交往过从，互为影响，齐白石题王森然作品"画远松森然弟过我"，"人曰森然弟学我，我曰我学森然"等数十幅。齐白石亲笔篆赠王森然对联"工画是王摩诘，知音许钟子期"，成为齐白石对王森然高度赞赏和亲密情谊的不朽见证。

他在直至以 50 岁为界的前半生中，教授过十几所大学，在教育、史学、哲学、美学、社会学、语言文字学诸多学术领域，著述繁多。他的《近代二十家评传》几十年中在日本、台湾、香港和世界各地不断再版，包括在中国的"文革"期间也没有间断。新中国成立时仅北京图书馆收藏他的手稿就有六部之多。王森然的学术思想和治学精神，他的许多精辟论断，他的许多至理名言，给人们以深刻的启迪。

形成巨大反差的是王森然的后半生仅能在有限的政治运动空隙中以资料性的文字寄托生命，他的客观处境已经不容他表达任何思想，虽然对王维《山水论》《山水诀》、梦幻居《画学简明》《画学浅说》四部画论进行了 50 万字的标点注释，然而《山水论·山水诀》刚刚出版不久"文化大革命"就开始了。他日积月累以密密麻麻的蝇头小字在一本旧账簿上完成了 100 万字的剧目词典，更多的文字是写在各种包装纸及香烟盒的背面完成的，粘满了厚厚的账簿，记录了从宋代至新中国建立的一千多年间的 17 个剧种的戏剧目录，虽然他谢世后《中国剧目大词典》得以问世，但其他文字却惨遭失散。

20 世纪的 60～70 年代，政治环境迫使王森然不得不变文笔为画笔，集中精力开始了大量的国画创作。也是由于"文化大革命"特殊的背景和窘困境况使他以床为案，才有了"画家王森然"。

十一届三中全会以后他的国画作品作为国礼,得到了日本首相大平正芳、美国首任驻华大使伦纳德·伍德科克、意大利总统桑德拉·佩尔蒂尼的赞誉。在他86岁高龄之际,应邀为人民大会堂创作了两幅巨型国画,他的大写意花鸟绘画就此誉满中外,彰显和突出了他的"画家"地位。

"后文人画家"王森然

博士生导师、美术史家薛永年在《王森然与后文人画理论》中说:"在回顾近现代中国画历史的时候,人们会毫无疑问地注意到创作成就卓著的吴昌硕、齐白石与黄宾虹,也会注意到在五四时期便反思文人画价值的陈师曾。然而,另一位也颇重要的后文人画家被忽略了,这便是最早提出'现代文人画',研究倡导后文人画并身体力行的王森然先生。在众多的后文人画家中,王森然之获得社会承认与尊重,在于'他首先是个思想家、革命家'(黄华语),在他'传播新文化,对教育、文学、历史、艺术理论研究、国画创作等广泛领域取得的重要成就中,变革社会、振兴民族的进步思想是贯穿他一切活动的红线。'(王任重语)这也是他不同于其他后文人画家之处。如众所知,吴昌硕、陈师曾、齐白石与黄宾虹诸家,虽然是令人钦敬的爱国知识分子,但在思想上并未走在时代前列,而王森然则是一位'我国最早和传播民主进步思想的优秀知识分子之一'(习仲勋语),年轻时即拥护辛亥革命,后又投入五四运动。"

美术理论家和美术史家杜哲森在思考作为画家的王森然时指出:"经历了近一个世纪的风云变幻,在其前半生,为了拯救苦难的民族,他同革命先驱者们一道向各种腐朽的、黑暗的社会势力进行了殊死的战斗,为此曾被学校开除,屡遭通缉迫害,但他却始终坚定地站在社会进步力量一边，为夺取光明的未来竭尽精诚，最后终于迎来了新中国的建立，看到了民族的新生。但同整个民族一样，他没有想到，祖国新生之后，在前进的道路上竟会是如此坎坷，竟会遇上这样多的风风雨雨。尤其是十年动乱，更使民族陷入巨大的劫难之中。在那失去了理性的岁月里，王森然先生同广大知识分子一样，蒙受了巨大的精神创伤，但他并没有因此而失去信念，失去对生活的爱恋和对真善美的执着追求，王森然先生在这一个时期的作品，就是调着泪水创作出来的，欣赏他的作品，会使我们清楚地看到，作为一名学者，王森然先生是如何继承了中国士阶层身上最可宝贵的品格……作为一名思想家在个人与时代的关系上是如何体现了'富贵不能淫，贫贱不能移'的人生操守，如何以难能可贵的隐忍精神与祖国共同承受着劫难的摧折，又是如何在那凄风冷雨的岁月里，默默地耕耘，默默地播种，将真、善、美的种子撒向人间，撒向社会。"

钱穆在《中国史学略论》中说："中国思想之伟大处，在其能抱有正反合一观。如言死生、存亡、成败、得失、利害、祸福、是非、曲直，莫不举正反两端合为一体，其大者则如言天地、动静、阴阳、终始，皆是。"两极对立，两极化一，是中国传统美学精神的精微。昔大涤子云："夫画，天下变通之大法也，山川形势之精英也，古今造物之陶冶也，阴阳气度之流行也。"石涛将具体的笔墨表现转为宇宙万物生变的揭示，得神与物化，始心与天游，而笔墨则挣脱狭隘的纯技术形态之所囿，使精神追求与笔墨形式浑然融合，导致中国文人画以体证自然和人文哲学精神为目标。

文人画的突出特点是笔墨之中呈现出的书卷气，文人画画家最基本的条件是能吟诗、能赋词、能做文章，即具有传统文化底蕴的中国文人，诗书学养为必备条件，通金石、精考据方趋完善；尤对客观事物持独特见解，具有独立的思想性；并且具备特殊的

179

审美趋向，能通过笔墨语言表达，即具备独特的笔墨表现风格。

人文思想和意趣的豁泛，使得王森然在中国非常时期的画作游刃于笔墨与文思之间，而随心命笔，只要能表现心象，不会拘泥于形式。他笔下的《小孤山图》，竟依山傍水题写上了近千言的《小孤山考》，气势非同凡响。他1978年时作的《枸杞》，画面上部是浓密的枸杞，青叶红果，郁郁葱葱，生动欲滴，下面长跋洋洋洒洒，交错穿插，酣畅淋漓，别开生面。他强烈的个性特征，往往寥寥数笔，因多题跋而境界无穷。其作《一枝春》，画面仅有枯杈一枝，白梅两朵，题"许子袭以家藏梅花图囊顾允晖题云：陇头春信久无凭，画里题诗思不胜，月白西湖水清浅，一枝寒影瘦于僧。僧恩承和云：纷纷桃李有何凭，冒雪擎霜总弗胜，若要比渠清出类，直须寻个作诗僧。诗颇自负。癸丑春月哑公题。"友人洪流左下又跋："两诗都好不足凭，一着焉能常取胜，瘦影横斜杏岩下，三绝家风难二僧。细读杏岩老人梅图，又品二僧诗味，有感，步其原韵，识者一笑。"又86岁作《庚申梅花诗轴》，苍梅一树居中，顶上横交一束，20年后开卷，梅朵依然湿润欲透，满室飘散墨香。幅左题七言绝句："一瓯嫩绿雨前茶，宣德炉烟细细斜，夙字砚池浓淡墨，绮窗春影写梅花。"落款"八十六岁老人森然"，布满整纸，题罢尤觉意尚未了，又在幅右"题记"："庚申蜗居旧屋后东二间房内已十三年矣，子孙三代八口之家穷苦无告，借床为案，作画自如，我年已八旬有六，耳聪目明，悠然自得也。"结果，整树娇梅全然淹没在款跋墨韵当中。书耶？画耶？文学耶？都是，都不是，这就是"文人画"，是文人"化"中国文化入画的典型例证。没有化入中国文化的人，面对这种奇观，能不惑焉？明白了画，却不知印；明白了印画，却不懂书法；明白了书印画，却读不懂那铺天盖地的题记——连句都断不了，何况其中思想。要言之，唯文化人能知文人画。故齐白石专为王森然治印《哑公题跋》，用作长题。

见其画如见其人，他的率直、泼辣、雅致之外，更为突出的是立意的深远，感情的真切，构思的不落窠臼，经得起长时间的审美与回味。从他的作品中，随处可见他的正直、他的广博，随处可见他的不屈、他决不示弱的精神。《冷雨芭蕉》是他在"文化大革命"猖獗的年月里创作的，他有感于整个民族承受的灾难，伤痕累累，满目疮痍，大胆地用写意芭蕉的形式记录了时代的面貌。画面上，一株芭蕉顶天而立，三片巨大的蕉叶，一片被残，只剩下裸露的叶筋，一片受伤，被冷雨折断，一片却昂首挺拔蓬勃向上，冲出画外，在留白处疾笔题道："留得窗前破叶，风光已是残秋，潇潇一夜冷雨，白了多少人头。"直抒作者心志，直拨观者心弦，催人思考。老叶残了，新叶复生，他在那片充满生命力的新叶上，又喻示了希望，喻示着明天。这里没有描绘全株芭蕉，仅以一个局部造成强烈的视觉冲击，使蓬勃向上的新叶以画出纸外的处理，提供充满想象的空间！

尤其还要再提到他在历史的最关键时刻——丙辰（1976 年）清明当日创作的立轴《群虾图》，直接表达了他对时政的痛恨，讴歌了民众的力量。几十只大虾布满了整张条幅，若飞若动，若来若往。在一旁题了"叱咤风云，龙飞凤舞，须长如剑，国家干城。"他在友人的提示下把"国家"两字中的"家"字勾掉，在"国"之右上补"海"，成为"海国干城"，勾改痕迹清晰可辨，通幅烟岚满纸，气势非凡。在黑云压城城欲摧之际，一个八十几岁的老人于逆境之中，置自身利害于全然不顾，绘出这样胆略非凡的作品，钦佩之余的所感所叹正是这个民族不屈的精神所在。在这里他的虾与白石老人的虾完全不同，更追求"神"似，毫不拘泥、矫饰，利用中国画特有的宣纸烟墨的性质，造成模糊、隐约的外廓，既强调了"动"感，又显得烟云满幅，世上风云尽收墨中。

有学者记录了他这样一幅普通的作品《鸡冠花》：偶然的颜色流淌，使鸡冠花下多出一线红烛泪，背离了原有的构图，于是，鸡冠花的左侧便出现了如下的诗句："记得移家花并来，老夫亲手傍门栽，住京劫后非无物，两朵鸡冠带泪开。"记载时年86岁。这诗这画所指远不止于个人之恨之痛，它同时道出的是一代学人可感可叹可钦可敬的品格操守。"文革"中，他的家八次被抄，大量著作手稿和珍贵书信失掉和被毁掉，大量文物包括书画收藏被掠劫。在这种景况中，他就在窄小的斗室里写诗和作画。他写道："经数次抄抢，四壁萧然，屋瓦皆空……只好以诗画为事。"因此，他生命的最后15年，作画最多，保留下来的也最多。1971年（壬子）画墨梅，题："堪笑牡丹称富贵，哪知无福见梅花。"1972年（癸丑）题水仙："断绝人间烟火气，水仙神色冷如冰。"看都是一般咏花诗，但所颂美之清艳的梅、冷艳的冰，都暗喻着他在当时环境中独立不屈的人格态度。同年（1972）题《冷雨芭蕉》："——破叶，——残秋，——冷雨，——人头。"题目、画境、题诗，内含着多少悲凉的感慨！而《群鱼》（1976）题："条网钓饵一齐来，鱼乎鱼乎不自在。"则大胆暗喻"文革"环境的险恶。1973年（80岁）所画《相望》，描写梅花枝上有两只鸟儿，枝下有一只猫与鸟儿相望，题诗云："藉住京华六十年，今来八旬黄昏天。破书一束苦温雪，病足双铞愁断烟。饿猫无食空望鸟，啼莺换谷不成迁。只堪醉吟梅花下，其奈杖头少酒钱。"诗中描述了自己在"文革"中的困苦的生活境况，而画中猫、鸟相望，梅花盛开，又表现了老人旷达、超逸的情怀：逆境之中，仍然是潇洒的，热爱大自然和生命的，这正是那一代中国知识分子对待世界的一种精神传统。1978年，他作《双鹰图》，题杜甫《画鹰》诗以抒怀，借杜工部"何当击凡鸟，毛血洒平芜"的名句，表示出一种横扫群小、涤奸锄恶的期望。类似的作品与题跋还有许多。古人曰："诗言志，歌咏言"，王森然的作品是在书写心曲情意。

"文革"中，王森然饱经磨难中的笔墨，成为整个民族、整个时代的血和泪的纪录。他在被屡次抄家之后藉《水仙》（甲寅）题写的"水仙半开羞见故人"，他题写红竹（乙卯）"珊瑚节，红泪痕"，他题写鸟群"日暮，寒云，宿鸟"，他题写双鸟（丁巳）"四野无人落日低，栖栖身世八哥啼"，他疾笔午夜写书香："对酒淋漓夜雨声，空山红处野风惊，并无喜事花常报，为有黄昏色转明。歌舞当场春梦短，江湖回首玉堂清，除将书卷云寰影，不领银钲一点情。"他忆及"浩劫"前自己栽满密竹的庭院题写墨竹（乙卯）："老眼昏花懒读书，闲来摹画板桥竹，我也有家深竹里，未识明公记得不。"仅寥寥数语，他的笔下蔚为壮观的作品表现了整个民族惨痛岁月中无望的悲凉。

他自1971年（壬子）以后的题《篮果》："点缀幽风第几篇，一篮果品值几钱，世间多少膏粱味，输与田园八月天。"题《幽兰》："昨日街头卖菜翁，见我画兰说画葱，我有株葱曾失掉，被君偷入画图中。"题《清蔬》："料理清蔬好过年，菜挑常常集门前，大家休笑无颜色，也活余龄八十三。"题《竹笋河豚》："河豚两尾笋三枝，记与春风共醉之，笑说松鲈难比美，于今画出亦涎垂。"这些带有些微轻许的自嘲，可能表似老人或有短暂的轻松，却反而愈深刻地显现出被精神强压下充满苦涩的老人，此时底层心愫的无限萧瑟与深重。即便如此，他在根本无法把握自身命运的同时，仍有大量画作和诗作深涵对更底层劳动民众生存疾苦的殷切关注。

时代决定了王森然的真正意义上最后唯一的"文人画家"地位。王森然于1895年出生，1984年——即"文化大革命"结束8年之后、十一届三中全会召开5年后逝世。陈师曾逝世于1923

年，连北伐都没有看见，无可言及近世中国；齐白石看见了新中国政权的建立，但是没有赶上 1957 年以后的共和国史。王森然在"文革"中感受和表达的一切精神内容，陈师曾、齐白石都不可能表现。今后的历史上不会再出现王森然，也不会再出现文人画家，因为今后中国面临的时代不是产生"文人"画家的时代。

20 世纪，中国文人绘画赖以安身立命的美学环境受到了巨大的冲击，20 年代之后，国人开始疏离国学，画人已非文人，作文人画者，画与诗的疏离，与精神的疏离，与文化立场即与人文传统的疏离，从本体至意趣的改变，一切变易，皆由人定，皮之不存，毛将焉附，随着人文传统的消亡，中国近世最后出现的"近代文人画"或"后文人画"，消亡注定是必然的。

研究证明，中国历史上的最后一位有影响的后文人画家的传承和链接是以王森然——兼思想家、教育家、文学理论家、历史学家、学者、诗人和画家——这个历史人物完成和结束的。在当代思想史和文化史上追怀不已的是王森然是真正意义上的"文人画家"，而绝不是因为他是"文人"而又是"画家"。

这位历史人物在他 90 岁完成的一生当中最后的一幅作品上题写的是——"苍鹰独立时，恶鸟不敢飞。"

王森然"文革"十年中的作品是记录时代的作品，更是不容置疑的真正"无愧于时代的作品"。不论是王森然的人品画品，还是作为一个学人和思想家的权威与影响性，所表现的精神内容，都已经远远高于对现有"文人画"的评价标准，他作品引动的共鸣，作品自身所产生的震撼，所表现出文化本身的"精神"和"先进"性，已经远远超越着时间的疆域，成为一个时代的经典。

关于王森然

在纪念中国现代历史上"无产阶级文化大革命"发动40周年、结束30周年，尤其是研究"文化大革命"之际，中共中央政治局委员习仲勋同志在20多年前纪念王森然逝世时指出："王森然在'文化大革命'中，受到了惨重的迫害"，中共中央书记处书记、中宣部部长王任重在出席《王森然遗作展》后说："王森然在这人类历史上罕见的十年中受的罪、产生的作品，是轰轰烈烈的，如果不提到王老是个空白。"王森然用中国画笔墨书写记述了这十年的历史，之所以从社会感受其作品的震撼到引起更广泛更强烈的时代共鸣，用王任重的话说，因为这段历史在中国美术的表现上是空白。

王森然是享誉现代学界的学者，在教育学、文学、史学、艺术，以至更广泛的思想和学术领域，都有建树和重要影响。他是一个以笔以思想为生计的人，为求真理和正义一切不顾一丝不苟的人，一个作考据作学问的人，他是一个思想的传播者，他的一生带给世人无数的景仰和感动。一个"五四"运动的产儿，再往前从他参与中国社会革命开始，自辛亥革命和"五四"之前的教育

◎ 十年浩劫在陋室中的王森然

185

革命、文学革命、新文化运动起，为了推翻腐败的社会反对军阀分治和国民党一党专制的强权政治，为这一天的实现付出了一生的思想代价，成为他永不停滞的精神动力。在这个过程中他必然地结识了早期的共产党人，但"革命"成功之后，他自身的命运和他主张过的理想都始终没有摆脱坎坷，他无法抗拒政治运动的疯狂和残酷，默守着生命中的苦难与寂寞。

他始终自喻为一个教书匠，他持一辈子的谦逊，受了一辈子的罪，吞咽了一辈子的苦水，苦难可以压弯学术，但不能征服思想，迫害没有改变他生命的顽强。他的晚年得到了十一届三中全会组成的中央政治局和最高决策层的特殊关怀，他的逝世纪念会、逝世十周年纪念会，都是在人民大会堂召开，都有党和国家领导人出席，并作重要讲话和对他的重要评价。至今20年来，中国革命史、教育史、思想史对他的学术思想也有较为丰富的研究成果出现，本文所及，仅作张仃两次学术讲话的摘引：

渐渐地人们知道"长安画派"，但很少人知道这一画派的奠基人之一赵望云是怎样成长和发展起来的。王老年轻时已是一位知名教授，他为我国培育了许多后来的知名学者及革命家。王老当年对赵望云——一个少不更事的穷苦少年的天才的发现，将其领回自己家中，亲自培育，辛勤数年，成材后送入社会。这不仅是为我国培养了一位杰出的画家，其深远意义更在于，影响到日后一个重要画派的形成。而"长安画派"的奠基者之一赵望云的启蒙老师王森然当时却正在蒙受着不白之冤，受着不公正的待遇。

三中全会，文艺界落实政策以后，在美国使馆文艺招待会上，见到王森然先生与江丰同志一起出现，我才第一次与王老见面。而王老已八十衰翁，但朴实坦诚，犹如老农，在我头脑中闪现的形象，这是位拓荒者，是一块艺术殿堂的基石。他与中国艺术事业的过去、今天与明天，有千丝万缕的联系——我蓦然想起"长安画派",这是一条结实的路,有多少前辈为之奠基啊!

——《王森然逝世十周年国际学术研讨会发言》

我认为对我们今天的学者、作家和画家来说,真正难以企及的也许是他的英雄人格。从职业上来说,森然先生是一介书生,一个手无缚鸡之力的秀才,一个知识分子,在军阀鬼头刀和汉阳造下,他不得不四处逃亡,从这一点来说,他是无力的,不仅他是无力的,整个知识界都是无力的。但曾几何时,那些当年通缉他的军阀,如曹锟、张宗昌辈,一个个灰飞烟灭,而王森然先生为之奔走呼号的民主进步事业,却深入人心,铭刻着他的名字的爱国学生运动,因为推动了中国的历史车轮,而永载史册。作为一个学者,一个诗人,一个画家,生当中国历史承先启后的巨大变革时代,最重要的,最可贵的,首先是他的历史使命感和对社会人生的强烈关注。

——《纪念王森然诞辰 100 周年座谈会发言》

《辞海》中收编有《王森然》辞条,中央新闻电影制片厂在他生前拍摄有专题影片《老教授王森然》,身后日本国为其建造了纪念馆。

(王 工)

参考文献

《王森然逝世十周年国际学术研讨会发言》《纪念王森然诞辰 100 周年座谈会发言》、有关纪念文章,以及王森然的著作等。

黄国璋

中国近代人文地理学的先驱

◎ 黄国璋

　　黄国璋（1896—1966），字海平，湖南湘乡人。人文地理学家、教育家。早年毕业于长沙雅礼大学，后留学美国，就读于耶鲁大学、芝加哥大学，1928 年获芝加哥大学理学硕士。曾任中央大学、清华大学、北京师范大学、陕西师范大学教授兼地理系系主任。抗战期间，曾任西北师范学院训导主任，代理院长。抗战胜利复员北平后，出任师大理学院院长，地理系系主任等职。创建并领导中国地理研究所（重庆北碚），参与创办中国地理学会，创办多种地理学刊物，多次参与重要地理考察，是中国现代地理学发展中的领军人物。是民主与科学座谈会（九三学社前身）的创建人之一。

　　主要著作有《社会的地理基础》《中国地形区域》《我国国防与地理》《爪哇农业地理见闻撮要》等。

黄国璋先生是我国近代著名地理学家。他较早引进西方先进地理科学，对我国现代地理学的奠定、发展做出了卓越的贡献。

1996 年在黄国璋诞辰 100 周年纪念会上，中国科学院院士、前国际地理学会副主席、中国地理学会理事长吴传钧讲："黄国璋先生是我国地理界在地理教育、地理科研和地理学会三大系统方面都担任过领导职务，并做出开创性重大贡献的一位永远值得我们称颂的前辈地理学家。他在各个工作岗位上，都胸怀全局，毕生致力于中国地理学的发展，我们应该把他这种敬业精神永远发扬下去！"寥寥数语，高度概括了黄国璋一生对地理学发展做出的不可磨灭的贡献。

黾勉学习、传播经济地理学第一人

黄国璋 1896 年 6 月诞生于湖南湘乡。少年时就读于湘乡东山高等小学堂，1911 年入湘乡驻省中学本科班，曾两度与毛泽东同窗。17 岁入长沙雅礼大学，1919 年以优异成绩获文学学士，并留校任中学部地理、英文教师兼教务长。

黄国璋从少年时代就喜欢地理。他的青少年时代，是中国最黑暗的时期，外敌入侵，山河破碎，军阀割据，穷兵黩武，生灵涂炭。他认为：要想保卫祖国，首先要学习、研究地理。他终生献身地理事业，完全出自一片爱国心。

当时，一批批爱国青年纷纷出走欧美，把拯救国家的希望寄托在西方先进的科学技术上。在雅礼大学中学部执教的青年黄国璋，也跃跃欲试，积极筹备出国。天道酬勤，他获得美国耶鲁大学校友会奖学金。1926 年赴美国留学。

黄国璋最初就读于耶鲁大学，一年后又转入芝加哥大学理科研究院学习。在近代科学之林中，他选择了自己最喜欢的地理

学。20世纪美国乃至全世界极具影响的著名人文地理学家亨廷顿
（E.Huntington）对黄国璋影响很大。亨廷顿主要研究气候与地形、
地理和历史变化、人类活动以及文明的分布的关系等，尤以研究
气候对文明影响而著称。亨氏被认为是"环境决定论"的主要代
表。但不可否认亨氏本人具有气象学、气候学、地貌学、自然地
理学、野外地理考察等诸多方面的深厚基础。黄国璋直接或间接
学习了亨廷顿的理论，全面接受了近代地理学知识与系统的地理
学理论。他深深感到，中国地理学虽然兴起很早，但是到了近代
已经远远落后于欧洲和美国了。特别是经济地理学，是一门直接
关系国计民生的现代科学，在中国没有人重视，缺少研究。黄国
璋对此学科最感兴趣。后来，他以《上海港地理位置的择决因素》
为题目，撰写了硕士论文。这篇由中国人自己研究上海港地理要
素的经济地理学论文，发表在第四次太平洋科学会议会刊上。学
习期间，黄国璋日夜攻读，以他原来并不深厚的地理学基础，仅
用两年的时间就完成全部课程，并获得硕士学位。

　　学习和生活条件的大幅度改善，也始终没有使黄国璋忘记哺
育过他的故土和尚处于倒悬之中的家乡父老。他曾说："在地理
学家的眼里，地理不仅仅是一个沙盘，它牵连着一个国家一个民
族的政治文化历史、经济民生民俗。我的祖国连年军阀混战，民
不聊生，统治者无心科学，连版图都绘得错误百出，家底不知，
民事不晓，谈何图强？"1928年10月，黄国璋束装就道，毅然
回到多灾多难的中国，要将自己的知识全部奉献给祖国。当时，
到西方以学习科学救国的有志青年大有人在，但是选择地理学的
却寥寥无几，专攻地理学又获得硕士学位的就只有黄国璋先生一人。

　　在留学期间，黄国璋目睹了国外地理学的发展成就，深知传
播地理学的重要。他在中央大学地理系一边教学，一边著书立说，
以传播经济地理学为己任。他先后撰写了《美国加州葡萄干产区

之位置与地理环境之关系》《纽约地理学会概况》《爪哇农业地理见闻撮要》《从地理方面检讨中欧政治的演变》《中国地形区域》《我国国防与地理》等多篇论文，以及《社会的地理基础》一书。这些著作和文章直接冲击着传统的记述地理学。

黄国璋在 1930 年出版的《社会的地理基础》的《自序》中，开宗明义道："改良社会生活，是近代社会学家和经济学家时常研究和讨论的问题。我对此亦甚注意，社会是环境的产物。环境有约制人群社会的力量，人群有支配环境的反应，假使我们不明了这种的'相互'关系，而要从根本上去改良社会，我们就不能对症下药，去医治社会的病痛。"因此，他将该书的目的定为："1. 把人与地理环境间的各种'相互'关系作有系统的叙述；2. 说明这种关系的性质并非永久不变的。"他将社会的地理基础定义为："乃是研究'人'与'环境'间的相互关系，并不是研究社会的自然基础。人的因子(Human Factor)和环境因子(Environmental Factor)，两者必相提并论。这两种因子在彼此发生关系的时候，都可名为地理因子。"并认为，人与环境间的相互关系的研究"即是社会的地理基础的研究"。"人与环境间的地理关系，可从两方面去看：1. 环境因子对于人的影响；2. 人的因子对于环境的支配。"该书从地理位置、气候、地形、矿产、土壤、水系、生物等诸多自然环境因子，说明自然环境对人类社会之影响。各环境因子之间相互作用影响，既密切又复杂。同时，黄国璋也指出："环境对于人类社会的影响，极是微妙，不易引人注意。人相信他有'征服'自然的能力，往往认为自己的行动能完全自由，不受自然的限制。殊不知人类'征服'自然界的结果，不过是设法去利用自然界一部分的造化力，以谋自己的幸福。"全书参考了亨廷顿和森普尔（Semple，Ellen Churchill）等地理学家的著作，并大量引用中外实例作为佐证。黄国璋客观地辩证地揭示了人类与环境的关系。

　　黄国璋认为，"近代地理学推求人地相关之理，不但是一门理论的科学，同时也是一门实用的学问"。因此，他十分重视地理知识的实用性。"人类对于自然，不仅消极地适应，而且积极地改变，以适合人类的需求，不全是适应，而是利用。"要利用自然的前提，就是人们对于生存环境的了解，做到知己知彼。黄国璋还强调环境利用方式的可鉴性。他说："在普通的情况之下，在相似的环境中，人们利用自然的方法大体总相类似，甲地利用环境的方法，常足为乙地所取法。"他在《美国加州葡萄干产区之位置与地理环境之关系》一文中，在全面分析加州葡萄干产区地理环境与葡萄干生产的关系后，着重指出，盛产葡萄干的沙那圭河中游地带，50年前还是人口稀少的偏僻牧场，现在竟成为美国最富庶的农业区。而我国如果能将那些尚未开辟的土地，如加州一样，"使有自然利益者，人民能利用之；有自然障碍者，能设计战胜之，如是，不惟能谋事业上之发展，人民生计亦可根本改良"。黄国璋强调了解地理知识的必要性。他归国不久，日本帝国主义就在我国东北拉开了侵华战争的序幕。国难当头，黄国璋尤感宣传祖国山川的必要，以此激发爱国热情。他说："一个近代公民，对自己国家以内的山川气候等自然形势，人口聚落物产交通等人文现象，及其相关之理，总该有一个比较深刻的了解，因为只有这样，才能培养出共同的国家观念，才能激发出爱国的激情。"这是作为地理学家的黄国璋爱国情怀的自然坦露，也是撰写《我国国防与地理》等文章的本意。

主持地理系时间最长者之一

留学回国后,黄国璋在竺可桢创办的南京中央大学地理系任教,曾一度担任系系主任。他主要讲授"人生地理"、"北美地理"。全新的教学内容、多方位且缜密的思维方法、新颖的教学手段,以及清晰、风趣的谈吐,受到学生的普遍欢迎。许多大学也纷纷邀请他去兼课。1930年,他被聘任为清华大学兼职教授,不久又到北平师范大学地理系兼职,还曾出任过清华大学地理系主任。

北平师范大学地理系创建较早,教学内容、教学方法较陈旧,不能满足时代要求。1936年,当时的地理系系主任王益崖深感要改造师大地理系力不从心。王益崖与黄国璋原是老朋友,彼此深知。王屡次致函黄国璋,诚请调到师大专职任教。中央大学闻讯后,师生全力挽留。黄国璋去留尚在犹豫中。王益崖专程赴南京,亲自向黄国璋讲述师大地理系事关全国的地理教育,责任尤其重大,并恳请出任师大地理系系主任。黄国璋感其诚意,答应北上。1936年7月,师大正式聘任黄国璋为地理系教授;同年9月,接替王益崖为系主任。

中国的地理学是一门古老的学科。早在几千年前,我们就有了《禹贡》《史记·货殖列传》《汉书·地理志》等一些不朽的地理著作。但是,当19世纪中叶欧洲高扬地理革命的旗帜,并将其应用于工、农、交通等各业的发展时,中国的地理学依然在孤芳自赏,止步不前。虽然20世纪初曾有欧美地理新著进入中国,但是都没有对中国古老的地理学形成较大的冲击力,也没有引起学人的足够重视。那时,中国的地理学不但落后于欧美各国,甚至落后于国内其他学科。

黄国璋到任伊始,便针对当时师大培养目标和教学任务,大力进行改革，积极开拓创新，专心致志要把地理系办成在全国有较大影响的地理学系。

推陈出新，开设新课。黄国璋有选择地将西方的特别是美国的地理研究范畴和研究方法引入师大地理系，介绍西方较先进的地理科学的发展状况和趋势。他特别重视地理要素和人文地理的关系，重视地理环境和经济发展的关系，重视加强地理学基础和地理实践等。因此，在地理系开设的课程中，注重人地关系，强调自然环境对社会经济、文化等的影响。这些观点大大丰富了课程的内容，教学方法也有一定的改进。师大地理系以崭新面貌出现在世人面前。

组建优秀的教师队伍。黄国璋认为，要办好地理系，要完成新兴地理学的这些课程，首先要有一支德才兼备的教师队伍。他就任不久，就多方延聘优秀的教师到系里任教，当时在清华大学任教的冯景兰、张印堂等著名地理学家先后到师大任教授。王成祖、王竹泉等也在师大任兼职教授。

重视地图的使用。黄国璋认为学习和研究地理必须有精确的地图。但是，在20世纪30～40年代，国内出版的地图不仅匮乏，而且少有的几种地图还不使用投影技术，比例尺也不准确，缺乏科学性，严重影响使用。1936年黄国璋到师大不久，便决心绘制、出版一套新型科学投影、分层设色的世界各大洲地图和中国各省地图，以便在全国中小学推广使用，并填补国内地图短缺和空白。众所周知，1933年丁文江、翁文灏、曾世英曾编著出版了《中国分省新图》，被认为是"中国地图学之新纪元"，曾引起很大震动。应该说，黄国璋的这一设想和实现，是继丁文江等之后，又一次在更大范围里普及科学性较强的地图教育工作。事实上，在半年多的时间里，师大地理系便正式绘制出版了亚洲地形图和河北省地形图；欧洲地形图、北美洲地形图、江苏省地形图等亦编绘就绪只待付梓。这一公德无量的事情不幸终止于日本帝国主义的侵略炮火。

黄国璋认为："凡有利于中等学校地理教学之事项，而为本系人力财力所及者，无不规划周详，亟图充实。"1936 年后，在地理系除了设置中小学地理挂图绘制室外，还设置了地理教学咨询处、中小学地理课外读物编纂委员会、五年制中学地理教学研究会、地理丛刊委员会等，而且还成立了《地理教学》月刊社。

黄国璋认为要弘扬和发展地理教育，应该从改革中小学地理教育做起。所以他把系里最优秀的年轻教师派到中学去亲自实践，耕耘播种，以期探索经验和发现人才。这样做的结果确实得到很好的反映，许多中学生异口同声地称赞：原来地理不仅"讲地"，而且"说理"，内容新颖，引人入胜，逐渐改变了那种地理只讲山川都市、死记地名的传统认识。有些中学生受老师的影响，后来积极报考地理专业，立志从事地理研究和地理教育工作。

抗战爆发后，北平师范大学迁往西安、城固，与北平大学、北洋工学院共同组成西安临时大学、西北联合大学。黄国璋任地理系主任。1939 年 8 月，西北联大改组，北师大改称西北师范学院独立办校。黄国璋任历史、地理两系合并后的史地系主任。当时办学条件极其艰苦，校舍、宿舍分散在大庙、贡院、民房，一人三餐都没有保障。师资紧缺，设备匮乏，经费紧张，而且校址又流动迁徙不定，更增加了额外的困难。黄国璋领导教师自编教材讲义，自制简单的教学器具，整理《抗战地理资料》，带领师生考察陕南地形地貌及紫阳县茶叶状况等。不仅为国家培养了急需的地理人才，还对西北地区许多中小学教师进行了系统培训。期间，黄国璋还兼任学生生活指导委员会主任、训导主任、地方教育辅导委员会委员。1940 年 4 月，教育部命西北师范学院再西迁，院长李蒸去天水、兰州等地考察校址，黄国璋任代理院长。

同年 8 月，他应聘到重庆筹建地理所。

1945 年 9 月抗战胜利后，黄国璋重返师大，仍任地理系系主任并兼理学院院长。师生们冲破重重阻力，历尽千辛万苦返回深受日寇蹂躏的学校，一切都要重新开始。他一如既往，运筹帷幄，指挥若定。1949 年以后，他以更高的热情投入到新中国的地理教育事业中。

黄国璋聘请了原地理系老教师刘玉峰、殷祖英等为地理系教授，聘请黄玉蓉、董绍良、冯景兰、张印堂、卢鋆、周卡等著名学者为兼职教授，他们都是各地理学分支的领军人物。北平解放前后，许多留学欧美的学者纷纷踏上归程，以图报效祖国。黄国璋千方百计地聘请他们到系任教，以振兴北师大地理系。1950 年，当他获悉曾在中国地理研究所工作的周廷儒即将从美国返回，便想方设法将其争聘到北师大。后来，周廷儒出任师大地理系主任 30 年，带领地理系承前启后，奋发图强，更上一层楼。饮水思源，这不能不说与黄国璋深谋远虑、知人善任的领导才能与作风密切相关。

1947 年，在黄国璋的领导下，地理系制定了《修订地理学系必修科目表》和《修订地理学系选修科目表》。必修科目：普通物理学、地学通论、气象学、气候学、地形学、测量学、制图学、人生地理、经济地理、中国地理总论、中国区域地理、世界地理、地理视察等课程。在地学通论后备注中写道："包括数理地理（即天文学）、水文学、地文学等大意"；在经济地理的备注中写有"特别注重资源开发及经济建设等"。综观必修科目，不难看出，师大地理系的理科特点和实用性。选修科目有：地球物理学、海洋学、民族学、政治地理、生物地理、土壤地理、中国地形、中国气候、世界气候、中国沿革地理、地理学史、中国区域研究、世界区域研究、第二外国文等。这些科目更显现出师大地理系不仅仅培养地理教育人才，而且也培养自然地理、人文地理的各方面的研究人才，是一个高起点的培养地理人才的计划。

黄国璋在繁忙的工作之余，还为学生讲授地学通论、人生地理、经济地理、世界地理、中国地理等课。特别是一年级的地学通论，是一门综合自然地理学。他采用英文原版为教材，并用英文直接授课，使学生一进入大学立即就感到是站在世界科学研究的最前沿，并且敦促学生尽快掌握通向世界的语言工具。

1952 年，黄国璋调到西安，先在西北大学任教，后到刚成立的西安师范学院，即现在的陕西师范大学任教授。那时的陕西师大历史与地理还未独立成系，联合组成史地系。黄国璋的到来为陕西师范大学地理系的建立及西北地区地理教育事业的发展，做出卓越贡献。后来，他出任地理系系主任。虽然，他已年过半百，又事务性工作繁多，他仍抽出时间为学生亲自上课。他开设了北美地理、中国经济地理、经济地理导论等。

从黄国璋留学回国在南京中央大学任教并任系主任 20 年代末算起，到 1966 年，他先后在中央大学、清华大学、北京师范大学、西安临时大学、西北联合大学、西北师范学院、陕西师范大学等大学任教授兼系主任，任教时间长达 32 年（不计在重庆地理所的5 年），主持地理系（所）之多，工作时间之长，在地理学界没有出其右者。正如吴传钧院士所说："他是创办大学地理系最多，且担任系主任时间最长的一人。"

多次大型地理考察的领导者

黄国璋作为一名经济地理学者，十分重视地理实践和地理考察工作。

1934 年 10 月至 1935 年 6 月，黄国璋与中央大学德籍教授费师孟（H.Von Wissman）为队长，队员有张凤岐、王德基、严德一等组成云南地理考察团，对云南南部进行地理考察。考察团经香港出境，取道安南（即越南）辗转入滇，然后自昆明沿南驿道，直奔十二版纳（即西双版纳）地区。在 20 世纪 30 年代，这一地区交通不便，地广人稀，原始森林广袤，瘴疠流行，疟疾成灾，野外工作十分艰苦。为了取得对滇南地区的全面认识，考察队不畏艰险，登哀牢山，跨澜沧江，穿热带雨林，访边防要塞，测绘农田水利，踏勘云南边界，他们到过玉溪、峨山、新平、元江、江城、东里、佛海（即今勐海县）、澜沧、思茅、普洱等地。他们在滇南热带雨林跋涉了 8 个月之久，终于获得这一地区有关热带资源、农业地理、边界形势、民族历史等多方面的第一手资料。

考察归来后，黄国璋撰写了《滇南之边疆情势及今后应注意之点》一文。文中明确指出滇南地区"关系我国目前抗战及未来国防"，为了提醒当局及各界对滇南地区在抗战中重要作用的认识，他在文章中从"边疆形势"、"边区情况"、"边民特性"、"边防要点"四方面详细叙述了滇南边疆在地理上的重要位置，及打通滇缅交通，发展边疆经济对巩固边防的重要意义。由此不难看出，黄国璋具有深邃的战略眼光。黄国璋认为加强边境地区的国防力量，不仅要在军事上采取得力的措施，发展经济、教育也是重要的方面。针对当时滇南地区刀耕火种的落后生产方式，他提出发展生产的重点要放在以下几个方面：一、改革田制发展特殊农业。当时滇南地区由于各民族管辖区域的限制，耕地分布畸形，平坦坝子内茂林荫翳，山上陡坡却被辟为耕地。黄国璋提出土地归公，计口授田，然后根据地理条件因地制宜，坝子种水稻，山坡种茶树，还可以种棉花、甘蔗等经济作物。二、开采矿产，注意农矿并重。边地山区金属矿藏丰富，可以发展采矿业，与农业相辅而行。三、推行卫生事业。这些设想，即使在今天也不失为推动边地经济发展的可行办法。

黄国璋一行所进行的"云南边疆地理考察"，无论在当时还是现在都有着重要意义。1937年7月7日卢沟桥事变，抗日战争全面爆发，为了获得国际援助，支援前线，国民政府急需开辟西南通道。黄国璋一行考察成果，为打通西南交通，提供了理论依据。该考察队队员严德一因为有8个月的滇南考察经验与理论，担任了滇缅公路的勘察和设计工作，为打通西南通道做出了突出贡献。

1939年7月1日，中英庚子赔款董事会主办成立了"川康科学考察团"，武汉大学工学院院长邵逸国教授为团长，时任西北师范学院史地系主任的黄国璋为副团长，全团由41人组成。这次考察工作从1939年5月至1940年1月，历时8个月，是在抗战期间进行的一次规模较大的科学考察。他们在相当于现在的川西和西藏自治区东部高原地区，翻山越岭，艰难跋涉，考察了地质地貌、地理环境、森林资源、民族宗教等情况，这也是一次比较全面的科学考察活动，填补了这些地区地理研究的空白。考察归

◎ 1939年黄国璋（右三）在川康野外考察

199

来后，黄国璋发表了《西康在我国国防上之位置》一文。对于国防问题他一贯观点是，发展经济与军事措施相辅而行，在这篇文章中他既强调了巩固康滇缅交通对抗战的重大意义，也指出了发展西康地区经济的必要性。为了进一步阐明这一问题，黄国璋以自然地理特征为主要线索，将他们考察的西康省分为康属高原、雅属丘陵、宁属谷地三个自然区。因为当时西康省除原来的西康省外，还辖原属四川的雅安和西昌等县。西昌县为宁远府治。因此，就有了康、雅、宁属之称。他指出，康属高原地势高亢，不利农业，却是发展林牧的好地方。这一地区可以发展畜牧、林业，并建立与畜牧业有关的小型工厂，如洗毛厂、毛织厂、制酪厂。雅属丘陵海拔高度从 700 ～ 1500 米，低岗浅谷，阡陌交替，耕地遍野，除产稻米等粮食外，还可以发展茶、麻等多种经济作物。宁属谷地气候湿润，地形多平坦河谷，农业发达，除生产粮食，还可以种植棉桑以及各种亚热带水果。越嶲（即越西）一带矿产丰富，亦可发展采矿业。黄国璋三个自然区划分，精辟地概括了西康地区的自然、经济面貌。如果说滇南考察留给后世的仅仅是研究 30 年代滇南地理的第一手资料，那么川康考察则奠定了西康地区区域地理研究的雏形。

1940 年 8 月，黄国璋应中英庚子赔款董事会的邀请，到重庆北碚筹建中国第一个地理研究所并出任所长。当时抗日战争正处于最艰苦时期，虽然经费为庚款所出，但物资匮乏，时局危艰，况且地理研究所在中国为首创，困难重重。黄国璋不畏艰难，运筹帷幄，擘画决策，几个月后，中国第一个地理研究机构竟然在北碚建成并开始工作了。

研究所下设自然地理、人文地理、大地测量和海洋地理四个组，后来又设置土壤地理组。当时以研究四川盆地和汉中盆地为主要课题。1941 年他组织并指派王德基等对汉中盆地进行实地考察，开启了我国综合性区域地理调查的先河。他又组织并指派李承三、周廷儒、郭令智等对嘉陵江流域和青海、甘肃等地区进行考察，取得珍贵的区域性地理考察成果。黄国璋主持地理研究所工作5年，不仅获得大量的地理考察成果，而且在地理考察中培养了许多优秀的地理人才。

中华人民共和国成立后不久，黄国璋即提出将师大地理系的教学科研为新中国的建设服务的主张。1951年6～10月，他指派周廷儒、宋春青等参与当时由铁道部组织的集（宁）白（城）铁路选线调查工作，历时四个月，取得了从多伦、克什克腾旗、锡林浩特、林西、巴林右旗、巴林左旗、阿鲁科尔沁旗、扎鲁特旗、突泉、科尔沁右翼中旗到白城沿线大量自然和经济地理资料，为选线提供科学依据。

1958年，62岁的黄国璋仍率领陕西师大学生跋山涉水，考察陕南大巴山地区及汉中盆地，为开发山区经济取得科学依据。

我国地理教育刊物的首创者

黄国璋认为要传播最新地理知识、提高地理学术水平、扩大地理教育影响、交流地理教学经验，必须创办有关地理的专门刊物。1934年，他在中央大学任教时，参与发起创刊最具权威性的《地理学报》。后来，在重庆地理所任所长时，他直接领导创办了学术刊物《地理》。其创刊号于1941年4月1日正式发行，在当时抗日战争极端困难的条件下，为发表地理学术论文提供了宝贵园地，实属不易。

特别是在担任北师大地理系主任时，莅任伊始便着手筹划创办具有地理教育特色的刊物。1937年1月，一个在全国首创的传播和论述基础地理教育的刊物——《地理教学》月刊问世了。

直到当年6月，共出版了1卷6期。不幸卢沟烽火，国难当头，被迫停刊。1939年在城固还坚持出版了一期。抗战胜利后，黄国璋重掌师大地理系，在物价飞涨、资金极端匮乏的情况下，他又千方百计地筹措复刊《地理教学》，终于在1947年3月第二卷复刊发行，至该年年底共发行了4期。后终因经济形势日益险恶，人皆枵腹从公，书刊难以为继，又一次无奈宣布停刊。虽然如此，此刊发行遍及全国，而且为本刊撰稿者多为地理学界知名学者，他们是：张印堂、洪思齐、周立三、鲍觉民、刘玉峰、邹豹君、王益崖、冯景兰、谌亚达、王德基、严德一、卢鋆、任美锷、李海晨等，故该刊对国内地理学界特别是对中小学地理教育曾产生很大的影响。

20世纪40年代后期，黄国璋还组织了以师大教授王均衡和师大附中教师为主力的中小学地理教材编写组，有计划地编写出版了大量中小学地理教材、教案和参考材料，绘制了多种地理教学用图和实习用图，对当时全国地理基础教育的改进起到了重要的指导作用。

黄国璋尊重知识，热爱地理，他希望把地理知识普及到群众特别是到青少年中间，他希冀通过地理教育的普及和传播，使全国人民都热爱伟大的祖国。他曾这样说过："历史和地理，一经一纬，交织而成，是近代国民的必备要素。"他还说："学习本国地理的重要意义是什么呢？简单地回答就是为着要明了我们国家的伟大、我们国家的可爱，唤起一般国民共同的国家观念。"

黄国璋强调青年一代不仅要认识自己的乡土，热爱自己的国家，而且要具备面向全球的宽阔视野。他认为"由于近代工业的发达和运输交通的便捷，已使距离和时间缩短，使世界成为一个整体，任何国家不可能闭关自守，自足自给。"这段话是黄国璋几十年前说的，它与我们今天常常挂在嘴边的"地球村"是何其相似！同时，黄国璋也在教导青年要思想开放，要胸怀祖国，放眼世界。

黄国璋还教育青年一代要正确认识人地关系，即"人地关系论"。他认为：近代地理学不仅是一门理论科学，同时也是一门实用的学问。他认为地理知识的最大实用价值在于知己知彼，人类对自然不只是消极的适应，而且要积极地改变和利用，利用的基础就是对生存环境的了解，并强调利用方式的合理性。

抗战胜利后，黄国璋敏锐地注意到航空技术的进步和迅速发展，而这种变化必然促进国际贸易更大范围、更加迅速地发展和开放。他认为"通商是交换和传播文化的主要酵母。历史明确地告诉我们，文化的进程几乎和商业接触的增进平衡发展。"他还认为航空技术的发展，必须"改变大陆地块之间的隔离作用"，以北极地区为例，它将成为"欧亚大陆和北美之间的地中海，把握世界最大人口中心交通路线的枢纽。"他也预见到南极大陆的重要性，感慨"却只是美国、英国、苏联、挪威、日本、新西兰、智利、阿根廷八个国家追逐的新天地。"黄国璋一贯认为"地理学家的思想，随着人类对地球的认识而演变，而人类对地球的认识又随着人类活动的范围而与时俱进。"他的这些观点，时至今日仍有现实意义。

地理学会创始人之一

历史上中国曾存在两个地理学会。黄国璋一直是两个地理学会的积极分子、中坚力量。

1934年3月，中国地理学会在南京成立，黄国璋是发起人之一，并被推选为理事。1937年4月，在南京中央大学举行的中国地理学会第四届年会上再一次当选为理事。1943年在重庆北碚举行的第五届年会和1947年在上海举行的第六届年会上，黄国璋继续当选为理事，并当选为《地理学报》的编委。

另一称中国地学会，成立于 1909 年，由张相文发起成立。1936 年 11 月，中国地学会在北平召开第二十五届年会，修改会章，明确以普及地理知识，促进本国地理研究为宗旨，会上选举张继（溥泉）为理事长，黄国璋为副理事长兼总干事。地学会领导机构改选后，所出版的《地学杂志》在内容和印刷等方面都有了很大改进，其中黄国璋起了很大作用。但是不久"七七"事变，学会停止活动。抗日战争胜利后，黄国璋与张星烺等一起，在北平恢复地学会活动，黄国璋为副理事长兼秘书长。他们重新登记和发展会员，完善组织。1948 年 10 月 9 日，中国地学会还参加了由华北 12 科学团体联合举行的学术年会。

1950 年 8 月，中共中央统战部在北京召开全国自然科学界部分科学家筹组科联和科普组织，与会地理界代表李春芬、李旭旦、黄国璋、周立三、王成组等会商中国地学会和中国地理学会合并事宜，决定合并后称中国地理学会。黄国璋作为两个学会的重要成员，被大家一致推选他为理事长。这是一次在新形势下，团结一致、共谋发展的集会，是我国科学史上重要的一页。

黄国璋非常关注科学界的民主与科学活动。早在 1945 年 8 月 1 日，经 40 余名科学工作者的发起，在重庆沙坪坝正式成立了中国科学工作者协会，随即在重庆、成都、兰州、上海等城市成立分会。后经黄国璋、袁翰青等发起，于 1948 年 3 月 28 日在欧美同学会成立了中国科学工作者协会北平分会，推选严济慈为理事长，袁翰青、黄国璋、马大猷为常务理事，黄国璋兼任总干事。不久，分会酝酿成立了科学推广、科学教育、福利三个委员会，积极开展工作。当年 10 月出版了《北平科协》月刊，10 月 9 日参加了华北 12 科学团体年会。黄国璋为庆祝北平分会成立，在《大公报》上发表了《科学工作者要联合起来》一文，文中言道：

"大家应当团结起来，为科学在促进人类的福利与和平上能达到最充分的利用而努力……五四运动发源在北平……五四当时的一句口号是科学与民主，到现在仍然可以作为我们努力的指南针。"

杰出的爱国科学家

1944 年下半年，中共代表林伯渠在国民参政会上提出"立即结束国民党一党专政，成立民主联合政府"的主张。当时在以救国会北方代表身份出席参政会的许德珩的倡导下，发起成立"民主科学座谈会"，呼吁要民主，要团结，要抗战到底，黄国璋积极响应，成为主要发起人之一。1945 年上半年，黄国璋到兰州西北师范学院（抗战时期的北京师范大学）讲学，亲自介绍了在该学校任教的著名教授黎锦熙、袁翰青加入这一组织。1945 年 9 月 3 日，日本政府签字投降。为庆祝抗日战争的伟大胜利，"民主科学座谈会"更名为"九三座谈会"，并积极筹建"九三学社"。1946 年 5 月 4 日，"九三学社"在重庆成立。会上，黄国璋发表演说：呼吁国民党当局必须无条件停止内战，应该遵守《双十协定》和政治协商会议决议，实现全中国的民主和平。随后在 5 月 12 日召开的理监事联系会议上，黄国璋当选为常务理事兼总干事（即秘书长）。

1947 年 8 月，九三学社中央迁到北平。黄国璋以常务理事兼总干事的身份，兼管组织和财务工作，成为九三学社中央主席许德珩的重要助手。他不辞辛劳，按月组织社员集会，指点江山，抨击时弊，多次发表进步演说。在反饥饿、反内战、反迫害的爱国运动中，黄国璋始终站在斗争的前列。1948 年 3 月 29 日下午，在北京大学民主广场举行纪念黄花岗烈士讲演大会，遭到当局的残酷镇压。北大、清华、燕京、师大四所大学的 90 余位教授发表联名抗议书，黄国璋是其中最积极的一位。

同年 4 月 9 日凌晨，军警、特务闯入师大，殴打进步学生，砸毁教学设备，逮捕 8 名学生。这就是震惊北平的"四九"血案。当天清晨，师大师生直奔西长安街北平行辕门前示威，强烈抗议军警特务的暴行，要求立即释放被捕学生。黄国璋始终与学生站在一起，游行时走在队伍的最前列，不时振臂高呼口号，情绪慷慨激昂，并与静坐的学生一起等到被捕学生全部释放。北平解放前夕，黄国璋积极参与北平知识文化界知名人士坚决拥护中共中央提出的八项和平主张，并坚守自己的工作岗位，同广大师生一起保护校系财产，兴奋而愉快地迎接北平的和平解放。

1950 年 11 月 29 日～12 月 5 日，九三学社召开了第一次全国工作会议，黄国璋继续被选为中央理事会理事兼秘书长。

新中国成立以后，正当黄国璋满怀热情积极工作时，却因政治运动不断，使他蒙受不白之冤并受到不公正待遇。他先后被撤销了九三学社、地理学会中的所有职务，并被调到西安。在十年浩劫的初期，即 1966 年 9 月 6 日，黄国璋与夫人双双含冤离世。

十年浩劫后，黄国璋的冤案得到昭雪。1979 年 12 月，在广州召开的中国地理学会第四届代表大会，为黄国璋先生正式恢复名誉。1996 年 5 月 31 日，在陕西师范大学隆重举行"黄国璋诞辰一百周年暨学术思想研讨会"。与会的专家学者们回顾了黄国璋先生在地理科学、地理教育、地理事业以及爱国民主运动等方面所做出的卓越贡献。

人民永远怀念这位卓有成就的地理学家——黄国璋先生。

（方莉青）

参考文献

黄国璋. 社会的地理基础. 上海：世界书局，1930

刘盼遂 古文献学家

◎ 刘盼遂

刘盼遂（1896—1966），名铭志，河南息县（今淮滨）人。早年就读山西大学国文系，后在菏泽山东省立第二女子师范学校、曲阜省立第二师范学校任教，1925年考取清华国学研究院研究生。毕业后曾任河南中州大学教授兼任河南通志馆编纂、北京女子师范大学历史语言研究所研究员、清华大学及燕京大学副教授、辅仁大学教授。1946年起执教于北京师范大学，直至1966年不幸逝世。

主要著作有：《论衡集解》《文字音韵学论丛》《段王学五种》等。

刘盼遂曾师从黄季刚、王国维、梁启超、陈寅恪等著名大师，治学又专攻疑难，是20世纪不可多得的古文献学家。

终身的事业——读书、著书与教书

刘盼遂原名昐遂，后来由于人们对"昐"字不熟识，多将昐误写为"盼"。遂将"昐"改为"盼"。他出身于书香门第，受过严格的家庭教育，自幼好学，能诗善文，一言一语都独运匠心，多用奇文怪字，艰深难读，前辈戏以唐代古文家樊宗师目之。1917年入河南省立二中读书。1921年因为仰慕黄季刚（侃）的学识，考入山西大学国文系，游学于黄氏之门。不久，黄季刚因故离校，刘盼遂也于次年离开山西大学。1923年至1925年，先后任教于菏泽山东省立第二女子师范学校和曲阜山东省立第二师范学校。

1925年他考取清华国学研究院研究生，成为国学研究院首届学员中的翘楚，深受该院的导师梁启超、王国维、陈寅恪的赏识。在他们的指导下，刘盼遂在文字、音韵、训诂、钟鼎、甲骨、经学、史学、辞章、校勘、目录等方面进行了广泛的学习与研究，先后发表了多篇相关的论文。其中《黄氏古音二十八部商兑》，对黄季刚主张之古音分28部的观点，提出不同的看法；又如《六朝唐代反语考》，甄录六朝唐代之反语30余条，比顾炎武《音论》和俞正燮《反切正义》中所甄录的多一倍。其他各篇也都表现了他学问的渊博，治学的精审，提出了许多真知灼见，在学术界产生广泛的影响。同时，黄季刚在北京师范大学、中国大学讲授《文心雕龙》，他又师从黄氏学习这部文学理论名著。1928年从清华大学国学研究院毕业，毕业论文《天问校笺》深受王国维、梁启超、陈寅恪诸导师的嘉许和赞扬。

　　1928 年到 1929 年，他应聘为河南中州大学教授，兼任河南通志馆编纂。1929 年至 1930 年应聘为北京女子师范大学（1931年并入北师大）历史语言研究所研究员。1931 年到 1934 年应聘为清华大学副教授。1934 年至 1935 年又应聘为河南大学教授，兼河南通志馆编纂。这期间他先后编撰有《长葛县志》《太康县志》《汲县新志》三书，这些书以娴于中州掌故见长。1935 年出版《文字音韵学论丛》，收集他已发表的论文 24 篇，成为当时语言学界的重要著作。1935 年到 1940 年应聘为燕京大学的副教授。1936 年出版《段王学五种》，其中包括《经韵楼补编》《段玉裁先生年谱》《王石臞文集补编》《王伯申文集补编》《高邮王氏父子年谱》，对段、王学的发展作了考察，是对段、王学研究的重要贡献。

　　刘盼遂对历史地理也有很深的研究，他曾经说："任何一个事件都发生在一定的时间，这属于历史；它同时也发生在一定的空间，这属于地理。研究历史而不研究地理，那就像孙猴儿翻跟斗，一个跟斗十万八千里，不知翻到什么地方去了，怎么行呢？"他的著述与地理有关的除三部县志外，还有《齐州即中国解》《冀州即中原说》《六朝称扬州为神州考》《评日本大宫权平著河南历史地图》等。在他对一些古书的笺疏中，也表现了他对历史地理的熟谙。1940 年至 1946 年，他应聘为辅仁大学教授，1946 年至1966 年逝世，皆执教于北京师范大学中文系，为国家二级教授。

　　刘盼遂是在"文化大革命"中惨遭迫害致死的。消息传出后，知识学术界莫不为之悲痛！他的好友谢国桢写了五首怀念他的诗歌，抒发对畏友的真挚情感。谢国桢还写了一篇《记清华四同学》的文章，其中记述刘盼遂说：

　　"刘盼遂，河南息县人。少治文字训诂之学，亦辨声韵，宗许氏《说文》之旨，能为魏晋文，慕章太炎之学风，而以未能亲

炙其门为平生之憾……一九二五年考取清华，竟冠其军。以其记
闻淹雅，考证精湛，为梁、王、陈诸先生所赏识。自其结业，旋
讲授于燕京、河南、辅仁、北京师范大学，以终其身。及门之士，
多有成材而去者。余与君忝属同乡，又同学，君年长五岁，余以
兄侍之。君好静，而余喜动，君恬于荣利，而余嗜躁进，至屡踬
而不悔。凡有取咎之事辄请教于君，君尝诲之不倦。曾以梁鸿
'不因人热'之语教余，如服一剂'清凉散'也。"（见其《瓜蒂
阉文集》）

文中对刘盼遂的学术成就和精神"记闻淹雅，考证精湛"，
以及在清华同学中"竟冠其军"，极其叹服，这已超出一般平辈
同学的称道，而是发自内心的景仰。

治学的路数——重师承尚开创

刘盼遂最重要的学术成就是在古文献学方面，他对我国古代
典籍作了大量的收集、整理、训释、校勘和考证工作。他精于小学，
但他的成就不止于此，即不只是表现在单纯地研究小学上，而更
重要的在于他把音韵、文字、训诂等方面的学问，用到笺释、校勘、
辨伪、辑佚、教研等方面。他重师承，能够"转益多师"，广泛
地汲取前辈的经验，形成自己的治学路数。他的《论衡集解》《颜
氏家训集解》《世说新语集解》等论著，以及《穆天子传古文考》
《嫦娥考》《天问校笺》等绝大部分论文，都是这方面成就的体现。
因为他精于音韵、文字、训诂之学，所以对古籍的整理颇具有科
学性。这种治学的路子，与王念孙、王国维的学术路数一脉相承。
他曾为王念孙编撰年谱，又受业于王国维，所以可以说他远绍王
念孙，近承王国维，是对二王的直接继承。我们可以具体地进行
考察，如他为王石臞（念孙）、王伯申（引之）编年谱，特意将

"王氏父子治学语"附于谱后,说明他对王氏父子治学经验的重视,也说明他自己的治学道路与王氏父子多有契合之处,或者说他是有意继承王氏父子的治学道路的。刘盼遂共辑录王氏父子治学切要语 41 则,兹择其要者抄录如下:

余自壮年有志于许、郑之学,考文字,辨声音。非唐以前书,不敢读也。(《群经识》小序)

世之言汉学者,但见其异于今者则宝贵之,而于古人之传授,文字之变迁,多不暇致辨,或以细而忽之。(《拜经日记》序)

训诂声音明而小学明,小学明而经明。(《说文解字》读序)

训诂之旨本于声音,故有声同字异,音近义同。虽或类聚群分,实亦同条共贯。譬如振裘必提其领,举网必挈其纲,故曰本立而道生,知天下之至赜而不可乱也。此之不悟,则有字别为音,音别为义。或望文虚造,而违古义;或墨守成训,而鲜会通,易简之理既失,而大道多歧矣。今则就古音以求古义,引申触类,不限形体。苟可以发明前训,斯凌杂之讥,亦所不辞。(《广雅疏证》序)

以上四则之中心意思是说明王氏父子之治学道路是考文字、辨声音,以声求义,所谓"声音明而小学明,小学明而经明",一句话即以小学通经。刘盼遂往往于王氏父子治学切要语之后,加上自己的案语,表示自己的认识和理解。这正表明他对王氏父子治学道路的心领神会,说明他与王氏父子采取着同样的治学方法。刘盼遂这种以小学通经的学术路数,不仅源于王氏父子,也源于他的老师王国维。我们也可以从他对王国维的评述中得到印证。他曾有《观堂学书记》《观堂学礼记》《说文师说》《古史新证笔记》《金文举例笔记》(以上后二种未见到)等听王国维讲课的笔记,他在《说文师说》序中说:

"乙丑丙寅之际,海宁王静安师在清华研究院宣讲许书。盼遂时怀铅侍侧,每遇奥论,辄札存简端,殆不下数百千事。恒置行箧,籍供玩索。惜累年梗泛南北，散佚过半。爰亟加晋录，公之当世。虽断璧零圭，固自精光夺目，令人失色辟易矣。"

说明对王国维讲解《说文》之精辟，"虽断璧零圭，固自精光夺目"，他自己是深有领悟的。又他在《观堂学礼记》序中说：

"先师海宁王先生，学综内外，卓然儒宗。而于甲部之书，尤邃《书》《礼》。比岁都讲清华园，初为诸生说《尚书》二十八篇，盼遂既疏剌之，成《观堂学书记》矣。大抵服其树义恢郭甄微，而能阙疑阙殆，以不知为不知，力剔响壁回穴之习。此则马、郑、江、段之所未谕，询称鸿宝。今春，复说《礼经》十七篇，甫至《士丧》下篇，适暑假休课。方意下季赓续毕业，而先生遽沉身御园，蹈彭咸之遗则。哀哉！盼遂一年来，复牵扯于人事，时作时辍。于先生所讲述者，匪能全录。微言精旨，多所沦越。由今日写定此篇，不觉承睫濯焉，悼先生亦自咎也。然此区区数十页中。固已精光蘱耀，一字一珠。宁可以其少而忽之钦？嗟呼！梁木其坏，吾将安放？口泽犹新，恍接謦欬。怀方之礼，虽付诸戚衮；而韩集之编，自作于李汉。凡我同门，盖共勖诸。"

刘盼遂这里所讲者，当然不是王国维的治学经验，而是对王突然谢世的悼念。这段文字有重要的史料价值，它一方面记述了王国维是在课程未讲完的情况下，"遽沉身御园，蹈彭咸之遗则"的；另一方面也为我们留下了王先生讲课时的具体情景，皆"微言精旨"，"精光蘱耀，一字一珠"。王国维讲授者，是以小学解读古经，以小学解读古史。刘盼遂深为其学术精神所折服，"服其树义恢郭甄微"。自然将其治学方法融汇于自己的治学实践之中，形成了自己的治学道路。所以，刘盼遂不仅以小学训解经书，也以小学训解史志。

刘盼遂自己是怎样讲述其著述思路的？他在《论衡集解》序中说：

"原夫《论衡》一书，历来号称难读者，约有四因：一曰用事之沈冥，二曰训诂之奇觚，此二者属于著作人之本文然也；三曰极多误衍误脱之字，四曰极多形误音误之文，此二者属于后代钞手及梓人之不慎而然也。……予自负笈清华园，初有志于修正是书。暇日抽读，每遇疑难，随下一签，计起乙丑讫于今兹，此七年中，铢积寸累，所发正者无虑数百千事。于仲任之语法及字学，尤反覆三致意焉。清稿凡经数易始定，匪敢曰勤劬，盖钻仰无斁之情则然尔。"

刘盼遂这里明确地讲，他是以音韵、文字训解《论衡》，所谓"于语法及字学，尤反覆三致意焉"。又他在《世说新语》序中说：

"临川王《世说》之作，清新隽逸，咳唾珠玑。孝标作注，亦称踵美。前修论之者审矣。……惟临川喜用六朝代语，南服方言，往往扞格难骤通。又是书本杂采郭子《语林》《俗说》诸书弄日（★此字为前两字上下组合为一字）戬而成，多有与情实觚牾者。间或循其款窍，发其蒙帘，胥存简耑，自备遗忘，积岩既久，所获遂多。……盖是书之作，所以齐方言之傀牙，核史事之情诬，补参军之所未备，绎辟呷之队欢，此盼遂之志也。"

刘盼遂以"齐方言之傀牙，核史事之情诬，补参军之未备，绎辟呷之队欢"为己志以校笺《世说新语》，整齐方言，疏释俚语，寻检古籍，辨析情伪，辑佚补阙，以广异闻。既考察史实，又训解文学。这种治学路数与王念孙、王国维的治学精神一脉相承。

卓越的贡献——广泛涉猎专攻疑难

刘盼遂的学问极其渊博，其读书之广，从经、史、子、集，到戏曲、小说，靡不阅读；从敦煌曲词到民俗方言，无不了解，博闻强记，触类旁通。他的全部学问，可以用"博雅"二字概括。

他不仅以小学通经、通史、通诸子,而且通古诗文,通一切古文献。

刘盼遂曾开设过"三礼"的课程。六经皆史,有了对经学研究的基础,对史学研究就有新的开拓。他开设过"诸子"、《汉书》等课程,并进而对文学有进一步的发掘。他讲授过《诗经》《楚辞》《文选》、汉魏乐府、唐诗等。他认为经学是中国学问的基础,有了这个基础,其他方面的问题就好解决了。刘盼遂日常读书,习惯于批书头,即把读书时发现的问题和解决这一问题的史料根据用蝇头小楷写在书页的上端,然后再把这一问题写在每一部书的卷首,以便于翻检。问题积累多了,不断仔细考核史料证据,最后再整理成文。

他的文章从不发空论,总是重事实,重证据。一个词,一句话,一个典故,一段史事,凡有不同的理解,都尽可能多地找到几条史事作例子予以论证,文约而旨博。他很少做理论性的大块文章,总是把精力用在对古代文献的诠释、解读上,用在解决具体的疑点、难点上。他所写的东西都是读书时遇到疑难问题,经过认真钻研后,记录下的自己的所得。他也从不作全书理解一类的工作,他说:我不想抄书,别人讲过的我不讲,别人未讲或讲错的,我有看法和见解,我才讲。所以刘盼遂的文章与论著都是考证解决古书中的疑难问题的。例如他对李义山《出关宿盘豆馆对丛芦有感》一诗的解释,诗中有"此日初为关外心"一句,"关外心"的含义是什么?很难理解。他引用两条材料加以说明,其一,是"杨仆移关"的事;其二,是倪若水和班景倩的事。这两条材料都说明汉、唐两代人的重关内而轻关外,重内任而轻外任。李义山宦途漂泊,在心灵上受时代思潮的影响,他的"关外心",即被迁徙之心,即被排挤离开长安远去江南的落魄之感。通过这两条材料,把李义山此时此际的沉痛心情体味尽了。又如他解南朝乐府《丁督护歌》,诗中有"闻欢北征去,相送直渎浦"之句,

"直渎浦"作何解释？古今注者皆云"未释何地"。刘盼遂认为："直渎浦"在今天南京城东北35里处，依幕府山东北一带，系吴主孙皓所开。详见《舆地纪胜》卷十七《建康府》。他不但说明了"直渎浦"的确切所在，而且证明了《丁督护歌》确属吴声曲词。再如他的好友王重民辑录的《补全唐诗》，将增补的佚诗《拗笼筹》，意测为李峤、樊铸的作品，而刘盼遂的校语则指出其为朱湾的《奉使设宴戏掷笼筹》诗，显示了刘盼遂的学术功力。又王重民补入了李昂的《驯鸽篇并序》，其中有"亦闻无角巢君屋，诸处不栖如择林"一句，刘盼遂出校云："'林'当作'木'，与屋为韵。《世说新语·语言篇》：'李弘度说，穷猿奔林，岂暇择木'。"当陈尚君对《全唐诗外编》进行全面校订时，重新核对敦煌原卷，果然发现"林"字应当是"木"字之误。刘盼遂在没有见到伯希和敦煌文书原件的情况下，据音韵学的原理和"择木"的用典，判断出"林"字的错误。这显示了刘盼遂的博识。刘盼遂对古书的校理、训释，堪称精金美玉，字字珠玑。

刘盼遂读书的兴趣在解决难点，似乎越是疑难的问题，越能调动起他的精神和注意力。20个世纪60年代，学术界展开了关于《胡笳十八拍》为谁所作的讨论，当时以郭沫若为代表的人们主张是蔡文姬所作。刘盼遂写了一篇《读胡笳十八拍非蔡文姬所作》的文章，他认为《胡笳十八拍》是"严守唐人官韵规范的"，因此不是蔡文姬作的。他说：唐代诗人不但作近体诗都恪守官韵，而且"唐人守官韵已成习惯，以至古体，有些人仍然遵守律令，不敢稍有出入。他列举第一拍十个押韵字：为、衰、离、时、危、悲、亏、宜、谁、知，全在唐官韵四支部，而汉魏诗押韵往往出入于微、灰、尤诸韵，很少限于四支一韵的。他又列举第二拍七个押韵字：家、涯、遐、沙、蛇、奢、嗟，全在唐官韵六麻部，而汉魏诗押韵则麻韵与歌韵都不分家，是互相通押的。其他各拍与此相同。

因此他得出结论说："《胡笳十八拍》的作者，是服习于唐代的功令，而不能适应汉魏的规律，则说它是唐以后的作品，也不为过。"用科学的论证，否定了《胡笳十八拍》是蔡文姬所作的说法。使人心悦诚服。其学问之渊博、深广，不见涯涘。

化雨春风——以身示范，传道解惑

刘盼遂自从 26 岁登上讲台后，一生始终未曾离开。他极重视言传身教，以自己的勤奋苦读为学生示范。他对学生从不训斥或强行要求，而是在平时接触中具体地传授自己的治学经验和为人之道。如向他请教一字、一词或一个典故，他便会寻根溯源，从原始出处，到后人的歧解，到他的看法全详细地做出讲解，使学生能够问一得十，在文献知识和研究方法上有很多收获。他根据自己的经验，体会到一个人要在学业上有所成就，必须具备三个条件：其一，不要做官，因为做官便不能专心致志地钻研学问了；其二，要生活稳定，生活不稳定，乱事缠身或到处迁徙漂泊，就什么事也干不成；其三，要书多，他说："人好比鱼，书好比水，水有多大，鱼就能游多广。"他的学术事业正是在这三个条件下完成的。在他的一生中除了教书、学术研究，从未做过其他工作。他长期居住在北京，当日本帝国主义占领北平时，尽管生活十分困难，也未曾离开。他藏书之多，为学术界所公认，其中包括许多珍本、善本、孤本书，如所藏海内孤本宋版《十三经注疏》《永乐大典》零本、《字牖》均是存世的无价之宝。他衣著朴素，饭食简单，薪金积攒起来用以购买昂贵的书籍却从不吝惜。他曾说："我活着与书共存，死后，这些书就捐献给学校或国家。"没想到在当年那场浩劫中，他的许多藏书竟被当作"四旧"，一部分被送到燕京造纸厂，去制作纸浆了；一部分不知经过什么途径转到

◎ 刘盼遂在辅导学生

了北京图书馆。残留的部分多是断简残篇，最后被送到了学校的图书馆。在许多书页上都有刘盼遂多年阅读时书写下的批注，那是他一生的心血，顿时烟消云散，怎不令人痛惜！

对我国浩如烟海的古书，怎样阅读，刘盼遂也有自己的看法。他认为应当从读儒家的经书入手，他主张治经不能以意来衡量，必须求之于文字的源流。要通过研究经学以考证古史，通过考证典章名物，以寻求古今治乱的根源。但是历代有关经书的注释极其繁琐，是否要逐条阅读？他说："我们没有古人那么多时间，所以只要能读懂原文，就不要逐条看注释，不然头发白了，一部书还没读完。"他主张读书既要广泛涉猎，又要有重点，他说："认真读一部《史记》，汉以前的历史、文化、典章制度，便全部掌握了。"他主张读书要有目的性，"要研究什么，就读什么。把要研究的问题和读书结合起来，学以致用，对所读的书印象才深，理解才透。不然，漫无边际地读，读完了，也就忘光了。"他还主张对重要的古书必须读懂，不然，怎么评价呢？他经常在自己读过的古书旁边，划一笔竖道，批"未读懂"三个字，以指责原书作者对古书未理解即妄加评议。刘盼遂这些读书的经验，对后学也是一笔宝贵的精神财富。

刘盼遂具有高尚的民族气节，日本帝国主义占领北京时，曾成立"东方文化事业委员会"，编纂《续四库全书提要》，多次要他参加。当时学校停课，他生活十分艰难，仍严辞予以拒绝，宁肯饿死，也不失节。日军侵占海南岛之后，他曾写了一首咏海棠的诗，诗云："海红豆出海南天，记入巨唐海药篇。欲为名花问初地，夷讴卉释已三年。"海棠花产于海南岛，这见于唐人的记载，但今天海棠的产地却被夷狄占据三年了。表现了对海南岛沦陷的悲痛！

刘盼遂在学术研究上取得很高的成就，一者在于他的勤奋，他每天工作孜孜不倦，手不释卷，几十年如一日；二者在于他淡泊名利，心无旁骛。用他规劝谢国桢先生的话说"不因人热"，不汲汲于富贵，不戚戚于贫贱，把名利看作身外之物，全副精力贯注于教书和学术研究工作中去。

业精于勤并成于专，这是刘盼遂先生一生的学术活动留给后人的启示。

（聂石樵）

穆木天

诗人、诗歌评论家、翻译家

穆木天（1900—1971），原名穆敬熙，学名文昭，字幕天，后改称木天。吉林伊通人。诗人、诗歌评论家、翻译家。1926年毕业于日本东京帝国大学。同年回国，先后在中山大学、复旦大学、同济大学任教。1931年在上海参加左翼作家联盟，任诗歌组负责人。抗战期间辗转于武汉、长沙、昆明、桂林等地，积极从事进步文化活动。曾任桂林师范学院、吉林师范大学、北京师范大学教授。

主要著作有诗集《旅心》《流亡者之歌》《新的旅途》等；诗论《诗歌与现实》《徐志摩论——他的思想和艺术》《郭沫若的诗歌》等。译著有巴尔扎克的《欧贞妮·葛朗代》《夏贝尔上校》《巴黎烟云》等。

诗人、诗歌评论家、翻译家穆木天心系国家、民族，一生以诗歌为武器，唤醒民众，共同抗日；宣传和平、民主，迎接新中国的诞生。他终生从事教育，甘愿作一座桥梁，将青年渡上民主、科学之路，并将外国的优秀的作品和先进的思想介绍到中国。他终生辛勤劳碌，无怨无悔。

"东北大野的儿子"和"世纪末的悲哀"

穆木天 1900 年 3 月 26 日诞生于吉林省伊通县靠山屯。据说，穆家先人从河北逃荒至此，逐渐发迹，虽曾一度衰落，但在穆木天出生前后，家势再起。幼时，家里请了位先生教他读书，后来考入伊通第一小学，1914 年进入省城的吉林中学。穆木天一直以成绩优异、才能杰出而著称于学校和乡里。当时吉林市有四位被认为颇有才气的青年学子，他们的名号中都有个"天"字，因而被人们称作"吉林四大天"，穆木天就是其中之一。

穆家并非官宦之家，没有太严的家规，因此童年的木天常和村中的小伙伴到田野中去踏青，去河里摸鱼虾，和族中大哥到雪林中去捕山雀。他还常到油坊里听油匠们说古道今，到街上去看驴皮影、太平歌，还能看到《小八义》《小西唐》《响马传》这样的杂书。木天的祖母还经常找邻居大伯来说上几段书。穆木天对诗歌的灵性以及对民族文化的理解正是在东北大野肃杀、绚丽的自然风光和极富生命力的乡风民俗中萌芽成长起来的。因此，他曾把自己称作"东北大野的儿子"。

靠山屯邻京师—盛京—吉林的御道，离大孤山驿站仅 28 华里，是伊通州北部的一个重要市镇，居民中跑旅顺、大连、海参崴的人也不少。因此，这里消息并不闭塞。从江东六十四屯大惨案，到《马尾条约》、八国联军火烧圆明园、庚子赔款等事件，几乎是尽人皆知的国耻。这样的时代条件对穆木天的一生都有着深远的影响。因此，他也曾说自己是"世纪末的孩子"，有着"世纪末的悲哀"。

1915年10月，穆木天插入天津南开中学二年级就读。在南开的环境里，除了继续感受从世纪末就笼罩全国的"亡国灭种"危机意识外，少年穆木天又受到了新世纪的洗礼，产生了科学救国的抱负。他也确有数理化方面的才能，特别是在数学方面，不仅成绩优秀，还写过一篇题为《对于代数学之管窥》的短文发表在《校风》上。其中论述了代数作为一门基础学科的重要意义和特点。具有数学思辨能力的头脑，也许正是他日后涉足文学理论研究和诗歌评论的原因之一。穆木天国文课的成绩也是突出的，作文经常获得优胜，在校内颇显锋芒。1916年上半年，穆木天加入了以周恩来为首发起成立的学生团体"敬业学会"，并在《敬业学报》编辑部担任职员。1918年穆还在《校风》编辑部负责译丛部的工作，在《南开思潮》编辑部担任论说部主任。他还以穆敬熙或幕天的署名，在这些刊物上发表了《聂国瑞君被难记》、《格物家之心理》、《幕天席地舍随笔》等多篇文章。在南开学习的两年零八个月，似乎是为后来穆木天的文学生涯作了一次预习。而"东北的大野"的命运和"世纪末的悲哀"就像是心中的烙印和胸前的十字架，一直伴随着他，使他在人生道路上不得安宁，不能止步。

旅人的心

1918年7月，从南开中学毕业后，穆木天回吉林考取吉林省公署蒙旗科的官费留学，前往日本，1919年夏考入东京第一高等学校特别预科。他本打算学数学或化学，但由于高度近视，不能制图，不得不于 1920 年转入京都第三高等学校文科学习。

1921 年春夏之间，穆木天参加创建"创造社"，是七个发起人之一。同年 10 月在《新潮》（3 卷 1 号）上发表了他的第一篇译作——王尔德的《自私的巨人》，接着在 1922 年初出版了《王尔德童话》集，年底发表了他的处女作散文诗《复活日》。1923 年 4 月，穆木天考入东京帝国大学文学部法国文学科学习。他在此攻读的一段时期，被认为是帝大法国文学专业的第一次黄金时代，教师阵容强大，学生中佼佼者甚众，而穆木天依然秀于其中。他用法文写的毕业论文《阿尔贝 · 萨曼的诗》，深得导师的好评。

在日本的那几年里，穆木天先后有过三位过从较密的朋友，那就是田寿昌（即田汉）、郑伯奇和冯乃超。田寿昌似乎对穆木天改学文科有过影响。1924 年在讨论国民文学时，穆木天曾满怀热情地写道："共唱我们民族的歌曲罢！／啊！伯奇呀！歌！歌！歌！"／'民族魂'的真的歌，／是永远的青青长长的绿。"几乎是与此同时，更准确地说，是在 1923 年进入东京帝大以后，随着法国文学的潮流，穆木天又沉入了象征主义的世界。他如饥似渴地大量阅读莎曼、鲁丹巴哈、魏尔哈林、波多莱尔等象征派、颓废派诗人的作品，在对祖国历史的深深缅怀中，同时又在追求印象的唯美的陶醉，寻找着自己的诗歌表现形式，考虑着中国新诗应有的表现形式。正好，1925 年冯乃超从京都帝国大学转学到东京帝大，也正对写诗感兴趣，并想闯出条新路子。很快，穆木天和冯乃超就相识并成为知交。穆木天常到冯乃超所住的中国基督教青年会去。那里是个微型的唐人街，有一个小小的图书馆，经常有一些来自国内的新书刊，还可以吃"中华料理"。穆木天和冯乃超经常在一起谈诗，有时在他们的住所，有时在一家小小的音乐咖啡厅里，似乎象征主义的音乐也能给他们某些启发。

在 1924 年到 1926 年前后，可说是穆木天在诗歌创作和诗歌理论方面思维极为活跃的时期，他陆续写了一些带有传统主义成分的诗作，如《江雪》《苏武》《心响》等，以及象征主义的《泪滴》《水飘》《薄光》《雨丝》《苍白的钟声》等。在诗歌理论方面他还在创造社的刊物上发表了《写实诗歌论》《法国文学的特质》《维尼及其诗歌》等论文。特别是 1926 年 3 月刊登在《创造月刊》上的《谭诗——给郭沫若的一封信》，更是穆木天诗论中的一篇力作，被认为是"中国现代诗论史上的重要文献"，是为"中国象征主义诗歌理论奠基"之作，是穆木天在对"五四"之后的新诗作品进行了深刻剖析的基础上，对新诗歌的艺术特质和艺术美的问题进行的探索、思考和理论上的总结。

虽然穆木天曾一度沉溺在象征主义的世界中，但他心中的"世纪末的悲哀"和西方的"世纪末的悲哀"却是完全不同的。因此，与此同时，他又是主张国民文学的。即使是那本被认为是象征主义的《旅心》集，穆木天也自认为其中"亦是隐含着亡国之泪"。在诗中他怀念着神州禹域光荣的历史，想象着苏武的坚贞、寂寞，呼喊着："飘零的幽魂，/几时能含住你的乳房？/几时我能拥在你的怀中？/啊！禹域！我的母亲。/啊！神州，我的故乡。/啊！几时能看见你流露春光？/啊！几时能看见你杂花怒放？/神州！禹域！朦胧的故乡！/几时人能认识你灿烂的黄金的荣光。"面对着"异国的荣华"，他却魂系"故园的荒丘"。东京帝大毕业后，穆木天立即启程回国。临行前他把自己在创造社的工作交给了冯乃超。

1926 年 4、5 月间，穆木天先在广州中山大学任教。1927 年 4 月他的诗集《旅心》由创造社出版部出版。诗集中，他把自己看作是"一个永远的旅人"，吟咏着："旅人呀！前进！对茫茫的宇宙。/旅人呀！不要问哪里是欢乐，而哪里是哀愁。"这是穆木天诗歌创作第一个阶段的结束，也预示了他在自己的生命旅途和诗歌道路上将永远向前追寻。

新的旅途

1927 年和 1928 年，穆木天曾先后在北京孔德学院和天津中国学院任教，但都不得其所。他感到自己的诗情枯竭了，写不出诗来了，只翻译了纪德的《窄门》、维勒特拉克的《商船坚决号》等作品。

1929 年夏，穆木天回到故乡吉林市，在新成立的吉林大学任教并在毓文中学兼课。教学之余他走访了家乡的许多地方，到过蛟河、敦化等地。他看到了巍峨险峻的老爷岭、郁郁葱葱一望无边的黄松甸，见到了奶子山黑油油的煤块、长白山直径五六尺的木材……这一切使他为家乡山河的壮丽和宝藏的丰富赞叹不已，更使他对日本帝国主义的掠夺、封建军阀统治的黑暗无比痛心和愤怒。于是，穆木天的诗情就像一颗在风中飘荡的种子，一下子落入了适宜的土地，汲取了充分的营养，开始蓬勃生长。在 1930 年作的那首《写给东北的青年朋友们》中，他呼喊着："到处是民众的苦难，/ 到处是民众的凄惨，/ 朋友，睁大了我们的眼睛，/ 睁大了眼睛看我们的目前。/……看吧，到处是土绅土匪，/ 看吧，到处是吗啡鸦片；/ 看吧，各地方的满洲银行……/ 看吧，私贩军火的外国药房；/ 看吧，那些化装的调查团，/……看吧，是谁占领了吉长、吉敦铁路，/ 看吧，是谁酿成了本溪湖事件。/ 朋友，这些事哪个不需要我们调查，/ 朋友，这些事哪个不需要我们表现。/……"这预示着穆木天的又一个诗歌创作高潮的到来。此时，他还翻译出版了苏俄作家赛甫林娜的《维里尼亚》和涅维洛夫的《丰饶的城塔什干》等作品。它们属于我国最早一批介绍苏联现实生活的译作。

在吉林教书时，穆木天不仅课下在学生中宣传进步思想和左翼文艺作品，而且每堂课开始的前十分钟左右，他总要对时政抨击一番，上至蒋介石，下到张作相，无不给予鞭挞，因而受到当局的注意。1930年年末，穆木天被吉林大学解聘，当时日本帝国主义并吞东三省的狼子野心已经是箭在弦上，于是他不得不与"烟雾沉沉的故乡"诀别了。在离开东北的途中，穆木天写下了《别乡曲》《奉天驿中》《啊！烟笼罩着的这个埠头》等诗篇，表达出心中的悲愤。

1931年1月穆木天抵上海，随后很快就卷入了左翼作家联盟的活动，成为左联创作委员会诗歌组的负责人。在左联领导下，他还做过对外国士兵的工作，一度担任过宣传部长，并陆续写出了《扫射》《在哈拉巴岭上》《守堤者》《江村之夜》《歌唱呀，我们那里有血淋淋的现实！》等诗篇，反映了东北人民深重的苦难和在血泪中的奋起和斗争。

同年3月与穆木天同住在法租界一套弄堂房子里的李姓青年被捕，累及穆木天也被捕入狱。丁玲、刘芝明请了史良等作为穆的辩护律师，穆最后被宣判无罪出狱。在狱中穆木天萌生了加入中国共产党的要求。

1932年的"一·二八"战事期间，穆木天和一些诗人朋友们废寝忘食地在上海街头张贴、散发宣传抗日、支持十九路军的诗抄和传单。

1932年夏秋之际，穆木天被批准加入中国共产党，并参加了左联为新党员办的训练班，在训练班讲党课的有华汉（阳翰笙）、彭慧、耶林等。共同的理想和志趣，使穆木天与彭慧相爱，并于1933年春结婚。

1932年9月，在任钧的倡议下，经左联批准，由穆木天牵头，与杨骚、蒲风等共同发起成立了中国诗歌会。诗歌会最早的成员还有艾芜、宋寒衣、林穆光、黄叶流、柳倩等。1933年2月，中国诗歌会出版机关刊物《新诗歌》，穆木天以同人名义为该刊写《发刊诗》，宣告该会的创作主张，倡导诗人要"捉住现实，歌唱新世纪的意识"，要反映"压迫、剥削、帝国主义的屠杀"和"反帝、抗日，那一切民众的高涨情绪"，并使用"俗言俚语"和"民谣、小调"等形式，使"诗歌成为大众的歌调"。同年，穆木天还与刘芝明一起从事援助东北义勇军的救亡工作。他们联络宋庆龄、沈钧儒、史良、何香凝、柳亚子等，组织了国民御辱自救会，穆任秘书长。为时不久，他又被左联招回，继续领导诗歌组和中国诗歌会的工作。

这个时期，他写了一系列诗歌评论，如：《诗歌与现实》《关于歌谣之创作》《关于〈罪恶的黑手〉》《关于〈卖血的人〉》《王独清及其诗歌》《徐志摩论——他的思想和艺术》《郭沫若的诗歌》等。特别是关于郭沫若、王独清和徐志摩的三篇评论很有分量。穆木天是运用马克思主义文艺理论进行评论的。由于他有文学功底，自己又是搞创作的，有实际体会，所以能理解作品，理解作者，而且从对诗歌的多重价值要求出发，因此文章写得深刻，能具体分析，不教条，不简单化，相当公允。

1934年7月，穆木天再度被国民党反动当局逮捕。被捕后，他没有暴露自己的左联成员身份以及在左联担任的职务，更没有暴露自己是共产党员。为应付警察当局的审问，他仅以一个普通文化人的身份，写了一份关于个人文艺观点的材料（其中既没有提到左联，更没有提到党），内容基本上是正确的，但写得比较含蓄。文化水平不高、更搞不清文艺理论的国民党警察当局，从中看不出什么问题。此时，穆木天的老友郑伯奇（当时在良友图书公司任编辑）请经常给《良友》画报供稿的青年画家黄祖耀（即黄苗子）向有关人士作了疏通。不久穆木天获释。穆出狱后受到特务监视。为避免给组织和同志造成损失，他一度断绝了与外界的联系（因此也失去了党的关系），闭门在家中从事翻译、写作和整理书稿。此期间他陆续完成了《法国文学史》的编写工作，翻译了《欧贞妮·葛朗代》。这是巴尔扎克长篇小说在我国出版的第一个译本，还整理出版了《平凡集》。

在国民党警特人员的监视解除后，穆木天把家搬到法租界，恢复了与外界的联系，重又活跃在左翼文化战线上。他的诗集《流亡者之歌》也于1937年7月出版。其中的诗作大多表现日寇铁蹄下东北人民深重的苦难和英勇的斗争，在叙事之中同时交响着作者本人的战斗激情、对故乡的眷恋和作为流亡者的伤痛，十分感人。

1937年8月底，穆木天一家撤离上海到当时全国的政治文化中心——武汉。穆木天一踏上大武汉这块沸腾的土地，马上就卷入了抗日救亡的洪流之中。年底他被新成立的"武汉文化界抗敌协会"聘为文艺工作委员会委员，参与该会"创办抗敌言论杂志"，"举办战时流动演剧"等工作。1938年，穆木天积极参加了筹建中华全国文艺界抗敌协会的工作，先后担任临时和正式筹备委员会的委员。是年3月在全国文协成立后，当选为文协的常务理事，并是该会机关刊物《抗战文艺》的编委。

1937年下半年，穆木天和冯乃超、柯仲平、高兰、锡金等人一起在武汉发动和组织起诗歌朗诵运动。此期间，他写了一系列的诗歌评论和一些呐喊式的诗歌如《全民总动员》《民族叙事诗的时代》《武汉礼赞》等。他还和原来诗歌会的成员杜谈、宋寒衣、柳倩等以及原来就在武汉的诗人锡金、王平林、伍禾等一起组织了"时调社"，先后出版了诗刊《时调》《五月》，大力提倡朗诵诗和其他通俗的、易为广大人民群众接受的、多种形式的诗歌，还为一些老歌填上抗日内容的新词，在群众中流传。他的妻子彭慧也是这一活动的积极参加者，她当时仿民谣形式写的《农村妇女

227

救亡曲》先后被冼星海、安波谱上曲，在解放区也得到传唱。由此可以看到他们当时的所从事的诗歌大众化的运动的影响。

当时，出版刊物的经费是大家凑的。从1934年开始穆木天就是中法文化委员会的编辑，只要他翻译出稿子，就可以拿到稿费。所以，每当碰到经费缺乏的时候，穆木天就闭门谢客数日，赶着翻译文稿，以维持刊物的运转。

这个时期，穆木天和时调社的诗人、作家老舍等一起还广泛记录、收集民歌民谣，研究评书、大鼓词等我国传统的民间文艺。他创作了《卢沟桥》《八百壮士》等大鼓词（后收入《抗战大鼓词》）。为了进行理论上的总结和有助于新人的培养，穆木天还针对当时诗歌创作上存在的一些问题写了《目前新诗歌运动的开展问题》《诗歌朗诵和诗歌大众化》《我们的诗歌工作》等评论。穆木天当时还撰写了《怎样学习诗歌》一书，其中相当系统和全面地阐述了诗歌与社会生活的关系，诗歌的形态与体裁、题材与主题、创作上的艺术表现形式，以及现实主义和浪漫主义相结合等问题。他明确地表示，诗歌工作者一方面要尽力地向着诗歌的世界水准去努力；而在另一方面，是要经过诗歌大众化运动而建立起新中国的大众诗歌。然而，在当时的条件下，他更为重视的还是诗歌的大众化。

◎ 青年时的穆木天

1938年6月，彭慧携子女先期去往昆明。在武汉沦陷的前夕，全国文协要求穆木天趁"赴昆明之便"，对云南分会的工作"随时参加指导"，使其组织"益臻于健全"。7月中旬，穆木天便奔赴云南，开始新的战斗。

地处祖国边陲和大后方的云南，在抗日救亡文化运动的开展上还相对落后。穆木天到昆明后，很快被选为文协云南分会的理事。在这一岗位上，他不负全国文协的委托，把在武汉组织群众开展抗日救亡宣传活动的经验带到云南，并结合云南的实际，陆续写了《对于地方文化工作的要求》《一年来的新云南文艺工作》等一系列文章，提出了一些极有见地的建议和意见，对云南抗日文化救亡活动的开展起了很好的推动作用。

1939年夏，穆木天受聘到中山大学任教，并随该校迁往在昆明南面的一座小山城澄江。1940年，中山大学开始迁往粤北的坪石，穆木天一家又随之北迁，中途在桂林停下。当时住在郊区施家园的一座已有些倾斜的小木楼上。周围是一片菜地，离穿山只有两三里，进城要踩着一溜石磴和石条穿过一条小溪。附近住着不少逃难来到桂林的文艺界的朋友。这里的山光景色、友谊亲情，曾给穆木天提供了不少诗的素材。他的《赠朝鲜战友》《给小母亲》《月夜渡湘江》《寄慧》等优美而又充满激情的诗篇，都带有桂林施家园的印记。这些诗作和抗战开始后创作的其他作品一起，集结在他的第三本诗集中，于1942年出版，书名为《新的旅途》。它记载了诗人在人生旅途上更加坚实的脚步。其中不再像《旅心》那样，对祖国未来只有朦胧虚渺的期望；也不像《流亡者之歌》那样渗透着"去国者"的悲哀，而是在"盗火者"的激情中充满了对祖国光明未来的坚定信念。在创作方法上，他也开始了现实主义和革命浪漫主义的结合。

"我就要作桥"

从日本回国以后，穆木天在写作、翻译的同时，大多时间都在学校任教。早在 1930 年在吉林大学任教时，他就看到了从青年中培养革命者的重要性和可行性，爱上了这一岗位。当时在《我的文艺生活》一文中他就曾写道："现在我认定我们就是一个桥梁。只要我们能把青年渡过去，做什么都要紧。翻译或者强过创作。教书匠都许是要紧的。以后我就要做桥。"皖南事变前夕，国民党统治地区的反动气焰日益嚣张，大城市里进步的言论和文章已难以发表，革命诗歌的号角更不容吹响。于是，穆木天就在 1940 年年底决定离开美丽的桂林，继续随中山大学北迁，到山高皇帝远的粤北教书去。在此后的几十年里，他几乎都在作"桥"——一座把青年人渡往革命一边去的"桥"，一座把外国优秀文艺作品和先进思想引渡到我国的"桥"。

穆木天为人纯朴、直率、热情、真诚，平时不善于社交，却和青年学生相处得特别好。对于青年朋友在学业或思想上存在的问题，他总是毫不留情地提出批评，同时又满怀热情地鼓励他们进步。《给耘夫》和《给小母亲》两首诗就是他专门为鼓励两位青年朋友而写的。耘夫是一位思想进步、有才华却又陷在爱情痛苦中难以自拔的青年，因此穆木天在诗中批评他说："祖国在呼唤你，/为什么你不拿出力量来？/民族在苦难中，为什么你总想着自己？"鼓励耕夫投身到革命斗争中去。

1940 年年底到 1942 年在中山大学师范学院中文系任教时，在名著选读课上，他通过讲鲁迅的《风波》抨击时政；通过都德的《最后一课》宣传抗日；通过屠格涅夫的作品讲"父与子"的矛盾，讲青年人应如何与旧传统决裂，投身革命。他还向学生介绍苏联的文艺作品，宣传社会主义的优越性。那时在穆木天的家里，一般都是静悄悄的，穆木天、彭慧俩人都在那里看着写着；但有时也热闹非凡，充满了青年学生的欢声笑语或热烈的讨论声。当时陆侃如是中文系系主任，系里除穆木天夫妇外其他著名的教授还有吴世昌、冯沅君（陆侃如夫人）等。三家人经常聚在一起，高谈阔论，分析国内外形势，抨击国民党的时政，讽刺当局的某些党棍和狗腿子，商讨共同的行动……真可说是嬉笑怒骂皆成文章。1942年秋冬，中山大学闹学潮，穆木天和彭慧一起给学生出谋划策，与反动校当局斗争。学潮被镇压后，大批进步学生被开除，穆木天、彭慧也决定离开中大去桂林。

刚到桂林时，穆木天一家先在艾芜家落脚，后来就在附近的观音山下找了三间简陋的平房住下。那种房子的墙壁是用竹篱笆糊上泥巴做成的。起初穆木天和彭慧都没有固定的职业，稿费是唯一的收入来源，生活很难维持。不久，和他们同时离开中大的吴世昌到桂林师范学院任中文系主任，就聘请彭慧到桂林师院任教。老教育家林砺儒也在自己主持的桂林教育研究所给穆安排了

◎ 留学日本的南开学校学生合影。前排左一为周恩来，右一为穆木天。

231

一个"编撰"的职务。在生活基本有了保障的情况下，穆木天就专心致力于翻译。那几年的译作有巴尔扎克"人间喜剧"中的《夏贝尔上校》《从兄蓬斯》《二诗人》《巴黎烟云》，穆木天可说是我国第一个全面介绍巴尔扎克的人。此外还翻译了雨果、普希金、莱蒙托夫、马雅柯夫斯基等的诗作。1944年4月，日军占领了长沙，并继续沿湘桂铁路南下，桂林危在旦夕。6月底，穆木天和彭慧一起随桂林师院撤退，去往柳州。当年秋，桂林师院在离柳州不远在融江江心的一个小岛丹洲开课，穆木天受聘在该院任教。

由于柳州沦陷，穆木天一家又随师院师生一起继续沿融江向北逃。从1944年秋至次年春，他们一直颠簸流离于广西贵州边境上的丛山之间。抗战胜利后，1946年1月，穆木天一家随桂林师院从贵州平越（今福泉）迁回桂林。在桂林他和彭慧与欧阳予倩、林砺儒、谭丕模、石兆棠、张毕来等一起恢复文协，成立民盟组织，开展反对国民党发动内战和争取和平、民主的运动。穆木天对学生的各种进步活动都很关心和支持。他和彭慧积极帮助学生办刊物、举办解放区作家和苏俄作家作品的诗歌朗诵会，曾拿出珍藏的瞿秋白翻译的《茨冈》的手稿供学生朗读。在文协和进步群众举行的"五四"纪念会上他怒斥国民党发动内战，要求文艺作品反映人民群众苦难的现实生活。他还发表了《谢谢你，美国人》《为死难文化战士静默》《二十七年了》等抨击时政的诗篇，并在诗作中满怀激情地表达了对新中国的热烈期待。因此，他受到国民党《中央日报》的攻击，并收到特务的恐吓信。在当局日益嚣张的反动气焰下，穆木天和彭慧不得不于1947年年初离开桂林去往上海。

1947年至1949年夏的两年半中，穆木天一家在上海的生活是相当艰难的。由于房价昂贵，一家四口只好在臭气熏天的横浜河旁一栋弄堂房楼下的一个前厅里住下，厅中间有一个不到房顶的木隔板，隔板后面楼梯下的一小块地方算是女儿的卧室，隔板前面就是一张大床、一个柜子、一个书架和两张并在一起的三屉桌，那是穆木天和彭慧每日伏案工作的地方。每当儿子放假从大学回到家里，晚上就在这里打地铺。就在这样的生活条件下，穆木天依然夜以继日地伏案写作、翻译，还在同济大学教课，依然支持学生们的进步活动。这个时期他写了《这个日子》《同乡》《我的损失》《佩弦的死》等诗作和散文，翻译了莱蒙托夫的《高加索》、巴尔扎克的《绝对的探求》等。

1949 年夏上海解放了，穆木天满怀欣喜地迎来了期待已久的祖国的黎明。同济大学为了表示对进步教授的关怀，很快就给穆木天分了两间住房，生活有了明显的改善。尽管上海是穆木天熟悉和留恋的地方，然而，当他得知东北组织来人，要求上海给予人力（高级知识分子、科学技术人员）支援时，他的心一下子就飞到了多年来魂牵梦萦的故乡。

1949 年秋，穆木天到长春，在东北师范大学任教。虽然他在东北师大工作的时间不到三年，但作出的成绩、留下的影响却是不小的。他在教学上的特点和事迹至今仍为当年的学生们津津乐道。为了培养青年学生，他从不惜力。习作课在大学里并不是什么重头课，而且教这门课很累，因为要改卷子。但他却往往主动承担这门课程。因为他认为通过习作课不仅能够培养学生的写作能力，还可以和学生进行思想交流。他一向对这两点都看得很重。当时还没有现成的大学教材，刚从日满统治下解放出来不久的东北学子思想十分封闭。在名著选读课上，穆木天在讲授巴尔扎克、雨果、高尔基、鲁迅、郭沫若、茅盾等的作品时，他以开阔的思路，古今中外地旁征博引、纵向联系、横向比较，内容既丰富又深刻。使学生们茅塞顿开，进入了一个崭新的知识世界。在穆木天的课上大家精神振奋、思想活跃。他的风趣、幽默还经常引发出满堂的笑声。而在习作课的教学中，他则表现出一种严格到近乎尖刻的作风。他经常把学生找到家中拿着作文卷当面批讲，从文章的构思、结构到其中的语病、标点符号的错误、字迹不清等问题，都不放过。批讲的过程中，有启发，有引导，使学生获益匪浅。与此同时他又为学生的每一点进步而满心欢喜，当看到学生的一篇好作文，他就精心地加以批改，然后设法送到报刊上去发表。他当年教过的学生绝大多数后来都成为一些高等学府和研究单位的骨干力量，成为著书立说的专家、学者。他们总是满怀深情地说："如果没有穆老师当年那样的教导、那样严格的要求、那样热忱的关怀和鼓励，就不会有我们今天这样的成绩。"

1952年穆木天被调到北京师范大学。那时，新中国成立初期，百废待兴，中文系要实行新的教学计划，不仅原有的课程要改造，而且要开出一系列新的课程。外国文学和儿童文学就是全国师范院校中文系从来没有开过的。穆木天出任外国文学教研室主任，负责筹备这两门课程。为此，他放下了整理自己的诗稿和重写法国文学史的计划（后来他就没有条件进行这方面的工作了），全力以赴地投入了教学工作，夜以继日地忙着。很快他就开出新课，编出讲义，使北师大走在全国大专院校的前列。1956年，高教部制订高等师范院校教学大纲时，他出任外国文学组的组长，领导制订外国文学教学大纲。他根据师范院校中文系的特点，提出了一个文学史、作家、作品三结合，突出重点作品分析的教学体系。这个体系至今还在各个高等师范院校发挥作用。至于儿童文学，他更是从头做起，培养了一批这方面的教学骨干，并带领他们编资料，编教学大纲，初步建立起新的教学体系。

从不停息的脚步

1944 年从桂林撤退到柳州时，在困境中穆木天曾作诗自勉："我永远不会悲观，/ 我永远也不会消极，/……而我要坚定地工作着，/ 直到我死亡的日子。"1957 年政治上蒙受冤屈之后，在人生的旅途上，穆木天走上了难以通行的崎岖小路。而他依旧没有悲观，没有消极，没有停止工作。作品不能发表了，不能给学生讲课了，他就通过翻译外文资料，帮助青年教师备课。从"反右"之后直到"文化大革命"开始前，他每天仍然鼻尖贴着书本和稿纸伏在书案前，不断地看着，写着……数年里，他从俄文或其他外文译成中文的资料相当可观。至今仍保存在北师大的那一大摞文稿，就是他从不消极，从不停息，终生为"桥"的一个见证！

"文革"中，穆木天遭到"四人帮"的迫害，1967 年秋，被关进了"牛棚"。1970 年他被放出"牛棚"时，彭慧已在"四人帮"的迫害下离开了人世，女儿远在河南干校。北师大给了他一个房间，他一个人住着，被抄走的衣物部分还给了他。曾有学生看见他穿着一件棉袄，腰上系了根绳子，想来是原来穿在棉袄里的毛背心和棉背心找不着了，他就采取了这个办法。还有学生曾看见他穿着皮大衣，带着皮帽子坐在阴面的房间里，就问他是不是感到冷，他笑着连连地说："不冷，不冷，比志愿军在朝鲜前线强多了！"天气好的时候，他还像过去一样喜欢去逛书店，甚至指出某名著译本中的某处错误。

1971 年 10 月的一天，穆木天因病倒在了自己房间的地上，几天后才被发现。"文革"后，穆木天的冤案得到了昭雪，装着他的遗物的骨灰盒安放在八宝山革命公墓。80 年代以来，《穆木天诗文集》《穆木天诗选》《穆木天研究论文集》《穆木天文学评论选集》《旅心》《平凡集》等，陆续出版或再版；还有一些作品被收入《中国新文学大系》《中国新文艺大系》《中国新诗鉴赏词典》《中华散文百年精华》等文集之中。

1990 年举行了穆木天诞辰 90 周年纪念会、穆木天学术讨论会。2000 年为纪念他的百年诞辰，北师大举行了穆木天学术思想讨论会，一些报刊发表了纪念文章。一些专家、学者高度评价了穆木天在诗歌创作上和诗歌理论以及在外国文学翻译、研究和教学等方面作出的不可磨灭的贡献。在纪念穆木天 90 诞辰的时候，冯至曾写道："他留给我的印象是'大人者，不失其赤子之心者也'，也就是说，他始终保持着纯朴的童心，这童心贯彻在他一生的工作里。"98 岁高龄的民俗学创始人钟敬文为纪念木天老友的百年诞辰写了一副对联："讲席共危时苦意应余教泽，诗歌为大众热情犹见遗篇"。

穆木天正是由于怀着对祖国、对人民的一颗赤子之心，在人生的旅途上，他从不曾停步。无论在诗歌创作、诗歌理论和外国文学的研究中，还是在教学中，他总是极其认真、满怀热情地对待每一项工作，总在不断地思考、研究、探索……从不停息。

穆木天先生的思想、学识、作风将永远影响着后学者。

（穆立立）

参考文献

[1] 穆木天文学评论选集. 北京：北京师范大学出版社，2000

[2] 穆木天研究论文集. 北京：时代文艺出版社，1990

黄药眠

独树一帜的美学家、文艺理论家

◎ 黄药眠

　　黄药眠（1903—1987），曾用名达史、黄吉，广东梅县人。美学家、文艺理论家、教育家。广东高师毕业。1927年在上海参加创造社，1928年加入中国共产党，次年被党派往苏联青年共产国际东方部工作。1933年回国，任青年团中央宣传部部长。不久被捕。"七七"事变后被保释出狱，从事抗日救亡活动和民主运动。参与创办国际新闻社，任总编辑。1944年加入中国民主同盟。参与创办香港达德学院，任文哲系系主任。1949年后任北京师范大学中文系系主任，一级教授。曾当选为全国人大代表、全国政协委员和常委，民盟中央委员和常委；全国文联副秘书长、中国作家协会常委和顾问等。

　　著作丰富，主要有诗集《黄花岗上》《黄药眠抒情诗集》，小说《淡紫色之夜》，散文《面向着生活的海洋》《药眠散文集》，纪实文学《动荡：我所经历的半个世纪》，以及众多美学、文艺学论著，近年又以《黄药眠美学文艺学论集》出版。

　　黄药眠是我国杰出革命文化战士、著名的美学家、文艺理论家、诗人、作家和教育家。他的一生充满坎坷，但始终不渝地追求光明和真理，把毕生的精力贡献给人民的革命事业和教育事业。作为美学家和文艺理论家，他以鲜明的学术个性和丰硕的学术成果享誉国内外。作为教育家，他抱病在讲台上站到最后一息，为中国文艺学学科的建设和教学，做出了开拓性的贡献。

百折不挠的革命文化战士

　　作为革命文化战士和学者，黄药眠最可贵的品格是革命的韧劲和顽强不屈的精神。他一生历经无数艰险和磨难，但从不消沉和屈服，总是坚定、乐观地面对生活，永远像风沙中的胡杨、红柳、白刺，不被生活压垮。

　　黄药眠1903年1月14日出生于广东梅县一个没落商绅家庭，他在中学时期恰逢是"五四"新文化运动的爆发，在"五四"运动中，作为学生联合会的骨干，他满怀爱国热情投入当地反帝反封建的示威游行和抵制日货的运动。这时，他也受到"五四"新文化运动洗礼，无论在梅县中学或是在广东高等师范学校，他大量接触外国哲学和外国文学名著，大量阅读新文学作品，他迷恋尼采、柏格森的哲学，崇拜卢梭，喜爱泰戈尔的诗、冰心的诗，同时，他自己也创作了许多新诗，后来收入诗集《黄花岗上》。同许多老一辈的作家和学者一样，他把"五四"视为自己的母亲，而他是"五四"的儿子。正是在"五四"新文化的影响下，他积极参加左派文艺革命活动，开始走上追求真理、追求民主的人生。

　　1927年，蒋介石发动"四一二"政变，黄药眠逃亡到了上海，经成仿吾介绍参加了创造社，并在出版部当助理编辑，人称"创造社小伙计"，同时还在暨南大学附中和上海艺术大学兼课。这个时期他在创造社的《洪水半月刊》《创造月刊》等刊物上发表了大量新诗，出版了诗集《黄花岗上》，成了上海滩上小有名气的浪漫派诗人。此外，他还发表了多篇充满激情和很有见地的文艺论文，如《梦的创造》《非个人主义文学》《文艺家应当为谁而战》等，使他在文艺理论界崭露头角。所有这些活动，都属于创造社当时鼓吹的"革命文学"的一部分，拿他的话说："创造社的向左转，我也跟着向左转。"这个时期，为了寻找中国的出路，他努力研读马克思主义，如《共产党宣言》《社会主义从空想到科学之发展》《政治经济学导言》《费尔巴哈论纲》《反杜林论》等。此外，还读了普列汉诺夫的著作，翻译了意大利马克思主义者 la Briola 的《辩证唯物主义与历史唯物主义》。1928 年夏，黄药眠参加了中国共产党，积极参加了党所领导的革命活动。不久，又被调到共青团中央做翻译工作。在上海，黄药眠由"五四"文学青年转变为革命文化战士，转变为共产主义战士。在他的一生中，这是一个至关重要的时期。

1929 年秋末，黄药眠被党组织派往苏联青年共产国际东方部工作。在那里除了做技术性的翻译工作，他抓住机会如饥似渴地苦读马列主义著作，并参加各国革命者有关各种革命实际问题的讨论，亲身感受俄罗斯文化，这一切使他的革命信念更坚定，视野更开阔了。苏联的生活虽然平静、安逸，但他日夜思念苦难的祖国，也为听不到祖国的语言，听不到中国的诗歌感到寂寞。于是，他主动放弃优裕的生活条件，申请回国参加革命斗争。1933 年冬，他回到白色恐怖笼罩的上海，向上海中央局传达共产国际关于建立抗日民族统一战线的战略决策。后来他被组织任命为共青团中央宣传部部长。他主编《列宁青年》，领导工人罢工，给干部训练班讲课。1934 年 10 月，因叛徒出卖被捕，被判 10 年徒刑，押送到中央军人监狱，在那里受尽折磨。

1937年抗日战争爆发后，黄药眠由八路军办事处保释出狱，随即奔赴延安接受组织的审查，并在延安新华通讯社工作。在整个抗日战争期间，他一直在党的领导下，从事抗日民主运动和抗日革命文化工作。1938年，他到武汉养病，后撤往桂林，同范长江、胡愈之等一起主持国际新闻社的工作，任总编辑。在桂林，黄药眠是抗战大后方非常卓越的抗日革命文化战士，一方面他作为国新社的总编，日夜处理大量文稿，时常发表抗日时评鼓舞士气；另一方面，作为中国文协桂林分会常务理事兼秘书，他发表论文论述抗日文艺工作，组织诗歌创作研讨会和朗诵会，积极培养抗日文学青年。1941年，皖南事变后，他到香港，在廖承志领导下从事国际宣传工作。1942年香港沦陷后，他先后在梅县、桂林、成都、昆明等地，从事抗日宣传工作和文艺创作活动，并于1944年在成都参加中国民主同盟。充满诗情画意的散文集《黑海——美丽的黑海》、诗论集《论诗》、长篇诗《到和平之路》是这个时期的重要作品。

抗日战争胜利后，黄药眠主要从事反对国民党统治的爱国民主运动，他参与民盟的领导工作，主编民盟机关报《光明报》，并参与创办香港达德学院，任文哲系系主任。每当爱国民主运动紧要关头，他总是挺身而出，为贯彻党的方针和民盟的正确主张不懈斗争。抗日战争胜利前后，他一直活跃在中国文坛，在文艺界率先写出一批批判唯心主义哲学观和美学观的论文，在理论界产生很大影响，从此确立黄药眠文艺理论家的地位。这个时期主要成果有著名的长诗《桂林的撤退》、小说集《暗影》《再见》，论文集《论约瑟夫的外套》和《走私的哲学》。

1949年春，黄药眠在党的安排下由香港来到北京，应邀参加第一次文代会和全国政协会议。全国解放了，共和国从苦难中诞生，他也结束了几十年痛苦的人生，面对天安门升起的五星红旗，他流下了激动的泪。之后，他谢绝了当官的安排，到了北京师范大学任教，并担任中文系系主任。他满怀极大的热情，投入祖国的教育事业和科研事业。他为办好中文系倾注全部心力，他在国内最早成立文艺理论教研室，最早编写文艺理论教学大纲，最早创办文艺理论研究班，使北师大的文艺学学科站到了全国的前列。这时，他也成为文艺界和理论界的重要人物，经常就理论问题和文学创作问题在报刊上发表很有分量的意见，他尖锐批评唯心主义美学观和文艺观，批评文学理论中的教条主义和庸俗社会学，批评文学创作的公式化和概念化的倾向，参加全国美学大讨论，科学地阐明马克思主义的文艺观点。这个时期他出版了《沉思集》《批判集》和《初学集》等文艺论著。

1957年，黄药眠为了响应党的号召，怀着民主自由的理想，代表民盟中央起草了《我们对高等学校领导制度的建议》一文，善意地提出民主办校和教授治校的正确主张，得到了积极的响应。但在随后的反右派运动中，却首当其冲，被划为右派，背上了"章罗联盟的军师"和"反党反社会主义"的罪名，受到不公正的待遇。在十年浩劫期间，他遭到更严重的迫害。尽管如此，他仍然坚定信念，顽强地生活着。在简陋、破败的牛棚里，他还经过一条一条地积累，创作出充满诗情和哲理的短论集《面向着生活的海洋》。

党的十一届三中全会后，罗织在黄药眠身上的一切不实之词统统被推翻，他重新获得了新生，迎来了一生中一段愉快的日子。虽然年事已高，他仍然青春焕发。黄药眠晚年越发珍惜生命的价值，他拖着病体奋力向命运抗争，他说："一天不写，这一天就等于不存在"，"我决心要与死亡竞赛速度。"短短几年，他指导进修教师，带了一届又一届博士生，为培养人才殚精竭虑地工作。同时，他十分关心文艺界的现状，积极参加80年代关于朦胧诗、人性论和美学的讨论，发表了许多富有创见的精彩见解。后来，即使因心脏病住院，他仍然想着未来，他对采访的记者说："我还准备写五篇论文，写我和我的同时代的人们。"这个时期的奋力拼搏，取得了丰硕的成果，他出版了文艺论集《迎新集》，长诗《悼念》《黄药眠抒情诗集》，《药眠散文集》，临终前还完成了最后一部著作《动荡：我所经历的半个世纪》，记述了半生的革命经历。

1987 年 9 月 3 日，黄药眠平静地走了，临终他告诉自己的学生，他要到"另一个世界"去了，请大家给他开欢送会，不要开追悼会。天地间只有彻底的唯物主义者，只有拥有巨大精神力量的人，才能如此平静地告别人生。

黄药眠所历经的磨难和坎坷的人生，造就了他坚韧和不屈的特殊性格。他的丰富而富传奇色彩的生活经历，深厚的马克思主义理论修养，以及丰富的文学创作经验，使他成为极富个性的美学家、文学理论家和教育家。

独具学术个性的美学家

黄药眠是著名美学家，同时也是独具学术个性的美学家。著名的美学家王朝闻指出，"他从事的艺术学和美学，也像那些不同门类的艺术创作活动具有艺术个性那样具有学术个性"，而且确信，"他那与众不同而又有共性的学术个性，不是任何所谓覆盖面很大的观点所能淹没。"

黄药眠年轻时就接受了马克思主义，有深厚的马克思主义理论素养，在国内美学界是马克思主义水平比较高的一位。早在 40 年代，他在文艺界最早对美学、文艺学中的唯心主义观点提出批评。在《论约瑟夫的外套》（1945）中，他批评了舒芜的《论主观》，指出舒芜把整个人类社会的历史衍变成为"主观"发展史。他这篇论文受到著名作家和理论家茅盾的赞赏，肯定文章观点正确，认为"这是驳斥舒芜的若干论文中最好的一篇"。此外，还特别称许他的文风，指出"作者的文章风格就值得赞美。他是做到了深入而浅出，用平易显豁的文字来解释深奥的道理"。随后，他又在《论美的诞生》（1946）中，批评了朱光潜的《文艺心理学》。在这些论文中，他批判了主观唯心主义的美学观点，坚持和捍卫了马克思主义的基本观点。

运用马克思主义的基本观点研究美学的问题，对非马克思主义的美学观点展开批评，这是黄药眠美学研究的起点，也是他的学术个性的重要特点，这是应当历史地看待和充分肯定的。在有些人眼里，认为黄药眠作为美学家和文艺理论家是靠批判出名的，其实并不尽然。如果说20世纪50年代初期，他还热衷于批判美学文艺学的唯心主义观点，那么到了50年代中期，面对文艺创作严重存在的公式化概念化倾向，面对美学文艺学严重存在的教条主义和庸俗社会学倾向，他在《问答篇》（1957）《由"百花齐放"所想到的》（1957）等一系列论文中，在1956～1957年的著名的美学问题大辩论中，对美学文艺学一些重要问题进行深入的理论思考，根据时代要求作出新的理论阐释，有些甚至是超前性的理论创新。这体现出一个美学家和文艺学家的理论勇气，就是在今天仍有其感染力和震撼力。

黄药眠20世纪50年代在美学方面的理论贡献主要在以下两个方面：

关于文学主体性的思考。 解放初期，我国的美学和文艺学主要搬用苏联的理论，以苏联的理论为准绳，为真理的标准。当时使用的苏联文艺理论教科书，只谈文学是现实生活的客观反映，不重视创作主体的作用，文艺界有些人一听见谈论"主观世界"就谈虎色变，动不动就给人扣上唯心主义的帽子，这样一种理论的片面性给理论的发展和文学创作造成极大的危害。在当时一片反对资产阶级唯心主义的声浪中，要站出来反对这种理论上的教条主义，是需要有很大的勇气。黄药眠在文艺界本来是最早站出来反对文艺理论中的唯心主义观点的，他先后批评过舒芜的唯心主义、胡适的唯心主义和朱光潜的唯心主义，对美学和文艺学中的唯心主义是有清醒的认识的。但是到了50年代中期，面对美学和文艺学中机械唯物论的盛行，教条主义的猖獗，他开始了新的理论思考，开始思考后来才引起人们重视的文学创作主体问题和文学的主体性问题。

1957年2月，他在《问答篇》中，从自己丰富的创作经验出发，针锋相对地提出要重视创作主体的研究，重视从创作心理的角度去研究美学和文艺学问题。他说："作者之所以创作这样的作品，而不创作那样的作品，描写这样的现象，而不描写那样的现象，喜爱这些东西，而讨厌那些东西，是受当时的时代、当时的阶级关系总的客观形势和作者自己的阶级的立场所制约的，但同时，作者的创作是要通过作家个人的具体的感受，通过他个人的全部的生活体验，通过他个人的全部的智慧来创造的。因此，我们对于作品，除了从社会科学这方面去研究以外，也还要从作者个人的主观世界去探索，探索出其中的客观规律。比方，在创作过程中最常见的如表象，如联想，如想象，如情感，如情感和想象的关系，等等。"

在这段话里，他既重视时代、客观现实对创作的制约作用，也旗帜鲜明地突出了创作主体的能动作用，强调探索主体创作心理规律的重要性，既反对唯心主义，更反对忽视主体的机械唯物论。他认为只有认真地研究作家的"主观世界"，研究创作主体的创作心理，才能真心坚持唯物主义，因为"如果能够把创作心理的客观规律探索一些出来，这才是真正做到了对唯心主义最后巢穴加以毁灭性的打击"。

与主体性问题相关，1957年5月，他在《由"百花齐放"所想到的》一文中，对当时理论界流行的"文学要反映出现实的本质"的重要理论命题提出质疑。从客观现实生活看，他认为生活是丰富多彩的，文学是要通过生活现象本身来反映现实的，是通过生活现象本身来反映本质的，但它又不限于本质。如果要按照人物一言一行是否表现了本质去检查作品，作品就会失去生活的丰富

◎ 黄药眠在工作

性，人物就会失去生动的个性。同时，从创作主体的角度看，他认为在生活实践中，人们不仅要认识世界，而且要对客观世界产生自己的主观态度，有时还带有强烈的感情色彩。他指出，作家绝不是"消极地感受生活，客观世界给我们刺激一下，而我们也就认识它一下"。为了深入批判机械反映论，从理论上说明创作中的主客体关系，说明创作主体的重要作用，他特地建议重温一下马克思《费尔巴哈论纲》中的一段话。马克思说："以前的一切唯物论，连费尔巴哈也包括在内，其主要缺点就在于：对于事物、现实、感性，只是在客观的形式上或是在直观的形式上去理解，而不是当作人的感性活动，当作实践去理解，不是主观地去理解。"这段后来在20世纪80～90年代的各种美学和文艺学论文中频频被引用，而黄药眠在30年前就引用它来说明美学文艺学中主体性问题的重要性，对这个问题的思考他是相当超前的，是富有理论洞见的。

关于美是评价观点的提出。黄药眠是20世纪50年代中国美学大讨论最为活跃的重要人物。他以发表与朱光潜论争的《论食利者的美学》（1956）而在美学界享有声誉，后来他又举办了著名的"北师大美学讲座"。从1957年4月起，他以宽阔的胸襟邀请自己的"论敌"朱光潜、蔡仪、李泽厚、吕荧等美学大家来北师大讲演美学，陈述各自的观点，并听取各派对他的批评。50年代的美学大讨论各派理论观点后来被总结为蔡仪的"客观派"，吕荧、高尔泰的"主观派"，朱光潜的"主客观统一派"，李泽厚的"实践派"。黄药眠当年并没有被归为哪一派，但据童庆炳的考察和研究，指出，"黄药眠在诸种美论中，比较欣赏李泽厚的'实践'观点，但他自己的观点又不同。他的贡献在于提出了'美是评价'的理论观点。他可以说是中国运用马克思的价值理论对美学问题进行考察的第一人。"这个评价是中肯的，实事求是的。

黄药眠的"美学评价"的理论观点，是在1957年6月3日所作的美学演讲《不得不说的话》中提出的。当时已临近反右，他已预感到形势将产生变化，于是在演讲的开头就说"我讲的东西也许有很多漏洞，但时间不留情，催我非讲不可"，在这篇演讲中，他系统阐述了美是什么、美与美感、形式美、自然的人化、审美能力、审美个性、艺术美等一系列重要美学问题，其中的核心是提出了"美是审美评价"的重要理论观点。他提出这一观点主要是针对美的客观说，他认为："美是人类社会生活现象，首先肯定客观现实是存在的，但不是说客观现实存在了，美也就存在了。"他反对把客观现实和美混为一谈，认为美是不能离开人的感觉而存在，如果离开人和人的感觉就不存在美，比如说感到有山水的存在，并不一定构成审美的现象；现实中的色彩、线条、比例、节奏，如果不与人的感觉和情感发生关系，也是不能构成审美活动的。总之，他认为审美活动离不开审美的人，必须有审美的人，"美不是存在于事物本身中，而是人对于客观事物的美的评价。"

黄药眠虽然认为美是人对客观事物的评价，但也不同意朱光潜的"感觉加以意识形态的反映就构成审美"的观点。他鲜明地提出，"审美首先应当从生活和实践去寻找。"他从原始人的生活和实践活动讲起，说明在生产实践中人作用于对象，对象也作用于人，人要去感知对象，对象也对人产生不同的效果，于是人对于对象就发生情感的反映，人最初就对对象作了评价，作了审美评价。同时，在不断劳动创造的过程中，在与对象越来越深广的接触中，人的感觉能力也增多了，人的主观力量也产生了。而这种主观力量就是人评价对象的前提，离开这个前提，评价活动和审美活动都不可能发生。

尽管强调人的主观力量、人对客观事物的审美评价，黄药眠并没有否定客观事物本身存在的价值性。他认为美是有客观性的，但它是通过人的意识表现出来的，美的客观对象不是与人没有联

◎ 黄药眠与夫人在八达岭长城

系的对象。可见,他所理解的客观现实是人的实践的产物,是"人化的自然"。

黄药眠提出的"美是审美评价"的观点,在当时众多美学观点中是独树一帜的,他不是主观论者,不是客观论者,也不是主客观统一论者。他摆脱了将哲学上认识论命题(物先于人存在)硬套在美学上的做法,而转向了价值论。在"美是一种评价"的命题中,强调客体要有价值性,主体要有评价能力,以主体审美能力揭示客体的价值性的过程,是一个评价过程,而评价过程是人的一种活动。黄药眠将研究视角从哲学转向价值学,不仅大大深化和推动了当时的美学大讨论,对美学问题的思考也具有超前性,因为苏联直到20世纪80年代才提出审美价值的本质问题。

身兼诗人、作家的文艺理论家

黄药眠是著名的文艺理论家,是一个大理论家。他十分重视要以马克思主义观点和方法来研究文艺问题,对长期以来影响我国文艺理论界的庸俗社会学和机械唯物论勇敢地提出挑战,再三强调要重视文艺的特点和自身的规律,要注重艺术性和创作技巧,要注重作家的创作个性,要注重文艺心理学的研究。他在文学的本质论、创作论、作品论、风格论和鉴赏论、批评论方面,都做了深入的独具特色的研究,为我国文艺学的发展做出了独特的贡献。

作为一个著名的理论家,黄药眠的文艺理论研究除了坚持马克思主义作为指导,最大的、最宝贵的特色是文艺理论和文艺创作实践的紧密联系。作为作家和诗人,他的理论思考和理论概括总是从创作实践和创作体验出发的。

黄药眠早在20年代他就在创造社活动中崭露头角,成为"上海滩上一个小小的名流"。他写诗,写小说,写散文,20年代出版了诗集《黄花岗上》（1928）；40年代出版了散文集《黑海——美丽的黑海》（1943）、《抒情小品》（1948）、小说集《暗影》（1946）、《再见》（1949），诗集《桂林底撤退》（1947）；50年代出版了诗集《英雄颂》（1952），散文集《朝鲜——英雄的国度》（1951）；80～90年代出版了诗集《悼念——为纪念周总理逝世三周年而作》（1980）、《黄药眠抒情诗集》（1990），散文集《面向着生活的海洋》（1981）、《药眠散文集》（1983）、小说集《淡紫色之夜》（1986）、《黄药眠自选集》（1986）、纪实文学《动荡：我所经历的半个世纪》（1987）。当代的作家给黄药眠的创作很高的评价，著名作家林林说："药眠同志是多面手，能写各种体裁的文学作品。我总觉得他还是诗人本色，早在创造社时期，就作《诗人的梦》，显示了幻想力和神采。"著名作家端木蕻良说，"他写出了极好诗，读了他的诗，像是走在荔枝林里一般。"

作为具有丰富创作经验的诗人和作家，黄药眠认为文艺理论的研究和教学切忌空谈和空论，切忌把文章写得异常艰涩和抽象。为此他提出四条建议："第一，文学理论，不仅应该从社会科学方面去研究，而且也应该从心理科学方面去研究，更仔细来分析文艺现象。第二，文艺理论应该有独创，应该有文学味道。第三，文学理论应该更多的讨论具体的文学现象和文学创作。第四，文学理论不仅应该解释文学现象，而且也应该帮助提高创作。"这几点集中起来，中心就是理论要联系实际，文艺理论研究要深入到具体的作品中去，深入到具体的创作实践中去，要多进行文学创作过程的心理学研究。而要做到这一点，黄药眠明确提出："搞文艺理论的人，有若干创作经验，具备一些心理科学的知识，是十分必要的。"因为懂得创作才能真切体会到文学创作的特点和规律。黄药眠临终前，向到医院探望的同事再三谈到要办好北师大中文系，中文系的人要搞创作，中文系要办作家班。

　　在黄药眠看来，懂不懂得文学创作不是小事而是大事。他的文艺理论研究和文艺理论教学之所以独树一帜，常常能对理论问题发出一些有价值的独到见解，对文学作品能做出细致入微、切中要害的分析，是同他丰富的创作体验分不开的。

　　在文艺理论研究方面，他特别讨厌学究气，特别讨厌空谈。他说："有些理论家连作品的味道都没有体会到，就在那里大谈作品的思想性和艺术性，好像穿着厚洋袜在那里抓痒，虽然不能说没有抓到痒处，但至少使人觉得隔了好几层。"因此，他的理论研究十分注重从创作实践出发，从作品出发，从创作体验出发。20世纪50年代中期，文艺界开始关注创作主体问题。在思考这个问题时，不同理论家走的是不同的道路。有的人是从哲学的角度出发，用理论推理的方法论证创作中主客体的关系。黄药眠在重视理论的同时，更强调要从创作实践和创作体验出发。他认为作家的创作是要通过作家个人的具体感受，通过他个人的全部生活经验和体验，通过他个人全部智慧来创造的，因此要重视探讨作家个人的主观世界，探讨表象、联想、想象、情感在创作中的作用，重视创作主体的研究。为了更好地研究创作主体，他特别强调"必须做些关于创作过程的心理学研究"，指出"搞文艺理论的人，有若干创作经验，具备一些心理科学的知识，是十分必要的。"他总觉得只有这样做，才能真正摸到文学创作的客观规律，摸到文学创作心理的客观规律。强调作家创作主体的作用，倡导研究作家创作心理，这都是80年代的事情，而黄药眠在50年代，在心理学被批判（后来甚至被取消）和机械唯物主义猖獗的年代，敢于站出来倡导创作主体和创作心理的研究，可谓空谷足音。这不仅体现出他的勇气和胆识，也表现出他对创作规律的洞悉和对马克思主义的深刻理解。

　　针对50年代理论界只重内容形式，只重思想性忽视艺术性的倾向,在《论小说中人物的登场》(1950)《谈人物描写》(1954)等论文中,黄药眠力求通过分析中外经典作品的创作实践,对小说中人物和故事的叙述做出富有中国特色的独创性的研究。

在《论小说中人物的登场》文中,他分析了《水浒传》对李逵出场的描写,《三国演义》对刘备、张飞、关羽、曹操、诸葛亮等人出场的描写,《红楼梦》对王熙凤出场的描写,《欧也尼·葛朗台》对葛朗台出场的描写,《战争与和平》在开场晚会中对人物出场的描写,《母亲》在开场中对人物出场的描写。在这些研究中,他不仅运用了中国古代文论中"实写"和"虚写"、"正叙"和"侧叙"、"静态"和"动态"、"由远而近"和"由大而小"等术语和观点,而且深入到古代名著的创作实践中,力求概括出中国小说特有的叙事学特征,阐明自己对叙事学的独到见解。例如,他指出要重视叙事的人文特点,认为不同的人物故事有不同的叙事手法,人物出场描写的不同特点是同人物不同的出身、地位和性格相关联。例如,他指出要重视叙事手法背后的文化内涵,不仅要分析作者如何叙述,而且要说明为什么要这样叙述。关于《三国演义》中"三顾茅庐"的描写,他说:"当然,这里的描写,包含有许多封建意味的主观抒情,故意渲染道家的神秘气氛,以及士大夫故意抬高自己身份扭怩作态的样子。但是从艺术的见地说,他这样逐层推进布置环境,经过许多曲折,然后是主人公出现的写法,是相当高明的。"而葛朗台的出场"由朦胧的轮廓到清晰的形象,由一般的大体的观察,到具体的细致的描写,这种由远而近、由大而小的描写手法,不厌其详地仔细分析和解剖的态度,亦可以说是与19世纪中叶自然科学的着重观察和实验的精神相适应的"。这些源于创作实践的理论概括是富有中国特色和独创性的,被理论界誉为"中国现代文论中比较早的叙事学研究"。

文艺学教学的开路人

黄药眠同时还是杰出的教育家。解放后，他一直在文艺理论科研和教学的岗位上辛勤耕耘，他是北京师范大学文艺学学科的奠基人，也是国内文艺理论教学的开路人。

20世纪中国高校文论教学经历了三次结构性的变化，或者称三次转型，要认识黄药眠文论教学的特点和贡献，必须把它放在这个大的语境中加以考察。

文论教学的三次转型大致如下：

第一次是从以中国古代文论为结构核心转到以西方文论、新文学观念为结构核心，时间大概从20世纪初到20世纪30～40年代。

第二次是解放后采用苏联文论教材，重视马克思主义文论的指导地位，时间是从1949年到1976年。

第三次是改革开放后转向学科自觉，整合中西文论资源，力求形成中国特色的文论教学，时间是从1976年到现在。

在解放后文论教学的结构性转型中，黄药眠扮演着重要角色，做出了重大贡献。他的历史性贡献主要表现在以下几个方面：

（1）1953年在全国建立第一个文艺理论教研室；

（2）1953年受教育部委托主持编写高校第一个文学概论教学大纲；

（3）1954年创办全国高校第一个文艺学研究生班；

（4）1956年主编出版了全国影响极大的《文学理论学习参考资料》（1956年第1版，印数达9万册）；

（5）1957年在反"右"前夕，领头在北师大举办新中国第一届美学问题系列讲座；

（6）1983年建立全国高校第一个文艺学博士点。

上述几个方面，很能说明黄药眠在解放后和"文革"后的文论教学转型中的重要地位和贡献。解放后，在高校文论教学向苏联文论教材一边倒的情况下，他一方面热情地学习马克思主义文论，努力运用它来阐明文学现象，指导文论教学；另一方面他对苏联文论教材保持清醒的态度。在文论教学中，他更多的是强调要重视中国古代文论传统，要面向文学创作和文学批评的实际、关心当下的创作和批评，要培养独立鉴赏和分析文学的基本能力。他既不盲目崇拜苏联文论教材，也不简单地排斥苏联文论教材，而是通过自己的教学实践逐渐形成具有中国特色和个性特色的文论教学，从今天的眼光来看，这是黄药眠文论教学的最大价值，也是给后学的最重要的启示。

重马列 黄药眠年轻时就接受了马克思主义，后来又逐渐掌握了马克思主义的立场、观点和方法，并且在革命文艺运动中自觉地运用马克思主义文艺观点批判非马克思主义的文艺观点。因此，当他解放后走上文学理论教学的岗位时，自然就把运用马克思主义和坚持马克思主义当作文艺理论教学的根本。他在《六十年教学感言》中说："我觉得做学问的功夫，首先是坚持马列主义，尤其是重在历史唯物主义。"在研究生的教学中，他经常谆谆教导学生要读马克思列宁主义的原著，掌握马克思列宁主义的哲学思想，认为这对于学习文艺理论有深刻意义。同时他也特别强调，唯物史观和辩证法是世界观也是方法论，是总管全局的。但各种门（如文艺科学）还要根据各自具体对象的特点和规律而有相应的各种各样的具体方法，这也是不能忽视的。他对文艺学中的唯心主义固然毫不妥协，对解放后文论中出现的教条主义和机械唯物论也深恶痛绝。他在文艺理论研究和文艺理论教学中既坚持马克思主义又反对把马克思主义简单化的学术风范给学生留下了深刻的影响。

重传统　如何对待我国古代文论传统，一直是文艺理论研究和教学面临的重要课题。针对 50 年代我国文艺理论研究和教学向苏联"一边倒"、不重视我国古代文论传统的倾向，黄药眠认为，整理、开掘我国古代文论的丰富遗产，建设具有中国特色的马克思主义文艺理论是当务之急。在文艺理论教学中他一直非常重视吸取中国古代文论的精华，并将其融入现代文论之中。以往不少人认为在文论教学中引用几句与古代文论相关的词语，并用现代文论加以阐释，就算是重视古代文论，就算是文论的中国特色了，其实不然。在这方面，黄药眠的一些独具个性的做法和经验是值得总结的。首先，探索中国特色的教学体系。自从解放后引进苏联文论教材之后，在相当长的时间里我国的文论教材都同苏联文论教材一样，分成文学的一般学说、文学作品的构成、文学的发展过程三大块。而黄药眠给研究生讲文艺理论的时候，并不按照苏联教材的三大块来讲。他讲的是创作论、作品论、风格论、鉴赏论和批评论。这种讲法在当年的文艺理论教学中是别开生面、独树一帜的。其次，探索中国特色的教学内容。以往在吸收中国古代文论的资源时，基本上是引用古代文论的范畴、概念和观点。黄药眠在这方面的独特做法是，既重视古代文论的理论资源，同时又十分关注古代文学经典作品所提供的创作经验，直接面对生动、丰富的古代文学创作，并且力求从中做出符合中国古代文学创作实际，富有中国特色的理论概括，以此来丰富当代的文论和文论教学。

重实践　理论来源于实践，文学理论也来源于创作的实践，并在同实践的结合中产生力量。黄药眠治学和教学的突出特点就是十分重视理论联系实际。对于文艺学的研究和教学，他认为不能光讲大道理，要理论联系实际，大道理应当同文艺论争和创作实践联系起来。无论是指导研究生还是指导进修教师和组内青年教师，他都要求他们密切关注文艺界的论争和创作方法，并且用制度加以论证。他规定每月召开一次学术交流座谈会，由研究生、进修生和教研室青年教师汇报和评说报刊所发表的有关评论文章、新出版的重要作品和文学动态，并要求每个人都必须发言。对于有的人因为忙于别的事情，不关心现实斗争和创作动态，他一点儿也不迁就，总是不客气地提出批评。他在把学生的理论学习引向现实（包括现实的文艺论争和现实的文学创作）方面下了很大的功夫。他不仅亲自参加文艺论争，在《问答篇》等重要论文中对文艺界一系列有争议的问题，如"文学反映生活的本质"、"形象思维"，发表自己独到的见解，而且要求学生介入文艺论争，把理论运用于实际之中，并且在不同意见的论争和对话中把理论学习引向深入，不断提高辨别是非的能力，不断提高自己的理论修养。

重能力 一般来说，文艺理论教学应当包括基本理论、基本知识和基本能力训练三个方面，通常称之为"三个基本"。只有完成了以上三项任务才能全面达到教学的要求。而实际上在教学中人们往往重理论、轻能力。其结果是学生学了一大堆理论和知识，却不会分析作品。针对这些问题，黄药眠在文艺理论教学中特别强调要培养学生分析作品的能力，使学生做到知行统一。50年代黄药眠带领研究生、进修生和组内青年教师先后分析讨论了茅盾的《子夜》、丁玲的《太阳照在桑干河上》、赵树理的《三里湾》和杨朔的《三千里江山》等。其中有他的示范分析，也有学生的讨论和分析。他的作品示范分析文章《我也来谈谈〈三千里江山〉》和学生讨论《三里湾》的纪要都发表在当年重要的学术刊物《新建设》上。同时，他先后发表的《关于文学教学中的几个问题》（1953）、《关于钻研中学语文课本中文学教材的几点意见》

（1954），谈了中学语文教师的基本功——如何分析好文学作品的问题。他针对当时文学教学中存在的种种问题（如没有仔细分析作品的形象和艺术表现形式就急于去抓作品的主题，把主题机械地归纳为政治概念等），对如何分析一篇文学作品做了具体的指导。这些文章当年在中学语文老师和师范院校的中文系学生中，引起了很大的反响。

黄药眠的文论教学既有鲜明的个性特色，又有浓烈的民族特色，在当时全盘苏化的文论教学中独树一帜，有力抵制了文学教学中的教条主义倾向，体现了有中国特色的文论教学的正确方向。半个世纪过去了，黄药眠的文论教学的一系列主张和实践依然富有生命力。

（程正民）

参考文献

[1]黄药眠.黄药眠美学文艺学论集.北京：北京师范大学出版社，2002

[2]纪念黄药眠.北京：群言出版社，1992

钟敬文

中国民俗学的奠基人和建设者

◎ 钟敬文

　　钟敬文（1903—2002），原名钟谭宗，学名敬文，笔名有静闻、静君、金粟等。广东省海丰县人。中国民间文艺学、民俗学家，散文家、诗人。1922年毕业于陆安师范学校，后留学日本，在早稻田大学文学部研究院研修神话学、民俗学。抗战期间曾任第四战区政治部上校视察专员。1941年后曾先后任中山大学、香港达德学院教授。1949年至去世，一直任北京师范大学中文系教授，曾兼任北京大学和辅仁大学教授。

　　主要代表作有：《钟敬文民间文学论集》《新的驿程》《话说民间文化》《钟敬文学术论著自选集》《钟敬文民俗学论集》《民俗文化学：梗概与兴起》《兰窗诗论集》《芸香楼文艺论集》等学术著作和《荔枝小品》《西湖漫拾》《湖上散记》《钟敬文散文》《海滨的二月》《未来的春》等散文集和诗歌集，出版有五卷本的《钟敬文文集》。

钟敬文是中国现代文学史上有影响的散文家和诗人，但他对于 20 世纪人文社会科学领域更重要的贡献，还是集中在民俗学、民间文艺学。他是中国民俗学、民间文艺学的开拓者和奠基人之一，也是杰出领导者和最高学术成就的集中代表者之一。他在中国民俗学发展的早期就积极参与其中，和其他一些先行者一道促成了这门学科的确立。在许多同辈的学者后来由于各种原因纷纷离开这个园地时，他仍然始终不渝地坚持在这一领域，为它的发展、壮大做出了不可磨灭的贡献。终其一生，他不仅通过不同时期撰写的大量学术论著，不断推动这门学科在理论和方法上日臻完善，而且通过创立学术研究机构或团体、在大学里设置相关学科、培养专业人才、编辑出版专业刊物等多种途径，从多方面促进了这一学科的繁荣。

"五四" 之子

1903 年 3 月 20 日，钟敬文出生在广东省海丰县东北部的公平镇的一个小商人家庭。他幼年曾读过一年多的私塾，辛亥革命后，又进入公平镇新办的两级小学。在那里，受老师影响，他开始对文学产生了浓厚的兴趣，在勤奋习写诗作的同时，又如饥似渴地刻苦阅读着各种传统著作。由于公平镇地处偏远，图书有限，为了得到那些他从老师口里或所读过的书中了解到的重要的国学书，他常常把父亲给他买点心的零钱攒起来，寄到汕头或上海的书店去购书。这样，到小学毕业时，他在文史方面的修养，按照他自己 1932 年的说法，"已经有和现在的高中毕业生或大学文科学生一样的程度了"。

钟敬文在学艺和思想上发生质的变化，还是在受到"五四"新文化运动的影响之后。1920 年，他考入陆安师范学校。这时，

"五四"浪潮早已波及他的家乡。钟敬文在积极组织参加家乡小镇青年学生的爱国宣传活动的同时，开始热心搜罗和耽读起《新青年》《小说月报》及《时事新报》等各种新刊物，并反复诵读《尝试集》《女神》等风行的新诗集，并对民间文学的研究也有了初步的认识、了解和热爱。

1922年，钟敬文从陆安师范毕业，由于经济的拮据，暂时放弃了继续读书的打算，在家乡当了一名小学教师。在这期间，他常常省下一些零用钱，寄到上海、汕头等大城市去购买新文化、新文学的书刊；同时，坚持进行文学创作，并开始把自己的作品，寄到外边的杂志去发表。

受各种刊物的倡导的启发，从1922年底开始，钟敬文投入民间文学的采集和研究工作，从此开始了他坚持一生的学术事业。经过三四年的不断搜集，他在家乡采集到了大量的歌谣和故事，其中的歌谣，有一部分曾发表在当时的《陆安日报》上，后来均收入了他所编的《客音情歌集》《疍歌》《山歌选》和《畬歌集》等集子，故事则被他编成了《陆安民间传说集》和《民间趣事》（第一集）两个集子。

1923年至1924年期间，钟敬文接触到了《歌谣》周刊并开始逐期阅读，这使他对整个民间文艺的热情、理解和思考都有了新的飞跃。《歌谣》周刊是当时北京大学歌谣研究会的会刊。它于1922年年末创刊，到1925年6月停刊，一共出版了97期。在中国民俗学、民间文艺学的发展当中，《歌谣》周刊曾经发挥了十分巨大的推动作用，具有十分重要的历史地位。

钟敬文在读到《歌谣》后不久，便开始把自己所采集的一些歌谣作品、以及总名为《歌谣杂谈》的系列研究文章和其他一些关于歌谣、民俗、方言等的随笔和小品等，寄往该刊发表。同时，对《歌谣》上发表的一些有分量的论文以及别人对他的文章的不同意见，他也积极地发表文章予以回应。在这种不断的通信往来中，《歌谣》当时的主持人顾颉刚给了他许多鼓励。他的工作，也得到了当时国内外诸多学者（如胡适、刘大白、日本学者喜多青磁、德国学者艾伯华 Wolfram Eberhard 等）的赞赏。

同《歌谣》周刊的这种频繁交往，既大大鼓舞了钟敬文从事民间文学研究的信心，也极大地促进了他的专业知识水平和学术实力的发展。由于这个刊物对他的影响之深、之大，多年后他曾这样说过："毫不夸张地讲，《歌谣》周刊，是我早期学艺的乳娘和恩师！"

走出家乡——人生的第一次重大转折

1926 年秋天，钟敬文经友人介绍，离开家乡来到广州，在岭南大学中文系做文牍员，后来转为附中的国文教员。这一次的选择，对钟敬文以后几十年的人生和学艺道路，都产生了决定性的意义。

在岭南大学，他抓住机会听了中文系的"文学概论"、"经学通论"等功课。同时，他还曾和友人一起编辑《国民新闻》的副刊《倾盖》周刊，因而有了更多写作和发表散文作品的动力。1927 年，他把自己从 1924 年以来三四年间所写的散文选编成了一个集子，取名《荔枝小品》。这本集子的出版，使已经引起当时文坛注意的钟敬文的散文，受到了更多的好评。

1926 年前后，中国北方的一批学者、教授，因不满于日益反动、腐败的军阀统治，纷纷开始奔向革命浪潮高涨的南方。曾经主持《歌谣》周刊后期工作的顾颉刚以及曾是北大歌谣研究会骨干成员的董作宾、容肇祖等人，也先后来到了中山大学。经顾颉刚推荐，钟敬文于 1927 年秋离开岭南大学来到中山大学中文系，担任傅斯年的助教并教预科的国文。一批热爱民间文学和民俗研究的人聚集到一起，很快就掀起了一股新的民俗学学术活动热潮。

1927年冬，中山大学民俗学会宣布成立。学会隶属中大语言历史研究所，主要成员有顾颉刚、容肇祖、董作宾、钟敬文、杨成志、何思敬、陈锡襄等人。这是我国民俗学史上第一个以"民俗学会"命名的学术组织，它的成立，标志着中国现代民俗学运动的发展进入了一个新的繁荣阶段。

学会在开始筹备的阶段，就创办了《民间文艺》周刊（后改名为《民俗》周刊）。接着，又陆续创办了风俗陈列室，举办了民俗学传习班，并出版了30多种民俗丛书。

钟敬文自始至终都全身心地投入在这些活动当中。他负责着《民间文艺》周刊和民俗丛书的编辑，除了写信约稿、看稿和编辑之外，还要亲自跑印刷所、校对。在举办民俗学传习班、创设民俗文物陈列室的过程中，他也积极投入，既在传习班开设了《歌谣概论》的课程，同时又四处奔波，去求购风俗文物。

这期间，他撰写了大量论文，内容涉及歌谣、神话、传说、故事及其他风俗等民俗学研究的诸多方面。其中重要的有《〈楚辞〉中的神话与传说》和《数年来民俗学工作的小结账》，前者被认为是认定一种古书以研究其中之民俗的开先河之作，后者则及时总结了从北大歌谣研究会开始活动以来民俗学运动的情况，体现了注重总结经验以促进将来发展的独特历史眼光。

这一时期，他还出版了《马来情歌》《印欧民间故事形式表》（与杨成志合译）《民间文艺丛话》《歌谣论集》等著作。其中《民间文艺丛话》和《歌谣论集》两书，同顾颉刚的《孟姜女故事研究集》、赵景深的《童话论集》等，代表了当时这个领域的理论成就。

1929夏，由于钟敬文经手付印的民俗学会丛书之一《吴歌乙集》，被校方认为中间有"猥亵"的语句，结果他不得不中止自己的工作，被迫离职。稍后，他接受时任浙江省教育厅厅长的刘大白的建议，前往杭州谋求新的发展。

成立杭州中国民俗学会

1928年9月，钟敬文来到杭州。他先在一个高级商业学校教国文，后来又转到浙江大学文理学院任教。由此直到1934年，他在生活和事业上都取得了重大收获。期间，他邂逅了曾有一面之缘的陈秋帆，并同她结成了终生的伴侣。

这一时期，钟敬文又创作了大量散文和诗歌。1929年和1930年，他先后出版了散文集《西湖漫拾》和《湖上散记》，引起了当时文坛对作为小品文作家的钟敬文更多的关注。郁达夫在为《中国新文学大系·散文二集》（1936年）所作《导言》中，称其散文"清朗绝俗，可以继周作人、冰心的后武。"1929年，他还出版了新诗集《海滨的二月》。不过，相比于诗文创作，他主要的精力还是放在了民俗学的学术工作上。

1930年春，钟敬文与钱南扬、娄子匡、江绍原等人一道，发起成立了杭州中国民俗学会。

这时候，中山大学的民俗学会，自钟敬文离开广州之后，杨成志、顾颉刚等骨干成员也相继离去，已基本处于停滞状态。杭州中国民俗学会的成立，正好顺应了全国各地知识界、舆论界日益迫切的了解中国民俗的要求，起到了继续和强化中国民俗学发展进程的作用，产生了广泛的学术影响。

在组织机构不断壮大的同时，中国民俗学会还编辑、出版了多种期刊和丛书。包括《民俗周刊》《民间》月刊、《妇女与儿童》等刊物，《故事的坛子》（刘大白著，钟敬文整理）《中国民间故事型式表》（钟敬文著）《新年风俗志》（娄子匡著）等"中国民俗学会丛书"12种，以及《民俗学专号》和《民俗学集镌》两种论文集。

对于国际的同行，杭州中国民俗学会则给以了自觉的关注，加强了同国际学界的往来。钟敬文、娄子匡等都曾把自己的文章寄往日本的《民俗学》月刊发表，钟敬文在为《民众教育季刊》主编《民间文学专号》时，也特约了日本神话学者松村武雄撰写论文。在德国民俗学者艾伯华来华访问时，中国民俗学会也同他进行了交流。此外，学会还经常在刊物上报道国外民俗学的信息，以使同行尽可能多地了解国际学术动态。这些活动，都体现出了一种十分长远的眼光，即不仅仅把民俗学看作是只限于中国境内的学问，而是把它看成了一种具有世界性的比较性的科学。

在这些活动当中，钟敬文都是主要负责人和参与者。通过投入的工作，他的学术组织能力、领导能力也得到了进一步的锻炼和提高。

◎ 左起依次为钟敬文、周廷儒院士、汪堃仁院士

1930年秋天，钟敬文又转到浙江省立民众实验学校教授民间文学，并参与创办《民众教育季刊》，同时继续负责处理民俗学会的许多日常事务。受民众教育实验学校工作性质的影响，他开始较多地关注和思考起民间文学、民俗学与民众教育之间的关系问题。这种思考和关心，促成了他的学术从较单纯的民间文学研究向综合的民俗文化研究的转变，也使得对民俗、民间文学教育功能的重视，后来成为了钟敬文民间文艺学、民俗学思想中一个十分重要的部分。

在这一时期，他撰写和发表了《中国天鹅处女型故事》《中国的地方传说》《中国民间故事型式》《金华的斗牛风俗》等30多篇论文。这些论文，至今被认为是我国民俗学史上的经典论著。

求学扶桑

1934年春，为了进一步加深自己在民俗学方面的理论素养，钟敬文和夫人陈秋帆一起，前往日本深造。

在日本，钟敬文进入了早稻田大学文学部研究院，师从人类学、神话学教授西村真次学习。他除了每个月同导师见一次面之外，几乎每天都把自己"关闭"在图书馆苦读社会学、人类学、民族学、语言学和原始社会史等方面的论著。这番苦读，使他对欧洲和日本民间文学研究及其他相关学科的理论和方法，有了更为广泛、深入的了解。

他撰写了十多篇译著文章，向国内同行介绍日本、俄罗斯、朝鲜和法国等其他国家的民俗学动态。与此同时，他也十分注意让日本同行了解中国民间文学研究的成果，在日本民族学会的机关刊物《民族学研究》《同仁》等期刊上发表了《槃瓠神话的考察》《中国民谣机能试论》《老獭稚型传说之起源地》等重要论文。

在学习和写作之余，钟敬文还为《艺风》杂志主编了《民俗园地》（1935年，共十期），编辑了《民间文学专号》和《人类学、考古学、民族学、民俗学专号》，提供了许多关于民间文艺学及相关学科的论文和资料。

在《艺风·民间文学专号》上，钟敬文发表了重要论文：《民间文艺学的建设》。

随着在专题研究方面的不断深入以及对国内外学术动向之了解的不断增多，钟敬文逐渐开始对所从事学科的整体建设问题，投入了越来越多的关心。他开始更彻底地摆脱了在民间文学研究上所持的纯文学的观点。经过广泛接触国外多种学说、理论，他认识到，民间文学这一研究对象，既同其他民俗现象存在着共同之处，又具有鲜明的特殊性，即文学的属性；但同时，它又与一般的作家书面文学有着很大的不同。对象的这些性质，决定了关于它的学问的独立属性。于是，在总结多年来中国学术研究的积累以及自己实践经验的基础上，他写出了《民间文艺学的建设》。在文章中，他参照"文艺学"的术语，首次提出了"民间文艺学"这个概念，来概括研究民间文学的学问，并对这门新学科的性质、系统、任务以及方法等，进行了论述。

这篇论文，可以说是中国民间文艺学的一份纲领性宣言。它第一次在中国提出了"民间文艺学"的学科概念，并对这门学科进行了初步的系统论述，为中国民间文艺学未来的发展，提供了必要的理论准备。它的发表，标志着中国民间文艺学的研究，由片段的、部分的理论探索，迈向了整体的、系统的研究。而钟敬文自己，从这篇论文之后，也开始了更加自觉、更加深入的关于学科整体建设的思考和研究。他以后不断发展完善的关于民间文艺学的理论，便是建立在这篇早期论文的基础上的。

1936年夏天，钟敬文回到祖国，在杭州民众教育实验学校任教，并在国立西湖艺术院任文艺导师。教课之余，他先后为《民众教育月刊》编辑了《民间艺术》和《民间风俗》专号，并发表了《民众文艺之教育意义》等多篇文章。在他的积极参与和主持下，这一时期杭州民俗学理论刊物的质量有了明显的提高。

去日本之前，钟敬文和他的杭州中国民俗学会的同事，已经开始把研究的视野，从关注口承文艺等精神文化，扩展到关心民众所创造的多种文化事象，这比北大歌谣学会和中大民俗学会时期，都迈进了一大步。留日归来之后，他原来的这种认识，变得更加明确和坚定。他强烈地意识到，民间文化除了包括口承文艺、岁时习俗、人生礼仪等内容之外，还应该包括所有产生和流传在民众当中、并作用于他们物质生活与精神生活的东西，民俗学的研究者应该从更广阔的角度对其加以收集和研究。同时，发掘、整理、保存和宣传那些具有极高工艺水平的中国民间艺术，也是研究者不容推卸的责任。基于这样的认识，1937 年 5 月 7 日～9 日，他与同事施世珍共同主持，在浙江省民教馆，举办了一次空前的"民间图画展览会"。

挟笔从戎与避地香江

1937 年，抗日战争爆发后，杭州的许多机构、民众纷纷开始内迁。钟敬文夫妇也随民众教育实验学校撤离了这座他曾先后生活过近七年的城市。

在迁移途中，民众教育实验学校因经费无着而解散。钟敬文夫妇经上饶、南昌、衡阳等地，于 1938 年年初春辗转到达桂林。他先在从江苏迁至此地的无锡教育学院任教，同年夏秋间，他又应时任第四战区政治部第三组组长尚仲衣友人的邀请，来到广州的第四战区政治部第三组，做了一名军人，被任命为上校视察专员，主要任务是帮助第三组（宣传组）起草或修改对群众和敌军的宣传文字。

四战区政治部由曲江转移到柳州后，他留在广东绥靖公署工作。在一年多的时间里，除了和陈原帮助左恭编辑《新军》杂志外，他还和杨晦、黄药眠一道，历经两个多月时间，前往粤北战地去考察军民抗敌情形并收集写作资料。回到曲江后，钟敬文先后写作了《抗日的民间老英雄》《指挥刀与诗笔》《牛背脊》《残破的东洞》等报告文学，并编辑了一本题为《良口之战》的报告文学集。

投身抗战、特别是后来的战地行脚，使得一向关在书斋里的钟敬文，大开了眼界。对普通农民生活的艰苦、性格的淳朴，他尤其有了深刻、切实的体会。这种体会，同从前尚处于概念上的关于"民众"的认识，是完全不同的。这使他进一步认识到了社会实践的重要意义，从而使社会实践的观念成了他以后学术思想中的基础成分。同时，他这一时期所创作的散文，在风格上也发生了明显的变化，更多表现出了苍茫开阔的气魄，体现了在特殊历史条件下更自觉地把个人命运同整个国家、民族的命运联系起来的特征。尤为重要的是，他的人生也由此发生了巨大的转折，使他从一个比较纯粹的书斋型学者，变成了一个在潜心学问的同时也关心、参与政治活动的民主人士。

1941 年年初，钟敬文应聘到中山大学中文系任教。开始任副教授，后任教授、文科研究所指导教授。期间，他主要开设了"民间文学"、"文学概论"、"诗歌概论"等功课，还负责编辑过《文艺集刊》《民俗》季刊等刊物。由于教学功课性质的关系，他还写作了数篇文艺短论。这些文章，后来编成了三个集子：《新绿集》《文艺丛谈》和《诗心》。

1947 年夏，国民党当局颁布"戡乱令"后，他和另外几位进步教授，被学校当局以有"左"倾思想为名解聘。7月末，在一片白色恐怖中，钟敬文判完研究生毕业考卷后，告别家人，化装离开广州，来到了香港，在由共产党和民主党派共办的达德学院文学系（后改为文哲系）任教，主要开设"民间文学"课程。

"戡乱令"颁布后，许多原在南京、上海的民主党派机关和民主人士、进步文化人，都先后到了香港。共产党的一部分文化机构也迁移到那里。这使得这里成了在政治、文化相对自由的一个"孤岛"，而达德学院，从思想、教育上说，更是香港的一个绿洲。除了教学工作之外，钟敬文还积极参与校外的各种文化活动，担任了中国文艺家协会香港分会常委、方言文学研究会会长等职务。同时，在党和进步人士组织的一些文艺活动或民主集会活动中，也常常可以见到他的身影。这使得他同文化界的共产党人和其他民主人士有了更多的交往和接触，对他们的思想和人格也有了更深的了解和感知。

建设新中国的民间文艺学

1949年5月，应中国共产党的号召，钟敬文携妻子儿女，同在香港的文艺界人士一道，乘苏联轮船回到了大陆，前往北京参加全国第一次文学艺术工作者代表大会。

到达北京后，钟敬文被聘为首届文代会筹备工作委员会的委员，在茅盾领导下起草有关国统区部分文艺活动的报告文稿。会议之后，钟敬文被选为全国文联候补委员和文学工作者协会（即后来的中国作家协会）常务委员。

随后，他进入北师大中文系工作。几年后，国家开始实施教授分级制度，他被评为一级教授。

在北师大中文系，钟敬文开设了民间文学课程，于1949年秋季开始讲授。另外他还曾讲授"现代新诗"等课。同时,他又应邀在北京大学、辅仁大学兼授民间文学课程。这一学科正式进入了新中国的大学课堂,使钟敬文培养学术人才、发展中国民间文艺学事业的宏愿,得到了初步实现。

1953 年,钟敬文在北师大中文系创建了人民口头文学创作教研室(即后来的民间文学教研室),并招收了一批研究生,从而使这门课程的地位得到了更进一步的巩固和提高。

除了积极推动大学里的民间文学学科建设,创办全国性的民间文艺研究机构,也是钟敬文的一个宿愿。他从多年的经验认识到,建立这种机构,是促进学术发展不可缺少的一项内容。在他的积极倡议和筹备下,1950 年 3 月下旬,中国民间文艺研究会正式成立,时任文化部副部长的周扬亲自主持了成立大会。为了更有利于工作的开展,大会选举郭沫若任理事长,钟敬文和老舍担任副理事长,钟敬文被指定为该会的实际负责人。

民研会成立两三个月后,钟敬文便主持创办了该会的会刊《民间文艺集刊》和《民间文学》月刊,并亲自担任主编工作。刊物的创办,为这门学问的深入探索提供了专门的阵地。

这时候,新的人民政权刚刚建立,共和国一派蓬勃向上的气象。有关劳动人民的艺术与学问,被当成与社会主义文化建设和思想宣传直接相关的事项,当然地得到重视和扶持。这也是民研会得以顺利、及时建立的现实条件。大好的形势使得钟敬文振奋不已。他抓住时机,写作和发表了《口头文学——一宗重大的文化财产》等论著,并编辑出版了《民间文艺新论集》。

不久,由于受苏联影响等政治方面的原因,民俗学则被视为反动的资产阶级学问,在新中国受到了抵制和禁止。这就使得钟敬文等中国民俗学者在很长一段时期内,不能再去研究民间文学以外的其他民俗现象,并探讨其不同于民间文学的特征和规律。

尽管中国的民间文艺学因此而获得了集中的建设和发展，但是，它毕竟也使钟敬文等学者前一阶段、特别是自杭州时期以来，在民俗学整个领域已经获得的成就，很长时间处在了停滞不前的状态。这种特殊的形势，却不是作为学者的钟敬文所能左右的了。

新的驿程

1957 年以后的 20 来年间，随着反右扩大化及十年浩劫等一系列政治运动的冲击，学术事业遭到了很大程度的破坏。钟敬文则先是因为在整风运动中多次坦诚执言而被错划成右派，其后又作为"异己分子"和"反动学术权威"而处于"靠边站"和打杂的地位。但在运动的间隙或劳作之余，他抓住各种机会，先后撰写了《晚清革命派著作家的民间文艺家》和《晚清改良派学者的民间文艺见解》等在我国近代民间文艺学史方面具有拓荒意义的论文，完成了长篇论文《马王堆汉墓帛画的神话史意义》的初稿。此外，他还写作了《进步思想与红学》《鲁迅旧体诗歌略说》《略谈〈野草〉》等论文，参加了人民文学出版社分配各高校为《鲁迅全集》做新注的工作，并翻译了增田涉的《鲁迅的印象》一书。

"文革"结束后，钟敬文恢复了所有的职称及待遇。尽管这时他已年过 70，但他却以高度的热情，投入到了恢复、建设和发展中国民俗学、民间文艺学事业的各项工作当中。

1979 年 2 月至次年 2 月间，受教育部委托，他主持了为期一年的高等学校民间文学教师进修班，并主编了《民间文学概论》，及时为高校文科的民间文学课提供了基本教材。1977 年、1978 年两年间，他参与了中国民间文艺研究会的筹备恢复工作，随后当选该会（1987 年年初改名为"中国民间文艺家协会"）的主席。

1978 年春夏间，他草拟了《建立民俗学及有关研究机构的倡议书》，并邀请顾颉刚、杨堃、容肇祖、杨成志、白寿彝和罗致平教授与自己共同签名，呈交给当时中国社科院的领导，又在次年的第四次文代会上公开发表，产生了很大的影响。经过他的积极努力，1983 年 5 月，中国民俗学会成立，钟敬文被大家一致推举为该会理事长。在钟敬文的倡议下，学会先后举办了多次全国性的民俗学、民间文学讲习班和研讨会，为各地培养了一批青、壮年的民俗学学术骨干。

1984 年，文化部发起并主持编纂"十部民族民间文艺集成志书丛书"，钟敬文担任了民间文学三套集成总编委会副主任兼《中国民间故事集成》的主编。对于《中国民间故事集成》，从设计采录、分类和编选的指导思想、编纂体例等，到陆续参加、主持各个省卷本的审稿活动，钟敬文倾注了无数的心血，花费了许多的时间和精力。截至 2002 年，在他去世之前，《中国民间故事集成》的省卷本，已经审定出版了十多部，其他各省也大都通过了终审或已经发稿。

20 世纪 80 年代初期，钟敬文还被推举担任了《中国大百科全书》中国文学编辑委员会的副主任委员兼民间文学分支的主编，主持了"民间文学分支"内容的规划、词条的设计及全部内容的审订等工作，并撰写了部分条目。

在北师大，他重建了民间文学教研室并使它获得了长足的发展。北师大的民间文学很早就被国家教委确定为全国高校重点学科和中国语言文学博士后流动站单位之一。1993 年，为适应学术发展的需要，又以教研室为基础，成立了中国民间文化研究所，钟敬文亲自担任了所长。

在主持、参与上述各种活动的同时，1977 年以来，钟敬文还撰写了大量学术论文，这些论文，连同早期的一些重要论文，后来结集成了《民间文艺谈薮》《钟敬文民间文学论集》（上、下）、

《话说民间文化》《钟敬文学术论著自选集》《钟敬文民俗学论集》《民间文艺学及其历史》《民俗文化学：梗概与兴起》等多部集子。

1987年，他把新出版的一部论文集，取名为《新的驿程》。以此来概括"文革"结束以后作者在民俗学、民间文艺学领地所开创、所走过的道路。沿着这条学术新路，他带领着新时期的中国民俗学、民间文艺学，走了很远很远，直至个人生命的终点。

"文革"结束之后，百废待兴。为了促使民间文学研究事业获得新的生机，钟敬文把自己的学术研究重点，主要放在了学科的整体建设方面。在70年代末到80年代初期的几年里，他连续发表了《把我国民间文艺学提高到新水平》《建立具有中国特点的民间文艺学》《〈钟敬文民间文学论集〉自序》《关于民间文艺学的科学体系及研究方法》《加强民间文艺学的研究工作》《民间文学的价值和作用》《建立民间文艺学的一些设想》《民间文学的价值和作用》《〈新的驿程〉自序》《中国民间文艺学的形成与发展》

◎ 钟敬文在工作

等一系列重要论文，对民间文艺学这门学科的性质、任务、历史和方法等问题，以及作为其研究对象的民间文学的本质、特征等，从多种角度进行了阐释，让读者看到了一个经过他长期思考而逐渐明确起来的民间文艺学的体系。

在积极进行民间文艺学的理论建设的同时，他对民俗学的理论也进行了更加深入的探讨。在《建立民俗学及有关研究机构的倡议书》《民俗学与民间文学》《民俗学的历史、问题和今后的工作》《民俗学与古典文学》等一系列论文中，他提出和论述了许多关于学科建设的基本问题，诸如民俗学的定义、范围、任务和历史，民俗学的方法和作用，以及民俗学与民间文学的关系，等等。这些论述，为建设和发展长期以来在我国处于空白状态的民俗学，提供了系统、完备的理论框架，对以后出现的许多中国民俗学的理论著作，产生了很好的指导和启发作用。

社会政治、经济领域的巨大变迁，使得文化上变得更加活跃、繁荣，民俗现象也愈来愈多地引起了人们的注意。这种社会现状，也促使钟敬文对民俗现象和民俗学理论的思考日趋深入。在过去几十年学术积累和坚持进行微观研究的基础上，他明确提出了"民间文化"的概念和"三层文化说"的观点，并创立了"民俗文化学"的概念，从而使自己的学术思想获得了一个巨大的飞跃。

"民间文化"的概念，钟敬文早在30年代后期就已经比较自觉地开始应用。当时，他有意识地提出"民间文化"这个术语，来概括广泛流传在民间的各种文化现象，并把它在自己所写的文章、所编的刊物和所举办的活动中，多次进行了说明。到了80年代后期，民族文化讨论的热潮，再次激发了他对这一问题的思考，并由此进行了更为深入、详尽的论证。他甚至产生了用"民间文化学"来代替"民俗学"的想法。在思考民间文化属性的过程中，他进一步提出了"三层文化说"的著名观点，把中国传统文化分为上层文化、下层文化以及中间层的文化三大干流，认为三者既有相互排斥的一面，又因在一个社会共同体里存在和发展，而具有相互交融的一面。这对只注意到上、下两个层面文化的传统观念，是一个重要的补充和发展，因而在国内外学界引起了广泛的重视和好评。

与"民间文化学"相比较，他最后创立了"民俗文化学"的术语，打算以之替代"民俗学"，因为他觉得"民俗学"似乎已经不足以概括那日益广泛的研究对象。通过题为《民俗文化学发凡》的长文，他对这门学科的名称、概念、性质、民俗文化的范围和特点、民俗文化学的体系结构等八个问题，进行了系统的论述。

在这些思考的基础上，他又组织民俗学及相关学科的一批学者，共同编写出版了《民俗学概论》的教材。

除整体的研究之外，他这一时期所撰写的微观研究论文，如《刘三姐传说试论》《五四前后的歌谣学运动》《洪水后兄妹再殖人类神话》《论民族志在古典神话研究上的作用》，等，也由于思考角度的多样和视野的广阔，成为了当代中国民俗学中重要的研究成果。

在进行民俗学、民间文艺学的理论探讨时，钟敬文从一开始就十分注意中国民俗、民间文学自身的实际，并力求构建中国学问的体系。1999年，为适应学科发展的要求，在总结中国民俗学的学术积累和自己学术思想的基础上，他发表了《建立中国民俗学派》的长篇论文。文章说明了建立学派的必要性，从学科发展的历史成就、当前形势以及相邻学科的发展趋势等方面，论述了建立学派的可能性，最后，又对中国民俗学"多民族的一国民俗学"的特性、中国民俗学派的旨趣和目的、结构体系、任务等问题，进行了系统、详尽的论证。作为一篇纲领性的论文，《建立中国民俗学派》在进一步加强中国民俗学的理论建设的同时，更重要的是，起到了唤醒中国民俗学者的民族自觉的作用。

经过他20多年来的努力和劳动，中国民俗学、民间文艺学学科的理论体系、人才队伍和研究机构的建设，都取得了巨大的成就。

2001年夏秋间，钟敬文先生因病住进了医院。但是，像往常住院一样，他再次把病房变成了书房和办公室，几乎每一天，都会有博士生来谈论文，有同事来谈工作，不时地还要接待来访的记者。在忙碌于这些事务的同时，他对学术问题的思考和对学科建设的关心，也是一刻不曾停止。在他倡议下，北师大民俗典籍文字研究中心于当年11月主办了"中国民俗学学科建设及人才培养专题研讨会"，召集来自全国各高校的民俗学专业的中青年学术骨干，进行集中的学术研讨。身在病房的钟敬文，在会议举办之前，提出了许多建议，甚至对其中的一些具体环节，也做了周到的考虑。

这样的思考、工作，一直保持到2002年1月10日，他的心脏停止跳动。

就在最后住院的这段日子里，他作了《拟百岁自省一律》，这首诗，可以说是对他一生最精当的概括：

> 历经仄径与危滩，
> 步履蹒跚到百年。
> 曾报壮心奔国难，
> 犹余微尚恋诗篇。
> 鸿思遐想终何补，
> 素食粗衣分自甘。
> 学艺世功都未了，
> 发挥知有后来贤。

（安德明）

参考文献

[1]安德明.飞鸿遗影——钟敬文传.济南:山东教育出版社,2003

[2]马昌仪.求索篇——钟敬文早期民间文艺学道路探讨.民间文艺集刊,1983(4)

[3]山曼.驿路万里钟敬文.济南:山东画报出版社,1994

[4]杨利慧.历史关怀与实证研究——钟敬文民间文艺学思想研究之二.北京师范大学学报,1999(6)

武兆发

为科学献身的生物学家

◎ 武兆发

武兆发（1904—1957），曾用名武季许，河南巩县（今巩义市）人。生物学家。早年就读于开封留学欧美预备学校，后就读于美国伊利诺伊州立大学和威斯康星大学，1928年获威斯康星大学动物学博士学位。1929年回国，曾先后任东吴大学、河南大学、北京辅仁大学、北京大学教授，北平师范大学生物系系主任、中国大学理学院院长兼生物系系主任、山西大学理学院院长兼生物系系主任。1952年后在北京师范大学任教，一级教授。曾参与创办中华海洋生物学会并出任会长，曾任北京博物学会会长、中国海洋湖沼学会总会理事及北京分会副理事长。曾被选为 Phi Beta Kappa、Phi Sigma 等 5 个国际学会名誉会员。

主要著作有《无脊椎动物学》及中、英文论著《动物精子之形成》《海星卵和海胆卵的人工受精及其早期发育的观察方法》《动物组织染色新法之二则》《苏木精与曙红在整块染色法中之应用》等。

武兆发先生是中国 20 世纪上半叶杰出的生物学家。他在生物学的多个研究领域均成就卓著，尤其在无脊椎动物学和生物切片、生物学实验等方面，居世界前列。

土窑洞中走出的洋博士

1904 年 9 月 21 日，武兆发出生在河南巩县农村一个耕读之家。其父是当地的小学教员，思想开明，意识前卫，作风民主，不仅严格要求子女努力学业，并鼓励他们为寻求救国之路走出河南，走出中国。武兆发兄弟 3 人皆有成就。大哥武兆耀，据说原是冯玉祥将军的总参谋长，不幸英年早逝。二哥武剑西（原名武兆镐），在上海同济大学土木工程系就读时加入社会主义青年团。1923 年大学毕业后留学德国，入哥廷根大学研究部深造。同年加入中国共产党。1925 年获哥廷根大学理学硕士。次年，经朱德、孙炳文介绍，到苏联红军参谋部工作。不久，出任中共驻共产国际代表团秘书。1930 年回国，是中共地下党在文化艺术界领导人之一。抗战期间，受中共中央派遣任第一战区天水行营程潜司令部少将教官。期间曾兼任陕西商科学校教务主任、西北农学院教授。抗战胜利后，以河南大学经济系教授的公开身份，兼做国民党高层的策反工作，为解放武汉等地做出了贡献。新中国成立后，历任高等教育出版社社长、总编辑，人民教育出版社副社长、副总编辑等职。

武兆发 5 岁丧母，在父兄的关爱和呵护下，茁壮成长。他聪颖好学，博闻强记，学习成绩一直名列前茅。1917 年，他从巩县县立高小毕业，考入开封留学欧美预备学校。1923 年 2 月，考取官费赴美留学生。先入伊利诺伊州立大学攻读两年，后转入威斯康星大学生物学系，1926 年 7 月毕业获动物学学士学位，被留在威斯康星大学生物学系任助教，主要教实验课，同时攻读学位。1928 年夏，他获威斯康星大学动物学硕士，次年获博士学位。武兆发在短短的 5 年时间里，不仅读完了大学本科，还获得了硕士、博士学位。这是一般人要六七年甚至更长的时间才能完成的。在学期间，他要经常外出打工，每天在餐馆洗碗 3 小时，以补助自己的学习、生活之需。后两年他同时还做了一个称职且优秀的助教。武兆发的聪明才智，可见一斑。

生物学教育家

1929 年 9 月，武兆发放弃了在威斯康星大学继续任教的优越条件，毅然束装回国。他踌躇满志，决心以振兴教育和科学拯救灾难深重的祖国，报效养育他的家乡父老。武兆发先在苏州东吴大学任生物系教授，兼生物材料处技术指导等职。1933 年秋，在河南大学的不断催请下，武兆发回到故乡河南开封，任河南大学生物系教授。1935 年 2 月，武兆发因河南大学办学条件差且与校长不合，北平师范大学又诚恳邀请，随率全家迁居北平，任北平师范大学教授。1937 年卢沟桥事变后，他因家庭原因不能随师大西迁，改任教会学校辅仁大学生物学系教授。1940 年秋，因武兆发在课堂上讲授达尔文的进化论被排挤离校，到日伪办的北京大学生物学系及北京师范大学生物系任教授，同时任中国大学生物系名誉教授。抗战胜利后，他出任北平临时大学教授兼七分班生物系系主任。1946 年他辞去教职，专心创办"前进生物馆"，培养生物切片、标本制作的技工。1947 年，再度出任中国大学生物系系主任，一年后又兼任理学院院长。1949 年 4 月，经北平市军事管制委员会批准，中国大学理学院并入师范大学。武兆发为师大理学院二部生物系教授，并当选为师大校务委员会委员（当时学校的领导机构)。1949年10月,师大理学院二部并入山西大学,武兆发任山西大学理学院院长兼生物系主任。次年秋,他辞去山西大学职务转入北京辅仁大学任教授。1952年院系调整,辅仁大学与师大合并,武兆发再度回到北京师范大学任教授。

从1929年武兆发回国,到1957年去世,在长达28年之久的时间里,他几乎没有离开讲台,先后讲授13门基础和专业课程:普通生物学、普通动物学、脊椎动物学、无脊椎动物学、比较解剖学、动物组织学、动物胚胎学、生物切片学等,为国家培养了大批优秀生物学人才。

生物学及各分科的研究内容都是非常纷繁复杂的。它们包括动物、植物和微生物的生命物质的结构和功能,它们各自发生和发展的规律,生物之间以及生物与环境之间的相互关系。其目的在于阐明生命本质,有效地控制生命活动和能动地加以改造、利用,使之更好地为人类服务。其内容囊括了整个宇宙一切生物。当时生物学教学一般除靠几张挂图和标本,主要靠教师的讲述,学生感到非常繁杂枯燥。但武兆发讲课总是娓娓动听,引人入胜。以无脊椎动物学为例,他用进化的观点把繁杂的无脊椎动物串联起来,结合每种动物的生态、形态特征,在黑板上边讲边画,讲得细致,条理清晰,学生听得津津有味。他的黑板画随手画出,惟妙惟肖,生动逼真,使人有身临其境的感觉。一堂本来很枯燥乏味的课程,经武兆发的讲授和画图直观,则成为学生的艺术享受,并永生难忘。

武兆发的学生张玉书在回忆他的教学时写道:"他上课从不带讲义、讲稿之类,带几支粉笔就去上课。他教态从容不迫,语言清晰,语速不快不慢,昂扬顿挫有条有理。将代表动物的分类隶属、器官形态功能、生活环境、系统演化等各方面知识深入浅出地融会贯通完整地交给学生。尤其板图勾画简练明了,像一幅幅艺术品，令学生向往。照老师的学习方法，越学越爱学，既扩展了知识面，也较完整系统地掌握了应学的知识。" 武兆发在教授知识的同时，启发学生自己去深入思考，去获取探索知识的方法。他的另一位学生赵增翰也深有感触地说："武兆发先生是我在大学读书时最敬佩的老师。从大一到大三每年都有他给我们讲的课程，他上得台来围绕重点的内容侃侃而谈，有时看一看手中的资料卡片，有时随手在黑板上作图、加注，令人一目了然，产生很大的兴趣。听他一堂课往往要在晚上自习时多方参考，才能深刻地理解所学内容，更多的获得相关知识，更详尽地作出笔记，同时也锻炼了阅读外文参考书的能力。"

生物切片专家

许多自然科学是需要有精确的实验、清晰的观察方法，方能得到科学结果。自从细胞学创立，达尔文的《物种起源》的发表和孟德尔遗传定律的发现，生物学从原来单纯的观察描述，逐步演变为一门实验性的自然科学。生物切片就是生物科学研究中不可或缺的手段之一。包括显微和超显微制片技术两类都须将动植物组织切成一定厚度的薄片，以供光学显微镜或电子显微镜观察。因要求不同，可用刀片徒手切，也可将组织块包埋于石蜡或火棉胶中，或以低温冷冻，用切片机切，切成 5 ～ 10 微米薄片，供光学显微镜观察。至于用环氧树脂或甲基丙烯酸酯包埋组织块，用超薄切片机切制的超薄切片，其厚度在 20 ～ 50 纳米，则是专供电子显微镜观察用。武兆发生活的上世纪上半叶，生物切片主要供显微镜观察使用，切片方法是靠切片机和人工。武兆发对传统的切片技术，改进、创新颇多，成就卓著，是国际知名的切片专家。

俗话说"心灵手巧"。早在武兆发读书期间，在画图、制作标本、制作切片等要求心细手巧的工作，他都做得非常出色，显露出其心灵手巧。在威斯康星大学学习期间，他在教授的指导下做实验，不仅准确无误地完成各项实验课题，常常有所创新。当年，他师从的动物学教授盖尔（Michael F.Guyer）先生，1906 年就发表了专著《动物显微学》（*Animal Micrology*），该书曾四次再版，印刷 11 次，对美国乃至世界的动物显微学都有一定影响。盖尔在 1930 年第三次再版的"前言"中，一再称赞、感谢武兆发为其取得精确的实验结果所做出的贡献。书中某些章节内介绍了武兆发在技术上的改进和创新，如：大量培养变形虫，创造条件诱发草履虫繁殖，并对其进行收集、保存、培养，使保持不收缩、不易断和染色方法的发明等；大量同时固定水螅之法，以及快速多量钓取片蛭之法。全书中有 6 段提到武兆发的实验手段，可见他对盖尔的《动物显微学》的修订起了很大的作用。当时，武兆发还是初出茅庐的青年，但在动物学的实验科学领域已展现才华。

回国任教之后，武兆发对于实验技术更用心。正如他自己所说："余酷嗜生物显微术，暇时多消磨于显微镜及染色缸前，每有所得辄记录之。"经过多年的反复实践，20 世纪 30 年代中期他发明的生物切片新技术已日臻完善，并广泛应用在各类切片上。他曾多次发表文章，如《动物组织染色新法之二则》《苏木精与曙红在整块染色法中之应用》《常用实验动物标本制作法》等，介绍他的发明和经验。如他的苏木精伊红整块染色法，广泛应用于动植物组织及胚胎之研究。它较原来常用的明矾苏木精染色法省时间，省费用，且色彩鲜亮（细胞核为蓝紫色，其余背景为粉红色），对比度大，便于观察，整体染色剂经蜡包埋后再用切片机切片，质量上乘。他还发明了"硝酸钴与锇酸用于高尔基体染色法""锂洋红整块染色法""改良的马洛利三色染色法""武氏洋红染剂"等。武兆发的切片技术不仅影响了中国的生物切片水平，也曾为世界注目。

1946 年 9 月，武兆发自费创建了"前进生物馆"。他带领几个年轻的工作人员做切片。他对切片要求非常严格，不但强调科学性，也兼顾艺术性和耐久性。他常说："忽视这些，就是误人子弟，虚耗学校的经费。"他所发明的切片新技术得到充分的利用，使切片精美、耐用。因此，"前进生物馆"生产的切片不仅在国内畅销，也曾销往国外。

约在 1947 年，国外的一家教具公司向前进生物馆订购马蛔虫卵发育的全套切片标本。马蛔虫卵发育切片是向学生演示"动物细胞有丝裂变"的最佳材料。但在制片过程中卵壳极易收缩，导致切片卵壳变形，影响观察，而克服卵壳收缩难度很大。武兆发经认真研究，结合他以往的经验，不久就制定出从培养、取材、固定，到透明、包埋一整套方案，并克服了重重困难，为外商做出了精美的马蛔虫卵裂切片。

北平解放前夕，美国一家生物制品公司曾用高薪聘请武兆发前去工作，还可以携带全家和助手一同赴美，他婉言谢绝了。因为，武兆发的志向在中国，而不是在异国他乡。

20 世纪 50 年代初，武兆发将"前

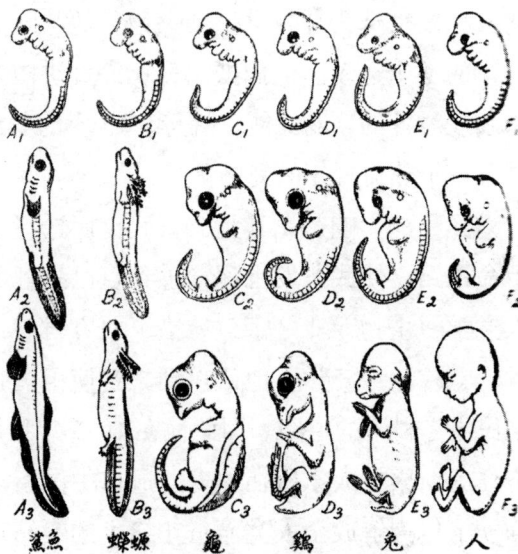

脊椎动物胚胎之比较

◎ 武兆发画的胚胎素描图

283

进生物馆"无偿捐赠给国家，政府不肯接受，仍以低价收买。虽然是低价，其数额仍很可观。后来，他将这笔钱分文不缺全额捐献给了抗美援朝前线。"前进生物馆"所有的生物切片（成品及半成品）、一些动植物标本，以及材料、仪器、药品等，构成当年中央文化部科学普及局北京博物标本制作所"生物切片股"最初的家当。其后，该所并入沈阳东北科学仪器厂，继而发展独立为国营武汉教学生物标本模型厂（今武汉教学仪器厂）。他一手培养起来的助手随前进生物馆并入标本制造所，成为切片标本的生产骨干，其中一位至今仍坚守岗位，已是我国切片技术的权威。

"我信仰共产主义"

1919年5月，一场维护国家尊严、领土完整的革命风暴席卷中华大地。七朝古都的开封也沸腾了。在留学欧美预备学校读书的武兆发被选为开封学生会书记。他与学生会的同学们一起领导全市的学生运动。他们抵制日货，宣讲山东问题的来龙去脉，谴责政府对外的软弱无能，等等。15岁的少年武兆发雄姿英发，表现了一个热血青年的爱国情怀。

父兄的影响，尤其是二哥武剑西选择了以救国救民为己任的革命道路，使武兆发也深深感到自己责任的重大。他在威斯康星大学学习生物专业之余，涉猎了西方哲学，特别是马克思主义的哲学、政治经济学。他认识到，要使祖国强大，人民富足，就要走民主、科学的道路。因此他在1927年秋加入了美国共产党，并担任威斯康星大学所在地麦迪逊市中国留学生支部负责人，从此确立了他为解放全人类而奋斗终生的崇高目标。威斯康星大学活跃着一批年轻有为的中国青年，他们才思敏捷，志向高远。武兆发根据他们的具体情况，分配他们参与一些社会活动，锻炼、考验他们，并介绍他们参加美共。后来出任美共中央中国局书记、新中国成立后任中央编译局干部的张报，原对外文化联络局干部的苏开明等，都是由武兆发介绍入党的。武兆发在学术、思想等方面都日臻成熟。黄河畔土窑洞中走出的洋博士，念念不忘报效祖国。

回国后，武兆发首先接触的中国共产党人应是其兄长武剑西。估计是武剑西告诉他暂不要转入中国共产党。以当时的形势，民主人士身份更有利于在高级知识分子中做工作。1931年夏，武兆发与他心仪已久的东南大学毕业生黄月华结为终生伴侣。共同的志向——拯救灾难深重的祖国和人民，使他们婚后，相敬如宾，绸缪缱绻，恩爱有加。无论他们在苏州居住，还是定居北平，这个家一直是掩护武剑西及同志们的重要据点。地下党的同志曾在此秘密接头，也有人曾在此躲避追捕。周恩来同志曾到过他们家，在燕京大学任教的美国进步教授斯诺夫妇是他家的座上客。

地下党组织曾将一套马克思、恩格斯、列宁全集原著存放在武家。为了保护这些书籍，他们家外院的角落总有一座高得像小山一样的煤堆，这些书籍就藏匿在煤堆下。每月他家第一笔开支就是购买一吨煤，堆到煤堆上面。北平解放后，这批原著完好无损地交到了艾思奇手中。

1948年暑假，中国大学生物系一年级的学生黄玲爱在天津的家中被捕，后被押送到北平。初审准予"取保释放，随传随到"。黄玲爱家在天津，北平没有亲朋。无奈之下，她想到了系主任武兆发。由军警押解黄玲爱找到了武家，说明原委。武兆发毫不犹豫，立即为学生代找铺保，并办理了一切相关手续，收留黄玲爱住在武家。当时，国民党政府正做最后的垂死挣扎，白色恐怖弥漫，稍有不慎就会被株连。武兆发不顾个人安危，挺身而去，保护了进步学生。直至1948年年底，北平和天津都解放了，黄玲爱返回自己的家。在近半年时间里，黄玲爱与武兆发的女儿们吃住

◎ 武兆发与黄月华结婚照

在一起，武夫人还为她补习英语，得到不是父母却像父母一样的关怀。至今，黄玲爱回忆起老师对她的救命之恩，仍热泪盈眶。

武兆发对学生、助手都非常关心，包括他们的家人。助手的父母病了，助手还没有赶到家，他早用电话通知行医的朋友，已经给病人打过针、送了药。助手的家境困难，他慷慨解囊，送粮食，赠钞票，并千方百计帮助解困，甚至让自己的夫人传授技艺给助手的家属。武兆发将学生、助手的难处当成自家的事情。因此，学生、助手称他"是个喜欢雪中送炭的人"，至今还说他"就像是个基督徒"。

新中国成立前夕，武兆发邀请了马克思主义理论家艾思奇到"前进生物馆"，给馆内所有人讲解共产党的革命目标和解放军进城后的各项政策，使当时对共产党和解放军不甚了解的普通群众吃了定心丸。

新中国成立后，武兆发加入了九三学社。

"科学问题岂能盲从"

武兆发常说："只有科技进步才能使国家富强。"他在大学任教的同时，潜心研究学术，中、英文论文不断发表，其中有关于动物标本的制作、动物的繁殖，如《动物精子之形成》《海星卵和海胆卵的人工受精及其早期发育的观察方法》等。他的探索目光已经触及到科学的前沿——生命的起源。

新中国成立后,武兆发满怀激情投入到新中国的科学研究和教育工作中。

当时,刚刚成立的新中国与世界上第一个社会主义国家苏联交好,正处于蜜月时期,一切听命于"老大哥",科学也如此。反之,就是"反苏反共",就要遭到无情批判、打击。

当时主宰苏联生物科学的竟是不学无术的李森科,此人曾出任苏联农业科学院院长、遗传学研究所所长等职,成为苏联科学界呼风唤雨的人物。李森科宣称孟德尔和摩尔根等人建立的遗传学不符合辩证唯物主义并被禁止,将苏联的分子生物学和遗传学引向了黑暗的深渊,无数的优秀科学家在李森科的"科学独裁"下惨遭迫害,腥风血雨弥漫在苏联的学术界长达30年。苏联科学院的院士勒柏辛斯卡娅是李森科的忠实追随者,他们互相标榜,沆瀣一气。1950年勒柏辛斯卡娅发表了《细胞起源于活质及活质在有机体内的作用》一文,中心意思即用外力将水螅破坏了的细胞所分离出来的无结构物质会生长出新的细胞,其学说被称为"活质学说"或"新细胞学"。

武兆发认为:向苏联学习,必须尊重科学,必须结合中国的实际。苏联的东西也不一定全对,苏联的教材和苏联专家的讲义中也有错误。

那时国内科学很落后,再加上政治原因,对苏联的科学成果坚信不疑,认为"活质学说"是对生物理论的突破性进展,不少高等学校已将其纳入教材,甚至组织专题讲座。武兆发认真研究了勒柏辛斯卡娅的实验结论,认为勒氏的理论尚待研究。他说:"如果我能按她所说的条件把结果重复出来,我就真心地相信这个学说,并且积极拥护它;如果重复不出来,我就想法证明它的不对。我认为不管上述哪一种情况,对于科学的发展都是有益的。"武兆发的态度无疑是十分正确的。

科研工作来不得半点虚假和草率,更不能主观臆造。武兆发从 1953 年春天开始研究"水螅活质的演发"问题,数百次重复了勒柏辛斯卡娅的实验,一些实验步骤较勒氏还要精密、科学、严谨。他研究的客体多样化了:有刚喂过 3 ～ 4 小时的水螅、喂饱后 24 小时的水螅、饿了一周的水螅、用不带脂肪的饲料喂饱的水螅、有卵巢的水螅,还有草履虫、海胆、海参等;用药品杜绝实验过程中可能出现的细菌感染;将实验得到的悬浮小球固定,并用显微摄影记录下来。经过数百次的反复实验、观察后,所得到的与勒柏辛斯卡娅完全不同的结论:悬浮的小球都是一开始就在悬滴内存在着,不论它们的大小和颜色如何,它们不是什么新细胞生成,而千真万确是水螅的饵料水蚤、剑水蚤的脂肪球。武兆发的实验彻底推翻了勒柏辛斯卡娅的"活质学说"。

1956 年春,中共中央发出"百花齐放,百家争鸣"和"向科学进军"的号召,武兆发与胡先骕等科学家出席了由中宣部召开的动员大会,他感到科学的春天已经到来。

同年 6 月,在北京师范大学北校的阶梯教室,武兆发将自己两年多的研究结果向在场的 200 多人发布。这是一次严谨的、高水平的科学报告会,其实验客体、实验过程以及实验结果均无懈可击。随后,武兆发将这个科学研究成果发表在《解剖学报》第一卷第四期上。该篇论文还附有他从实验过程中拍下的若干显微照片中精选出的 66 张。在众口一词向苏联学习的声浪中,武兆发弹出了不和谐音,在万马齐暗的学术界响起了一声炸雷。他是实事求是的,在追求科学真理过程中是严肃的、精确的、客观的、唯物的,同时也是毫无私心杂念和无所畏惧的。但是,这个科学实验成果竟无人喝彩,其原因是不言而喻的。随之而来的是谴责、非难、批判、攻击的浪潮，一浪高过一浪，不断升级。

　　1957 年的"反右"政治运动中，武兆发是一条没有"引诱"就早已出了洞的"蛇"。他性格耿直，表里如一，对于影响科学、教育进步的各种问题如骨鲠在喉，不吐不快。他曾对办学缺乏民主科学，领导不懂教育、不信任知识分子，一些政治运动整人过多等问题提出过尖锐批评。这些批评在今天看来无疑是正确的。但是在当时，他理所当然地被戴上资产阶级反党反社会主义的右派帽子。武兆发常说："我的科研工作比我的生命还重要。""科学问题岂能盲从！"但是，残酷的反右斗争极大地挫伤了他献身科学研究工作的积极性。最终，他选择了诀别。53 岁正是人生中最有精力、最有经验、最有创造力、最应出成果的年龄。但是，他却怀着满腔悲愤走向生命的尽头……一位正处在巅峰时期的科学家就这样被迫害致死。悲哉，痛哉！

　　直至十年浩劫结束之后，武兆发的冤案才得以平反。

（王彧）

参考文献

[1] 武兆发. 无脊椎动物学. 北京：科学出版社，2004

[2] 武兆发. 武兆发论文集. 北京：科学出版社，2004

陆宗达

承先启后的训诂大师

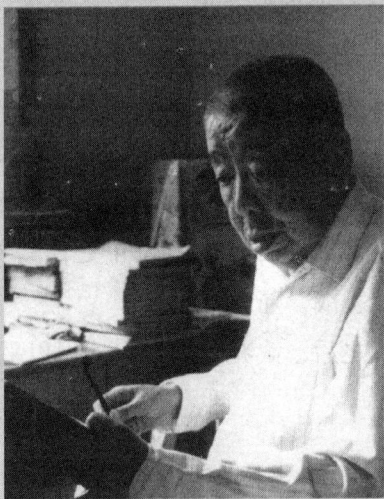

◎ 陆宗达

陆宗达（1905—1988），曾用名颖明、颖民。浙江慈溪人。文字训诂学家、中国传统语言文字学重要继承人、国学教育家。北京大学国文系毕业。曾任北京大学助教，辅仁大学、冯庸大学、中国大学、女子文理学院、民国大学等校教授，1947年至逝世前任北京师范大学教授。曾任第一、第二届国务院学位委员会学科评审组成员、中国训诂学会会长、名誉会长、北京市政协副主席等职。

主要著作有《说文解字通论》《训诂简论》《训诂方法论》等。

陆宗达一生除潜心研究、教授文字学、音韵学、训诂学外，还开设了《说文》学、《尔雅》学、《文选》学、《十三经》讲读、汉魏诗赋、现代汉语等多门类课程。尤其精通以《说文解字》为中心的传统文字训诂学，是中国训诂学会的主要创始人，我国传统语言文字学重要继承人。

在皇朝与民国的新旧交替中度过少年时代

陆宗达，祖籍浙江慈溪，1905年2月13日生于父辈世居的北京。这一年是光绪三十一年，封建皇朝已近崩溃，旧中国处于半封建、半殖民地社会。当时，新旧文化处于交替、斗争而又并存的矛盾之中，陆宗达幼年时所受的便是一种半新半旧的教育。

陆宗达6岁时，即宣统二年，他伯父的干亲杨家成立学馆教他的干叔叔杨毓芬读书，他便去附学。老师姓王，虽是个旧秀才，却教的是新旧兼半的课程，上午学四本大书（《大学》《中庸》《论语》《孟子》）和三本小书（《三字经》《百家姓》《千字文》），还读《千家诗》。下午讲报，用的是当时宣传革新的《启蒙画报》。《画报》上有国内和国际的时事大事记，讲武训办学，还谈辛亥革命，他从中学了不少新知识。所以，他从小就受的是新旧兼半的教育。

散馆时是1914年，陆宗达已经9岁，便报考了师大附小，考的是二年级，那时初小是4年，高小是2年。教他的张老师是师大毕业的，很看重陆宗达。到高小一年级，老师就认为陆宗达不必再读小学了，让他去考中学。1918年，陆宗达13岁，考上了顺天中学，也就是后来的北京四中。

顺天中学招住校生，学德文，老师大部分是高阳人，德文都带高阳味儿。主课有国文、数学，第三年还开设了物理、化学、生物，同时开设体育课。体育课上打篮球、练棍棒他都很喜欢。

由于受到了新式教育，陆宗达接受了民主与科学的思想影响，从小就很有爱国心和正义感。入中学的第二年，"五四"运动爆发，当时年仅 14 岁的他参加了反对卖国的"二十一条"的街头宣传。他在护国寺演讲时被捕，关在北河沿的北大三院。那时北大医学院、预科全在三院，法学院也在那儿，因为抓起来的全是不到 15 岁的少年，不久被释放。这次学潮在顺天中学是第一次，校方为便于控制学生，从此增加了《论语》《孟子》作为必修课。不过，从"五四"运动起，新思想的潮流涌进学校，封建意识再也束缚不住学生了。

在思想宽松的北京大学接近国学和参加革命

陆宗达在中学数学最好，全班第一，有时老师做不出来的题他都能做出来，所以他很想到大学学数学。不幸的是顺天中学学的是德文，而大学的理科都要考英文，所以他没有实现学理科的愿望，在 1922 年考上北京大学国文系预科，不久升入本科。

升入北大本科，课程分文学、语言和文献 3 个专业，他选的课以语言专业为主，有钱玄同的音韵学、马裕藻的古韵学、沈兼士的文字学等。同时，他也选了一部分文学课，如黄节的汉魏六朝诗、刘毓盘的词学。词学课分词律、词选和专家词 3 部分，还要求选课的人每两周交一篇自填的词。在名师的教导下，陆宗达接近了丰富而精湛的国学。

北大是一个学术思想十分自由的学校，国文系兼收并蓄，很多学派可以自由辩论。举一个有趣的事情就可以看出当时学术自由的氛围。陆宗达在校时，先是桐城派占上风，林琴南、姚运甫都是桐城派。沈尹默是北大的秘书长，就请当时著名的国学家黄侃讲《文选》，来骂桐城派。黄骂林琴南"知交遍天下内外"不通，说："天下外在哪？"又说"出意表之外"也不通，"意表"已是"外"还要又"表"又"外"！又说张连清《先妣事略》"乃始亦贫"不通，究竟是"始贫"，还是"亦贫"？黄侃骂桐城派是"桐城谬种"，桐城派骂黄侃是"选学妖孽"，两边都竭力挑剔对方文章不通的地方。《新青年》派的傅斯年却取两家的材料合起来骂文言文。黄侃替沈尹默骂了桐城派，他又把沈尹默也骂了，沈送他一本《秋鸣集》，其中有一首诗，说"中巧才高建楚贤"，黄侃说"中巧"与"才高"均见《文心雕龙》，二者是两种风格，不能合而为一，写出这种句子是《文心雕龙》没有读通。沈尹默有一部明版的小杜诗，黄侃给他圈点了。别人问："为何诗也圈点？"黄侃说："怕沈尹默断不开。"这样，沈尹默便不愿再请黄侃了。

北大的政治环境也比较宽松。教词律的老师刘毓盘，每两周让学生交一篇词，陆宗达所填的词很受刘的赏识，后来陆宗达去了东北，刘毓盘曾问："陆宗达怎么没交词？他的词我看得出来。"张作霖 1927 年加强管理北大，枪毙了几人，特务教育部部长刘某解聘了不少进步教员，但是他们没敢动一些有名望、教课好的老师，刘毓盘就是因为课教得好被留下了。充满爱国心的黄节也是一位对陆宗达很有影响的老师。"九一八"事变前夕，黄节赠给陆宗达一幅集宋人词句的对联："海棠如醉又是黄昏更能消几番风雨，辽鹤归来都无人管最可惜一片江山"这幅对联直到陆宗达去世前，一直挂在他的书房里。黄节的课和字，以及忧国之心，都深深印在陆宗达的心里。

北京大学的这种政治环境和名师的深刻影响，促进了陆宗达追求进步、向往革命的情怀。1926 年，他在同宿舍同学胡廷芳（字曲园）、王兰先的影响下参加了共产党。那时共产党是秘密的，执行的是瞿秋白路线，搞飞行集会，设许多危险工作，比如给

200 张传单去撒、用粉笔写革命口号等来考验党员。那时党在地下，对党员的教育主要通过书籍。陆宗达记得他读过的 3 本书：一本是革命的启蒙书《铁蹄下的中国》，第二本是《共产党宣言》，还有一本是布哈林写的《共产主义 ABC》，又名《资本主义的秘密》，通俗而有说服力。党内是单线联系，跟陆宗达联系的是当时北大的党总支书记彭树群，彭 1927 年被捕，在天桥被枪杀。彭一死，陆宗达和党的关系就断了。当时大学生入党的多，脱党的也多。抗战时，陆宗达在北京，影响他入党的王兰生却到了重庆，和党恢复联系的机会更少了。

拜黄侃为师进入章黄学派国学殿堂

1926 年，陆宗达通过在北师大任教的吴检斋（吴承仕）认识了黄侃（季刚），当即为黄的学问和治学方法所倾倒，于是登堂入室，拜黄侃为师。1927 年冬天，他随同黄侃到了沈阳，1928 年，又随黄侃到了南京，和黄侃的侄子黄焯一同住在教习房。在此期间，他路过上海，两次亲见章太炎，得到太炎先生的指导。在南京，他跟黄侃学习以《说文解字》为中心的文字音韵训诂学，深深体会了治学之甘苦。

陆宗达在东北就跟着黄侃作了整整半年的《集韵》表，夜以继日地伏案填格子，一百来天过了音韵关。到了南京，黄侃便开始指导他研治《说文》。黄侃的办法很独到：首先要连点三部段玉裁的《说文解字注》。他对陆宗达说："一不要求全点对，二不要求都读懂，三不要求全记住。"头一部规定两个月时间，点完了他看也不看，也不回答问题，搁在一边，让陆宗达再买一部来点。这样三遍下来，有些开始不懂的问题自然而然懂了。之后，才开始看大徐本白文《说文解字》，利用全书进行形音义的综合系联，就是把《说文解字》里有关一个字的散见在各处的形音义材料都集中在这个字的头儿上。这种系联工作工程相当大，需要高度集中注意力，还需要对《说文》十分熟悉。这项工作做下来，陆宗达对《说文解字》的理解发生了质变。经过黄侃严格而又方法独特的训练，加上他的刻苦用功，使陆宗达打下了扎实的国学功底。

这段时间，他还随黄侃学习经史子集，在诗词歌赋上也受到很多熏陶。黄侃是一位性格浪漫的人，但在读书上却是一个难得的苦行者。每天白天，黄让陆宗达陪着遍览南京的名胜古迹，午晚饭时边吃边论学，晚上燃灯畅谈，夜阑方休，之后陆宗达回教习房去休息。第二天一早他到黄侃那里，发现黄侃的桌上已经又有了几卷书，全都密密麻麻批点过了。黄侃督促学生读书也很严格，除《说文》之外，还让陆宗达点《文选》、十三经和诸子，限期极短。有一次让陆宗达点《盐铁论》，只给了他两天的时间。黄侃必得等学生点完了，才拿出自己点校注过的书来，让学生过录。黄侃一定等学生读过了书，并且有了自己的看法后才谈自己的看法；时机不成熟时，你问也不开口。黄侃的学问、治学方法、治学态度以及指导学生的"不愤不启，不悱不发"的方法，都对陆宗达产生了深刻的影响。

从事国学教学与研究成为章黄学派重要继承人

1928年秋天，陆宗达在北大毕业。不久，北大国文系系主任马裕藻聘请他前去任教，教预科的国文课，1930年，还兼任了国学门研究所的编辑。当编辑期间，他接替戴明扬编写了《一切经音义》的索引，还在罗常培的支持下整理了王念孙的《韵谱》与《合韵谱》遗稿。这部遗稿是罗振玉刻《高邮王氏遗书》未采用的，被北大买到。在整理中，他发现，王氏在《合韵谱》中分古韵为22部，将"东"、"冬"分立，而以往学者都是根据《经义述闻》的记载定为21部。1932年，他写了《王石臞先生韵谱合韵谱遗稿跋》。1935年，又写了《王石臞先生韵谱合韵谱遗稿后记》，令人信服地证明王氏晚年对古韵的分部已由21部增订为22部。这一发现，曾引起当时古音韵研究者的重视，并已为学术界所公认。罗常培本要印出这部书，因为抗日战争的爆发，便搁下了，至今整理稿还留在在北京大学图书馆善本室。

1931年～1937年，陆宗达在北大本科开设训诂学课程，同时跟罗庸讲汉魏六朝诗，还先后被聘为辅仁大学、冯庸大学（"九一八"后冯庸大学遣往关内）、中国大学、女子文理学院以及民国大学的讲师和教授。1932年，黄侃到北京讲学，陆宗达为他组织了兴艺社，业余讲授《易经》。1937年抗日战争爆发，北大南下，马裕藻、沈兼士都没有走，陆宗达也留在北京。他不愿在日本人接管的学校教书，便只在进步势力很强的中国大学和德国天主教办的辅仁大学任教。吴检斋去世后，他把吴在中国大学担任的课都接过来，每周12节课。当时在中国大学任教的还有郭绍虞、张弓、俞平伯等教授。

1946年后，斗争十分尖锐，社会极不安定。陆宗达仍坚持治学，除了在各大学授课之外，还写成了《音韵学概论》的讲义。从1947年起，他开始在北京师范大学专任教授。

解放后，经过院系调整，陆宗达仍在北京师范大学任教。那时，文字学、音韵学、训诂学都已经取消，使他无法发挥自己的专长，只能教现代汉语。20世纪50年代，他和俞敏一起研究北京口语，写了《现代汉语语法》。陆宗达是在学术界呼唤训诂学复生的第一人。50年代末期，他在《中国语文》上发表了《谈谈训诂学》。60年代初，应吴晗邀请，担任了由吴主编的"语文小丛书"

的编委，并撰写了《训诂浅谈》。直到 1956 年，高校才设古代汉语课，他开始在北师大中文系讲授《说文解字通论》。1961 年，他开始带第一届古代汉语研究生。这在他的教学生涯中是一件大事。陆宗达的学术专长有了得以发挥的机会，他以昂扬的热情，饱满的精力，全力投入到培养学术传人的工作中。他亲自教授以《说文解字》为中心的文字学、音韵学、训诂学，还开设了《毛诗》选、《左传》选、《论语》《孟子》选、汉魏六朝诗选、唐宋诗词选……他每周给九位研究生上两次课，还给个别学生辅导。在教学过程中，他把黄侃当初教授《说文》和古韵的方法传播给自己的研究生，使他们受到了严格的训练，为他们后来的教学工作打下了基础。他在 20 世纪 60 年代带出了两届研究生，1961 年 9 人——王宁、王玉堂、钱超尘、杨逢春、余国庆、谢栋元、黄宝生、张凤瑞、傅毓黔；1966 年两人——吴永坤、周双利，他们都受到陆宗达以继承国学为使命的思想影响，并且深得章黄学派传统的学风和教学方法的益处，一开始就养成了重视第一手材料、勤奋读书和善于继承的良好习惯，打好了通过古人的注疏理解古代文献的比较坚实的基本功。现在，这两届研究生大都在各地从事古代汉语的教学和研究工作，很多已是著名的学者和学术带头人，为继承我国丰富的传统语言文字学作出了贡献。

陆宗达在著述问题上，一直受着黄侃的影响。黄侃生前常对学生们说，他在 50 岁以前要认真积累资料，50 岁以后才写书。不幸的是黄侃在 49 岁便与世长辞，留下了大量的札记、批注和短文。尽管如此，陆宗达始终认为，黄侃对传统语言文字学的研究方法以及材料不充实不要写书的主张是非常正确的。传统语言文字学以古代文献语言为研究材料，没有大量的材料积累，不从具体的文献语言出发或者对语言材料缺乏一定量的分析，只凭几个例子，其实心中无"数"，是很难总结出正确的规律来的。他目睹黄侃的渊博和敏锐,自叹相去极远,所以 50 岁前,迟迟不愿提笔著述。1955 年陆宗达整满 50 岁,但那时考据学正遭受批判,陆宗达还在教现代汉语,于是,他把自己著述的时间向后推了整整 10 年。没想到,其实是推迟了 20 多年。从 1965 年开始,陆宗达正准备写几部书的时候,十年浩劫到来了。所以,从 1977 年起,陆宗达才得以开始他的专门的著述阶段。

陆宗达早期的专业学习涉及古代文学、经学和"小学"(即以古代文献的书面语言为主要材料的文字、声韵、训诂学,亦即传统语言文字学),而他跟黄侃学习的主要是"小学"。"小学"在今天属语言文字学范畴,总的来说,陆宗达的研究工作的特点主要体现在以下五个方面:

(一)以对古代文献语言材料的解读、辨认、分析和归纳为研究工作的基点,从文献语言中提出课题。在研究中,严格地从文献语言材料出发,不事空谈,不作空泛的推论。

(二)传统语言学分成音韵、文字、训诂三个部门。陆宗达的学习和研究是从音韵学起步,以文字学为桥梁,在训诂学上落脚。也就是以文献词义作为主要的探讨对象。这是因为,从文献阅读的实用目的来说,意义是它探讨的终点;从发展语言科学理论的目的来说,中国语言学最薄弱的环节是语义学。

(三)开展以《说文解字》为中心的训诂学研究。《说文解字》贮存了系统的文献词义,并且在汉字一形多用、数形互用的纷繁情况下牢牢地抓住了本字;又在一词多义、义随字移的复杂关系中牢牢地抓住了本义,为通过字形与词音探讨词义提供了最重要的依据。加之自汉代以来将近两千年的研究,特别是经过清代乾嘉学者的大力发展,《说文》之学是"小学"中成果极其丰富的一个部门。以《说文》为中心进行训诂研究,就是抓住了训诂学研究的根本。

（四）主张批判地继承古代文献语言学的材料、理论和方法，从中发展适合汉语情况的语言科学。当代语言学以引进为主，传统语言学只被看作历史，很多人以为不再有发展的必要和可能了。陆宗达认为，要研究汉语的现在，首先要研究它的过去；要研究古代汉语，必须同时研究汉字。汉语的特点加上记录它的汉字的特点，都决定了汉语的研究必须吸取传统的文献语言学的材料、理论和方法。借鉴国外语言学的研究成果是非常必要的，但这种借鉴不是搬用，而要在考虑到汉语和汉字本身的特点和规律的情况下进行，要把是否适合汉语的实际情况作为标准来加以取舍。重要的是把传统的汉语言文字学发展为更先进的语言科学，以丰富世界语言学的宝库；而不是切断历史、抛弃和排斥传统的东西而沿着从别种语言中总结出的规律来为汉语的研究另辟蹊径。

（五）在训诂学研究中，注重理论建设，注重普及，强调应用。陆宗达认为，研究语言的目的，是为了正确解释语言现象和解决语言运用中的诸多问题。研究古代汉语的人，目的是为了解决古代书面汉语也就是文献语言中的实际问题。在振兴民族文化的今天，这种研究不应当只进入科学的殿堂，而应当同时面向社会，注重普及，强调应用。音韵、文字、训诂之学由于材料较古、方法与理论比较陈旧，因而不易普及。因此，陆宗达非常注意群众所关心的问题，写一些应用的文章，为训诂学的普及作了大量工作。

以上这五点——从文献语言材料出发；以探讨词义为落脚点；以《说文解字》为中心；重视继承，建立适合汉语特点的汉语语言学；面向现代社会，重视普及和应用。这便是陆宗达研究文献语言学的指导思想。

在上述思想指导下，陆宗达写出了《说文解字通论》《训诂简论》，以后又与他的学生王宁合写了《训诂方法论》《古汉语词义答问》《训诂与训诂学》。他 20 世纪 80 年代发表的一些文章，也是以总结文献语言的规律、探讨古代汉语科学的原理和方法、宣传传统语言文字学的普及和应用为主要宗旨的。

同一思想指导下，陆宗达还进行了汉语同源词的研究。他为黄侃的《〈说文〉同文》作出考证，还准备以批判继承的精神对第一部系统研究《说文》同源专著章太炎先生的《文始》进行疏证。只可惜天不假年，这些工作未及完成，陆宗达先生便于 1988 年去世。

为振兴国学奋斗一生成为当代训诂大师

陆宗达近 60 年的学术生涯，其成就是多方面的。但他最重要的、对学术界影响最大的贡献是振兴中国的传统语言学特别是训诂学。在训诂学领域里，他有过五个"第一"：

第一个在那个时代公开呼唤训诂学的复生。1956 年，在训诂学已经在教育领域销声匿迹，语言学界一些人已经宣布"训诂学不成其为学"的时候，他在《中国语文》上发表了《谈谈训诂学》。一年后，他把这篇文章扩充为《训诂浅谈》收入吴晗主编的"语文小丛书"。1980 年，他又把这本书扩充为《训诂简论》再次出版。这本介绍训诂学的书，一次比一次充实、具体，但却始终以它通俗的语言、准确的阐释，认真严肃又轻松地把没有接触过训诂的青年一代，带入这门古老而有用学科的殿堂。在训诂学遭受挫折、已经被现代人遗忘了的时候，如果没有使中国国学复生的信念，如果没有对传统"小学"深刻的认识，如果没有不怕批判的勇气，在那个时代，是不会一而再、再而三地坚持把这门学科推向社会的。

第一个为国学的传播开设家庭课堂。当文字训诂学从高校取消后，陆宗达采用在家中传学的办法，将有志学习国学的中青年聚集在家中传学。这种家庭课堂除了"文化大革命"时期不得不停止外，20世纪60年代初、70年代末，大约开设过6次，最长的一期是1979年讲《说文》和章太炎先生的《文始》，整整持续了8个月。这种从黄侃处学习到的教学形式，跨越了时代，使几乎中断了的国学能够在民间传播。

第一个采取纯正的国学教学方式培养文字训诂学研究生。1961年教育部决定招收文科研究生，陆宗达被指定为语言学可以招收研究生的导师，带出了两届文字训诂学研究生。他的第一届研究生是这样学习的：第一年点读段玉裁《说文解字注》，同时用大徐本作《说文》系联。这工作就是把《说文》甲条中与乙、丙、丁……诸条有关的各种形、音、义材料，全部抄到乙、丙、丁……诸条下，九千多条一一如此处理，毫无例外。段注的后面，明明印着一个《六书音韵表》，但在初期训练时是不让看的，学生要把《说文》的非形声字（包括象形、指事、会意）按黄侃的28

◎ 陆宗达在辅导学生

部 19 纽全部填入韵表，再把所从之字系联上去，九千来个字无一例外。半年以后，老师开始讲《论语》《孟子》《左传》，老师们讲的篇目并不多，可要求学生自己连白文加注疏一起点读。本来，《论语》《孟子》的白文不少人都是通读过的，可指定的书是刘宝楠的《论语正义》和焦循的《孟子正义》，这两部书引证经、史、子书十分广博，由此扩大了对中国典籍的认识和积累，也熟悉了注疏体例。《说文》学与文献阅读关过了，才开始进入通论学习。这种教学方法，就是章黄特别注重的、打好"小学"根底、培养不事空谈的国学人才的纯正方法。20 世纪 70 年代后，陆宗达还培养了两届博士三届硕士，这些学生后来都成为继承中国传统语言学的中坚力量。

第一个成立训诂学会，任第一届会长。1981 年在武汉成立训诂学会，促进了 20 世纪 80 年代以后的高校训诂学教学与人才培养。章（太炎）黄（季刚）在 30～40 年代亲自传授的弟子们成为这时的导师，在 80 年代振兴训诂学的时期，较好地解决了训诂学人才匮乏的问题。

第一个创建了以《说文》学为中心，以打好传统"小学"根底为主要目标又具有现代意义的博士授予学科点。陆宗达作为国务院第一届学位委员会成员，在 1980 年第一次研究生学科评审委员会上亲自提出这个学科点，定名为"汉语文字学"学科点。这个点首次建立在北京师范大学中文系。这是一个对发展国学意义重大的举措。因为，他使培养以国学继承为主的传统语言文字学高级人才，有了"学位"做保证。现在，他所开创的以《说文》为中心的语言文字学博士点，至今已经成为我国训诂学的重镇。

这五个第一，足以说明陆宗达在 20 世纪国学传播中的贡献和地位。他是传统语言文字学向现代语言学转型时期的继往开来的一位学者。他全面地继承了章黄之学，是传统语言学的重要学术传人，他为传统语言学的继承和复兴培养了一批后继者，使这门古老的学科得以在新时期焕发旺盛的生命力。

动荡惊险而真诚平易的一生

陆宗达出生在 20 世纪初，祖国正在经受民主革命后外患内忧的考验，已经沦为半殖民地的中国，民族文化遭受到极大的压抑和摧残。陆宗达受到时代的感召和老师章太炎、黄侃等国学大家的深刻影响，将自己的满腔爱国热情，灌注在追求革命与追求国学的实际行动中。革命和国学，今天看来似乎是背道而驰的两件事，但是，在 19～20 世纪之交的那些志在挽救民族危亡的正直学者心里，是那样融洽地统一在一个目标下，紧密地交织在一起。因为这种崇高的追求，陆宗达的一生充满动荡与惊险，但他都能凭借内心的安定与平静化险为夷。他曾被特务追捕而因镇定终于脱险；他的家曾经是北京地下党的接头地点，掩护了党的工作；他在 20 世纪 40 年代把 4 个子女送到解放区。但是在新中国成立后，陆宗达对自己的这些突出的贡献从不放在心上。有时向晚辈说起来，常常轻松幽默，似乎在诉说别人的故事，有时还带着自嘲的口吻，从不以没有走入仕途为憾事。

从陆宗达的出身看，他身居 20 世纪初叶的贵族之家，又是 30 年代以后的大学著名教授。但他早年的革命工作经历和潇洒自由的性格，使他的自我感觉永远是普通而平易。他待人永远平等，和校工、司机、花匠、佣工以及各种劳动者都是很好的朋友，常常送给他们烟酒、礼品，和他们交谈融洽。他对学生要求严格，但执教轻松、随意，讲课幽默动人，追求深入浅出，许多学识往往在闲谈、进食、行路中巧妙托出。他做北京市政协副主席期间，常常为许多人的事情奔跑，有些在台面上看来不值一提的小事，只要别人以为重要，他都不遗余力地去帮忙。但他没有利用这个"北京市第一统战对象"的身份为自己办过任何私事。他讲究饮食，但日常生活从不铺张，只是春天的家常饼、冬天的炖白菜等家常饭食烹制十分精致而已。他喜欢请学生和朋友吃饭，懂得哪里的菜肴精美可口有特色，被称为"美食家"，但绝不排场，永远求雅而不摆阔。他既不故作谦虚，也不炒作自己。他会像说故事一样讲起那些光荣的经历，也从不隐瞒自己那些"走麦城"的事带来的教训。了解陆宗达的人共同的看法是：他不求做伟人，只求做真人。

《礼记·学记》有两句话说："善歌者，使人继其声；善教者，使人继其志。"这两句话解释了章太炎、黄侃对陆宗达的影响，也解释了陆宗达对后学者的影响。他在中国传统语言文字学的继承和发展上坚定的信念，对继承师说的执著与忠诚，在治学和为人上的敦厚与睿智，以及他的人格和学术双重的魅力对后学产生的巨大吸引力，永远是后学者终身向往又难以企及的高峰。

在陆宗达先生诞辰 90 周年的纪念会上，周祖谟为他所赠的题词是："训诂学大师"，他应无愧于这个称呼。现在，当训诂学的知音者日多，习学者日夥，应用者日众之时，我们或者还可以说，陆宗达不仅是一位当代的"训诂学大师"，而且是一位"训诂学教育大师"。他为这门学科所作的努力，当激励后学者不畏艰险，更加勤奋地攀登高峰。

（王 宁）

焦菊隐

话剧"中国学派"之父

◎ 焦菊隐

  焦菊隐（1905—1975），原名承志，笔名居颖、居尹、亮俦，艺名菊影，后改为菊隐。天津人。导演艺术家、戏剧理论家、翻译家、教育家。燕京大学政治系毕业，后留学法国，获巴黎大学文学博士学位。曾任北平戏曲专科学校校长，广西大学、四川江安国立戏剧专科学校、中央大学（重庆）、西北师范学院教授、北京师范大学教授、文学院院长、英语系系主任、校工会主席。参与组建北京人民艺术剧院，并任副院长、总导演。第二、第三、第四届全国政协委员。曾任中国文学艺术界联合会全国委员、中国戏剧家协会常务理事兼艺术委员会主任。

  主要著作有《今日之中国戏剧》《焦菊隐戏剧论文集》《焦菊隐文集》等，译著有苏联戏剧家、教育家丹钦的《回忆录》（即《文艺·戏剧·生活》）和《契诃夫戏剧集》等。

焦菊隐是北京人民艺术剧院的奠基者之一。他所创立的导演学派和中国话剧演剧学派，成为中国剧坛的里程碑；他所执导的《龙须沟》《茶馆》《蔡文姬》成为中国话剧舞台的经典之作；他的艺术实践和艺术成就推动了中国戏剧艺术的发展，为我国戏剧事业做出了杰出的贡献，被誉为话剧"中国学派"之父。

早期戏剧启蒙与戏剧活动

在中国戏剧导演界，素有"北焦南黄"之说，指的就是北京人民艺术剧院的焦菊隐和上海人民艺术剧院的黄佐临。焦菊隐的戏剧天分在其少年时代就有了萌芽。

1905 年 12 月 11 日，焦菊隐出生于天津一个普通大杂院，取名承志，祖籍浙江绍兴。他的祖辈曾是清王朝的显贵，祖父焦佑瀛才华出众，是咸丰年间的军机大臣，被封为赞襄政务八大臣之一，专事辅佐年幼的同治小皇帝。后因冒犯了慈禧太后被罢黜，蛰居天津，靠教家馆维持生活。到父亲焦曾宪（字子柯）这一代，家道日趋没落。1900 年八国联军入侵时，印度兵骚乱天津城，焦家被洗劫一空，陷入极度困境之中。焦子柯生有子女 6 人，焦菊隐排行第五，他出生时是焦家最为贫困潦倒的时候，曾一度窘迫到靠领取赈济粥度日。为了养家糊口，其父曾在天津一著名盐店（俗称姚家店）习学司账。期间，焦菊隐曾与姚氏子弟一起在姚家的家馆读过一段私塾，受姚家子弟影响，还喜欢上了梆子、二簧、曲艺等，逐渐对戏曲产生了爱好，这为他贫寒的童年生活多少增添了一份乐趣。

1914 年春，焦菊隐进入直隶省立第一模范小学就读。正是这所小学，启迪了焦菊隐的戏剧天分。当时的校长颇具革新思想，主张教育救国，时常向学生们灌输民主主义和爱国主义思想。读书期间，家境贫寒、衣着简陋的焦菊隐常常遭受富家子弟的嘲笑，但倔强的他不以为耻，埋头学习，以优异的成绩赢得了同学们的尊敬。"五四"运动后，新剧运动在天津蓬勃展开，少年焦菊隐和同学们在进步教师的带领下，也自发地组织起新剧社，开始了他最早的戏剧活动。他们自编自演新话剧，内容多为反封建、反阶级压迫、反帝国主义的。那时盛行用艺名出演角色，焦承志被派送的艺名叫"菊影"，后自己将其改为"菊隐"，此后写文章、导戏均用"焦菊隐"这个名字。不曾想，这个艺名竟成为中国戏剧界一个响亮的名字。

　　1919 年秋，焦菊隐小学毕业并以优异的成绩保送至天津当时唯一的一所"官立"中学——直隶省立第一中学。当时他父亲坚持要他去银号学徒，帮助支撑家庭。焦菊隐却一心想继续上学，即使遭到父亲痛打也不让步，最后终于如愿以偿。1923 年暑假，焦菊隐由"官立"中学，转入天津汇文中学高二年级，这是一所教会学校。初中阶段，焦菊隐数理化各科成绩优异，曾梦想成为一名工程师，同时他也爱好乐器、绘画、篆刻。读高中期间，焦菊隐积极参加文化艺术活动，接触了许多新思潮和进步书刊，开阔了视野。他陆续在《晨报》副刊等刊物上发表抒情散文和诗歌，并尝试写作新诗，他还与当时在《新民意报》副刊当编辑的赵景深共同发起成立文学社团——绿波诗社，编辑出版《绿波》周刊，结识了一大批热爱文学的青年，如庐隐、石评梅等，还与石评梅结下了深厚的友情。一年之后，由于学习成绩优异，焦菊隐提前从天津汇文中学毕业，并被保送到燕京大学。焦菊隐知道父亲不可能供他上大学，就瞒着父亲，当了衣服作为路费到北京考试。考取后他找父亲商谈，父亲不同意，在他和大哥的据理力争之下，其父才勉强同意他继续升学，但不负担他的学费及生活费用。

1924 年焦菊隐进入燕京大学读书，他自选了政治系，攻读国际问题专业。为了挣得自己的学费及生活费，他利用课余时间给人家教家馆。大学期间，他一方面积极参加学生组织的反帝、反封建游行等进步活动，发表一些关注社会现实问题、抨击当时军阀统治腐败的文章；另一方面，他依然热衷于文艺创作和戏剧研究，他翻译了莫里哀、哥尔多尼等人的一批外国剧本，后出版了《现代短剧译丛》一书。在剧作家研究方面，他发表了《论易卜生》和《论莫里哀》两篇论文。他还主编过燕京大学的《周报》，发表了一些诗歌、小说和散文，并出版了《他乡》《夜哭》等诗集。

1928 年在燕京大学毕业前夕，他与从美国归来、当时担任国立北京艺术专门学校戏剧系系主任熊佛西教授一起，组织演出了多幕话剧《蟋蟀》（熊佛西编剧），因该剧讽刺军阀祸国殃民，焦菊隐和熊佛西遭到通缉，东躲西逃好些日子后，才告平息。

对传统戏曲的研究

1928 年大学毕业后，焦菊隐曾想赴法"勤工俭学"，但由于种种原因未能成行。为了维持生活，他担任了当时北平市立二中（北京二中前身）的校长。1930 年就任国立北平研究院出版部秘书，兼任北平大学女子文理学院讲师。

1931 年 9 月，受国民党元老李石曾委托，焦菊隐参与筹办了中国第一所新式戏曲学校——北平戏曲专科学校（后改名为中华戏曲专科学校），并担任第一届校长，李石曾任董事长。那时，戏曲界培养学生的传统办法是"口传心授"，即弟子住宿在师傅家中的"科班"学艺。由一名大学生来办戏曲学校，这在旧中国是未曾有的，年轻的焦菊隐也因此在国内剧坛名噪一时。同时这对以往很少接触戏曲艺术的焦菊隐来说也是一个极大的挑战，年仅 26

岁的他，毫无畏惧，迎难而上。

在焦菊隐掌校的 4 年中，他一方面继承旧科班教学的好传统，注重基本功训练，重金聘请王瑶卿、程砚秋、陈墨香等剧坛名宿、戏曲艺术家为学生传授表演经验、排演本戏。另一方面大胆地对传统的戏曲教育制度及教学方法进行了革新，采用了一套新型的教育制度和教学方法。比如实行男女合校，学制为 8 年；在戏曲和音乐传统专业课程以外，设置国文、中外史地、中国戏剧史及西洋音乐原理、武术、军训、外文等课程，对原有的传统课程进行革新；对梨园行中的陈规陋习进行大胆的改革，淘汰了戏剧后台供奉"祖师爷"和演出时捡场、饮场、扔垫子的陈旧做法；在排演时，演员名次排列以出场先后为序等。

为了办好戏校，焦菊隐阅读了大量有关戏曲理论、戏曲史方面的资料，研究了许多闻名于世的剧本，获得了丰富的戏曲理论知识，也为他以后的戏剧实践活动提供了宝贵的经验。为了更透彻地了解民族戏曲的内容与形式，他不但研究"唐、宋、金的大曲"，还向各位京剧界老先生请教，他曾拜精通昆曲的老前辈曹心泉先生、专工小生的冯惠麟先生、擅长老生的鲍吉祥先生为师。使全校师生惊讶的是，他每日也和学生一样压腿、吊嗓子。他并不是想成为一名演员，而是在用身心去琢磨祖国的民族艺术传统。如此这般努力，焦菊隐很快便全面而系统地掌握了戏曲知识，成为这一领域的专家，他还发表了《舞台光初讲》等重要论文。

焦菊隐任职期间，把自己的全部心血都献给了戏校，中华戏校培养的学生许多日后成为京剧界卓有成就的表演艺术家。这也是焦菊隐对中国近代戏曲艺术发展做出的贡献之一。焦菊隐在北平戏曲专科学校的改革在当时是极为可贵的，但同时也遭到了强大阻力，引起戏曲界的种种非议，指责他是对梨园界的公然"叛逆"。在重重压力之下，焦菊隐不得不暂时放弃自己的抱负和理想，离开学校，赴法留学。

1935年9月，焦菊隐考入法国巴黎大学，攻读文科博士学位。期间，为了通过法文和拉丁文的考试，他曾赴毗邻法国的比利时布鲁塞尔学习这两种外语，因为当时巴黎的生活费用很高，而布鲁塞尔的物价较便宜。留学期间，焦菊隐极为勤奋，他深入研究西方文学和戏剧，比较欧洲的戏剧家、理论家的作品，观摩欧洲当时著名戏剧流派的表演。在理解、融汇和分析、比较的过程中，开始有系统地整理过去所研究的中国传统戏曲知识，进一步认识到中国戏剧艺术和传统文化的精美。他用一年多的时间写下十余万字的博士论文《今日之中国戏剧》，这部论著显示了焦菊隐对祖国戏曲艺术的真知灼见，是他早期戏曲理论中最重要的一部论著，初步奠定了他的戏剧观和美学思想。全文用流畅的法文写成，引起了当时巴黎学术界的重视和赞赏，曾被当时法国巴黎埃·德罗兹书店列为《世界戏剧丛书》出版，署名焦承志。

艰难岁月中的戏剧研究与实践

抗日战争爆发后，获得巴黎大学文学博士学位的焦菊隐放弃了在巴黎和瑞士任教的机会，毅然回国投身抗日战争的洪流。临行前，他对老师说："我是一个中国人，祖国正在受难，我要回去，把所学的东西献给我的国家。"

1938年，焦菊隐到达广西桂林，任广西大学文史专修科教授，兼作广西大学青年剧社的辅导工作。当时全国许多高等学校内迁桂林，大批文化名人汇聚此地，欧阳予倩、洪深、熊佛西、田汉、夏衍、章泯等著名导演和剧作家都在这里排戏。在桂林，焦菊隐有机会接触到进步思想，政治态度比较进步，先后发表了《反对法西斯侵犯苏联》和《金城记》等作品。1939年，为了给郭沫若、夏衍创办的《救亡日报》筹集办刊资金，在由田汉、夏衍、马彦祥、马君武、欧阳予倩等人组成的导演团的指派下，焦菊隐和孙师毅合作执导了夏衍所著话剧《一年间》，并于10月公演，成为桂林的一次颇具影响的抗战演剧活动，这大概也是他从事话剧导演的开始。期间，焦菊隐被选为中华全国文艺界抗敌协会桂林分会第一届理事会常务理事，后又被选为常务理事兼研究组副组长（组长为欧阳予倩）。

1940年，应程思远任社长的国防艺术社的邀请，焦菊隐第一次独立执导了曹禺的名著《雷雨》。随后又导演了由剧作家阿英编写的《明末遗恨》，剧中歌颂了爱国主义和民族主义精神，在社会上产生较大影响。他还应"在华日本人民反战同盟西南支部"的邀请，担任《三兄弟》的导演顾问。焦菊隐等进步戏剧家导演的一批抗日剧目，推动了桂林的抗日救亡运动。

在桂林时，焦菊隐和欧阳予倩参加了桂剧的改革工作，曾受聘为广西建设会研究员和广西戏剧改进会社员，为著名桂剧演员尹羲改编了《雁门关》。在此期间，焦菊隐除教学和排戏之外，还继续潜心于戏剧理论研究，发表了一系列关于旧剧改革的文章，主要论著有：《旧剧构成论》《艺术教育管窥》《论新歌剧》《旧时的科班》《桂剧之整理与改进》《桂剧演员之幼年教育》等，比较详细地论述了桂剧的渊源、发展与改革，在理论上对桂剧的改进做出了贡献。

1941年冬，焦菊隐离开桂林前往四川江安，应聘于从南京内迁江安的国立戏剧专科学校。国立剧专是当时中国戏剧教育的最高学府，所聘教授皆为戏剧界知名专家，曹禺、陈白尘、章泯、马彦祥、张骏祥、黄佐临、洪深等一批我国著名的戏剧家先后在此任教。焦菊隐在国立剧专任话剧科主任，教授导演、表演、舞台美术、剧本选读等课程。

1942 年，焦菊隐成功地导演了莎士比亚的名剧《哈姆雷特》。他在导演中运用中国传统戏曲的关系原则，根据中国观众的审美习惯进行排演，大胆调动各种艺术手段，显露出他改编世界名剧方面的导演才能。随后，他与戏校校长余上沅共同执导了曹禺的名剧《日出》，戏校的部分教职员和学生参加了排演，焦菊隐亲自在剧中扮演张乔治的角色。1942 年，正当焦菊隐满腔热情要在剧专贡献自己的才华和实现自己的艺术理想时，学校里的政治环境日趋恶化。"皖南事变"之后，学校的教学活动经常受到反动势力的干扰，而探讨学术的自由思想也受到限制。

1942 年年底焦菊隐便辞去剧专的工作，离别江安赴重庆。先后在重庆中央大学和四川社会教育学院任教，后又在法国新闻处任翻译。其间，中央青年剧社曾聘请他担任编导委员。在重庆的那段生活是焦菊隐一生中最穷困、最失意的岁月，他饱尝了衣食无着的痛苦，几乎走到生命的绝境。尽管也导演了几部国内外名剧，但都没有产生影响。但这一时期也是他一生中最为幸福的日子，他遇上了后来成为他妻子的 22 岁流亡学生秦瑾。焦菊隐在前途渺茫、生活极端贫困、连买包香烟的钱都没有的情况下，却以惊人的毅力翻译了前苏联戏剧家、教育家丹钦科的《回忆录》（焦菊隐意译为《文艺·戏剧·生活》）。这部书中记载了丹钦科在艺术道路上的期望、挣扎、痛苦与欢乐，也寄托着焦菊隐的梦想与热望，他在译后记中写道："我的梦想与热望，只有寄托在另外一个工作上去，那就是把丹钦科的《回忆录》很快译出来，好供给全国戏剧工作者作为一本教科书。"丹钦科的戏剧思想和戏剧理论对焦菊隐有很大的影响，焦菊隐正是在深入研究丹钦科作品的过程中，萌生了要在中国创立具有民族风格、民族气派的中国话剧，要在中国创立像莫斯科艺术剧院那样的剧院的宏伟理想。

在重庆的艰难岁月里，焦菊隐比较系统地研究了苏联戏剧大师斯坦尼斯拉夫斯基的演剧体系，翻译了《契诃夫戏剧集》、法国自然主义作家左拉的长篇小说《娜娜》，还根据自己的经历，写下了著名小说《重庆小夜曲》。焦菊隐还特意为怒吼剧社赶译了贝拉·巴拉希（匈牙利）的《安魂曲》。此剧由张骏祥任导演，曹禺和张瑞芳任男女主角。焦菊隐在观看演出时，对剧中作曲家莫扎特的不幸遭遇深表同情，他曾感慨地说："莫扎特的乐章给人们带来美好的艺术享受，他的艺术世代流传，可是，当人们在欣赏他的乐曲时，有谁会想到他死得那么凄惨？"但焦菊隐又怎能想到，30年后，他也身遭厄运，悲惨离世。

在20世纪40年代国民党统治区，焦菊隐难以实现自己的理想追求。1945年10月，他写下了《自由大学》一文，载于中国共产党在重庆出版的《新华日报》上，反对反动统治干涉教育，公开提出反动党团退出学校，表明了自己的政治态度。

在北师大从教的日子

1945年8月初，焦菊隐离开重庆，应邀前往兰州任西北师范学院（即抗战中的北平师范大学）英文系教授。除在英文系授课外，他还在全校开设了"戏剧选"和"小说选"两门选修课。焦菊隐讲课惯于理论联系实际，深受同学们的喜爱。据师大校友回忆："当时师大最大的教室是第七教室，室内可容纳数百人，他每次上课都在第七教室，因为只要授课，听课者总是争先恐后抢座位、加板凳，把教室挤得满满的。而且，他每次讲课总是边讲解边表演，讲悲剧时能使听者亦悲，讲喜剧时能使听者亦喜，充分显露出艺术家的气质，使每节课都收到良好的效果。"1945年12月24日的《世界日报》第四版曾报道"焦菊隐教授连次应国文学会、英语学会之请，举行学术演讲，讲题多为有关戏剧方面者，如'旧剧之分析'和'西洋戏剧文学受舞台艺术之影响'等，每次听众均甚拥挤。"1946 年，当他离开兰州的时候，同学们还专门与之合影留念，以表欢送和不舍之情。

1946 年，焦菊隐随学校从兰州回到阔别多年的北平，任英语系系主任以及学校福利委员会常务委员。焦菊隐开设的《狄更斯》和梁实秋教授的《莎士比亚》课程，被师生们誉为英文系的"双绝"。1947 年 3 月，为了改进当时国内的中学英语教学，焦菊隐发起组织了英语教学研究会，并被推举为主席。他在分析了基本国情、中学英语教学目标、语言性质和学习心理之后，大胆地提出了"计划英语教学法"，并在学校的教育电台作讲座。《世界日报》曾评价他的观点"立论精湛"。焦菊隐在执教期间给予进步学生救国爱国活动以巨大支持。1947 年"五四"前后他不顾个人安危参加了师大进步学生举办的"五四"纪念活动，并在座谈会上鼓励学生为救国争取民主；他积极支持由师大的 28 个进步社团组成的反饥饿、反内战同学联合会的游行活动；担任师大进步社团组成的"和平社团联合会"的导师。1948 年 4 月 9 日大批国民党特务闯进师大，毒打、逮捕进步学生，打砸学生自治会办公室、教室等，制造了震惊平津的"四九"血案。事情发生后，焦菊隐和学校其他领导积极奔走，要求释放被捕学生，惩治凶手。焦菊隐进步教师的形象深深印刻在当时每一位进步学生的心中。

在从事教学的同时，焦菊隐依然执着地追寻着他的艺术理想。1947 年上半年，焦菊隐为演剧二队（这个演剧队是由周恩来指示郭沫若组织的十个抗敌演剧队之一）导演根据高尔基的《底层》改编的话剧《夜店》。为了在舞台演出中表现出"真实的生活"，焦菊隐要求演员及舞台、服装道具的设计人员都要深入到生活中去，要求演员们从生活观察中去寻求、把握剧中人物的形象和行为的细节，自觉地把体验生活与创作结合起来。《夜店》演出后获得了相当强烈的艺术效果，有人高度评价这部戏的演出在北方戏剧史上掀起了新的一页。《夜店》的演出是焦菊隐第一次在舞台上真正焕发出他作为导演的艺术光彩。之后，焦菊隐又成功地导演了《上海屋檐下》。

为了实践自己的戏剧理想，1947年11月1日，焦菊隐在卖掉了自家的老宅子和心爱的藏书，并多方筹资之后，终于成立了"北平艺术馆"。艺术馆下设戏剧、电影、美术、音乐、舞蹈5个部分。戏剧又包括话剧和平剧两个实验剧团。焦菊隐亲自导演了话剧《上海屋檐下》（夏衍编剧）、新京剧《桃花扇》（欧阳予倩编剧），这两部戏的演出都受到北平观众的欢迎和戏剧界的重视，使焦菊隐同时积累了两种不同演出形式的新经验。艺术馆在焦菊隐的精心管理下，在北平戏剧界产生了一定影响。但由于北平国民党政府对进步文艺工作者和革命文化团体的迫害，以及经济方面的困难和纠纷，北平艺术馆被迫解散。

不久，焦菊隐又组织原北平戏曲专科学校的学生成立校友剧团，并把莎士比亚的《罗密欧与朱丽叶》改编为京剧《铸情记》，

◎ 1946年焦菊隐与毕业生合影

由翁偶虹导演，这是我国首次将莎翁名剧改为京剧搬上舞台演出。不久，校友剧团也被迫解散。

北平解放前夕，国民党恐怖活动加剧，焦菊隐难以忍受国民党的暴行。1948年年底，在中共地下党的安排下，他冒着严寒和风险，毅然赴解放区石家庄。

北平解放后，焦菊隐又回到北京师范大学就职，任文学院院长兼英语系主任，并出任首届校工会主席。此外还应学校音乐戏剧系主任洪深的邀请,为该系讲授《斯坦尼斯拉夫斯基体系》和《西洋戏剧概论》课程，他的课深入浅出，生动有趣，深受学生喜爱，教室常常满员，甚至窗口也趴满了听众。在此期间焦菊隐曾翻译出版了美国作家爱伦坡的作品《爱伦坡故事集》和《海上历险记》。此时的焦菊隐也兼作话剧导演，在话剧艺术道路上，他在积累，在寻找，在等待……

创立焦菊隐导演学派

从1950年起，焦菊隐开始在北京人艺担任导演。从此，"焦菊隐"这个名字便与北京人艺永远地、紧密地联系在了一起。在这之后的二十几年间，焦菊隐不仅"一戏一格"地导演了《龙须沟》《虎符》《茶馆》《蔡文姬》《星火燎原》《胆剑篇》《武则天》《关汉卿》等经典剧目，形成了焦菊隐导演学派，还为北京人艺正式确立了民族化的表演风格。曹禺对焦菊隐的贡献作了中肯的评价："他在北京人艺尽心致力于民族化话剧的创造，建立了现实主义的基础。他创造了赋有诗情画意，洋溢着中国民族情调的话剧。他是北京人艺风格的探索者也是创始者。"

1950年1月，北京人民艺术剧院成立，院长李伯钊邀请刚从美国讲学归国的著名作家老舍先生创作了反映新旧社会巨大变迁的多幕话剧《龙须沟》，并聘请焦菊隐担任导演。这是焦菊隐在解放后导演的第一部戏，也可以说是他探索中国民族话剧的开始，是形成焦菊隐导演学派的起点。

北京人艺起初是按照苏联莫斯科大剧院的模式建立起来的，连人艺所在地首都剧场也是苏式风格。人艺演员们学习的也是苏联戏剧家斯坦尼斯拉夫斯基的戏剧理论，但焦菊隐却独树一帜地提出要创立话剧的中国学派，要让中国传统的戏曲美学、传统的表演方式与西方戏剧紧密结合，要开创属于中国人自己的表演学派。从《龙须沟》开始，他不断地探索着话剧民族化的道路。

焦菊隐在接到《龙须沟》剧本时，首先对剧本进行了修改，"二度创造"出舞台演出本。老舍在回忆时曾写道："北京人艺演出的《龙须沟》，与我的《龙须沟》剧本的原稿，是不完全一样的，我不十分懂舞台技巧，所以我写的剧本，一拿到舞台上去，就有些漏洞和转不过弯儿来的地方。这次焦菊隐先生导演《龙须沟》，就是发现了剧本中的漏洞与缺点，而设法略为加减台词，调动场次前后，好教台上不空不乱，加强效果。焦先生的尽心使我感激。"

1950年秋天，焦菊隐正式投入《龙须沟》的排演。他首先要求参加排演的全体演员要熟悉剧本，熟悉剧本中所反映的生活环境，他还要求演员到北京龙须沟金鱼池附近去体验生活，并发给每人两个笔记本，记下自己的心得和收获。北京人艺的演员们为了排好这部戏，在肮脏的龙须沟附近体验生活长达两个月。焦菊隐在《龙须沟》的舞台排演中，创造性地发展了斯坦尼斯拉夫斯基的排演方法，提出了"心象说"，他要求演员不仅要摸到了剧本的"底"，而且还要摸到人物的"底"，抓住戏剧中人物的灵魂，启发演员的想象，使演员将获得的"心象"，用鲜明而自然的外部形体特征展示给观众。"心象说"在焦菊隐整个导演、表演理论中具有重要的理论价值，启迪和发掘了许多演员的艺术才能。

1951年2月1日，话剧《龙须沟》在北京首次公演，取得了巨大成功。《龙须沟》以完美的舞台艺术形象、鲜明的人物性格、浓郁的生活气息表现了老舍剧本特有的北京味，这种风格也为北京人艺后来的艺术风格的发展定下了基调，戏剧界专家认为它是"'五四'以来戏剧艺术——特别是导演艺术最高成就之一"。剧作者老舍因此被北京市人民政府授予"人民艺术家"的光荣称号。老舍先生在叙述《龙须沟》的写作经过时说："焦菊隐先生抱病来担任导演，并且代作者一字一句的推敲剧本，提供改善意见，极当感谢。假若这本戏在演出时，能够有相当好的效果，那一定是由于工作人员和演员们的认真与努力，和焦先生的点石成金的导演手段。"焦菊隐和作家老舍从此结成艺术上的挚友，并多次进行合作。

《龙须沟》开创了中国话剧一个崭新的历史时期。而通过话剧改编的同名电影更是在当时轰动一时。这也说明了焦菊隐坚持戏剧艺术的创造要植根于深厚的生活之中的指导思想是正确的。《龙须沟》带着焦菊隐走进了北京人民艺术剧院，开始了他职业导演的生涯。

1952年，前北京人民艺术剧院的话剧队与原中央戏剧学院话剧团合并，组建了新的"北京人民艺术剧院"。北京市人民政府正式任命曹禺为院长，焦菊隐、欧阳山尊为副院长。10月，当焦菊隐告别北京师范大学的时候，他在给师大音乐戏剧系学生的信中谈道："我如果想走一条舒服的路，不如在这里教书当教授。办一个剧院，办一个中国式的自己的剧院，没有人给我一套现成的东西。这也许是一条痛苦多于欢乐的道路。但我还是决定要走下去，因为那是我多年的梦想，也曾是很多前辈的理想，它只有在今天才能成为现实。至于荣辱成败，由别人去判断吧。"

1954 年 12 月，焦菊隐导演的曹禺新作《明朗的天》在北京公演，后来它在全国话剧会演中，被评为演出和导演一等奖。

1955 年 10 月，北京人艺剧院正式建立总导演制，焦菊隐兼任剧院的总导演。

1956 年 7 月，焦菊隐担任《虎符》（郭沫若编剧）总导演（梅阡导演）。这部戏在焦菊隐导演生活中占有重要地位。在这出戏里，他请来戏曲学校的教师教演员学戏曲台步、身段、水袖、眼神等，台词处理上运用京白、韵白、朗诵和吟诵，舞台布景采用了虚实结合的写意手法，戏剧中还配上锣鼓点。《虎符》是我国话剧在继承民族表演形式和吸收戏曲表演方法的实践上，第一次有意识、有计划的尝试，也是焦菊隐话剧民族化探索的一个新起点。

如果说焦菊隐"中国学派"创立的起点是《龙须沟》，真正探索的开始是《虎符》，那它发展的成熟期则是排演的《茶馆》和《蔡文姬》。

1957 年冬，焦菊隐与夏淳合作导演老舍的新作《茶馆》。焦菊隐在导演《茶馆》中，用了戏曲的艺术手法，强调生活真实与剧场性相结合。他认为舞台表演要自然真实，这是首要的。观众要看的是戏，也就是经过集中提炼，典型化了的生活。他说："艺术要起到感动观众，教育观众的作用，首先要吸引观众，让人家爱看。也就是说，让观众不感到吃力，自然而然地掉进艺术境界之中。……"他对茶馆内每一张茶桌的摆设、每一个茶客的造型都进行了细致的研究，带着演员们一次次地尝试。他还要求演员们到前门一带的小茶馆体验生活，观察体验角色，使演员们对各自的角色有了较深刻的体会。

《茶馆》是一部内蕴丰富的舞台艺术作品，无论从剧本，还是从演出，都可堪称旷世精品。它是焦菊隐导演艺术的一个高峰，是北京人艺演剧学派的典范，是中国当代话剧史上的一座里程碑。

1958 年 6 月，焦菊隐成功导演了《智取威虎山》（赵起扬、夏淳、梅阡、陈仲室、柏森等根据曲波小说《林海雪原》改编）。1958 年 5 月，与欧阳山尊合作导演田汉创作的历史话剧《关汉卿》。1959 年，导演了根据艾芜小说改编的《百炼成钢》。

1959 年 5 月焦菊隐导演了郭沫若创作的《蔡文姬》，作为国庆十周年献礼剧目演出。《蔡文姬》是郭沫若创作的一部文采飞扬，气势恢宏，极富浪漫色彩的历史名剧。郭沫若在剧中一改以往戏曲和其他文艺形式中奸雄曹操的形象，将其重新刻画为一位雄才大略的政治家和风度洒脱的诗人。焦菊隐认真研究、比较了郭沫若的创作艺术风格，深刻分析了剧中人物的形象、性格和感情，从而确立了他导演这部戏剧的意境构思。他将中国传统戏曲的表现手法与西方舞台美学相融合，使演出产生了震撼人心的艺术力量，造就了一部久演不衰的经典之作。《蔡文姬》被公认是"话剧民族化"的一个范例，也标志着焦菊隐导演艺术臻于成熟。

郭沫若在观看演出时惊喜而谦逊地对焦菊隐说："你在我盖茅草房的材料基础上，盖起了一座艺术殿堂！"叶浅予看了《蔡文姬》的演出后赞叹道："《蔡文姬》的舞台艺术形象之美，简直胜过宋画《文姬归汉图》。"

1961 年 11 月，焦菊隐率队赴上海巡回演出并作了有关话剧民族化的报告。他在报告中第一次明确提出了要形成中国的导演学派。"对从事话剧艺术的人来讲，更有一个不可推卸的历史责任，即如何实现话剧民族化的问题。我们要有中国的导演学派，表演学派，使话剧更完美地表现我们民族的感情，民族的气派。"在讲话中，焦菊隐还特别强调"一戏一格"的观点。他认为在艺术上一定要有独创性，要不断提出新课题，哪怕是过去为大家所公认的好办法也绝不重复。一个戏有一个戏的风格、主题，生硬地套用什么固定办法来表现是不行的。即使可以用，也要赋以新意，有独特的东西。焦菊隐的观点在当时戏剧界产生了一定影响。

这一时期，焦菊隐先后又导演了《星火燎原》《怒涛》《胆剑篇》《钗头凤》《武则天》《关汉卿》等剧目，同时兼任北京艺术学院话剧导演系系主任。在导演郭沫若创作的话剧《武则天》时，他深入探索和挖掘剧中人物的内心精神生活。他认为写戏，就是写人；写人，就是写性格；表现性格就是表现思想。他要求演员在表演上，学习戏曲以形神而达到突出神似的表演规律，即用话剧艺术的形，来传戏曲艺术的神。《武则天》上演后，有人赞誉是"一幅清新委婉、精雕细琢的工笔画"，创造了新的艺术风格。而重排《关汉卿》则成为他一生最后一次舞台实践。

焦菊隐对待艺术创作极其执著、严谨。他曾说过这样的话："作为导演，切忌满足。宁肯失败在探索上，也不能失之于平庸。"在排演《关汉卿》的时候，见一个演员用鼻烟壶作道具，他认为鼻烟壶是明朝才传到中国来的，元朝不会有。然而他还怕不准确，便找历史研究所的专家请教，得知目前资料还不能证明元朝已经有了鼻烟壶。于是决定不用这个道具了，足见其对艺术认真严格的态度。

在从事上述话剧民族化实践的同时，焦菊隐还在理论上进行了探索和总结，先后撰写了《导演的艺术创造》《我怎样导演〈龙须沟〉》《关于话剧汲取戏曲表演手法问题》《略论话剧的民族形式和民族风格》《〈武则天〉导演杂记》等文章，表述了他对"话剧民族化"的理论分析和整体构思。他认为中国一定要有本民族特色的戏剧，才能立足于世界剧坛。

1963年年底，焦菊隐写下《论民族化（提纲）》，这个提纲是焦菊隐戏剧艺术理论最重要的文章之一，他用最简练的文字，对他所探索的戏剧艺术思想、话剧民族化的过程进行了概括，也是他导演艺术成熟时期重要而全面的理论总结。同时应《红旗》杂志的邀请写下了一篇专论文章《论推陈出新（提纲）》，这是篇分析戏剧艺术发展规律的论文提纲，也是他根据自己的艺术实践和艺术理想而描绘的一幅中国戏剧艺术"推陈出新"的精典佳作，它清楚地反映了焦菊隐的艺术哲学思想。1965 年 10 月，焦菊隐写下最后一篇戏剧理论文章《〈红灯记〉导演的艺术》。

生命的最后一幕

在接下来的十年浩劫中，焦菊隐被打成"资产阶级反动学术权威"，著书立说和从事戏剧活动的权利被剥夺。在他生命中的最后十年里，这位一生热爱戏剧、视舞台艺术为生命的人，只能远远地凄凉而无奈地注视着他热爱的艺术舞台。

焦菊隐在"文革"中受尽了磨难及非人的待遇，住"牛棚"、下放劳动；拉沙石、挖树坑、种玉米、收水稻，但他心地坦然地承受着这一切。"文革"初期，焦菊隐在为女儿生日写的祝贺信中表示了自己心地的清白，也表露了将来还要排戏，还要在话剧改革的道路上继续作导演的想法。他说："我不是反党反社会主义分子；我将来还要作导演的。我没钱给你买生日礼物，希望你一定要努力学习。"

焦菊隐在艺术创作上一生实事求是，坚持真理，从不说假话。即使在黑白颠倒，是非不分的"文革"中，他也没有昧着良心拿艺术与政治交易。"林彪事件"后，国内政治局面有所缓和。有一天，军宣队通知焦菊隐去观看人艺剧院新创作的多幕剧《云泉战歌》。这是他自"文革"以来第一次被破例允许可以参加的艺术活动。有好心的演员善意劝他不要去，怕以后的形势和政策有变化。第二天焦菊隐还是去了，他身穿一件半旧的灰制服，平平整整、干干净净、裤线棱角分明，头发梳得整齐黑亮，人也格外精神。他在排练大厅的最后一排坐下，默默地观看。之后，军宣队派人问焦菊隐有何感想，焦菊隐只说了14个字：政治上刚及格，艺术上只能给20分。这也是他一生中最后一次对戏剧艺术发表见解。焦菊隐的评价很快登在剧院的简报上，被当作"阶级斗争的新动向""资产阶级向无产阶级反攻倒算"。许多人替他担心，焦菊隐处之泰然，他平静地说："我一辈子都是凭艺术家的良心办事。"表现了一个知识分子的高贵品格和卓然骨气。

1974年8月，焦菊隐被诊断患了肺癌，已无法做手术。当死神临近时，他非常平静。他准备在生命的最后时刻，奋力著书，总结自己一生的戏剧思想体系，系统地整理导演的心得体会。他让女儿准备一个大讲义夹和纸笔，他口述，女儿记录，他曾对女儿说："我在'文革'中写了几百万字，要比斯坦尼斯拉夫斯基一生的著作都写得多，可惜全是交待自己反动罪行的材料。现在我的来日不长了，没有别的东西可以留下来，但还有一些多年做导演的心得体会，一定要把它留给后人。我自信自己还可以再活两年，你要把我说的都记录下来。"但他未能实现自己的梦想。

1975年2月28日，焦菊隐背着"反革命"的罪名，含冤离开了人间。焦菊隐一生导演了许多名剧，却在他艺术实践与理论最成熟、最辉煌的时期，如此凄凉地度过人生最后的日子，这不能不说是他的悲剧，也是时代的悲剧。

"文革"结束后，焦菊隐得到平反，他导演的《茶馆》《蔡文姬》等作品重新登上了舞台，焕发出艺术的光彩。话剧《茶馆》于1980年应邀到联邦德国、法国、瑞士三国10多个城市巡回演出，历时50天。这是新中国话剧史上第一次出国演出。1983年《茶馆》应邀赴日本演出，获得巨大成功。2005年《茶馆》作为华盛顿"中国文化节"压轴戏在美国最高艺术殿堂——肯尼迪表演艺术中心上演，受到美国观众的热烈欢迎。同时焦菊隐先生的戏剧理论著作也被认真地收集整理,《焦菊隐戏剧论文集》《焦菊隐戏剧散论》《焦菊隐文集》等先后出版。

在中国戏剧的舞台上,焦菊隐是一颗永远闪烁的巨星。

(邵红英)

参考文献

焦菊隐戏剧论文集.焦菊隐文集,等

朱智贤
终生奋斗的心理学家

◎ 朱智贤

朱智贤（1908—1991），字伯愚，江苏赣榆县人。心理学家、教育家。1934年中央大学毕业，后留学日本。曾任厦门集美师范学校研究部主任、桂林江苏教育学院和四川教育学院教授、香港达德学院教务长。新中国成立后，任人民教育出版社的副总编辑、北京师范大学教授兼儿童心理研究所所长。曾任中国教育学会副会长、中国心理学会常务理事等职。

主要著作有《儿童心理学》和主编《心理学大词典》等。近年出版了《朱智贤全集》。

全国著名的心理学家、教育家朱智贤教授一生执教 60 多年，以其高尚的人格，向上的人生观，学而不厌、诲人不倦的精神，培养了数以千计的教育、心理科学的专门人才，并撰著了丰富的教育心理理论著作，为后人留下巨大的精神财富。

刻苦学习的青少年时代

朱智贤 1908 年出生于江苏赣榆县城内的一个城市贫民家庭，6 岁入县里的初等学校。父亲曾叮咛他一定要好好念书，为朱家争气；并要凭良心做人，凭本事吃饭。入学后，他学习刻苦，成绩优秀，深受老师的喜爱。但是小学毕业时因家里生活困难，父亲想中断他的学习。有位老师听到这个消息，深感不安，就上门苦口相劝，朱智贤才得以到江苏省第八师范学校继续学习。

师范学校不仅给他提供了学习的机会和条件，而且使他接触到了教育学和心理学。在西方一些著名教育家思想的启迪下，他对儿童心理学和教育学产生了浓厚的兴趣。这为他以后从事教育、研究儿童心理产生了深刻的影响。

师范学校里有一位教师很重视培养学生的自学能力和独立钻研能力，要求学生购买《诸子精华录》和《百科小丛书》两本书，要学生定期写出读书笔记、日记交给他批改。这种教学方法使学生自己抓紧时间学习各种知识，既培养了学生的自学能力又锻炼了写作能力。两年以后，朱智贤同一些同学开始在刊物上发表文章。

朱智贤在求知过程中，深知穷苦人家的儿童上学不易。因此，在师范毕业的前夕，他同几个要好的同学一起为学校附近街道的失学儿童办学，并试行了当时流行的"设计教学法"。在教学实践和理论知识学习的基础上，开始撰写教育和心理方面的文章，发表在一些教育刊物上，这是他从事教育、心理科学研究的初步尝试。

在读书期间，他对教学方法很感兴趣，并发誓要写出一本书。功夫不负有心人，他终于写出了题为《小学历史教学法》一书，由商务印书馆出版。此书的出版，轰动了学校，而且也增强了他研究教育问题的决心。

1928 年，他以优异的成绩毕业并留在学校附属小学任教。

在小学的教学实践中，朱智贤天天和儿童在一起，观察体会一些教学方法的效果和儿童在学习活动中表现出的心理特点，又先后编辑出版了《儿童诗歌集》《儿童谜语集》《儿童自治概论》《小学课程研究》等书。

奋发向上、生活清贫的青年时代

1930 年，朱智贤以全省中等学校优秀毕业生的资格被保送到南京中央大学学习。良好的学习环境，使他如鱼得水。他系统地学习了教育史上各流派教育思想的精华，同时还仔细地阅读了刚出版的李浩吾（杨贤江）用马克思主义观点写的《新教育大纲》，第一次接触到辩证唯物主义的教育学。随着知识的增长，他辨别事物的能力提高了。

大学里的学习时间对于朱智贤来说是很宝贵的。他一方面要学习大学里的课程，另一方面还要为生活而奔忙。他要到中小学去兼课，给报纸写文章，其他时间几乎都在图书馆里度过，他细心钻研问题，查文献、翻资料，平均每学期他都要写一本小册子出版。

勤奋学习使他获得了丰硕的成果，他发表了《小学学生出席与缺席问题》《小学行政新论》《教育研究法》等文章。其中《教育研究法》是一部 30 万字的专著，由中正书局出版，被列为许多大学教育系的教学参考书。在大学四年级时，学校开了一门"课程论"的课，老师在第一节课就给同学开列了一批参考书，当老师写到《教育研究法》的作者是朱智贤时，同学们都回过头来投以称赞的目光。

由于学习成绩优秀，大学毕业后朱智贤受聘为厦门集美师范学校研究部主任兼教育学、心理学教师。同时，他还主编了《初等教育》《儿童导师》两种刊物。

1935 年，朱智贤应邀到济南市担任山东省民众教育馆的编辑部主任，主编《山东民众教育月刊》和《小学与社会》两种刊物。这期间他还编写出版了《民众学校实施法》《通俗讲演实施法》等书。1936 年春，他在一些朋友的鼓动下，东渡日本留学，考取了日本东京帝国大学文学部大学院教育学研究室研究员。在日期间，翻译了一本日本人写的《青年心理与教育》、编写了《小学研究工作实施法》，并准备攻读博士学位。抗日战争爆发后，他放弃了攻读学位的机会，返回了祖国，表现出高度的爱国热情。

解聘断炊全不顾　强项宁折不弯腰

当朱智贤从日本回国时，祖国河山正遭受着日本侵略者的蹂躏，人民流离失所，哀鸿遍野。1938 年他应聘到桂林江苏教育学院任教授，主讲心理学、教育心理学、儿童心理学等课程。

在抗日战争期间，桂林是一个进步人士较集中的地方。他同程今吾等一些共产党员以及进步人士共同组织教育座谈会，用马克思主义的观点探讨一些教育与心理问题。其间，他写了《教育是什么》《一个教育定义的商榷》《心理学上三个行为公式之批判》《论人性的改造问题》等文章，开始用马克思的辩证唯物主义思想探讨教育、心理方面的问题。

　　然而，桂林毕竟是国民党统治区，朱智贤参加的一些进步运动引起了学校当局的注意，院长警告他不要同共产党人来往；训导主任甚至还到他的宿舍进行检查，并质问他为什么要购买和阅读"禁书"。朱智贤毫不隐晦，郑重地申述了自己追求真理的热切愿望。由于他的进步思想和行为触犯了学校当局，1941年"皖南事变"后，他被解聘了。桂林形势日益恶化，他到四川教育学院担任教授。1943年又转入广东中山大学担任教授。抗战胜利后又因他支持学生的"反内战"、"反饥饿"的游行示威活动再遭解聘。

◎　1947年朱智贤在香港达德学院

　　1947年，他辗转到达香港。在地下党组织的帮助下，就任达德学院教务长和教授，同时兼任生活教育社主办的中业学院院长。当时他同共产党员经常有联系，参加地下党组织的一些活动，他对党有了更进一步的认识，提出了加入中国共产党的要求。不久，北京解放了，在党的关怀和邀请下，他同其他人士一起，乘船到了北京，开始了新的生活。

努力拼搏　壮心不已

　　到北京以后，朱智贤等人受到了周恩来副主席的亲切接见，并受命参加"中华全国教育工作者协会"的筹备工作。不久，新中国成立，他出任人民教育出版社的副总编辑，这时他才42岁。由于多年生活的艰辛和工作的劳累，他患了严重的肺病，大口咯血，手术治愈后，身体仍十分虚弱。1951年，他在老朋友、北京师范大学校长林励儒教授劝导下，到北京师范大学教育系任教授，讲授普通心理学和儿童心理学。

1956年，他的身体健康有了好转，被邀参加我国12年科学规划的拟定工作，受到毛泽东主席和周恩来总理的亲切接见。党号召向科学进军，他无比激动，决心为祖国的科学事业做出新的贡献。他同其他同志一道翻译了斯米尔诺夫主编的《心理学》、彼得罗夫斯基主编的《普通心理学》、沙尔达科夫的《中小学生心理学概论》等书。同时还参加编写了我国中师的《心理学》《教育学》等教材。

正当他要准备大干一番事业的时候，1958年在"左"的路线影响下，心理学被定为伪科学，他也被当作"资产阶级的知识分子"遭到了批判。面对这种情况，他沉默了。但在内心里常告诫自己"一定要相信党、相信自己"。

1959年，心理学又重新获得了新生。1961年，党为心理学恢复了名誉。在1962年召开的全国高等学校教材的编写会议上，周扬点名要朱智贤用辩证唯物主义观点编写一部《儿童心理学》。接到这个任务后，他立即开始了紧张的工作。4月，教材编写会议结束，6月，他就完成了《儿童心理学》上册的书稿，不久就完成下册撰稿任务，并于当年由人民教育出版社出版。由于夜以继日的工作，不久，他又病倒了。他就是以这种顽强拼搏的精神，高效、优质地完成了党交给他的工作。在这本书中，他用唯物主义的观点，探讨了儿童心理发展中先天和后天、内因与外因、教育与发展、年龄特征与个别差异的关系等一系列重大理论问题。

关于先天与后天关系问题，他提出无论是遗传素质还是生理成熟都是儿童青少年心理发展的生物前提，它们为儿童心理发展提供了可能性。但是只有环境，特别是社会环境与教育环境才能使这种可能性变为现实性，并决定着儿童心理发展的方向和内容。十几年后，他的学生用实验支持了这一观点的正确性和科学性。关于内因与外因关系问题，他提出教育与环境不是机械地决定儿童心理发展，而是通过儿童心理发展的内部矛盾而起作用。这个内部矛盾是儿童在实践活动中，通过主客体的交互作用而形成的新需要与原有水平的矛盾，这个矛盾是儿童心理发展的动力。关于教育与发展的关系问题，他提出儿童心理的发展主要是由那些适合于他们心理发展特点的教育条件决定的。

从学习的发展，儿童心理要经历一系列的变化过程。其中只有那些高于儿童青少年原有心理水平，经过他们主观努力后才能达到的要求，才是最适合的教育目标。关于年龄特征与个别差异关系问题，他认为儿童心理发展过程中所表现出质的变化，就是儿童心理发展的年龄特征。心理发展的年龄特征不仅有稳定性，而且也有可变性。在同一年龄阶段中，既有一般的、本质的典型特征，也有人与人之间的差异性，即个别差异。在教育过程中既要重视儿童的一般心理特征，又要重视个别差异，这样才能做到因材施教。

在儿童心理学史上，是他首次、全面而系统地解决了上述这些儿童心理发展的重大理论问题，同时这也为心理学的中国化奠定了基础。

深知夕阳无限好　不用扬鞭自奋蹄

十一届三中全会以后，心理学同其他学科一样，又恢复了新生。朱智贤也恢复了自己的教学和科研工作。1978年夏,他不顾自己70岁的高龄,在杭州举行的中国心理学学术会议上,作了长达6个多小时有关皮亚杰心理学思想的报告,受到了与会者的热烈欢迎。1981年秋,北京师范大学心理系成立,他担任了心理系学术委员会主任,并担任了中国心理学会常务理事。

朱智贤开始和时间赛跑了。在1980~1991年的这11年间,他先后完成了两部儿童心理学方面的专著;主持和领导了跨"六五"、"七五"规划的国家重点科研项目"中国儿童青少年心理发展特点与教育";1985年在北京师范大学成立儿童心理研究所,出任第一任所长;主编了《心理学大词典》。

在他同林崇德共同完成的《思维发展心理学》和《儿童心理学史》两部专著中,他更加系统地深入地论述儿童心理学发展的理论、中国儿童心理学前进与发展的方向等问题。在《思维发展心理学》这部书中,他提出要用系统的思想来研究儿童心理学,认为:(1)对儿童思维发展进行研究,不仅要重视对思维规律的研究与探讨,而且还应重视非智力因素对儿童思维发展中的作用,并提出非智力因素在儿童思维活动中有三个明显的作用即动力作用、定型作用、补偿作用;(2)在对儿童思维发展规律进行探讨时,还应重视将科学研究的成果应用于教学之中,提高学生的思维能力。他的这一思想被其学生林崇德主持的"中、小学生能力发展与培养"的教改实验成果所支持;(3)由于儿童思维十分复杂,因此要联合多学科人才对其进行多角度、多层次的研究。总之,在这部书中,他对自己的心理学思想又作了发展。

在《儿童心理学史》中他提出中国儿童心理学前进的道路:(1)必须掌握和运用正确的方法论;(2)密切结合本国教育实际;(3)要批判地吸收外国的经验;(4)要发掘和继承本国的优秀遗产;(5)要有迎头赶上、后来居上的信心和决心。这些建议也同样地适合于中国心理学的发展。

虽然中国儿童心理学在新中国成立以来取得了很大的成就，但是同发达国家相比，差距仍然很大。美国的儿童心理学书，除了引用瑞士心理学家皮亚杰的理论之外，几乎全部都是美国自己的研究材料；苏联的儿童心理学书中，有一种强烈的俄罗斯民族的自豪感，使人觉得他们在向国际心理学界"挑战"，似乎唯有他们的研究材料才是最科学的。然而，我国儿童心理学书，则有点令人惭愧。我们的心理学研究报告，从设计方法到结果，几乎全是模仿外国的。如此下去，就不可能建立起中国自己的儿童心理学了。为了改变这一局面，朱智贤不顾自己年事已高，于1983年亲自主持了"中国儿童青少年心理发展特点与教育"这一跨"六五"、"七五"规划的国家重点科研项目，全国50多个单位，200多位心理学工作者参加了协作研究。由于他主张在协作中既要发挥集体的优势、又要发挥个人的优势，终于在全体研究人员的集体努力下，按期保质、保量地完成了这一涉及面广、内容丰富的科研项目。

1986年，朱智贤又带领全国一批心理学家，编撰出版了中国第一部大型专业性工具书《心理学大词典》，这部词典共有14个分卷，包括18个心理学分支，约1万多个条目，共计400万字。此书于1989年出版发行。1990年获全国第四届图书奖一等奖，并在台湾地区出版。这部词典的出版，为统一心理学名词、加强心理学成果的交流，都有一定的积极作用。

辛勤耕耘六十载　五代桃李苞满树

朱智贤一生从教62年，他的学生遍布祖国大江南北。在他80寿辰时，至少有300多名副教授以上职称的学生为他祝寿，感谢他的辛勤培养。

朱智贤在长期的教学生涯中，始终坚持教书育人的方向，为国家培养德才兼备的专门人才。

他对研究生的思想教育，主要体现于以下几方面：

注意定期进行教育。对新学生主要抓入学教育。为学生提出红与专的具体要求，树立良好的专业学习思想。对于在校学生，他主要抓开学布置学习任务和期末小结的工作。

注意平时有针对性地进行教育。前几年，社会上出现"信仰危机"，使一些学生产生怀疑党的领导、社会主义道路的模糊认识。朱智贤就以自己在新旧社会生活的亲身经历，说明只有共产党和社会主义才能救中国，对学生端正思想认识有一定帮助。他还随时针对学生暴露的个人思想问题进行教育。这几年，个别学生以"勤工俭学"为名，以"利国利民"为借口，搞各种经济活动，他严肃地向学生指出：时间是个常数，更多地分散精力到学习以外的事情，将来会成为国家栋梁之材吗?！更何况国家为了培养一名大学生或研究生花费了巨资呢！规劝学生要专心学习，不要辜负党和人民的期望。

注意在专业课教学中渗透思想教育。心理学是一门关于人的科学，属于边缘学科，既涉及自然科学（人脑），又涉及社会科学（人的社会性）。因此朱智贤认为学习心理学的学生必须首先树立正确的科学观和正确的专业思想。其次要坚持理论联系实际。朱智贤认为心理学和一切科学一样，要为我国的四化服务，要能解决教育、教学实践中的实际问题。为此，他要求学生在学习期间，经常到中小学和幼儿园去，将已学到的心理学知识应用于实际。从1978年起，在他的指导下，他的学生林崇德以一个班级进行教育改革实验。由于教育改革的理论正确、方法得当，现在实验已发展到全国26个省市、上千个班级参与实验，受到老师、学生和家长的一致欢迎。其三，坚持洋为中用、古为今用的方针。

他历来强调对外国心理学的理论与实验研究应该坚持洋为中用、择善而从的方针，反对轻视和盲目崇拜的思想，做到实事求是地分析、批判、摄取，为我所用。

朱智贤对研究生们的业务教育也具特色。

他十分重视基础与创新、知识与能力的结合。他在培养第一位博士生时，要求该生搜集大量中外研究资料，认真阅读、分析，写出文献综述。在此基础上，选择论文题目，经过实验，撰写出有水平的论文。

让学生置身于良好的学术空气下。一个研究集体的风气如何，直接影响着学生学习的积极性和主动性。因此，他大力提倡四种风气：政治气氛——坚持马列主义方向；学习气氛——坚持高水平、多贡献；团结战斗气氛——坚持集体主义、拼搏精神；理论联系实际气氛——坚持为四化服务。他要求教师、干部、学生都要这样做。目前，北京师范大学儿童心理研究所正是凭借这四种气氛，以一个人员较少的研究所，取得丰硕的研究成果。最近在全国科研所评比中，名列第三名。在完成这些研究任务过程中，

◎ 朱智贤与研究生林崇德（右）、董奇（左）在一起

研究生们既贡献了力量，又在业务上得到了很好的锻炼和提高。

几十年来，朱智贤一直以一丝不苟的态度对学生进行业务指导。平时，不论他多么繁忙，或身体多么虚弱，对于学生交来的作业、文章、研究报告，总是亲自批阅，不仅对文章的思想进行分析，指出优、缺点，而且对文章中的错字、别字、标点符号均一一加以修改。这使每一个学生都非常感动，同时也从中学到老师严谨治学的精神。

朱智贤在政治上、业务上处处以身作则，给学生们树立了很好的榜样。他要求入党几十载，一直以一颗赤诚之心拥戴党、追求党，终于在 1979 年，实现了 30 多年的政治愿望，成为中国共产党党员。在业务上，他更是严以律己。1978 年以来，心理学科发展极其迅速，不断出现一些新的研究领域及各种研究成果。面对这种情况，朱智贤时时振奋自己，抓紧时间摄取各种新知识，把握国内外科研的前沿状况，并给学生以前瞻性的业务指导。当时，他已 70 高龄，仍经常出入图书馆、书店。不断借阅或购买大量书籍，充实自己。从 1977 年到 1991 年去世前，他年年都有重要的学术论文发表，平均每隔三年就有一部专著出版。他经常利用各种形式向学生传授知识。他的每一位研究生都感叹，与先生交流一次，胜读十年书，真正感受到他精深的学术造诣。在他去世前的七八个小时，他还在为一名研究心理学史的晚辈写信，肯定成绩，鼓励该生要继续努力工作。可谓生命不息，教书育人不止。

朱智贤作为我国首批博士生导师，十多年来，他为在国内培养高级专门人才，为培养新一代博士生，付出了全部心血。正如他自己所说："我始终竭尽全力去做一件事情，就是以一个教师的高尚师德，去教育影响自己的学生，坚持教书育人的方向，为国家培养德才兼备的专门人才。"不久前，在国家教委、国务院学位委员会、劳动人事部联合召开的表彰大会上，朱智贤培养的两名博士生受到表彰。其中一名被誉为"做出突出贡献的中国博士学位获得者"。另一位被评为"做出突出贡献的回国留学人员"。一位导师有两个学生同时受到国家的表彰,在我国实属罕见。

1991年4月,国家教委北京博士生培养工作专家调查组负责人对以朱智贤教授为学术带头人的发展心理学博士点的工作给予了很高的评价。认为这个博士点的培养工作显著,已毕业的博士生有较高的学术水平,政治素质好,科研成果达到了国际水平。指出:重视博士点的建设,已建立起学术水平高、团结和谐、治学严谨,并已形成梯队的学术集体;学术方向明确,有特色;积极承担国家科研任务,带领学生进入学科前沿;注意选拔人才,坚持"宁缺毋滥"的原则,招生中严格把好质量关;强调为人为学的一贯性,做到教书育人等经验应肯定和发扬。

虽然朱智贤教授已经逝去,但是,他的学术思想将被他的学生们继承并光大,他的科学理想——建设好中国的儿童心理学,也必将变为现实。

(林崇德　白学军)

＊文章原刊载于1994年陕西人民教育出版社出版的《师范群英　光耀中华》第十五卷。本文稍有修改。

参考文献

朱智贤各时期出版的文章、专著等。

周廷儒

中国新生代古地理学研究的奠基人

◎ 周廷儒

周廷儒（1909—1989），浙江省新登（今富阳）人。地理学家、地理学教育家、中国科学院院士。1933年毕业于广东中山大学。1946年留学美国，获加利福尼亚大学伯克利分校理学硕士。曾在西南联大、复旦大学、北京师范大学、清华大学任教，出任北京师范大学地理系主任多年。1980年当选为中国科学院学部委员（院士）；曾任中国地理学会副理事长。

主要著作有《新疆地貌》（主编）《中国自然地理·古地理》《古地理学》等。

周廷儒教授在近 60 年的教学、科研生涯中，治学严谨，工作勤奋，先后发表 5 部专著和 60 篇论文；他任北京师范大学地理系教授近 40 年，任系主任 30 余年，长期讲授基础课、专业课，并为研究生开设课程，所培养的博士、硕士、本科生、专科生、函授生遍及全国，其中已有许多人成为我国地理教学及科学研究的学术带头人。在促进我国地理学发展方面，他提出了中国地形三大区划分的思想，重建了我国第三纪和第四纪的自然地带和自然区，为研究我国自然地理、人文地理奠定了基础。

师出名门

周廷儒 1909 年 2 月 15 日出生于浙江省新登（今富阳）县松溪镇一个贫苦的小商家庭，9 岁丧父，靠年长的哥哥支撑一爿小商店，维持一家人的生活。小学毕业后，他为了减轻家庭负担，远离家乡到三四百里的嘉兴教会中学读书，学习努力、成绩优良，以帮助教师批改低年级英语作业、试卷赚点钱交伙食费。这不仅解决了他暂时经济困难，而且为他以后上大学（英语授课）、出国留学、从事科学研究打好语言基础。

中学毕业后，周廷儒在本县中心小学教书，后来在政府中找了一个工作，由于不满当时国民政府中的贪污腐败，立志继续求学，学好本领，为祖国服务。这时正好广州中山大学地理系在浙江招生，在 50 多名考生中，只录取 5 名，周廷儒以优异的成绩入选。

广州中山大学地理系，当时聘请了不少外国教授讲学，有瑞士构造地质学家小海姆（A Heim）、奥地利古生物学家克雷奇—格拉夫（Karl Kreeji—Graf）、德国区域地理学家克雷德纳（Wilhelm Credner）、德国地貌学家卞沙（Wolfgang panzer）等。国内著名地质学家朱庭祜、乐森玙等也常来兼课。周廷儒不仅在课堂上认真听讲学习，而且经常跟随老师从事野外实习、考察。大学四年学习中，他考察了广东、广西、云南等地，特别对南岭和华南沿海的考察。1933年他写出《广州白云山地形》（英文）的论文，获得学士学位。

周廷儒大学毕业后，留系任卞沙教授的助教。卞沙是当时德国著名地貌学家，所著《地貌学》多次再版，还兼任《德国地形学》杂志（*Zeitsehrift fur Geomorpho-logie*）助理编辑。周廷儒认真向卞沙学习，特别从卞沙身上学到一套地貌野外考察的过硬本领，地貌学研究以后也成为周廷儒一生的重要研究方向。

抗日战争爆发后，周廷儒于1938年辗转至昆明，获中英庚子赔款资助，在西南联合大学地学系张席禔教授指导下，研究云南西部大理、宾川一带的地貌与地震，同时在西南联合大学史地系讲授普通自然地理学。1940年，完成研究论文《云南大理地区的地震与地貌的关系》。同年，中国地理研究所在重庆北碚成立。他应聘担任助理研究员，1942年晋升为副研究员。同时又应复旦大学史地系之聘兼任副教授，主讲地貌学。在北碚地理所任职六年，对四川嘉陵江流域与青海、甘肃一带国土、资源等方面作了实地考察研究，参与完成《嘉陵江流域地理考察报告》，对流域内的地貌发育等问题多所阐发。1942年后，他作为西北史地考察团成员，经由兰州，沿湟水谷地，青海湖至柴达木盆地，又穿越祁连山至河西走廊，多次出入于荒无人烟之地，收集了大量第一手资料，发表了《甘肃、青海地理考察纪要》及其他有关区域地理、地貌学等方面的论著。

1946年春，周廷儒获中英庚款资助去美国加利福尼亚大学伯克利分校留学深造。那里云集了国际地理界的精英，其中有文化景观学派的创始人、美籍德裔学者索尔（C. O. Sauer），美籍瑞典学者莱利等。索尔讲授文化地理、中美洲和南美洲地理，莱利讲授气候学等学位课。周廷儒还选修了德语，后又选修了法语，他每天除了听课，就是进图书馆，星期天和节假日都用在学习上。另一方面，在索尔教授指导下，撰写学位论文。他以在西

◎ 周廷儒在工作

北史地考察中搜集来的祁连山、青海、甘肃河西走廊等地资料为基础，以索尔把人文地理与自然地理统一的观点，撰写出《祁连山和青海地区民族迁移的地理背景》的论文。他最先交论文。在论文答辩时，周廷儒一边讲述，索尔为他一边板书。索尔为周廷儒旁征博引法文、德文和日文的文献资料而惊叹。

论文通过后，周廷儒本想读博士学位，但索尔执意让他协助做研究工作。这时祖国大陆的解放已成定局，他听到很多方面的宣传和主张。广大爱国侨胞对中国共产党领导人民取得的伟大胜利欢欣鼓舞，很多留美学者都庆幸祖国的新生，愿把自己所学本领专长服务于新中国的建设事业。此时，他接到在国内工作的好友、北京师范大学地理系主任黄国璋的聘请，于是他果断地作出决定，克服重重困难，于 1949 年年底回到了祖国的首都北京。

1950 年年初，周廷儒任北京师范大学地理系教授，并兼任中国科学院地理研究所研究员、清华大学地学系教授。1952—1983 年，周廷儒任北京师范大学地理系主任，长达 30 年之久；1964 年起历任中国地理学会第三届常务理事、第四届副理事长、第五届理事。1980 年 11 月，当选为中国科学院学部委员（院士）。1981 年被国务院学位委员会批准为博士生导师。

研究中国地貌学的先驱与奠基人

周廷儒最早发表地貌方面的论文为《广东经济地形之研究》（1933 年），该论文是应用日本东木龙七《初等经济地形学》理论，并根据自己对广东地形的考察，提出广东省有六种地形面：三角洲面、丘陵地面、海岸平原面、山麓扇形地面、山间谷底平坦面、山间谷壁倾斜面。每项地形面又列出各种经济面：生产面、居住面、交通面。这种地形划分对于地形为生活服务，进行经济区划具有一定的参考意义。他的学士论文《广州白云山地形》（1934 年正式发表），是在导师下沙直接指导下完成的，是我国研究华南花岗岩地区地貌最早的论文之一。1938 年在《战干旬刊》上发表《抗战与地形》，根据中国地形特征，他提出适宜进行游击战术的论点，与毛泽东当时提出的《论持久战》（1938 年）不谋而合。并指出："幸有平型关之捷，予国民以极大之兴奋。"1940 年后，他在中国地理研究所主要从事河流地貌发育过程的研究，发表了《离堆与离堆山考》（1941 年）《嘉陵江上游穿断山之举例》（1943 年）等论文，通过解释嘉陵江河谷的发育历史以及河流域内现代地貌的特征与成因，阐明了准平原面上老年期河流在地块抬升过程中的"回春"规律。周廷儒创造的地貌学名词"离堆山"被同仁认可，并被国家《自然科学名词·地理学》收入。

1956 年，他与施雅风、陈述彭承担中华地理志中"中国地形区划"研究任务。他们穿越大别山、雪峰山、十万大山，实地勘察地形区划的一些重要分界线位置，探测广西桂林的喀斯特洞穴，研究了雷州半岛的火山熔岩以及肇庆羚羊峡谷的成因等。他们经过详细考察，完成了《中国地形区划草案》。在此文中他们首次提出中国三大地形区的概念，至今为我国自然区划所沿用。他们还对中山、高山的划分标准，相对地势、山岳形态、水网密度等形态指标都有创新性见解。

同年，他参加规模宏大的中苏合作新疆综合考察工作，前后连续四年，每年春季出发，秋后返回。1956 年考察北疆，从南坡登阿尔泰山，并两度穿越古尔班通古特沙漠；同时还考察了天山北麓的玛纳斯河流域。1957 年攀登天山，重点考察了伊犁谷地和大、小尤尔多斯盆地等水草资源丰富的山间谷地，并考察了吐鲁番、焉耆等盆地。1958 年考察南天山与塔里木盆地，并率小组对塔里木河中游作了专门考察。1959 年考察塔里木盆地南缘及昆仑山脉北坡地区。通过实地考察，对新疆的地貌、自然地带分异规律，第三纪以来自然地理的演变等都有精辟的论述发表，并主编新疆综合考察队地貌考察组的主要研究成果《新疆地貌》（1978年）专著。

新疆地区的地貌发育受新构造运动、干旱区气候条件与沉积规律以及中生代以来的地质历史的影响，有它独特的规律。周廷儒综合各方面因素，对山地、山间盆地、山前地带的地貌，分别作了细致的分析，在干旱区的地貌研究方面作出了重要贡献。

由于新疆各山地、地貌和沉积物所显示的第四纪冰期规模和次数都互相存在差别，而且单从气候上难以解释，因此他根据各山地古夷平面发育特点及抬升高度参差不齐的情况，提出了关于新疆山地冰川发育过程的独特模式："由于新疆境内新第三纪构造分异，各山地隆起快慢不一，高度参差。如果第四纪冰期初期山地最占优势的均夷面抬升到降雪最多的高度范围内，集冰的面积最大，……便会发生首次最大规模的冰川，当后来主要的均夷面上升超过了降雪最多带，……下部降雪丰富带上山坡变陡，集冰机会减少，……冰川作用规模自然减少。"

塔里木河中游河道动荡不定，经常发生变迁。他认为其原因除了泥沙沉积作用快，河床易于淤高，不能容纳洪汛时的流量，往往突破自然堤改变其流路外，另有两组矛盾势力使河道变动的规律更为复杂。天山山前带新构造运动使山麓洪冲倾斜平原隆起，可迫使塔里木河向南摆动；如果新构造运动暂时宁静，南部平原淤积和风积加厚……则河系又可向北迁徙。他根据最近河道变迁历史和航空照片判断，现阶段的塔里木河是由南向北变动的。

塔里木盆地中的罗布泊，现在已因湖水干涸而消失。但从 20 世纪初以来，它的"迁移"问题一直是国际地学界众说纷纭的对象。根据考察资料及卫星照片的分析，周廷儒认为：罗布泊在历史时期从来没有迁移到别处去过，只在盆地内部受到最新构造运动和水文变化的影响，表现出各个时期积水轮廓的变动，而并非是"游移湖"。

用区域历史发展的观点研究中国自然地理学

周廷儒最早发表的自然地理方面的论著为《扬子江下游地景及其区分》（1936 年）。该文用景观学观点对扬子江下游地区进行了自然区划，是用景观学说研究我国自然地理最早论文之一。以后，特别是在 50 年代初期，他又致力于综合自然区划工作。60 年代，连续撰文阐明综合自然区划的原则、方法、目的等问题，并发表了中国综合自然区划方案、新疆综合自然区划方案等重要学术论文。这些区划方案的特色，在于强调必须考虑区域发展历史过程的观点，即在必须探讨主导因素所处的地位和作用的同时，要考虑到主导因素并不能作为区划的绝对标志，……只有区域形成和发展的自然地理过程所产生的自然物体，才是客观的区划绝对标志。1963 年周廷儒发表了《中国自然区域分异规律和区划原则》，此文以沉积物和风化壳所反映的气候特征及生物化石群为依据，论述了早第三纪时期中国境内地带分异的规律。他认为由于古地中海的消失，欧亚大陆连成一片，导致了中国内陆大陆性气候加强，再加上大陆和太平洋的对比关系发生了变化，……破坏了早第三纪行星风系的地带规律；又由于青藏大山原的隆起和东部地势相对下降，势必引起了南风急流的动力作用，……从而改变了中国各处的气候条件，提出了以气候—构造作用为主导因素所划分的五大地域方案，即东部季风林地域、中部干草原地域、西部干荒漠地域、外部青川藏山原边缘高山地域及内部青藏山原寒荒漠地域。1983 年他发表了《中国第四纪古地理环境的分异》，再次从第四纪以来的自然地理演变，阐明了我国自然区域的分异规律。

这里要特别指出的，上述周廷儒提出的从中国早第三纪（现称古近纪）的行星风系进入晚第三纪（现称新近纪）转变为季风风系的重要结论，是对我国古气候研究的重大贡献，它将为东亚古季风的研究、我国及全球气候变化的研究奠定了理论基础。

开创自然地理学新生代古地理学研究

周廷儒通过长期实践，认为现代自然地理环境需要查明其发展历史，才能对其发展规律有深入的认识，并据以推测其未来的发展趋向。因此在 60 年代初提出了发展自然地理学的古地理研究方向。1962 年在北京师范大学地理系开设古地理学课程，随后创建了古地理研究室，并曾多次率领全室人员到内蒙古凉城岱海盆地及晋北大同、阳高等地开展第四纪古地理研究工作。

"文化大革命"期间，周廷儒虽遭受冲击，但始终未放弃科学研究，仍孜孜以求，努力不懈。1972 年，根据周恩来总理关于中国科学院应重视和加强基础理论研究的指示，中国科学院决定成立以竺可桢副院长为主任的《中国自然地理》编辑委员会，组织各方面专家教授从事此项编著工作。周廷儒受聘为编辑委员会委员，并承担《中国自然地理·古地理》分册的编写任务。从1973年起，他在艰难困境中，每天早出晚归，赴地质资料馆、中国科学院情报所等单位收集资料，前后历时四年，终于完成近40万字的专著。

1976年以后，北京师范大学地理系古地理研究室重新开展工作，周廷儒继续兼任研究室主任，先后创建了孢粉分析室、碳14实验室、微体古生物分析室、沉积岩矿实验室、地球化学实验室等。研究室以开展华北第四纪古地理和新疆塔里木盆地晚白垩——早第三纪古地理环境研究为重点。1982年，周廷儒以自己60年代所编古地理学教材为基础，并吸收70年代国际上的新成就，编著出版了《古地理学》。

周廷儒对古地理学的研究，开始于新疆地区。他对白垩纪以

◎ 1980年周廷儒（后排右五）在日本出席国际地理大会，与中外学者野外考察

来新疆自然环境演变过程，特别是对新疆地区历史时期是否有日益变干的趋势问题，进行了认真的研究。他认为现今淹没在沙漠里的古城废墟，主要是因荒漠区河流改道引起的。近数百年来，塔里木河分支上的河岸绿洲由于河道淤塞，河水断流而放弃耕地的例子比比皆是。其所以如此的主要原因是：山麓扇形地绿洲耕地面积不断扩大，灌溉用水日益增多，从而导致下游河道缩短，胡杨树枯死，风沙侵占了旧日聚落。他特别指出新疆的自然干旱化趋势与人类活动所导致环境退化密切相关，并对维护干旱地区结构脆弱的生态系统的迫切性以及对上下游农业开发必须取得协调发展等问题提请有关方面予以重视。

1980年，周廷儒虽已年逾七旬，仍登上黄山；1981年又登上庐山亲临实地，考察和探讨举世瞩目的中国东部第四纪冰川问题。他从环境整体协调的观点判断当时中国东部黄土带和亚热带如要发生山地冰川，必须是在高度3000米以上的山地。他还从冰蚀地貌与雪线地貌、真冰碛和假冰碛、网纹红土与古风化壳等的关系方面，对中国东部低山地区被认为广泛分布的"冰川遗迹"提出质疑。这一重要见解正在日益引起人们的重视和探讨。

对我国黄土的特征及其形成原因，他以综合的观点提出：黄土毋庸置疑是外生沉积物质，即应是被风吹扬起来的粉砂等均匀细粒物质，但其形成为典型黄土，则不论其处于何种地貌部位上，必须具备黄土化的钙质环境（即草原环境）。典型黄土区外围，靠近荒漠带为砂黄土，靠近森林带为冲刷粘质黄土，而第四纪黄土草原位置的移动则可使黄土层中出现多旋回性的"埋藏土"。这一见解，曾在1982年的第十一届国际第四纪会议（莫斯科）上发表，引起与会学者的高度重视。

周廷儒在研究古地理学中，特别注意人类在长期生产劳动中对自然环境的影响以及劳动人民在改造自然中的巨大作用。他指出：在自发的和无组织的原始社会里或后来阶级社会里，对自然界带有盲目性与破坏性。唯有在社会主义的条件下，才有可能使自然获得根本的、有计划的合理改造，社会主义时代的科学实践在于认识自然环境的发生、发展和消亡的规律性，并据以纠正不合乎客观实际的计划和措施。

毕生从事地理教育　桃李满天下

周廷儒早在中学毕业后，就在本县中心小学教过书。1935～1937年任教于浙江杭州高级中学。任教期间编写的中国地理教材立论极具特色。所教学生受其影响，上大学选择地质、地理专业并成就显著者，如周明镇（中国科学院院士、著名地质学家、古生物学家）、罗来兴（中国科学院地理研究所研究员）等。在抗战时期，他任教于西南联合大学，复旦大学史地系，特别是后来长期在北京师范大学地理系任教，为本科生讲授基础课、专业课，为博士生、硕士生开设学位课程，培养了许多的专业人才。

周廷儒是全国高等师范院校地理系教学计划的首任起草者。1952年秋，在苏联专家波波夫、普希金的参与下，周廷儒参照苏联列宁师范学院地理系1951年的教学计划，制定了北京师范大学地理学系的教学计划。1953年，受教育部委托，周廷儒负责草拟《全国高等师范院校地理系教学计划草案》。同年秋，教育部召开全国师范教育会议上，对周廷儒负责制定的教学计划进行讨论，略作修改后通过，于1954年由教育部正式颁布实施。新的教学计划充分体现了理论与实践的结合，并突出了师范教育的特点。

周廷儒是全国高等师范院校通用的"中国自然地理教学大纲"的起草人。1954年年初，受教育部委托，周廷儒负责拟定"中国自然地理"的教学大纲。这个大纲经教育部召开会议讨论通过，于1955年正式颁布并在全国各高等师范院校施行。

1980年，教育部再次委托周廷儒拟定高等师范院校"中国自然地理教学大纲"。综合大学该课程的教学大纲由南京大学任美锷院士起草。同年5月，教育部在上海召开会议，周廷儒、任美锷两先生商议，将综合大学、高等师范院校的"中国自然地理教学大纲"合并为一个共同使用的大纲。这一建议得到与会代表的一致赞同，顺利通过。

在培养人才方面，周廷儒特别重视加强其基础理论和野外工作能力的训练。早在1937年在《地理教学》杂志第一卷第3期上，他撰写的《野外考察与地理教育》一文中指出："现代地理学，不仅描述表面地景为已足，尤应以科学的解释为主干，而各种科学地理解释，须基于野外观察之所得，是故野外考察，实为地理教育之中心部分。"并进一步指出，野外考察能养成综合观察之能力；培养文化价值创造力；训练实际社会生活之知识及能力；养成深刻国家观念。该文直至现在还被一些书籍和刊物转载。在他任北京师范大学地理系系主任的30多年时间，曾多次率领学生到晋北、内蒙古、胶东、辽东等地进行地貌、自然地理实习或考察。当时农村生活条件十分艰苦，师生不仅自带行李、干粮，还常常夜宿于野寺、村舍之中，但他总怡然自处，以苦为乐。在野外考察中，但他从不避风雨，不畏险阻，每遇重要景观，必亲自跋涉，甚至登不必有径，涉不必有津，常身先学生，或跃居危峰之巅，或屈行于悬崖峭壁之下，以求获得第一手资料。到80年代，他以古稀之年，仍带领研究生、中青年教师，数次到秦皇岛、烟台等地，指导他们进行野外实践和搜集原始资料。他在自己的地理科学研究成果中，也无一不是通过辛勤的野外实践而取得的。他的这种不畏艰险探索自然规律的精神，克服困难积极献身于科学的崇高品格，教育了一代又一代的师生。他备课认真，博览群书，利用他懂得多种外语的优势，每讲一课都有新的内容。周廷儒的学识、人品获得师生们的无比尊敬，并成为后辈永远学习的楷模。

我国著名地质学家、中国科学院院士刘东生曾说："周廷儒院士是我国地理学界的一位泰斗。他从地貌学走向自然地理学开创了自然地理学的古地理。他是中国近代地理学发展时期第二代的地理学家。他在我国地理科学的研究和教育领域，特别是在创立新的学术思想和人才培养方面功勋卓著。他从1960—1989年，在近30年的时间里不遗余力地发展古地理学。他是这门学科的一位孜孜不倦的倡导者，也是一位被人们衷心拥护的奠基人。"对于周廷儒先生一生的教学、学术研究做了全面评价。

2006年夏，北京师范大学地理学与遥感科学学院（原地理系）校友为周廷儒先生立红铜半身雕像一尊，并出版《山高水长——周廷儒院士纪念文集》一书，以表对周廷儒先生永远的缅怀。

（任森厚）

参考文献

山高水长——周廷儒院士纪念文集．北京：北京师范大学出版社，2006

白寿彝

著作等身的历史学家

◎ 白寿彝

白寿彝（1909—2000），字肇伦，经名哲马鲁丁。回族，河南开封人。历史学家、教育家和社会活动家。早年就读于上海文治大学，后燕京大学国学研究所研究生毕业。曾任教于云南大学、中央大学。新中国成立后，历任北京师范大学历史系教授、系主任、史学研究所所长、古籍研究所所长，兼任国务院学位委员会委员、中国伊斯兰教协会副会长、中国民族史学会会长等职；是第三届至第六届全国人大代表，第四届至第六届全国人大常务委员，第五届全国人大民族委员会副主任，中共十大代表。

著述丰厚，主要有：《中国交通史》《中国伊斯兰史存稿》《历史教育和史学遗产》《白寿彝民族宗教论集》《白寿彝史学论集》《中国史学史论集》《回族人物志》等，主编《中国通史》。

白寿彝先生在 70 余年的学术和教育生涯中，在中国通史、中国民族史、中国史学史、历史教育等领域做出了突出的贡献，极大地推动了中国史学的发展。

献身学术的一生

白寿彝，1909 年 2 月 19 日出生于河南省开封市一个回族家庭。白家是当地回族中的大姓，父亲白吉甫十分勤劳，也善于经商，母亲钱相云，善良贤淑，操持家务，孝敬老人，对子女也尽心尽责，她以能诵读《古兰经》而受到穆斯林的尊敬。

白寿彝幼年接受了伊斯兰文化和传统儒家文化双重的启蒙教育，他随姑姑学习阿拉伯文，诵习《古兰经》。1920 年，父亲聘请了清末拔贡吕先生为他讲授"四书"、"五经"，以及当时流行的《启蒙读本》。1922 年，又聘请了名师凌素莹先生来家任教，教授《左传》《史记》《汉书》等。

从中学阶段起白寿彝开始接受新式教育。1923 年，他考进开封圣·安德烈学校，这是一家天主教会创办的中等学校，在这里他学习英语、数学等课程。白寿彝非常好学，爱读书，喜欢接受新事物。当加拿大籍校长问他为什么要学习英语时，白寿彝回答说，学会了英语可以读懂英文书籍，更好地了解世界。

1925 年，白寿彝考取上海文治大学。1928 年 4 月，他在上海《民国日报》觉悟副刊上发表了题为《"整理国故""介绍欧化"的必要和应取的方向》的论文，当时的中国学术界关于整理国故和全盘西化的争论很热烈，在这篇他公开发表的第一篇文章里，青年白寿彝主张中西文化应当并取，用其所长，在全面、系统研究的基础上，"创造新文化"。

大学毕业后，白寿彝回到开封，曾担任《晨星》半月刊的主编，这是一份以文艺为重点兼顾史学的刊物。这一时期，白寿彝的学术兴趣集中在中国古代思想史和民俗学方面。他发表了多篇论述孔子、老子、墨子哲学和政治思想的文章，他采集编选的《开封歌谣集》由广州国立中山大学于 1929 年 5 月印行。

1929 年是白寿彝一生中重要的一年。这年的秋天，白寿彝考入燕京大学国学研究所做研究生，研究中国哲学史。当时的燕京大学可谓名家云集，陈垣、张星烺、郭绍虞、冯友兰、许地山、顾颉刚、容庚、黄子通等著名学者在这里传道授业，他们的学术思想和治学风格也对白寿彝产生深远的影响。根据白寿彝后来的回忆，他的导师黄子通治学严谨，对他的指导也极为严格。白寿彝曾试图用两三年时间写出一部超越前人的哲学史，黄子通知道后，批评他好高骛远，告诫他研究学问要吃苦头，脚踏实地。导师的训诫令他领悟到治学的真谛，也让他铭记一生。

白寿彝十分珍惜在燕京大学求学的机会，尽管生活上很清苦，但凭着他勤奋与执著，在学术上取得了骄人的成绩：在哲学史研究方面，他发表多篇关于朱熹的论文，所编集的《朱熹辨伪书语》也于 1933 年由北京朴社出版。在民俗学研究方面，他阅读了民俗学的名著《金枝》，1930 年前后，相继发表了《五行家底歌谣观》《关于处女的迷信》《殷周的传说、记录和氏族神》等论文。

研究生毕业后，白寿彝回到开封。作为一个回族青年学子，他开始关注自己本民族的历史以及中国伊斯兰教史，他的学术旨趣由哲学、民俗学转向历史学研究，这一转变深刻地影响他的一生。1935 年，白寿彝创办了《伊斯兰》半月刊，在该刊第 4 期上他发表《中国回教史料之辑录》一文，文中呼吁，"吾人今日如为教史彻底打算，则请从辑录中国回教史料始"，号召人们扎实地进行回族文献的挖掘、收集、整理、刊布工作，进而推进中国回族与伊斯兰教史的研究。

1936 年白寿彝受聘于北平研究院，开始帮助顾颉刚编辑著名的学术刊物——《禹贡》（半月刊）。该刊分别于 1936 年 8 月出版第 5 卷第 11 期"回教与回族专号"、1937 年 4 月出版第 7 卷第 4 期"回教专号"，两期均为白寿彝主编，集中刊发了一批研究回族伊斯兰教史的力作，极大地推动了回族史和伊斯兰教史的研究。在这两期刊物上，白寿彝发表了《从怛逻斯战役说到伊斯兰教之最早的华文记录》《宋时伊斯兰教徒底香料贸易》等多篇论文和译作。这一年的 7 月，他还参加了西北考察团，远赴绥远、宁夏、甘肃、青海等地考察，写出了《绥宁行纪》和《甘青行纪》。

1937 年商务印书馆出版了白寿彝所著《中国交通史》，这是我国第一部交通史方面的专著，受到学术界的推重，1939 年日本东京生活社出版了该书的日文本，译者牛岛俊在译本序中也称该书"著者阐述以上诸端，举凡有关中国交通文化而可为典据之文献，全部搜用无遗，且都注明出处，确是一部标志着中国交通文化史著作中最高水平的作品。"

在抗战爆发前夜，民族危亡的严峻形势激发起白寿彝作为一个青年学者高度的爱国热忱。他在代顾颉刚撰写的《回教的文化运动》一文中呼吁，"中华民族的复兴，回教徒应有沉重的担负"。抗战全面爆发后，白寿彝辗转武汉、桂林、柳州等地，前往大西南，最后到达昆明。

在后方他主要从事编辑刊物和大学任教的工作，学术研究的中心依然是回族史和伊斯兰教。1939 年，他接受英庚款董事会的资助，到云南大学研究云南伊斯兰教史，他曾主持云南《清真铎报》和《益世报》的《边疆》（周刊）的编辑工作。40 年代，白寿彝先后任教于云南大学、中央大学等高等院校，讲授中国上古史、中外交通史、中国史学史、伊斯兰文化、中国通史等课程。

1949 年，北平、南京相继解放。7 月，白寿彝作为南京教育界的代表来北京参加全国教育工作者代表会议的筹备会议，随后又作为少数民族的代表出席了中国人民政治协商会议第一届全体会议。10月1日，中华人民共和国成立，白寿彝登上了天安门，参加了开国大典。

白寿彝来京参加政协会议，遂向南京大学暂假一年，其间经楚图南介绍，北京师范大学历史系主任侯外庐向教育部请示，聘请他来系任教。来北京工作，给白寿彝提供了更为广阔的空间。1951年7月，中国史学会成立，白寿彝当选为常务理事，积极参加史学会的各项工作。1952年，他和侯外庐共同筹建了中国科学院历史研究所二所，兼任研究员。1954年，与刘大年等发起创办了《历史研究》杂志。白寿彝在学术研究、历史教育、学科建设等方面积极探索，对新中国史学的发展做出了重要的贡献。

20世纪五六十年代，白寿彝在教学与学术研究之余，还参加了大量的社会活动。1953年，参加了"中国回民文化协进会"的创建工作，并担任副主任。1955年，赴芬兰赫尔辛基参加世界和平理事会举办的世界和平大会。1956年，出席了全国科学规划会议，还赴印度尼西亚等国进行访问和学术交流。1958年，他应邀作为中央代表团的成员参加了宁夏回族自治区的成立大会。1962年2月，受邀作为中国代表团成员，赴卡拉奇参加巴基斯坦历史学会第12届年会，他在会上作了《中国穆斯林的历史传统》的演讲。10月，白寿彝又与吴晗、季羡林等一道，作为中国历史学家代表团成员，赴伊拉克出席巴格达建都1500年庆典，并赴埃及开罗访问。

在十年"文革"浩劫中，白寿彝受到冲击。他被作为北师大历史系头号"资产阶级反动学术权威"遭受批判，正常的教学与学术研究工作被迫中断，还被送进劳改队参加劳动改造。1971年，在毛泽东、周恩来的直接关怀下，他和一些著名的文史专家参加了继续点校"二十四史"的工作。这项工作由顾颉刚主持，因顾先生身体不佳，实际工作则由白寿彝负责。"文革"后期，境况稍有改变，1975 年白寿彝重又主持北京师范大学历史系的教学工作。

"文革"当中，面对恶劣的环境和政治迫害，白寿彝保持了学者的气节。"文革"开始后，围绕着《海瑞罢官》而展开的政治斗争逐步升级，白寿彝被要求参加对吴晗的批判，但是白寿彝坚持认为《海瑞罢官》是学术问题，是历史人物的评价问题，应该实事求是，不能随意上纲上线。1972 年，"四人帮"为全面否定"文革"前十七年教育制度，采取突然袭击的办法，对教育界的专家、教授进行所谓的"文化考试"，在北师大，白寿彝当场罢考，签上"白寿彝"三字后，扬长而去。

1976 年"文革"结束。随着拨乱反正和思想解放的深入，中国学术迎来了一个新的春天。和许多知识分子一样，白寿彝摆脱精神枷锁，焕发了学术青春，以满腔的热情投入到他所热爱的事业当中。

1978 年，他开始招收"文革"后第一批中国史学史专业的硕士研究生。

1979 年，他重任北京师范大学历史系系主任，倡导历史系课程体系的改革。

1980 年，白寿彝被聘为中国史学史专业博士研究生导师。

1983 年，他在北京师范大学创建了全国高校中第一所古籍研究所，并亲自担任所长。

……

1979 年，白寿彝已年届古稀，在回顾自己学术生涯时，他说，"我觉得 70 岁才是真正作学问的开始，以前的各项工作也可以说是为今天的研究作准备。在学术领域里是没有止境的，我仍将走新路！"这句话体现出他在学术上勇于进取的精神。确如他所言，

70 岁以后，他的学术领域不断拓展，学术研究也取得丰硕的成果：他先后出版了《中国伊斯兰史存稿》《历史教育和史学遗产》（1983 年）《白寿彝民族宗教论集》（1992 年）《白寿彝史学论集》（1994 年）《中国史学史论集》（1999 年）等多部学术著作。他主编的《史学概论》出版，该书纠正了以往只以历史唯物主义为主要内容的现象，被史学界认为是同类著作中最有特色的论著之一。1986 年《中国史学史》第一册出版，这部书被看成是研究中国史学史的总纲，对史学史的研究具有突出的学术价值和指导意义。1997 年，由他主编的四卷本《回族人物志》全部出齐。1999 年，由他任总主编的《中国通史》出齐，该书的出版在中国学术界产生深远的影响。

　　"文革"后，白寿彝担任了许多学术团体和社会组织的重要职务，承担了大量的社会工作：他曾任国务院第一届学位委员会委员、国务院古籍整理规划小组成员、国家教委全国古籍整理与研究工作指导委员会副主任、中国史学会主席团成员、中国民族史学会会长、中国伊斯兰教协会副会长、中国回族学会名誉会长。白寿彝是第一届全国政协代表；第三、第四、第五、第六届全国人大代表；第四、第五、第六届全国人大常委；全国人大民委副主任；中国共产党第十次全国代表大会代表等职务。

　　2000 年 3 月 21 日，白寿彝在北京去世，享年 91 岁。

中国民族史研究的突出贡献

　　白寿彝被公认为 20 世纪中国民族史研究领域中的具有重要影响的学者。他对中国民族史研究的贡献首先体现于他对回族史、中国伊斯兰教史的研究，其成就主要体现在以下四个方面：

　　其一是对回族和中国伊斯兰教发展历史的研究。白寿彝的研究经历了文献整理、专题研究到通史性著作编著的过程。20世纪30年代，他认真梳理了中国文献中关于伊斯兰史的记载，并对回族史与伊斯兰史若干专题作了深入的探讨。抗战时期，他迁居云南，开始在专题研究的基础上，尝试撰著全面探究中国伊斯兰教和回回民族发展史的著作。他一生编著过多部回族、伊斯兰史方面的通史性的著作。1944年，他出版了单行本的《中国回教小史》，"反映了中国回教发展的整个过程，也是一本有开拓性的著作"，在学术界产生了广泛影响。1946年为了给回族学生提供阅读和学习的教材，他出版了《中国伊斯兰史纲要》一书，并随后编选了《中国伊斯兰史纲要参考资料》。《中国伊斯兰史纲要》"是在《中国回教小史》的基础上加以提高。它不只是一本伊斯兰教史，从书中论述的各主要内容来说，并且是一部中国回族史。"

新中国成立后，白寿彝接受了马克思主义并作为他学术研究的指导思想。1951年东方书社出版了他的新著《回回民族底新生》，体现了他用马克思主义理论研究回族历史的成功尝试。50年代，他还与韩道仁、丁毅民等撰写了《回回民族的历史和现状》，较为系统地研究回族历史问题，曾作为全国人大讨论宁夏回族自治区成立问题的参考资料。

撰著多部回族史著作的经历使他对著作体例的重要性有非常深刻的认识，他认为通行著作体例上存在缺憾。1984年4月他在为《回族人物志》第一卷所写的题记中提出，希望将近年来他对中国通史编撰新体例的设想引入到新型回族史的编撰工作中，即突破过去章节体的限制，而从序说、综述、典志、传记四个方面来重新构建回族史。这种被学术界称为"新综合体"的学术构想，是白寿彝对历史编撰学的一大贡献，将它引入民族史的编著更是一种创举，不仅对回族史，对其他民族史的编著都有重要意义。

此议得到回族学术界的高度认同，目前按新体例架构的多卷本《回族通史》的编著工作已在进行之中。

其二是对回族历史人物和伊斯兰教经师的研究。白寿彝继承和发扬了中国传统史学中重视人物传记的优良传统，他将回族历史人物的研究视为整个回族史研究中的重要任务，而按照他的新体例编撰《回族通史》的构想，其第四部分就是由人物传记组成。自20世纪30年代以来，白寿彝陆续发表了一些重要文章，如《柳州伊斯兰与马雄》《滇南丛话》（云南回族人物志）《赛典赤·瞻思丁传》《明末两回教史家——詹应鹏与张忻》《王岱舆传略》等，但是对回族人物研究奠定基础的是他40年代撰著的两部书稿《中国伊斯兰经师传》和《回教先正事略》。前者充分发掘史料，特别是散藏于穆斯林手中的文字材料和口碑材料，为中国伊斯兰教史上重要但却不为教外人熟知的宗教人物立传，将其引入学术殿堂。后者共60卷，收录人物上起元代，下迄20世纪30年代，书稿中有的已完成传文，有的则摘录了相关史料，篇末注明史料出处，但是因战时条件有限，未能最后成书。

白寿彝对回族历史人物研究的最大成就体现在由他主编的四卷本《回族人物志》当中。在他的主持下，经过回、汉多名学者十多年的艰苦努力，含元、明、清、近代四册内容的《回族人物志》于1997年由宁夏人民出版社出齐。他不仅亲自撰写了大量传文，而且全部书稿都经他审阅，集体讨论定稿。该书有正传人物192人，附传者134人，"建筑起回族人物的凌烟阁"。该项工程的完成，为深入研究回族历史奠定了基础，极大地丰富了中国通史的内容。

其三是回族史、伊斯兰教史资料的收集、整理和刊布。从20世纪30年代起白寿彝着意收集、整理与回族、伊斯兰教有关的碑刻、家谱资料。在云南期间，他开始专门征集散落于民间的关于清末云南回民起义的资料，或登报发启事公开向社会征集，或通过各地回族社团访求，或通过朋友同志者寻觅，使得许多珍贵的历史文献从濒临散佚的状态下挖掘、整理和保存下来，这一过程被学者们称为"识宝"。他编辑而成的《杜文秀研究资料》一书，后来受到国民党图书杂志审查委员会查禁，改名为《咸同滇变见闻录》，于1945年由重庆商务印书馆出版。该书是我国第一部回族专题史料集，有学者指出该书的出版标志着回族史料学的诞生。1952年中国史学会主编《中国近代史资料丛刊》，白寿彝出任丛书的总编辑委员，亲自主编了该丛书的第4种——《回民起义》这一4卷本的大型资料集。该书第一次系统地收集与整理了有关清代回民起义的资料，不仅对清代回民起义的研究奠定了基础，而且对中国近代史的研究也起了推动作用。白寿彝还重视回族古籍文献的整理工作，1948年，他点校出版了回族伊斯兰名著——刘智所著《天方典礼择要解》。

其四是对回族史研究的理论建树。50年代起，白寿彝运用马克思主义民族理论，对回族族源进行了探讨，他认为唐宋时代来华定居的穆斯林是回族的来源之一，但其更为重要的，或者说是主体部分则是被蒙古西征军强征东来的信仰伊斯兰教的俘虏和兵丁，其中有波斯人、阿拉伯人和突厥人，在其发展过程中还融入了汉人、蒙古等其他民族的成分。他的观点突出了回族族源的多元性，以及同中华民族血肉联系，因而被学术界普遍接受。1957年他发表《回回民族的形成和初步发展》一文，探讨了回回民族形成的时间问题。他指出，14世纪中叶至16世纪中叶，回回民族的经济条件、地域条件和心理条件都已达到了可以形成一个民族的程度，同时逐渐习惯于以汉语为本民族的共同语，共同语言的出现是回回民族形成的重要标志。白寿彝很早就注意区分回族与伊斯兰教的概念，1936年发表的《中国回教史之研究》一文中便指出，"回教固不能离回民而存在"，而"回民之各种活动，并不必亦决不能为完全回教的也"。80 年代，在学术界讨论回族与伊斯兰的关系时，他进一步提出了伊斯兰教是回回民族一种民族形式的观点，既体现了民族与宗教的本质区别，又肯定了伊斯兰教对回族形成发展所起的作用。

白寿彝在中国民族关系史的研究领域也颇多建树。20 世纪 50 年代初，白寿彝发表《论历史上祖国国土问题的处理》一文，批评了旧史学以历代王朝的疆域作为中国历史疆域的作法，提出了中国疆域问题的新观点，引发了中国学术界关于历史疆域问题的大讨论。之后，白寿彝对这一问题的认识逐步完善，在学术界产生较大的影响。他认为，中华人民共和国的疆域是中华人民共和国境内各民族共同进行历史活动的舞台，也就是我们撰写中国通史所用的贯串今古的历史活动的地理范围，讲中华人民共和国疆域各民族的历史，不仅是以我国现在的疆域为限，而是包含境内各民族在历史上活动的范围。

历史上中国民族关系的主流是什么？是民族间友好合作还是压迫与斗争，学术界曾展开过热烈的讨论，聚论纷纭。80 年代初，白寿彝冲破了这一樊篱，他指出，在民族关系史上，友好合作与互相打仗都不是主流，几千年的历史证明，尽管各民族之间好一段，歹一段，但总的说来，各民族共同创造我们的历史，共同促使历史前进，这才是民族关系的主流。在 1989 年出版的《中国通史》导论卷中，他又进一步指出，在中国历史的长河中，民族关系是曲折的，但总的说来，友好关系越来越发展。

对于历史上各民族的统一问题，白寿彝的见解极具创造性。他把历史上统一的情况分成了四种，即单一民族的统一，地区性多民族的统一，全国性多民族的统一和社会主义的全国性多民族的统一。他认为四种民族统一的形式是按程序前进，一步高于一步，多民族的统一是一个历史的概念、长期发展的过程。白寿彝的理论不仅为正确理解历史上统一与分裂问题提供理论依据，而且完整地构建了多民族共同缔造统一多民族中国的理论体系。

史学史研究的开拓与创新

白寿彝关于中国史学史的研究，分为三个阶段：第一阶段是抗战后期。20 世纪 40 年代初白寿彝在云南大学讲授中国史学史，他对中国史学史的研究从这时起步。当时他所能找到的相关著作，多是关于历代名著的介绍，他不满足这种现实，自己动手编写教材，按时代顺序讲授中国古代史学的发展，将下限延伸到清末，试图找寻出中国史学发展的脉络。体现他这一时期探索的重要著作是他于 1946 年 9 月在昆明五华书院作的演讲——《中国历史体裁的演变》，该文稿在《文讯》月刊上发表。这篇文章分四个时期，系统论述了编年纪传二体、断代史著述、通史性著述和各种专史等史书体裁的创立及其发展过程，他把历史书、历史家和历史编撰方法联系起来考察，蕴涵了他对史书体裁的深入思考。

第二阶段是 20 世纪 50 年代末 60 年代初。他试图用马克思主义的立场观点去研究中国史学史，解决研究中存在的诸多问题。白寿彝先后发表了《谈史学遗产》《司马迁寓论断于序事》《中国史学史研究任务的商榷》等多篇文章，指出中国史学史的研究要阐述我国史学发展的规律和民族特点，还要批判地总结我国史学成果。例如在《谈史学遗产》一文中，他主张对史学遗产要作深入和客观的研究，取其精华、弃其糟粕，改造我们的遗产，使之为社会主义史学服务。他提出了史学遗产研究中的七个花圃，实际上论证了史学史研究的意义和范围。《中国史学史研究任务的商榷》则对这一问题进行了进一步的补充与阐发。他的这些论述对当时中国史学史的研究具有指导意义。

第三阶段是"文革"结束后。白寿彝对史学史的研究进一步拓展和深化。他发表一系列论文，对历史唯物主义与史学概论的联系与区别、史学遗产、历史教育、史学史的学科研究对象和内容，以及队伍建设等问题，他都作了系统的论述。这一时期代表性的著作有 1983 年出版的《史学概论》《历史教育和史学遗产》，1986 年出版的《中国史学史》第一册，1994 年出版的《白寿彝史学论集》，以及 1999 年中华书局出版的《中国史学史论集》。

白寿彝还对中国史学史的学科建设做出了贡献。1961 年，高教部文科教材会议决定把编写高等学校《中国史学史教本》的任务交给北京师范大学和上海华东师范大学，分别由白寿彝和吴泽承担，白寿彝负责古代部分。白寿彝认真开展工作，他组建了中国史学史的编写组，组织了几次史学史的研讨会，并开始编印专门刊物《中国史学史参考资料》。1964 年 8 月，白寿彝编写的《中国史学史教本》上册完成并由北京师范大学印刷厂作为内部教材印行，该书从远古时代一直写到唐朝中期，虽为内部教材但流布广泛，对当时史学史的教学与研究起到了推动作用。"文革"前他已经开始招收史学史研究生和进修学者，为史学史学科发展培养高层次人才。"文革"结束后，他于 1978 年筹建了北京师范大学史学研究所，1980 年经教育部批准正式成立，该所肩负通史研究和史学史研究双重任务。经过 20 多年的发展，目前该所已经成为国内外研究史学史的重要学术机构。1979 年，因"文革"停刊的《中国史学史参考资料》复刊，并更名为《史学史研究》。白寿彝长期担任主编，通过这份国内外惟一的研究史学史的专门刊物的发展，达到了他希望的建立和健全史学史学科的目的。1978 年，他招收了"文革"后的第一届硕士研究生。1980 年，在他多年辛勤耕耘的基础上，北京师范大学史学史专业获准成为国家首批博士点，他担任了中国史学史专业的博士生导师。

中国通史研究与撰述的成就

　　白寿彝编写中国通史的想法由来已久。早在抗战时期，白寿彝就曾在当时已迁往昆明的北平研究院史学研究所提出，"中国史学家应由真的史料写出一部新的本国史。"在大学教学工作中，他也有多次教授中国通史的经历，例如1949年他任教于南京中央大学时，讲授中国通史，自己编撰了相关教材。到北京师范大学历史系工作后，当时的系主任侯外庐组建"中国通史教学小组"，以白寿彝为组长，负责通史教学工作。他在教学实践中，逐步形成新的对中国通史的整体认识。

　　1962年，白寿彝去巴基斯坦参加国际学术会议，巴基斯坦的同行说他们讲中国历史时没有由中国人编写的合适的书，而只能用美国人的著作，希望新中国的历史学家能写出一部供外国人学习的中国历史书，这对白寿彝触动很深。1972年，周总理在全国出版工作者会议上提出编写中国通史的任务，触发白寿彝的深入思考。1974年，他出国访问，国外的学者再次提出了中国学者编写中国通史的问题。这三件事使白寿彝深刻地感受到编写一部完整的中国通史的重要性。

　　1975年的9月，白寿彝牵头成立了中国通史编写组。随着"文革"的结束，该项工作开始全面展开。按照他设想的中国通史编写计划，他希望编写大、中、小三种类型的通史著作，以适应不同的读者群。小型本的《中国通史纲要》首先完成并于1980年出版，该书很好地将学术性与通俗性结合起来，用最简洁的文字，清晰地勾勒中国历史发展的基本脉络，好评如潮。该书印数近百万册，相继被译成英、日、法、西班牙、德、蒙古、罗马尼亚和韩等多种文字。1987年白寿彝又主编了《中国通史纲要续编》，论述 1919 年到 1949 年的中国历史，第一次把中国通史写到了中华人民共和国成立。

大型多卷本《中国通史》的编写是晚年白寿彝最重要的工作，牵动着他的大量精力。1979 年这一浩大的史学工程正式启动，由白寿彝主持，全国众多著名高校和研究机构的一批卓有成就、造诣高深的学者共襄盛举。据统计，在编撰过程中，共有五百多名史学界、考古界、科技史界的专家学者参加了这部通史的编撰工作。经过二十年的艰苦努力，1999 年春，《中国通史》由上海人民出版社出齐。全书共 12 卷 22 册，约 1400 万字，上起远古时代，下迄中华人民共和国成立，囊括了中国几千年历史发展中政治、经济、民族、军事、思想文化各个方面，它以鲜明的历史唯物主义为指导，全面反映了中国学术界研究中国历史目前所达到的深度、广度和学术水准，被誉为是"二十世纪中国史学的压轴之作"。

在全书编撰过程中，白寿彝总揽全局，起到了统帅作用。他为全书制订了总体设想和各卷基本要求，并且以八旬老人惊人的毅力，逐卷修改、补充、定稿，从而保证了本书的较高学术水准。本书的突出特点是全面地展现了中华各民族共同创造中国历史的事实。在《中国通史·导论卷》开篇，白寿彝确定了全书的撰写宗旨，他说："中国是一个统一的多民族的国家。中国的历史是中华人

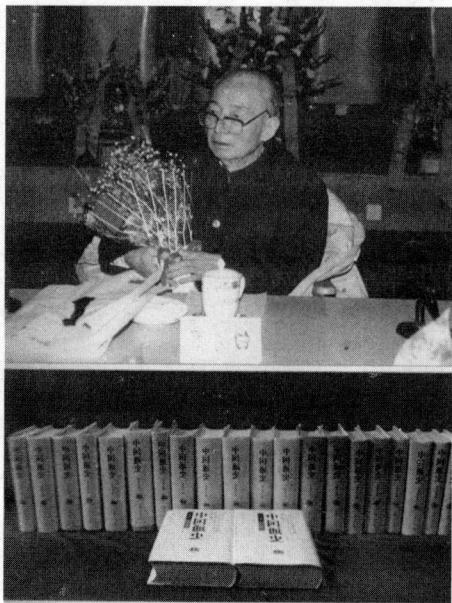

◎ 白寿彝在《中国通史》出版会议上

民共和国境内各民族共同创造的历史，也包括着曾经在这块广大国土上生存，繁衍而现在已经消失的民族的历史。"全书的编撰充分体现了这一宗旨，它将民族史置于通史的重要位置上，真正构建了多民族国家发展的历史。他还强调这套书在探讨、反映历史发展的规律性的同时，必须还要展现历史本身的丰富性。白寿彝组织学者用了整整一卷的篇幅高屋建瓴地阐述有关中国历史研究的理论，探讨中国历史发展的规律，而在具体的断代史撰写中，又重视张扬时代的鲜明特征和历史人物的个性，讲求特色，所以白寿彝主编的这部通史给人普遍的感觉是线索分明又血肉丰满。《中国通史》在编撰体例上也有重大突破。白寿彝批判继承了中国传统史书体裁形式，同时融汇了东西方史书编撰体裁之长，创造了一种被学术界称为"新综合体"的通史编撰体例，为叙述中国几千年历史成功地提供了宏大而新颖的载体。新综合体的明显长处在于能够多层次、多角度地研究历史，展现历史本身的规律性和生动性，例如多年来通行的通史著作中没有人物传记，无法展示历史人物鲜活的个性及他们对历史的影响，而新综合体中"传记"部分的设置使这一缺陷得到弥补。新综合体为中国通史的编撰和进一步研究开辟了一条新的途径。

历史教育的理论与实践

白寿彝在历史教育领域的成就体现在两个方面：首先是教育改革实践。1950 年，他应《光明日报》之请撰写了第一篇论述历史教育的文章——《对于大学历史课程和历史教学的一些实感》，该文总结了北京师范大学中国通史教学小组的经验，他指出，就课程而言，中国通史课程应该成为历史系"最重要的业务课"，同时"在历史系的课程里，必须重视国内少数民族史的研究与教学，必学提倡国内少数民族史的讲授。"在教学方法上，他重视集体教学、鼓励学生参与，教学相长，以提高教学质量。1951年，他在《光明日报》上创办了《历史教学》副刊，发表了大量的文章，对史学研究、历史教育、历史教学、历史教材的编写等问题作了广泛深入的探讨，对于指导当时的历史教育起了积极的推进作用。

20世纪50年代我国高校历史系学习苏联制定出了课程教学计划，即在理论课程和教育课程以外，主要开设中国通史与世界通史两门课程，包含古代、中世纪史、近代史、现代史，都教四年，又称"八大块"，别的课程较少教授。白寿彝参加过这一课程计划的制定，但经过多年的教学实践，白寿彝越发感到这一体系课程设置不合理，特别是缺乏与其他学科相应的配合，存在很大的局限性。1980年起，白寿彝领导北师大历史系进行了以课程结构改革为中心的教学改革。两门通史的讲授由四年压缩到两年半，增加断代史、国别史、专题史等选修课程。这一改革丰富了学生学习的深度和广度，提高了教师的讲授能力和水平，成为全国高

◎ 白寿彝（左）与学生在一起

师历史系教改的先河，产生较大的影响，1989年获得了由国家教委颁发的国家级优秀教学成果奖。

在长期的历史教学与研究过程中，白寿彝逐渐形成了自己的历史教育思想。他指出，历史教育在我国有着古老的传统，但是今天的人们不能深入理解这一传统，有人认为历史教育就是简单的历史知识的传授，更是不恰当。白寿彝的历史教育思想其核心在于阐明史学与人生及社会的关系。首先是对于传统史学的社会作用的认识。他多次发表讲演和撰写论文，揭示历史教育的重大作用，他认为，要通过历史的阐述，讲清做人的道理；利用历史进行革命传统的教育；全面阐述历史上的民族关系，达到促进民族团结的教育的目的；讲授人与自然斗争的历史，对人民进行教育；进行总结历史经验的教育；进行爱国主义和历史前途的教育。其次是对于马克思主义史学的社会作用的认识，他指出，史学要回答现实提出的一些迫切问题，这是我国马克思主义史学的优良传统，我们应该予以继承。他希望历史工作者们要认真思考、研究和回答"马克思主义史学和社会主义建设"、"马克思主义史学和群众教育"两个重要的问题。他指出："马克思主义史学工作者有责任向全国各族人民提供正确的、丰富多彩的历史书，使他们通过学习历史看到自己的光荣责任，看到中华民族的前途，看到中国和世界的前途。"1983年出版的《历史教育和史学遗产》一书，反映了白寿彝在历史教育方面的深入思考，体现了一个史学家的社会责任感。

（邵红英　王东平）

参考文献

[1] 瞿林东、陈其泰．白寿彝画传．开封：河南大学出版社，2005

[2] 白寿彝．我和中国史学史．刊于《学林春秋——著名学者自序集．北京：中华书局，1998

[3] 深切怀念白寿彝先生．史学史研究．2000（2）

[4] 瞿林东．白寿彝史学的理论风格．开封：河南大学出版社，2001

李长之

卓尔不群的现当代文学批评家

◎ 李长之

李长之（1910—1978），原名长治，后改为长植。常用名长之，笔名尝之、方棱、梁直、张芝、何逢、涓埃等。山东人。文学批评家、作家。清华大学毕业。曾任教于云南大学、中央大学。1946年后任北京师范大学教授。

作品有诗集《夜宴》《星的颂歌》，批评专著《鲁迅批判》《梦雨集》《苦雾集》《迎中国的文艺复兴》《道教徒的诗人李白及其痛苦》《司马迁的人格与风格》《李白》《陶渊明传论》《中国文学史略稿》《孔子的故事》以及译文《歌德童话》《德国的古典精神》《文艺史学与文艺科学》等。

李长之是中国现当代著名的文学批评家、学者。他才华横溢，文笔敏捷，曾创下一天写一万五千字的长文外加两篇杂感的写作纪录。以文学批评方面的成就最高、最为著名，亦因卓尔不群的批评精神历尽磨难，终生坎坷。

弃理从文，潜心德国文艺理论

李长之1910年出生于山东利津，2岁时随祖父定居济南。李长之的父亲李泽培受过新旧两种教育，应过科举，是晚清秀才。因为对数学、外文的兴趣和造诣，做过小学教员，教过中学的数学和英文，教过大学的法文。凭他的外国语的本领曾在当时的外交机关——外交部特派山东交涉局公署当公务员。有一次他对李长之说："你看见表了吗？表的生活很机械、很乏味，可是如果人们因为表而做些有益的事情，表就得到安慰了。我是那表。"这是他的人生观，也是他一生的写照，这些深深影响着李长之。李长之的母亲是个热情而又爱好艺术的人，毕业于山东女子师范。长之的幼年就是在这所学校的附设蒙养园无忧无虑地度过的。

1919年，李长之在山东省立第一师范附属小学第一部就读。这时，"五四"运动的春风也吹到了济南，由于小学校校长王世栋是新文化运动的积极拥戴者，因此，他不仅非常迅速地接触了当时的新思潮，接触了白话文，而且也开始学写白话散文和新诗。当济南开展抵制日货运动时，9岁的李长之参加了"十人团"，到药店去检查日货。

李长之在年幼时就已表现出对语文的兴趣和天赋。在小学读书时，他的作文不仅是全班的第一名，也是全校的第一名，常被老师作为范文展示。在班主任老师的鼓励下，他练习写作，12岁即向外投稿。他写的新诗、散文最初分别发表在郑振铎主办的

《儿童世界》、朱天尼主编的《少年》、中华书局的《小朋友》等杂志上，尤以发表在《少年》杂志上的文章最多。后来，李长之在23岁时同郑振铎等人一起编《文学季刊》，他对郑振铎说："十几年前给你投稿，现在还是给你投稿子。"郑振铎愉悦地用他那惯常的口头语说："这真是有趣啊。"

李长之的个子不高，身体单薄，胡同里顽皮的孩子经常欺侮他，但当他们知道他常在儿童刊物上发表文章、诗歌，又听到大人们都称他是拿稿费的孩子后，就都不再欺侮他，而是敬重他，愿意和他交朋友了。

不久，李长之升入济南省立第一中学上初中。此时由于北洋军阀余孽张宗昌统治山东，严禁白话文，于是他潜心学习古典文学。他最喜爱读的是《孟子》《庄子》和《陶靖节先生集》，这培养了他日后对古典文学研究和批评的兴趣。

1926年，李长之以第一名考入山东大学高中文科，但只有3天，又改学理科。1928年5月，济南发生"五三惨案"，日本侵略者武装占领了济南，他转入了齐鲁大学附中。可是在齐大附中的半年却是他最苦恼的日子，因为一出校门，便目睹日寇的残暴罪行，他不能容忍；进了校门，又是美国人的统治和仰承外国人鼻息的洋奴的丑态，他感到憋气。尤其使他愤恨的是学校当局明说不宣传基督教，却在每人书桌下偷塞上一本《圣经》，这反而使他坚决地站在反对宗教的立场，有时在作文本上还给学校当局一点讽刺。在济南沦陷的这一年，他的父亲留在济南负责搜集日军暴行的照片资料，他便常常帮父亲搜集递送，这就更加深了他对日本帝国主义的憎恶。由于北伐的胜利，也由于他对当时国民党背叛革命还缺乏认识，1928年他加入了国民党。

这时他的文章多半是散文，发表在本省及北平的报纸副刊上。他也写诗，后来有一部分保存在1934年出版的他的第一本诗集

《夜宴》里。1929 年，当他转入山东聊城第三师范读书时，却因为第一次由大城市来到小县城，第一次沿路接触了农村，耳闻目睹了国民党政权的腐败，农民生活的困境，体会到了所谓北伐胜利的"成果"。他对国民党失望了，不但不再参加国民党的任何会议，也不再承认自己是国民党党员，并且促使他决定学科学，探索工业救国的道路。

1929 年 7 月，李长之负笈进京，他放弃了可以直接报考大学的资格，入了北大预科甲部（理学院），为的是研究自然科学，打好科学基础。在北大预科的两年学习中，他很用功，很刻苦，每天很早就到图书馆，很晚才出实验室，偶尔也写些文艺性的文字，刊登在当时《北平晨报》上。他还写有很多科普性质的文字，如《怎样研究数学》《火山和地震》等等。这期间他还写过一篇评论孙中山的文章，后来发表在《自由评论》上，题目是《我所认识的中山先生者》。

然而在读完预科后，李长之发现研究精确的科学如物理、化学并不是自己所长，他决定研究生物，他写过一篇题名为《我和生物学》的文章，发表在《中学生》杂志上，文中说，"无论生物学要我不要我，我永不离开生物学。" 1931 年秋，他考入清华大学生物系。

"九一八"事变，李长之参加了清华大学南下请愿团去南京总统府要求蒋介石抗日。回校后，他的文学热情再也压抑不住了。起先他是把无脊椎动物实验室变成他写文章的地方，后来，在 1933 年的春天，也就是他上二年级的第二学期开始的时候，干脆退出生物系，转入了哲学系。他之所以转入哲学系，一方面是因为他对哲学有了兴趣；另一方面是因为哲学系功课少，时间多，他可以搞文学创作了。

在他转到哲学系的同时，他的文学创作也正式开始，一发不可收拾。1933 年秋天，他在《现代》上发表了《我对于文学批评的要求和主张》《论中国目前批评界之浅妄》《批评家为什么要批评》等一系列文章，观点鲜明，阐释自己的美学主张和见解。他还写下不少书评。由于当时王云五发行《小学生文库》，李长之认为其毒害儿童，便对他发起了猛烈攻击，撰文揭露、批判他是毒害儿童的市侩、官僚、商人的结合体，有人劝李长之，说王云五是把持书店的大老板，你将来靠笔墨吃饭，怎么好得罪他？李长之断然回答说："我不怕！"这场笔战搞得王云五很是狼狈，但是王并不曾料到向他刺来犀利笔锋的乃是一个 23 岁的青年学生。

这时，郑振铎从上海来到北平，集合了许多朋友一起办《文学季刊》，其中有朱自清、俞平伯、吴晗、巴金、靳以、李长之等。在创刊号上，李长之发表了《王国维文艺批评著作批判》和对老舍《离婚》一书的评论。由于后一篇文章，他同老舍建立了友谊。然而同《文学季刊》合作没有很久，出于对朋友的仗义，同巴金有了误会，他便脱离了这一刊物。

在北大预科理学院学习德文时，李长之的德文程度进展很快。他不仅狂热地阅读歌德的小说、诗歌，还在这一年翻译了《歌德童话集》。在他转到清华哲学系后，由于认识了杨丙辰教授，他更进一步崇拜康德的哲学，尤其喜爱他的美学思想。当时清华大学哲学系所讲授的主要是罗素派的英美新实在论，这当然满足不了李长之的需要，他便利用课余时间钻研德国哲学，同时阅读了许多德国的文学和批评书籍，并醉心于他们的文艺理论。他的译著《文艺史学与文艺科学》就是在这时候译的。

为了提倡德国的文艺科学，李长之一方面大量翻译介绍德国作家生平及其作品，比如《德意志语言学家宏保耳特之生平及著作》《德意志艺术科学建立者温克耳曼之生平及著作》；参加《五十年来的德国学术》的翻译工作，并写有书评。另一方面，他自己创办刊物进行广而告之的宣传。1934年，他与杨丙辰合办《文学评论》杂志，并热情洋溢地撰写了发刊词，但由于不善经营，只出版了两期，便夭折了。这一年，他任《清华周刊》文艺栏主编。1935年，他主编天津《益世报》文学副刊。这刊物的主旨仍是《文学评论》的继续，在发刊词上李长之标举了他的五大主张，其中的三大主张便是注重书评，提倡文艺科学和鼓吹浪漫主义，这是当时李长之的美学思想的主要倾向，也是他在相当长的时间内所主张和实践着的。

这时李长之也继续进行中国古典文学的研究，作《红楼梦批判》，发表于《清华周刊》；写有《道教徒的诗人李白及其痛苦》一书，于1940年由香港商务印书馆出版；并于1936年完成了他的美学史论文《中国画论体系及其批评》，1944年由重庆独立出版社出版。此期间他的著作都强烈地表现出德国文艺科学方法的影响。比如他的《道教徒的诗人李白及其痛苦》一书，虽然在指出李白和道教的关系上观点是卓越的，然而却带有尼采的超人思想，带有他当时对浪漫主义的热情与崇拜。他的《中国画论体系及其批评》一书非常正确地提出了人格、技术、工具三者合一的艺术理论，指出中国绘画同士大夫生活的关系，是一篇较早地用科学的系统的方法来分析中国美学史和绘画的论文，却也带有形式主义和机械论的色彩。至于他1935年评论和介绍鲁迅的著作——《鲁迅批判》，更是从方法到观点都受有德国

◎ 李长之与夫人

◎ 李长之与女儿

古典美学的影响。

李长之虽然这时还在清华大学读书，可是他以康德于10年间相继问世的《纯粹理性批判》《实践理性批判》《判断力批判》三部巨著构成的批判哲学体系作基础的思想框架已经基本形成。他的毕业论文是《康德哲学之心理学的背景》。他发表的哲学论文也大都集中在这一段时间里，主要有：《论人类命运的二重性及文艺上两大思潮上根本的考察》《论唯心论唯物论之短长》《伟大思想家之共同点》《请教于八股式的唯物辩证法论者》等。

创作《鲁迅批判》的前前后后

李长之早在"五四"时代便接触了鲁迅的作品，他热爱、向往着鲁迅，而且从思想到文字都受到了这位伟人的滋润。他在1935年的回忆中说："事情往往过后才知道，受一个人的影响越深，异时往往越发不觉得。我知道有许多意见，以为是自己观感所得的，但一往过去的生活上追溯下去，尤其是精神方面的教养，则其根源都历历可考。我受影响顶大的，古人是孟轲，我爱他浓烈的情感，高亢爽朗的精神；欧洲人是歌德，我羡慕他丰盛的生命力；现代人便是鲁迅了，我敬的，是他的对人对事之不妥协。不知不觉，就把他们的意见，变作了自己的意见了……"因为这个原因，他很早就开始写评论鲁迅的文章了，最先是写于1929年1

月25日的《猫》，发表在《山东民报》，同年2月14日，他又写了《读〈鲁迅在广东〉》一文，发表在《华北日报》副刊，李长之这时刚十八九岁。

他考入清华大学后，在埋头研究德国哲学和文艺理论的同时，开始系统地阅读鲁迅的著作，并写下许多评论文章：1931年完成的《〈阿Q正传〉之新评价》，1932年完成的《评〈三闲集〉》《评〈二心集〉》，1933年完成的《评〈两地书〉》《评〈伪自由书〉》等，它们分别发表在《再生》《北平晨报》《图书评论》《大公报》等报刊上。这些文章为后来他写《鲁迅批判》一书打下了基础。

李长之的《鲁迅批判》开始写作于1935年的3月，同年7月写完。起初连载于天津的《益世报》文学副刊，后来由上海北新书局出版。在出书之前，他将剪贴的全稿寄给鲁迅审阅，并给鲁迅写了信。鲁迅很快就回信了，不仅订正了书中有关著作的时日，而且寄赠了一张大小像明信片一样的近照，这照片从背面看显然是从一张硬纸上揭下来的。鲁迅在信中对于只有二十四五岁的李长之给予了热情的鼓励，他说："惠函敬悉，但我不同意于先生的谦虚的提议，因为我对于自己的传记以及批评之类不大热心，而且回忆和商量起来，也觉得乏味。文章，是总不免有错误或偏见的，即使叫我自己做起对自己的批评来，大约也不免有错误，何况经历全不相同的别人。但我以为这其实还比小心翼翼、再三改得稳当了的好。"鲁迅的信使他非常感动，他在《鲁迅批判》的后记中说："我很感谢鲁迅先生，他寄赠给最近的像片，又给了好几封信，使我对于所列的著作时日有所补正。他不像一般人所以为的猜忌刻薄，从他的文章就可以看出，他反而是并不世故，忠厚而近于呆子的地步。人与人的相处，也不见得像一般人所想的那么必须怀了戒心，然而或者这就是'剪影'，'塑像'者之流所失望的。"他同鲁迅的通信交往就是在这个时候。

《鲁迅批判》这部书出版后，日本的《中国文学研究》杂志立即用大半本的篇幅介绍它。1937 年，北平沦陷，日本侵略者在发表的查禁书单中赫然列上了它。

《鲁迅批判》是我国最早的系统评论鲁迅的著作。李长之认为："鲁迅文艺创作之出，意义是大而且多的，从此白话文的表现力，得到一种信赖；从此反封建的奋战，得到一种号召；从此新文学史上开始了真正的创作；从此中国小说的变迁上开始有了真正的短篇；章回体，'聊斋体'的结构是过去了，才子佳人，黑幕大观，仙侠鬼怪的内容是结束了。那种写实的，以代表了近来农村崩溃，都市中生活之苦的写照，是有了端倪了；而且，那种真正的是中国地方色彩的忠实反映，真正的是中国语言文字的巧为运用，加之以人类所不容易推却的寂寞的哀感，以及对于弱者与被损伤者的热烈的抚慰和同情，还有对于伪善者，愚妄者甚至人类共同缺陷的讽笑和攻击，这都在显示着是中国新文学的作品加入世界的国际的作品之林里的第一步了。"当然，李长之在这部书中对鲁迅的缺点、不足也并不回避和掩饰。由于他当时醉心于德国的文艺理论，受温克耳曼、宏保尔特等人形式主义、机械主义方法论的影响，他那时认为"鲁迅作为一个诗人是有永久价值的，作为一个战士是有时代价值的"，但"鲁迅不是思想家"。这些观点也同时见之于他那时所写的其他评论鲁迅的文章。

随着新中国的建立，随着李长之对马克思主义文艺理论的逐步理解和把握，他对鲁迅的认识也在不断提高。首先见于端倪的是 1948 年在中法大学所做的讲演——《鲁迅对文艺批评的启示》。1950 年他在《光明日报》上发表了《〈鲁迅批判〉的自我批判》一文，修正了自己对鲁迅的一些看法。在 1956 年，即鲁迅逝世 20 周年的日子，他陆续写了《鲁迅美学思想初探》《鲁迅与嵇康》《文学史家的鲁迅》等文章。后者是李长之在全国纪念鲁迅逝世20周年学术讨论会上的报告。他在这篇报告的结束语中说："文化巨人的鲁迅，不只是勇猛坚毅的战士，也是一个热爱文学遗产的文艺科学家。"这是李长之对鲁迅认识的提高和升华，同时也是他对马克思主义文艺理论掌握和提高的标志。

早在1943年在《鲁迅批判》三版题记中李长之就曾表示，将来要另写一部《鲁迅批判》，解放后他这个念头更强烈了，1956年陆续所写的评论鲁迅的一系列文章正是为此作的准备。遗憾的是，随着后来的反右斗争对他的冲击，这一计划夭折了。

李长之的一生对鲁迅始终充满着崇敬和热爱，他是我国系统评论鲁迅的第一人。他对鲁迅的评论有一个认识发展的过程，是我国研究鲁迅的卓有成就的专家。他研究鲁迅的态度是严肃认真的，他说："我的用意是简单的，只在尽己之所能，写出我一点自信的负责的观察，像科学研究似的，报告一个求真的结果而已。我信这是批评者的唯一的态度。这态度，我一直没有变，因为求真，我在任何时候都没有顾忌，说好是真说好，说坏是真说坏。所以事后既不反悔，人死也不会让我的论断变更"。（见《鲁迅批判》再版题记。）正因为这样，他给我们留下的研究鲁迅的几十万字的论文，到现在仍有价值，仍有分量，仍值得我们很好地研究和对待。

战争年代的教书著述生涯

1936年，李长之完成了清华大学的毕业手续。但毕业后生活的艰难也随之袭来了。这时，他的父亲因中风卧床，母亲侍候父亲不能专心工作，他的生活费用只能靠自己维持了。他先在清华大学担任了华侨生、蒙藏生导师，给华侨生补习中文，给蒙藏生补习英文，又在私立的京华美术学院兼课，是教美学和艺术史。

名义是教授，但月薪只有八元。

这时熊庆来担任了云南大学的校长，在约吴晗去云南的同时，也聘请了李长之。1937年7月，他经过南京、武汉、香港，由越南海防取道入滇，9月到达昆明。他在云南大学讲授哲学概论，兼授国文和文艺批评。此时，长之申请去德国留学的手续已办理妥当，但他放弃了。因为这时"七七"卢沟桥事变，北平已经沦陷，他不愿意重回被敌人占领的古都，更不愿意只有答应承认伪满洲国才能留学的条件！

过了不久，李长之来到重庆中央大学，开始任校长罗家伦的助教，同年，参加中华全国文艺界抗敌协会。1939年他撰写了《西洋哲学史》，1940年他撰写了《波兰兴亡鉴》，并担任了教育部研究员，研究中国文艺批评史，写有《批评家孟轲》一文。由于他的好朋友宗白华的推荐，他在中央大学中国文学系当了兼任讲师，讲授中国文学批评史。第二年改为专任讲师，1942年成为副教授，参加了中央大学丛书委员会、文史哲季刊委员会。这一年他出版了第二个新诗集《诗的颂歌》，以及抗战期的文艺批评论文汇编《苦雾集》。

随着抗日战争的深入，李长之的思想逐渐发生了某些转变，首先是他对于过去所崇拜的德国文艺科学发生了信仰危机。德国的濒于败绩，使他感到德国文化根本上有些毛病。1943年12月14日，他写下《论德国学者治学得失与德国命运》一文，指出近代德国学术与法西斯政治的血缘关系，断定德国的失败是必然的。这时，他阅读了席勒的作品，觉得席勒在争民主上比歌德积极。他对于唯物辩证法也有了一些新的看法了，这见之于同年12月5日写的《再论战争与文化动态》一文。此时他同进步作家何其芳、叶以群、刘白羽等有了往来，他们给了李长之很多影响。

1943年12月他与柯柏薰女士结了婚。这一年他写有《北欧文学》一书，次年撰写了《韩愈》一书，并把自己的论文集《迎中国的文艺复兴》《梦雨集》编好出版。由于劳累，他得了肺病，应好友梁实秋之约，转到国立编译馆工作，担任康德的《判断力批判》的翻译。1945 年春天，他离开了住了 7 年时间的中央大学所在地沙坪坝，搬到了编译馆所在地北碚居住。1946 年春天，李长之以编译馆编审的身份到了南京。

在南京编译馆，李长之曾经代理图书馆主任，负责接收敌伪一部分图书，他继续编译康德的《判断力批判》，与此同时用了两个月的时间，把在重庆已经写了一部分的《司马迁之人格与风格》写完。这部论著的一部分先是由开明书店的《国文月刊》连载，后来在 1947 年由开明书店出版。这是李长之在抗日战争和解放战争之际写的学术专著。这部著作依然保持着他特有的冲决一切的才气、浪漫与热情，在学术研究方面，却显得理智和成熟，那是学术积累、生活历练、思想变化的结果。比如，较之《鲁迅批判》《道教徒的诗人李白及其痛苦》二书，他重视了社会的经济基础，重视了物质的条件对文学艺术的作用，强调了《史记》是司马迁以"倡优蓄之"的奴隶身份对汉武帝反抗的控诉书，从而透露了新的气息。在这部书中也反映出他在抗日战争胜利后对中国文艺复兴的期盼，热望再现中华文明的盛世。《司马迁之人格与风格》在分析《史记》和司马迁文章的美学风格上有很多独创的见解。特别是该书的附录《司马迁生年为建元六年辨》是一篇很有科学价值的考辨文章，在研究司马迁的生年上提出了新的深刻的见地。有趣的是这篇论文当时虽没有引起反响，1955 年一位叫刘际铨的人却抄袭了全文在《历史研究》杂志上以自己的名义发表了。在这期《历史研究》杂志上同时发表了郭沫若的《太史公行年考有问题》一文，赞同李长之关于司马迁生年为建元六年的观点。

1946 年 7 月他主编了《和平日报》的副刊，但只有一个多月的时间，就因为抗议殴打马叙伦事件而退出。同年10月，应黎锦熙之约，李长之来到北平，在师范大学任副教授，教中国文学史和哲学概论。

1948年师大发生了国民党特务一手制造的"四九血案"。李长之因为泻肚没有参加教授会的紧急会，也没能参加请愿。但他在4月14日写的《西晋诗人潘岳生平及其创作》发表在《国文月刊》第六十八期）的结尾附注上却写明："十四日写毕于因抗暴罢教期中。埋头工作，祝福伤者。"12月14日他到北大讲《文学批评的课题》时说："在这大票满天飞，人民活不了的时候，还讲什么文学，还讲什么文学批评？文学，文学批评是首先要遭到批评的。"他大胆而痛快地指斥了国民党的反动罪行！这年他还写有《李清照论》《陶渊明真能超出时代吗？》的论文。这两篇论文由于鲜明的现实精神和精湛的见解，受到朱自清的称赞。

1948年6月，李长之出席北大诗人节晚会，作《新诗的几个共同方面》的报告。10月19日在师大讲《鲁迅和我们》，第二天晚上他在中法大学作《鲁迅在文艺批评工作上的启示》的讲演。他在讲演中说："鲁迅先生不是一个形式逻辑的论客，他是纯熟地在使用着辩证唯物论的观点的。所以批评家的任务，要依时间空间不同而变更他的内容和强度，如果不认清这一点，就不易领会他的正确性。"又说："以现实性和大众性为标准，以一个作者的出身、生活、风气、环境为分析的参考，而主要的是马克思主义批评的提法，这就是鲁迅先生所提出的批评方法论的体系。"从中我们不仅可以看到他对鲁迅认识的提高，也可以看到他文艺观点和观念的变化。

1948年他任北师大教授，除讲授中国文学史外，还教伦理学和逻辑学。

新中国成立之初的多产岁月

1949 年 1 月 31 日，北京解放了。李长之也像全国人民一样，怀着无限的欣喜迎接解放。第二天学校中的教授会开会，他起草了北京师范大学迎接解放的宣言，以后又陆续起草了拥护解放军渡江令的宣言，向新政协致敬的电文等。解放前，李长之是极少参加校内活动的，这时他参加了新民主主义文化建设协会，参加了教授会的干事会，师生员工执委会，合作社筹委会，后来担任了师大工会副主席，文学院工会主席。这期间他如饥似渴阅读马列主义著作，以试图跟上时代的脚步。

1949 年 7 月，李长之出席全国第一次文代会，会后去东北参观，他写有《东北参观散记》。这一年他还写有《中国文学史导论》《一九四九年文艺动态的几个考察》等文章。《中国文学史导论》是李长之全面系统地研究中国文学史的开始。

1950 年 2 月，李长之向中国共产党提出了入党申请，4 月他被调入华北人民革命大学政治研究院学习，12 月结业返回师大。学习期间，他写了《〈鲁迅批判〉的自我批判》一文，发表在同年的《光明日报》上。这一年他还写有《武训传与武训画传》。

1951 年 4 月，他参加了全国政协组织的西南土改工作团，并担任副团长，到川北工作。同年，他写了《李白》一书，又写了《大理石的小菩萨》《龙伯国》两本童话。

1952 年他以张芝的笔名，写了《陶渊明传论》。书中说，"鲁迅先生在《魏晋风度及文章与药及酒之关系》一文中谈论到关于陶渊明的研究时曾说：'用别一种看法研究起来，恐怕也会成为一个和旧说不同的人物罢。'本书就是企图根据鲁迅的意见，对陶渊明的一生及其历史环境进行具体研究和分析，并进一步对陶渊明的政治态度和思想态度作一逼真的说明。"《陶渊明传论》是解放后大陆出版的第一部研究陶渊明的专著，它的出版引发了陶渊明研究的高潮。

1954年，他开始撰写《中国文学史略稿》一书，一、二卷先后完成，次年又写完第三卷。这部书由五十年代出版社出版。第一卷是先秦部分，第二卷是中古文学，包括两汉至唐代的诗歌。第三卷是近古文学的一部分，从唐代传奇写到宋代。因为作者研究文学史多年，特别是对一些作家曾作过深入地研究，因此书中对孔子、屈原、司马迁、陶渊明、李白、李清照、辛稼轩等作家及其作品都颇多精辟独到的见解。《中国文学史略稿》是新中国成立以来最早的一部文学史。当时学文科的很多大学生都读过，在学界产生了很大影响。这部书在20世纪50年代是研究文学史的重要参考书。1955年李长之写有《孔子传》，在《孔子传》的基础上于1956年写成《孔子的故事》，由上海人民出版社出版。同年，他完成了《诗经试译》（1957年由古典文学出版社出版）和《司马迁》（1956年由通俗读物出版社出版）的写作，并且翻译了席勒的剧本《强盗》（1962年人民文学出版社出版）。他参加了综合大学中国文学史教学大纲的讨论会，参加了《琵琶记》讨论会，写有《八个问题两种看法》和《从〈琵琶记〉的结构看它的主题思想》等文章。他参加了全国作家协会批评理论组，并担任了北京市文联文艺理论组的组长。1956年是李长之解放后写文章最多的一年，也是他事业、学海生涯中最辉煌的一段。

从解放到1956年，不过七八年光景，李长之除了写有百万字的单篇论文外，还撰写了近10种书籍。平均每年一本还多，他可以称得起是一个多产的学者。1956年时李长之才46岁，可是已经出版了近30种著作和译著了。

1957年他被邀出席中国共产党全国宣传工作会议，聆听了毛泽东的讲话。这年他写有《论现实主义和我国现实主义的形成》《李义山论纲》《关汉卿的剧作技巧》等文章。他和千千万万的知识分子一样以为"百花齐放　百家争鸣"文艺的春天来临了，但是，万没想到等待他的却是漫长的由于中国特定的政治原因而每况愈下的遭遇。

众口铄金，积毁销骨

1958 年，由于众所周知的原因，李长之被戴上了"反党反社会主义右派分子"的帽子，而且一戴就是 20 多年。但是，这并没有使他倒下，他乐观向上，继续努力工作。在力所能及的范围里，他搞教材注释，帮助青年教师备课，给他们讲解如何分析作品，如何撰写论文，如何指导学生，积极为系里工作出谋划策。

为了继续写完《中国文学史略稿》元明清部分，他在极其艰难的境遇中，做了大量的准备工作。这里有他 1958 年 7、8、9 月的工作计划：

"七月十四日—十九日　元代诗歌散文散曲

　　二十一日—二十六日　明代历史

　　二十八日—八月二日　明代小说

八月四日—八月九日　明代小说

　　十一日—十六日　明清剧本

　　十八日—二十三日　明清剧本散文诗

　　二十五日—三十日　晚清历史

九月一日—六日　鸦片战争诗文

　　八日—十三日　戊戌诗文

　　十五日—二十日　晚清小说

　　二十二日—二十七日　晚清剧本、文学批评"

这份工作计划的背面还写着："赶前不赶后，字多不字少。每日五千字，四十万才好。"这是何等顽强的工作精神！为了祖国神圣的文化事业，李长之勤奋的工作，他确实忘记了自己的右派身份。这时，他还写过剧本《李清照》的提纲，写有《西厢记论稿》《论桃花扇》等论文。系里有人编著《中国历代散文选》，他也积极地参加了选注工作。

在史无前例的"文化大革命"中，李长之被打成"资产阶级反动学术权威"、"攻击鲁迅的老牌反革命分子"、"牛鬼蛇神"。但在这期间，只要有可能，他仍然拼命看书，不看完规定页数从不睡觉。他视时间为生命，但对朋友、对青年学子，他可以毫不吝惜地献出自己的时间。有一个与他不相识的插队青年找他探讨有关罗马教皇的问题，他放下手中的书本和正在研究的工作，和这个青年促膝谈了两个多小时。有人写了关于《诗经》的稿子，厚厚的几本，他对这部稿子的一字字，一页页，以至标点符号都看得十分仔细。有人写了关于《老子》的稿子，字很小，也是好几本，他用了几个星期的功夫把它从头到尾阅完，而且为了帮助完善一些文言的注释，他拖着行走不便的因类风湿病而手脚变形的残疾的身子，从西单住家到师大图书馆挤公交车来来回回不知往返了多少趟。凡是别人向他请教问题，或是请他看稿子，他从没有拒绝过，而且还总是非常中肯坦率地把看法提出来，并虚心听取别人的不同看法。

他的性格是刚强的，从不人云亦云，就是在"四人帮"实行封建法西斯文化专制主义的时期，他也没有违心地去随声应和。1967年曲阜周公庙、孔林被砸毁，他极其愤慨，极其痛心，说："这是国务院立下石碑的全国重点文物保护单位，就这样被'造反'，简直是胡闹！"在谈到对孔子的看法时，他说："对一个在历史上影响这么大的人物简单地进行否定，一棒子打死，是不负责任而又无能的表现。"他的一个学生在所谓儒法斗争宣讲中被分派做"近代儒法斗争史"的讲演，跑来征求他的意见，长之这样对他说："儒家和法家思想是一种意识形态，属于历史的范畴，它不能'万岁'。实际上汉朝董仲舒就已经不再是原来意义的儒家了。时代变了，还硬要去找儒法斗争，不是刻舟求剑么？"

曙光来临

1976年的10月，在那个金色的秋天里，党中央一举粉碎了"四人帮"，李长之按捺不住心头的喜悦，说："我的痛快就像1949年全国解放一样，真正感到精神的大解放！"他认真地积极地努力地完成交给他的各项工作，注释《红楼梦》时，为了解释贾母喝的老君茶，他瘸着拐着几次到元长厚茶叶店向老师傅讨教，了解它与其他茶叶的性能、形状怎样不同；修订《新华字典》时，他一遍遍读它，做笔记，做卡片，对那时所收录的一万多个字，从字音、字形到释义、例证，包括我国历史朝代公元对照简表、计量单位简表、节气表、元素周期表等等，一个个字、一个个词、一句句话地反反复复核查、推敲、补充、修改，不厌其烦。他协助系教研室编选《中国历代散文选》，一丝不苟，尽心竭力。他忘了一切不愉快，他高兴自己对社会还有用，哪怕一分；他在意别人对他的信任，哪怕一点。不久，北京师范大学的校领导亲自登门看望他，首先帮他改善医疗条件，更重要的是改善了他的工作和生活条件——恢复了被造反派强占的住房。党的阳光温暖着他的心田，鼓舞着他。他踌躇满怀，精神振奋，对可以重新提笔著书立说充满了希望。同年的11月，他以"涓埃"为笔名，挥毫写下长诗《敬爱的周总理永远活在亿万人民心上》。他搜集了很多很多纪念周恩来的文章、画片以及邮票，准备编入现代文学史。

然而，李长之的健康情况日渐恶化，似乎不可逆转，许多人劝他去看病，可他不肯把时间和精力花在这上面，他不止一次地对那些关心他的朋友、同事，对自己的孩子讲："我的腿不听使唤啦，我不遗憾，我还有脑子可以工作，我还有手可以写。"他给自己规定一天要写一千字。他明白留给自己的时间不多了，他恨自己力不从心，拿笔的手怎么越来越不听大脑的指挥，他很痛苦，泪水顺着他苍老的面颊大滴大滴地滚落在他的衣襟上、书上、稿纸上。但他仍在不懈地顽强地努力着，与生命、与时间，如同生死时速般争夺着，拼搏着。他的手有时实在握不住笔了——不，不是握，是用右手的三个指头夹着笔——累了，就歇一会儿，再接着写。他十分渴望在向四个现代化进军的行列中，老当益壮，作出贡献。他对孩子讲："我的那些有关文学史的手稿都在我的绿色讲义夹里，这些都不是一天写的。我没有间断研究祖国的文学，一切都是为了今天！我的信条是——工作，既经开始，就要贯彻到底！只要我的手还能拿住笔，哪怕一天写一页，一天写一百字，书，是一定可以写出来的。"

他孜孜不倦地工作着，他补充修订了《中国文学史略稿》一、二、三卷，并写下新版题记，他写道："……没完成的，完成它，已完成的修改好，为祖国的建设增添一砖一瓦，或者权当我的几声呐喊和欢呼，以鸣盛世吧！"他为完成自己计划中的四部著作《中国美学史》《文学史是一门科学》《文学史通论》《中国文艺科学史》，参阅了大批书籍和史料，并列下了提纲。他的手迹有的写在纸上，有的记在本子上，也有的留在了书上。从散落的手稿上看，虽有许多字歪歪扭扭，但写得都是那样认真，那样不苟，这都是李长之用残疾的手写下的，有不少是在原宽敞的住房被造反派霸占后，人与书籍、物什堆挤因而摆不下一张书桌的阴暗潮湿、地基下沉的小屋里写下的，是摊在他的无法行走的膝头上写下的！

1978年的12月，中共十一届三中全会召开在即，历史发生了重大转机，在一个充满了希望的时代，在一个欢欣鼓舞的氛围中，在已看见黎明，在曙光之后更瑰丽的明天离得越来越近的时候，李长之却倒下了，他从来没有想到过死，从来没有想到壮志未酬就会离开人世，即使他在受迫害最严重的时刻也是如此。然而，病，来得那么突然，那么凶猛，虽经大夫极力抢救，却由于多年的疾病折磨和精神创伤，已不是药物所能治疗所能解决的了。13日上午10时，李长之带着终身伤痛、终身遗憾赍志而没。享年68岁。

李长之辞世至今已有30余年，然而人们并没有忘记他，他不仅在国内拥有了解、敬仰他的读者，在国际上他的著作也受到了注意,研究他的著作及其学术思想的人越来越多。《李长之文集》（十卷本）已由河北人民教育出版社出版。香港、台湾以及日本、美国都有他不同年代不同版本的著述。

（李　书）

参考文献

李长之文集．石家庄：河北人民教育出版社，2007

启

功 识见宏通的一代国学大师

◎ 2001年启功在校
友理事会上讲话

　　启功（1912—2005），字元白，也作元伯。满族，北京人。教育家，国学大师、古典文献学家、书画家、文物鉴定家。曾任北京辅仁大学、北京大学副教授。1952年后任北京师范大学副教授、教授、博士生导师。曾任全国政协委员、常委，九三学社中央委员会顾问，中央文史研究馆馆长，国家文物鉴定委员会主任委员、中国书法家协会主席等职。

　　主要著作有《读红楼梦札记》《古代字体论稿》《汉语现象论丛》《启功韵语》《启功絮语》《启功赘语》等。

一代国学大师，这是启功先生逝世后人们对他的公认。他艰辛的童年生活，他潜心、刻苦又转益多师的求学路，他对恩师和自己妻子的深挚感情，他对莘莘学子的殷殷期望与无私帮助……这些既促人思索又催人泪下的经历，使人们看到了一个睿智老人的坚韧、博大的胸怀。大家追忆、学习启功先生，不但要了解他在国学方面的诸多成就，更应该探寻他能取得这样成就的成长经历，并从中得到有益的启示。

半文不受祖宗恩

启功姓启名功，是正蓝旗的满族人。很多人知道他是皇室后代，愿意在他名字前加"爱新觉罗"这个显赫的姓氏，殊不知他却不愿用这个姓。

"爱新"是金朝就有的女真语姓氏，"觉罗"是满语音译。努尔哈赤的直系子孙称为"宗室"，其伯、叔、兄、弟的后裔称"觉罗"。"觉罗"是加在姓上的语尾，不过是指"大宗"之外的宗室。清朝灭亡后再强调这个觉罗，就更没意义了。这是从姓氏的产生与演变上看，启功不愿以爱新觉罗为姓的原因。

从辛亥革命"驱除鞑虏，恢复中华"到解放，爱新氏们都避讳说自己是爱新觉罗。"文革"中说自己姓爱新觉罗，那就是封建余孽、牛鬼蛇神。"文革"后落实民族政策，少数民族吃香了，就又出现以姓爱新觉罗为荣的现象。启功认为，爱新觉罗如果真能作为一个姓，其荣辱完全要听政治摆布，有什么好夸耀的呢？这是他从感情上不愿以爱新觉罗为姓的原因。有很多人信上写"爱新觉罗·启功（收）"，他索性标明"查无此人，请退回"。

"爱新"意译是"金"，姓金更是启功从感情上不能接受的。清朝灭亡后，按袁世凯的清室优待条件，所有的爱新觉罗氏都改姓金。启功全家上下都十分痛恨这个狡诈政客和独裁者。他祖父的遗嘱之一就是"你决不许姓金。你要是姓了金就不是我的孙子"。

虽然不愿姓爱新觉罗和金，但启功确是雍正皇帝的第九代孙，雍正第五子弘昼的后人。尽管贵为国亲，但到他的曾祖溥良一辈，俸禄已少得难以养家糊口。按旧制，有爵位的人不能下科场求功名。启功曾祖溥良、祖父毓隆便毅然辞去封爵走科举考试这条路，后来中举登第，入了翰林。毓隆曾任典礼院学士、安徽学政、四川主考等职，善书画。启功所推崇的清代诗人袁枚有诗曰："万选皆凭词赋力，半文不受祖宗恩。"启功的曾祖、祖父就已经不吃祖宗饭了，深受他们影响的启功日后更是如此。

启功的祖父晚年时靠微薄的退休官俸维持生活，本指望单传的儿子能挑起大梁，但他婚后仅两年，也就是启功出生后一年便因病去世了。启功的母亲很小就是孤儿，婚后好容易有了一个踏踏实实的依靠，丈夫一死，这个依靠突然又没了，她又变成孤独一人。面临着无边的孤独与苦难，她不止一次想到死，最后是为了孩子决定苦熬下来。因"望门寡"终身未嫁的二姑恒季华，也咬紧牙关帮嫂子一同抚养起这个两代单传的孤儿。

但厄运还远没有结束，启功10岁那年，家中又连续死了5口人。家人不得不变卖家产来发丧、还债。他真正体会到什么叫"呼啦啦如大厦倾"、"家败如山倒"。曾祖死，他是"齐衰（zī cuī）五月曾孙"，要穿5个月的齐衰丧服。祖父、祖母死，他又是独长孙，发丧时都要作丧主、承重孙，因此他在主持丧事方面有充分的经验。但这对于一个10岁的孩子，精神上的负担和打击过于沉重了！灾难能毁灭人，也能磨砺人。面临如此深重的打击，启功变得更坚韧了。他深知，只有靠自己的奋斗才能自立，才能养活母亲和姑姑。

启功的启蒙老师是姑姑和祖父。姑姑虽没有太高的文化，但也教他学会了常用字。祖父对他的教育更是格外用心，把常用字用漂亮标准的楷书写在影格上，让他描摹，打下了他的书法基础；祖父还教孙子吟诵诗歌，抑扬顿挫的音节使他对诗词产生了浓厚的兴趣；祖父还常让孙子看他画画，激发了他对绘画的热爱。

祖父的死使整个家族山穷水尽，吃饭穿衣都成了问题。这时出现了真情一幕。祖父的学生邵从煜和唐淮源知道老师家的窘况后，就把对老师的感激报答在对他遗孤的抚养上。他们向其他门生募集了 2000 元，用这些钱买了 7 年的长期公债，每月可得 30 元利息，大体够一家三口的基本花销。启功从 11 岁到 18 岁的生活和学费靠的就是这笔款项。

启功最初读的是旧式私塾，12 岁才入正规小学。入高中后他选择了商科。由于在私塾没念过英文，又是插班，所以英语成绩不好。毕业前本有补考英语的机会，但当时他正聚精会神地随戴绥之学习古文，觉得这才是适合自己学的功课，就放弃了英文补考，所以并没正式毕业。但这并未影响他日后成为国学大师——他选择了另一条求学之路。

大约从 15 岁到 25 岁，启功结识了当时一些知名艺术家、诗人、学者，如贾羲民、吴镜汀、戴姜福、溥心畬、溥雪斋、齐白石等先生，还向其中的一些人正式拜过师。这些先生们有的是著名的学者，有的是著名的画家，有的是著名的文坛领袖。众多名师的教诲为启功日后的知识、技艺打下了坚实的根基。也正是这些博古通今的老师们以不拘一格的方式造就了启功这样的通才。

贾羲民对启功的教益主要在书画鉴定方面。他常在每月的一、二、三日带启功去故宫看书画藏品。因为平时故宫门票要一块钱，而每月的头三天门票只需三角钱，而且这三天又是换展品的日子。所以启功对这些作品印象非常深，直到晚年他仍能清楚地想象出它们当时挂的位置、每张画的布局。贾先生给他讲的那些鉴定、鉴赏知识只靠看书是学不到的。

启功随贾老师学画，但更喜欢吴镜汀老师这派注重画理技巧的"内行画"。贾老师就主动把他介绍给吴镜汀。吴老师的"内行画"非常高明，能研究透每种风格、每个人用笔的技法，把画理的基本构成都解剖透了。这不但提高了启功笔墨技法的能力，而且使他的书画鉴定功底打得更坚实，他一看技法，就知道是属于某宗某派的。

戴姜福是功底深厚的学者，精通音韵学、地理学、文字学等方面的学问。启功在戴老师教课的曹家"附学"，跟着读古文。戴老师先让启功把"五经"点了一遍，给他讲了大概，然后重点教他"四书"和古文。老师让他详细地点了一套《古文辞类纂》和一部《文选》。这使少年启功在较短时间内打好了古文基础。戴老师还特别注重教他读书的方法，这培养了他日后独具个性的学术思想。

溥心畬工诗，善书画，又是名门望族，所以顺理成章地成了当时的文坛领袖，经常在其府第举行文人雅集，启功也常有幸参与，并结识了不少艺术界的前辈，如溥雪斋、张大千等，这更开阔了他的艺术视野。溥心畬把诗歌修养看作艺术的灵魂，经常告诫启功：要想画好画，先要学好诗，写好诗，这种打通文学和艺术的通识观念对启功的影响是全面的。启功日后走的正是这样的道路。

启功跟齐白石也学到很多。比如他画虾须不是转动手，而是转动纸，手总朝着一个方向画，这样更容易掌握手的力量和感觉，这都是窍门和经验。

可以这样说：启功之所以能成为集诗人、书法家、画家、学者为一身的国学大师，是和他曾经师从过这么多名师分不开的。所以说，"国学大师"不是随便什么人在随便什么时代都能成就的。而对启功来说还有一个重要的条件，那就是又遇到了大恩师陈垣。

三进辅仁的传奇遭遇

到 18 岁，启功刚中学肄业，公债用完，还没找到工作，只能靠临时教家馆维持生计，偶尔卖出一两张画再贴补一些。在他 21 岁时，邵、唐二位老伯又找到启功曾祖的门生傅增湘帮忙为启功谋一份固定的工作。于是傅增湘把启功介绍给了著名的历史学家、时任辅仁大学校长的陈垣。这是启功一生重要的转机。

陈校长认为启功"写作俱佳"，安排他到辅仁附中教国文。几十年后，还有学生记得启功的课，称赞他上课生动有趣、引人入胜。但启功很快就被分管附中的辅仁大学教育学院院长刷掉，理由冠冕堂皇：启功中学都没毕业，怎能教中学？这与制度不合。一进辅仁的经历就这样结束了，这对启功是个严重的打击。

但陈校长却认定启功行，又安排他到辅仁美术系任助教。其实凭启功的绘画功底和从众多名师那儿学到的东西，作美术系助教绰绰有余。但分管美术系的仍是那位院长，一年后，他再次以资历不够为由把启功刷下。他不得不又一次离开辅仁。

1937 年，日本帝国主义占领北平，物价飞涨。启功只能靠临时教家馆和写字画画勉强维持生活。次年 3 月，在日本人控制的市政府作小职员的八叔祖好心帮他找了个伪职。启功一看他的履历卡上被写成"金启功"，很不高兴。八叔祖

◎ 启功与恩师陈垣在一起

连哄带压地说："这有什么关系，你不看现在是什么时候，我现在不是也姓金了吗？"当时家族势力很强，虽然一提"金启功"就恶心，但他又不好当面坚决抵制，这样就迫不得已叫了一回金启功。正当启功犹豫时，又赶上日本顾问与王克敏被刺事件，全城戒严，到处抓嫌疑犯，很多人受牵连。启功如坚持不去，也很容易被怀疑与此案有牵连。母亲和姑姑也吓得乱了方寸，劝他还是去吧。这样启功身不由己地干上了伪职，作秘书厅一个科室的助理员，一个月挣 30 元，勉强养家糊口，心神不宁地一直干到夏天。恰巧陈校长找到他，问他现在有事做没有，如果没有就回辅仁跟他一起教大一国文。启功高兴得简直要疯了，他本来就不愿干伪职，更不愿就此真的姓了金，陈校长真是他的大救星。1938 年9 月，启功第三次回到辅仁。

启功回想一生，除了秘书厅这件事，从没作过不清不白的事。解放后不久，曾发起"忠诚老实学习交代会"，他积极响应号召，把干过几个月伪差的事原原本本向组织作了交代。散会后他找到陈校长，非常惶恐地说："我报告老师，那次是我欺骗了您。我之所以说假话，是因为太想回到您身边了。"陈校长听了，愣了一会儿神，然后只说了一个字："脏！"仅这一个字，有如五雷轰顶，启功决心要把它当作一字箴言，警戒终身——再不能染上任何污点了。

回到辅仁教大一国文后，陈校长经常到启功的课上把场传授。他建议启功把一些帖拍成幻灯片，上书法课时打出来给学生看。课由启功讲，陈校长用木尺敲桌子，每敲一下，管放映的人就放一张幻灯片。这时课堂上或爆发出由衷的赞叹，或对不好的作品发出嘲笑。等感慨声稍微平静，启功就具体讲解这件作品的有关知识，并从用笔、结字、行气、篇章详细分析它的特点。讲得差不多了，陈校长就用尺子再敲一下桌子，进入下一张的欣赏和讲解。看到老校长敲桌子的神采和鼓励的微笑，启功讲起来也特别放得开，两人的合作犹如演出了一场"双簧拉洋片"，格外默契，同学们听得也格外带劲，受益很大。

陈校长不但教启功怎样教书，而且教他怎样读书作学问。陈校长见了后学晚辈一般不急于考问他们读什么书，总是在闲谈中抓住一两个具体问题指点。他家里总挂些名人字画，案头放着画卷和书册，谈话内容往往就从这里入手。比如他曾用30元买了一幅章学诚的字，字写得十分拙劣，他只是为聊备一格挂在客厅里，门生去了，他会指着它问："这个人你知道吗？"如果知道，而且能说出一些相关的问题，他必定很高兴，连带讲出更多内容，许多是鲜为人知的细节、趣闻，十分生动。如果你不知道，他就简单地告诉你"他是一个史学家"，就不再多说了。门生们因自愧没趣，或想知道个究竟，只好回去赶紧查阅这人的有关情况，下次再向老师表现一番，老师又会很高兴。便又常在大家所说的棱缝中再加一点，如果你还知道，他必大笑点头，加以称赞，这时学生也像考了满分，感到得意；如果说不上来了，他会再告诉你一点头绪，容你回去再看。启功后来对学生不拘一格、富于启发的指导方式也如陈校长的一样精彩。当然，这样的指点方式首先要有极其广博的知识和深厚的涵养方做得到。

陈校长不但教启功作学问，还教他如何作人。抗战胜利不久，辅仁大学教授英千里出任北平某局局长，想找启功作帮手，管一个科室，薪水比当一般教师要高得多。启功有点动心，但又拿不准，便去请教老师。老师先问："你母亲愿意不愿意？"他说："她不太懂得，让我请教老师。"老师又问："你自己觉得怎样？"他说："我少无宦情。"老师揪着胡子哈哈大笑道："既然你并无宦情，我就可以直接告诉你：学校送给你的是聘书，你是教师，是宾客；衙门里发给你的是委任状，你是属员，是官吏。你想想看，你适合干哪个？"启功恍然大悟，立刻婉言辞谢了这份委派。在自己的人生道路上，他作出一次重要的正确选择，指点迷津的正是陈校长。

陈校长逝世于 1971 年，时处"文革"。启功失去了最崇敬的导师，最可亲的长者，他把千言万语，汇成了一副挽联，想在追悼会上挂出来，但那时他连进大厅当面鞠躬的条件都没有，只能在院子里默哀。他写的挽联是：

> 依函丈卅九年，信有师生同父子；
>
> 刊习作二三册，痛馀文字答陶甄！

"信有师生同父子"是启功对父亲般的恩师陈垣校长发自内心的真情。陈校长在治学、工作、做人方面对启功的一生都产生了深远的影响。对于陈垣校长的恩情，启功在《启功口述历史》中深情地说："回想一生，解放前有人不屑我这个资历不够的中学生，眼里根本不夹我地把我刷来刷去；解放后又有人鄙视我这个出身不好的封建余孽，舍你其谁地把我批来批去，各路英雄都可以在我面前耀武扬威一番，以示他们强者的伟大与左派的先进，但老校长却保护了我，每当我遭受风雨的时候，是他老人家为我撑起一片遮风避雨的伞盖，每当我遭受抛弃时，是他老人家为我张开宽厚的翅膀，让我得到温暖与安顿，而且他好像特别愿意庇护我这只弱小的孤燕，倾尽全力地保护我不受外来的欺凌，就像"护犊子"那样护着我。我自幼丧父，我渴望有人能像父亲那样关怀我，我可以从他那里得到不同于母爱的另一种爱，有了它，我就能感到踏实，增强力量，充满信心，明确方向。现在老校长把老师的职责与父亲的关怀都担在了身上，这种恩情是无法回报的。我启功别说今生今世报答不了他的恩情，就是有来生、有下辈子，我也报答不完他老人家的恩情。"

启功在回顾自己一生的经历时总要深情地提到陈垣校长。更可贵的是他把从陈校长那里得到的关爱又传给了他的学生和后代，这种尊师爱生的薪火相传，本身就是对尊师重道最好的践行。

在北师大的经历

1952年院系调整，辅仁与师大合并，启功开始了在师大长达50多年的生活。1958年启功刚被评为教授就被无辜地补划为右派。事情是这样的：20世纪50年代初绘画界准备成立中国画院，大家都认可叶恭绰出面主持。叶在辅仁时就和启功熟识，有些事就交给他办。在别人眼里启功就成了叶的红人。当时美术界斗争激烈，有的人为保自己的权位想借反右运动把叶打倒。在他们眼中，启功是叶的死党，也要一并打倒。他们根据启功曾用"春色满园关不住，一枝红杏出墙来"称赞画家徐燕荪的画有个性风格，就无限上纲，说他不满当时大好形势，意欲脱离党的领导。结果，叶恭绰、启功、徐燕荪都被按既定方针打成右派。

启功稀里糊涂地在画院被戴上右派帽子，过了一两年，右派帽子又稀里糊涂地在师大被摘掉。右派摘帽后，启功只能上点作品选课、配合别人编点教材。"摘帽右派"其实是另一种形式的右派，"帽子拿在群众手中"，随时有重新被扣上的危险，所以他的日子仍然过得心有余悸。他便利用业余时间潜心钻研他所热爱的学术事业。是亲人、朋友的帮助，让启功在逆境中鼓起继续生活下去的勇气。有一次，陈校长在琉璃厂发现启功收藏的明、清字画流入字画店，知道他定是生活困难，就出钱买下这些字画，并立即派秘书看望启功，还送去一百元钱。这在精神上给了他很大安慰。

但好景不长，1966年6月"文化大革命"爆发。启功自然在劫难逃，他首先遭到抄家之灾。师大中文系的红卫兵到小乘巷去抄他家，问他："有什么'封资修'？主动交出来！"他老老实实回答："没有'资'，也没有'修'，只有'封'。"红卫兵说："那好，就给你'封'了吧！"于是把他的东西贴上封条。再来的红卫兵也就不再追究了。可能平时学生对启功并无恶感，此时也就高抬贵手了。再加上老伴的精心保存，启功那些诗稿、文稿，还有一些零星收藏才得以保留。启功也遭停发工资之灾，每月只发15元生活费，考虑到他还有一个没工作的老伴，法外开恩再加15元，但那也不够呀。幸好一个没受到运动冲击的朋友每月资助一些，才勉强度日。

自然也少不了挨批斗，当时大部分教师，特别是像黄药眠、钟敬文、陆宗达、李长之、俞敏等老教师都被打成牛鬼蛇神，被安排在"牛棚"集体学习、开会，随时挨批斗。启功作为封建余孽、"死老虎"，被视为准牛鬼蛇神，有随时"晋升"为"牛鬼蛇神组"的机会，自然就少不了陪着挨斗。后来实行军管，形势稍微平静了些，教师与同学按班、排、连的编制混合编在一起学习、搞运动。主要活动之一是抄大字报。这是启功的强项，他不管起草，只管抄，他后来戏称这段时间是书法水平长进最快的时期，并戏称自己的字是"大字报体"。

从1971年7月到1977年，启功被借调到中华书局参与校点"二十四史"的工作。这成了启功"文革"期间最稳定、最舒心的一段时期。他的任务是校点《清史稿》。从各地调集来的专家学者们临时组在一起，彼此没什么大矛盾，再说大家早就厌弃了没完没了的批来批去，都想干点本行的正经事；而当局也想干出这项工程，所以也不会特意搞运动。前人整理《清史稿》最大的困难是对满清建立初期的很多典章制度不了解，对清史中的很多复杂称谓，如人名、地名、官职名难以断句。但这些对启功来说就跟说家常一样，因为他对满人的风俗习惯和历史沿革很熟悉，所以工作进行得很顺利，发现并改正了原书中大量错误。

但天有不测风云。这时又发生了一桩不幸的事情，给启功的精神和生活以重大的打击，这就是夫人的生病和亡故。

启功生命中最重要的人之一就是夫人章宝琛。启夫人大他两岁，也是满人，属"章佳氏"，启功叫她姐姐。他们是典型的先结婚后恋爱的夫妻。婚后一家靠启功微薄的薪水生活，若没有夫人的贤惠和勤劳，生活是难以维持的。

启功的母亲和姑姑在1957年相继病倒、去世。在紧张的政治运动中，他不得不把大部分精力投入到社会活动中，母亲和姑姑几乎就靠夫人照顾，重活脏活、端屎端尿都落在她一人身上。看着妻子日益消瘦，启功心痛至极。在发送母亲之后，启功没有别的能感谢妻子，只好请她坐在椅子上，恭恭敬敬地叫她一声"姐姐"，给她磕一个头。

启功被打成右派后，启夫人也时常为此伤心哭泣，启功就劝慰她："算了，咱们也谈不上冤枉。咱们是封建余孽，你想，资产阶级都要革咱们的命，更不用说要革资产阶级命的无产阶级了，现在革命需要抓一部分右派，不抓咱们抓谁？咱们能成左派吗？既然不是左派，可不就是右派吗？幸好母亲她们刚去世，要不然让她们知道了还不知要为我怎么操心牵挂、担惊受怕呢。"经启功这么一劝说，夫人也就想开了，不但丝毫不埋怨他，还反过来劝慰他保重身体，"留得青山在，不怕没柴烧"。在"文革"中，她冒着危险把启功的旧作卷成一卷，和其他东西裹在一起，千方百计地保存了下来，她知道这是启功的生命，比什么东西都值钱。不幸的是她身体不好，没能和启功一起迎来光明。1975年，启夫人黄疸性肝炎复发，身体状况急剧下降，那时启功正在中华书局点校《清史稿》，自然不敢辞去工作专门照顾老伴。他白天请了一个看护，晚上就在病床边搭几把椅子，睡在她旁边，直到第二天早上看护来接班，就这样熬了 3 个多月。在夫人弥留之际，启功为她翻找准备入殓的衣服，却只见她平时为丈夫精心缝制的棉衣，自己的衣服都是缝缝补补的。启功紧关房门，绕着妻子的遗体为她念了好多遍"往生咒"，希望她能往生净土，享受一个美好幸福的来世。启功把他的歉疚、祝愿、信念都寄托在这声声经卷中了。

老伴死后不久，"文革"就结束了，启功的境况逐渐好起来。他们是有难同当了，但永远不能有福同享了。为此启先生写下了《痛心篇》二十首及一系列悼亡之作。如《心痛篇》：

相依四十年，半贫半多病。虽然两个人，只有一条命。

老妻病榻苦呻吟，寸截回肠粉碎心。四十二年轻易过，如今始解惜分阴。

1977 年校点《二十四史》的工作结束，"文革"也结束了。启功重新回师大从事教学和科研工作，不久被评为教授，1984 年又被聘为博士生导师。

启功的社会工作和兼职越来越多，越来越高。他先后担任"九三"学社中央委员、中国书法家协会主席、北京市政协委员、北京市民族事务委员会委员、中国古代书画鉴定组成员、国家文物鉴定委员会的主任委员、故宫博物院顾问、《中国美术分类全集》主编、历任全国政协第五、第六、第七、第八、第九、第十届常委以及中央文史研究馆馆长等。随之而来的是大量社会活动。从1982 年起，启功多次到香港各大学讲学、访问、鉴定、办展，还经常参加国内外的各种展览、会议等。

20 余年来，启功住的北师大红六楼宿舍，前来造访的人有早晨 6 点多就抢占地形的，有到晚上九十点钟还劝退不肯离开的。有的是公务，有的属私访，有的事先约定，有的突然袭击。有时来人太多他实在支撑不了，就在门上贴张条子："启功因病谢客"，但很快条子被人揭去。于是启功让学校出面，拟一段声明，说明确实是由于身体不好而不是找借口推脱，但有的来客置若罔闻，敲门声仍不绝于耳。他实在应付不了就只好落荒而逃，到学校招待所躲几天，但没过两天，消息灵通者又闻风而动，接踵而至。有时他索性躲到一般人进不去的地方，如国家招待所，甚至是钓鱼台，但这都不是长久之计。启功的挚友黄苗子曾戏作一首《保护稀有活人歌》：

国子先生醒破晓，不为惜花春起早。只因剥啄扣门声，"免战"牌悬挡不了。入门下马气如虹，嘘寒问暖兼鞠躬。纷纷挨个程门立，列队已过三刻钟。……众客纷纷前致辞，愿求墨宝书唐诗。立等可取固所愿，待一二日不为迟。或云夫子文章伯，敝刊渴望刊鸿词。或云小号新门面，招牌挥写非公谁？……纷哝未已扣门急，社长驾到兼编辑，一言清样需审阅，逾期罚款载合约；一言本社庆祝卅周年，再拜叩首求楹联。……蜂衙鹊市仍未已，先生小命其休矣。早堂钟响惕然惊，未盥未溲未漱齿。渔阳三挝门又开，鉴定书画公车来。国宝月旦岂儿戏，剑及履及溜之哉！……

虽为戏谑之言，但生动地道出启功晚年紧张忙碌的生活，一天到晚，一年到头，都像上足发条的机器一样运转——著书立论，写字画画，带研究生，出席各种会议和应酬活动。从内心讲，启功是愿意抓住难得的历史机遇为他能尽力的事业贡献一切力量的。可惜的是，这种机遇来得晚了些。过度的劳累损害了他的健康，最终于 2005 年 6 月 30 日因病在北京去世，享年 93 岁。启功带着整个社会的尊敬走了。他的人品和学品为学者们和任何一个普通中国人所深深怀念。他的去世是中国文化界的巨大损失。

学术研究

启功一直致力于中国古代文学研究，他在北师大创立了中国古典文学文献学专业。实际上，他对古典文学、经学、版本目录学、语言学、红学、宗教学、历史学以及很多难以归类的各种杂学都堪称精通，很难把他归入某个单一学科。在严格分科分段的教学体制下，很难发挥他的才智与作用。

被划为右派及"文革"期间启功先后出版了《诗文声律论稿》《汉语现象论丛》《古代字体论稿》等几部学术研究著作。这些著作部头都不大，但用学术界的评论来形容，都是"干货"，没有一点水分，全是自己的独到之见。如关于律诗平仄规律的竹竿说，他把平平仄仄平平仄仄不断排列的音节比喻成一根竹竿，只要能从竹竿上完整截下来的一段都是律句。这样就把复杂深奥的问题很简单地解决了。

《汉语现象论丛》中，他针对汉语特点，反对用"葛朗玛"（英文"语法"一词的音译）套中国古代诗词。他还将王维的"长河落日圆"诗句颠倒字的顺序排列组合而变为"河长落日圆、圆日落长河、长河落圆日"等十种变体，以此来解释自由而独特的汉语古诗的语言特点，其想象之精妙、视角之独特都非一般人所能企及。

《古代字体论稿》是他在陈垣校长指导下出版的第一部专著。书中不但全面论述了古代字体的发展演变史，厘清了许多学术界长期存在的模糊甚至错误的观点，而且，能把文字学与书法学结合起来进行研究，发挥了启功的特长。至今仍是文字学、书法学研究者的必读书目。

启功作于20世纪五六十年代的《红楼梦》注释和《红楼梦》札记，是红学界的力作。如他在《红楼梦注释》序中这样解释宝黛的爱情悲剧："从前习惯'中表不婚'，尤其是姑姑、舅舅的子女不婚。如果姑姑的女儿嫁给舅舅的儿子，叫做'骨肉还家'，更犯大忌。血缘太近的人结婚，'其生不蕃'，……这本书的作者赋予书中的情节，又岂能例外！"他还指出，《红楼梦》中对官服的描写均为虚写，而对日常服饰的描写多作实写，这是基于作者欲隐去现实生活背景的主旨而来的。基于广博的知识，启功对于《红楼梦》的独到解释是一般人所难以见出的，很多专家学者都指出，像《红楼梦注释》这样的文字，只有启功才能作出。

启功敢于向权威挑战，向历来被奉为神明的理论挑战，在《读论语献疑》中对《论语》的解释提出质疑。他早在20世纪70年代出版的《诗文声律论稿》就有专门一章论"四声""八病"问题，但随着时间的发展，他发觉当时人云亦云地把"四声""八病"之说都归在沈约身上是错误的，于是写了《"八病""四声"的新探讨》一文。文章开头非常感人："幼年读过梁启超先生的文章，有一句话说：'不惜以今天的我，攻击昨天的我。'当时觉得很可笑。年长渐知'今是昨非'，甚至渐知'今虽小是而昨已大非'只有逐步自忏之一法。自忏之法，在于'首过'，吾今自首之过，在过去出版的、又几经重版的一本文章小册《诗文声律论稿》。"其实把"四声""八病"之说归在沈约头上在学术界由来已久，也算不上什么"过"，只不过是不够准确而已。但90高龄的启功仍为自己过去这一不准确的提法郑重著文更正，这是多么严肃的态度、多么可贵的精神。特别是他的"自忏"之说，更是一种宝贵的学术思想：文人常以"自家文章"自诩，但自家文章不见得都对，这就需要不断"自忏"。但敢于"自忏"需要勇气，"自忏"是通过否定"自我"来达到维护真理的目的，没有一点精神是做不到这一点的。

启功晚年由于眼睛黄斑病变和白内障的困扰，看书写字十分困难，必须吃力地用放大镜看，而查资料、作笔录都一定要亲自动手。他书写起来很困难，常因放大镜的折射误差而写得歪歪扭扭，但他总是认真地勾来勾去，连缀成文。这种为学问的认真负责态度与他为人做事极认真的态度也都是一致的。

诗词创作

启功龆龀之年就在祖父熏陶下背诵古诗词。他对韵语领悟力极高，不到 20 岁就常参加诗坛领袖溥心畬等人举行的笔会。

启功主张转益多师。唐宋前，他喜欢的是《文选》中的古诗。唐宋喜欢老杜、乐天、东坡的作品，于是《古诗十九首》之高古、老杜之精炼、乐天之轻松、东坡之才情横溢都在他的诗中得到充分表现。

启功论诗注重音韵格律。他总的观点可以概括为"平仄须严守，押韵可放宽" 10 个字。在处理平仄关系时，他主张既可按《切韵》——《佩文诗韵》的读音系统来处理，也可按《中原音韵》——十三辙——普通话的读音系统来处理，但恪守平仄关系却不能变。因为平仄与押韵一样，都是古诗音乐美的基本因素，没有它就谈不上古典诗词了。

《昭君出塞二首》序中他提出作诗立论、立意贵在"诛心"、"探本"。不管自我解嘲心脏病、眩晕症或老大无成的调侃之作，如《转》《颈部牵引》《沁园春·自叙》等，都能看到他的作品内容十分丰富，个性风格非常鲜明，他的"心"极其坦诚真挚，他的本特别深厚坚牢。启功在当代旧体诗词创作领域，已占据了独自的地位。遍读《启功韵语》《启功絮语》《启功赘语》，可以发现随着时间的推移，他的诗渐老渐熟，圆融无碍，自然纯熟，得心应手，内中所含哲理和艺术品位越发高深。

说起启功作诗，不能不提及他文笔之敏捷。

1995 年，一位书画家本欲请启功为书画展揭幕，但恰逢启功住医院无法前往，就准备为他写一首诗。取诗者在一旁边吃小几上的花生米，边看他作诗。只见他在纸上落笔时并非逐行逐字地写，而是断断续续、时前时后地写，又陆陆续续地把空出的字填上。一首字迹优美的七言绝句写好时，来人的花生米正吃到第25颗，诗及后跋作完的时间不过七八分钟。据说有一次某日本访华团与中方聚会，席间准备了纸笔，一位日本友人用汉语赋绝句一首，号称"即席"之作，并书写下来。中国方面一面称赞，一面略显尴尬，因为事先没料到会有此一手。这时只见启功走到案前，提笔掭墨，略加沉思，竟步其原韵一口气连和了两首，为中方大大争回了面子，也算是"外交"上的一次小小的胜利吧。

启功一方面善于快速即席作诗，一方面也非常认真，很多作品都涂涂改改，勾勾画画，反复修改。如《频年》一诗有"饮馀有兴徐添酒，读日无多慎买书"。"慎"字，初作"快"，又改作"不"、"戒"，最后才选中含蓄的"慎"，最能道出老年人又想多读书，又不得不考虑如何才能更好地利用有限的时间去读书的复杂心态。

启功诗作既有继承也有创新。

他有深厚的旧学渊源，能熟练背诵数以千计的诗词作品，并以之为底蕴进行创作。启功的诗善于使用典故或点化前人诗句诗意，有的画龙点睛，简练精辟，有的化腐朽为神奇，有的巧妙新颖，富有创意；善于锤炼精彩的对仗，不但流水对、双声叠韵对，以至冠顶、粉底对应有尽有，而且善于与用典相合，更增加了古典气。当然对古典诗词传统的继承更重要的在格调、意境、神韵上，这方面启功也为后学提供了很好的借鉴。他不直露地就事论事地写时事，而善于通过引喻象征、托物言志的手法含蓄委婉地抒情写事，很多咏物之作如《课社咏福文襄故居牡丹》《春柳》《金台》《杨柳枝二首》《近见沈石田与诸友唱和落花诗……因拟之，得四首》等都是这种其言愈微，其意愈深；其言愈曲，其意愈婉，其意愈劲的典范之作。同时，启功的诗歌极具创新、幽默的个性化特征。他曾说:"天仙地仙太俗,真人唯我髯苏",可见他对真我的追求。他运用今语、今典,鲜活生动,用浅显语言写深意境,这往往比用古典语来得更活泼,为此启功不惮人称他的诗为"顺口溜"。他曾说"但求我口顺适",不顺口不足以为启功之诗! 他还成功地发展了幽默风格,善于以幽默风格调侃疾病和人生的种种苦难,从而表达旷达的人生境界,大量的就医诗都是这种风格。但这种幽默绝不同于一味地发噱头,而是充满深刻的哲理及高品位的学识。为此他又不惮人称他的诗为"俳谐体"。很多人读他的《自撰墓志铭》都掩口大笑,其实,不笑不足以为启功之诗!其诗曰:

中学生,副教授,博不精,专不透。名虽扬,实不够。高不成,低不就。瘫趋左,派曾右。面微圆,皮欠厚。妻已亡,并无后。丧犹新,病照旧。六十六,非不寿。八宝山,渐相凑。计平生,谥曰陋。身与名,一齐臭。

这首诗自问世后不胫而走,广为流传,说明大家对他"俳谐体"的认可和喜爱。启功去世后,此诗已镌刻在他的棺盖之上,成为他一生的写照,他的音容笑貌也在这些字里行间得到永生。

书法绘画

启功是继赵孟頫之后又一划时代的书法大家,他的书体被公认为"启体"。这种评价并非过誉。近现代书法家多如牛毛,但能得到大家公认的、能立得住的,并能长期影响书坛的不过两三人而已,其中就包括启功。这已得到书法界的公认。所谓"启体"是启功在兼收各家各体之长后,又熔铸了自家特点形成的一家之风。

清癯秀美的启体是启功 20 世纪 80 年代以后逐渐形成的独特

书体，它娟秀隽永，外柔内刚，流丽优美，自然洒脱，结字端庄而力求超逸，点画信手而偏重细笔，整体书风挺拔而妩媚。犹如细眉凤眼的翩翩少年，春日驰马于柳岸花溪，独具一种赏心悦目的魅力，观者一看便知是不同于欧颜柳赵等传统字体的启体。很多刻意模仿者都是从这些特点入手的，但得其形者多，得其神者少。正所谓"天下纷纷学杜甫，不知几人得其骨"。他的字如他所形容的那样，"行笔如'乱水通人过'，结字如'悬崖置屋牢'。"这与他一贯提倡的书法当以结字为先的主张分不开。启功用笔也极有功力，柔中带刚，温润而不失清俊之气；总的行气章法萧散简远，参差错落。而特别值得称道的是这一切美感都亲切自然，恰似不经意间从笔下流淌而出，绝不故作矫饰变形，以求用怪异取胜。启功这种独步天下的书体并不是凭空而来的，而是长期学习传统书法、逐步渗入自家风格之后演变发展的结果。他年轻时对传统书法用力甚深，他在《论书绝句》中曾这样说："廿余岁，得赵书胆巴碑，大好之，习之略久，……时方学画，稍可成图，而题署板滞，不成行款，乃学董香光，虽得行气，而骨力全无。继假得上虞罗氏精印宋拓九成宫碑，……乃逐字以蜡纸钩拓而影摹之，于是行笔虽顽钝，而结构略成，此余学书之筑基也。其后杂临碑帖与夫历代名家墨迹，以习智永千文墨迹为最久。功亦最勤。论其甘苦，惟骨肉不偏为难。为强其骨，又临玄秘塔碑若干通。……"此外，怀素、苏轼、米芾等人以及唐人写经都是启功学习的对象。他的书法是其丰厚的传统文化修养和长期的艰苦努力而造就的。

在四五十年代，启功的书风继承传统的特点更为突出，总的风格以浑成庄重为主。而七八十年代的作品则介于二者之间，是一个明显的过渡。每个时期自有每个时期的特点，都是好书法。

启功不仅是著名的书家，还是书画理论名家。他的《论书绝句》中对于书法碑帖的论述全面且资料丰富，从古老的宫廷密藏、历代珍品，到新出土的汉魏木简、晋人墨迹；从国内少数民族书法家，到国外如日本的书法家；从帝王文臣到诗人和尚，无不涉猎，包笼备至。其眼界之宽、所见之多是前人不可企及的。其论述大至风格流派、书体发展，小至版本考辨、趣闻轶事，无不自由驰骋兼收并蓄。其中涉及了各种版本的各种碑帖、专书280余种，涉及历代书法家或书法理论家230余人。如果仅以每人有一名、一字、一号一爵里而论，230余人则有近千种称谓。对如此众多的碑帖和书家，启功皆烂熟于胸。他对于碑帖的风格流派、笔法特点，对书法家的生平事迹、奇闻逸事，无不了如指掌，信手拈来。还有未列入本书的众多碑帖、书法家，他都如数家珍。难怪人称他的脑子是"活电脑"。电脑还需一一存储调出，哪里比得上这"活电脑"来得便捷活泼！

就墨迹与碑帖的关系而言，启功主张"师笔不师刀"，"透过刀锋看笔锋"，认为只有更看重墨迹才能更好地学习生动活泼的点划使转，但枣石碑版亦不可偏废，但需如观"李夫人"影，透过影子看到真人。

就用笔与结字的关系而言，他认为结字更须当先，其中甘苦，"惟骨肉不偏为难"，而对结字关系当符合"黄金率"的发现，更是一大发明。

就书法风格而言，认为自然天成乃最高境界，正所谓"神全原不在矜庄"，"峨冠朝服相见于庙堂之上，不如轻裘缓带促膝于几榻之间，为能性情相见也"，因此对强分流派、强求古意者多加批判。

就各种书体而言，认为每种书体都是随时代发展应运而生，都有不同的功效与美感，因而不能对它们强加轩轾。

对人品与书品的关系，认为虽不像柳公权所说"心正则笔正"

那样简单，但也应有郑板桥那样"躁释矜平""秉阳刚之气，而出以柔逊之情"的胸襟，才能达到最高境界。

启功还是著名的画家，他实际上是学画出身，在绘画上的成名远早于书法。

启功在祖父膝下就开始对绘画产生了浓厚的兴趣，后师从贾羲民、吴镜汀、溥心畬、溥雪斋、齐白石等著名书画家学画。

启功的绘画高峰在 20 世纪 30 年代后期到 50 年代初期。40 年代，其作品已多次亮相于画展，深得行家好评。解放后画界一度要成立中国画院，但因反右运动启功被以莫须有罪名网罗，也使得他的绘画之路遭到中断。而"文革"后，他的书名已享誉海内外，书债累累，不得已而自掩画名。

启功的绘画风格一如其人格和书法风格，俊美、秀雅、清丽，富于和谐韵味、文人雅趣，深厚学养、高远意境。

他的画构图层次丰富：山水画遥峰淡远，近岭盘旋，瀑流溪水环绕其间，具有深远的空间感；视点中心处古木葱郁，亭舍俨然，略加点缀的人物有画龙点睛之妙。竹石花木之图搭配巧妙，浓淡有致，疏密错落，各据部位，欹正相依，相映成趣。哪怕仅是几笔兰竹，也意境不凡。其用笔点染相宜，相得益彰。细致处笔触精细，笔笔皆有交代，古木坚石，皴染苍老，古朴雄浑；新篁修竹，笔力挺拔，灵动婀娜；浑然处用笔简省，润染自如，然亦常在铺染及虚白处略加勾勒，淡淡几笔，顿显奇趣。设色以淡雅为尚，即使纯水墨亦多用淡墨，时添五色，亦多以淡彩为主。澄澈、淡雅、明快是他有意追求的基调，这可以从他对某些现代画风的批评得到印证。他常对有些整个画面铺满墨色的写意画不以为然，啧啧叹息。

启功习画走的也是典型的文人画的路子。文人习画的通法以临摹古人为途，他尤喜临元四家及清四王作品。但从临摹入手的传统画风并不意味着亦步亦趋不知创新。启功最不屑于芥子园画谱一类教科书，认为只知将画谱尊为金科玉律，必将陷入盲目仿效。他对王石谷突破师法力求大胆的艺术夸张与造型，写实写意结合，达到一种更突兀奇峭的艺术效果，表达卓然独立的情感世界，大力表彰。启功的画也对色彩常进行大胆处理，喜画硃竹、硃松等。

启功本是当代著名的旧体诗人，自幼受到良好的诗词教育，作得一手好诗。他的老师都是通学硕儒，都强调绘画、书法、诗词的相通之处。启功不断在学习中领悟到其中的关联，能将不同艺术形式的精髓，合为一种大艺术的精髓。具体表现就是他大量优秀的题画诗，堪称历来诗书画三绝之最高水平。他少年时学画出入当时文坛领袖溥心畬府第，每当请益，心畬先生总先问他作诗与否，并只讲诗而不谈画，直到启功仿效其风格写好一首五律，并博得好评后，心畬先生才对其画作略加点评。多年后他悟出其中道理：老师是不愿自己只成为一个画匠，为此必须先增其所知，厚其所养，阔其所蕴，筑下坚实的文化基础。

启功一生也是这样实践的，他堪称学者型的艺术家、艺术家型的学者，是学者和艺术家、学者和诗人的完美结合。

书画鉴定

启功说自己平生用力最勤、功效最显的事业之一是书画鉴定。他是当代最著名的书画鉴定家之一，曾任国家文物鉴定委员会的主任委员。

启功从小随诸多名师学画，同时发奋于书法艺术，老师们都是文人，教授的方法主要是观赏临摹，这为书画鉴定积累了大量实践经验。在摹习中，他受到吴镜汀的悉心指导。吴先生过人本领之一便是能准确解析并模仿前人各种笔法，很快启功就能从临摹中深得前代名家精髓，如《启功丛稿》前言中他说："曾学书学画，以至卖所书所画，遂渐能识古今书画之真伪"，而他一生从事的工作始终不离中国古典文化，这又为他的书画鉴定奠定了更深厚的根基。现在有些人擅长考辨材料之学，但自己不会写，不会画，有些人会写会画，但又缺少学问根底，做起鉴定家就显得缺一条腿。他说："幸好我有两条腿，这是我的优势"。

早年启功由贾羲民老师带去故宫看展览，对许多名作已熟悉得不能再熟悉，也学到了书本上永远学不到的鉴定知识。靠大量阅读与观摩为基础，他能达到博观约取，观千剑而后识器的境界。他还徜徉于琉璃厂的旧书店、古董铺中间，从民间的鉴定专家——琉璃厂的一些人品业务俱佳的掌柜、师傅那里学到了许多知识和经验。

启功提出，鉴定首先要看风格习惯，其次看纸墨，三是看旁证。这些都建立在丰厚的学养基础上。他之所以有超绝的眼力也是因为有超绝的学力。作为一个国学大师，启功是结合他博大深厚的学养，包括文学、历史、文献、语言学、宗教学等各方面的学问对书画作品进行学术化的、综合的、而非仅仅实用的考订。正如鉴定界所言，高明的鉴定家不仅要靠"眼力"，更重要的要靠"学力"。对此傅熹年在《启功题跋书画碑帖选》序言有中肯的评价道："能在学术研究与艺术鉴赏结合的基础上，从整理、充实、探讨中国书法、绘画发展史的高度，有目的地去考订若干古代书法绘画史上的重要实物和关键性历史公案，取得高出同代人的卓越成就。"启功在《记式古堂朱墨书画记》中还有一段明确的论述："夫鉴定书画之法多端，如辨纸素，校印章，证题跋，皆市贾持为秘诀者。具眼之人，则必审笔墨之精粗，神气之雅俗。且一人之笔墨，幼而稚弱，壮而健劲，至于老境，或归于平淡，或成衰退，各有造诣，巧匠作伪，所难尽合。至于官阶升黜，居处南北，系于史实，皆可以岁月索骥，故鉴赏家得名迹，于纸素、印章、题跋之外尤需考核岁月，以相印证。"

如启功根据避讳对"旧题张旭草书古诗帖"的考辨就是靠学力的典型例证。这幅帖是写在五色笺上的狂草，本来写的是庾信的五言古诗二首和谢灵运的《王子晋赞》，赞也是五言古诗。但有人作伪在先，利用"谢灵运王子晋赞"几个字从"王"字以下另起一行的空子，把"王"字的上一横挖去，便成了草书的"书"字，于是前面的两首庾信的诗就变成"谢灵运书"了。宋徽宗在《宣和书谱》中就明确把它标为谢灵运书，题为《古诗帖》。对此丰坊等人已经有所揭露和批驳，指出庾信生活的年代比谢灵运晚 80 多年，谢灵运怎么能预写庾信诗呢？这当然是铁案如山！而董其昌又妄断于后，在帖后的跋中，劈头就说这是张旭所书，其理由也仅出于风格像现已失传的张旭"烟条""宛溪" 二帖，并无其他根据，只是补充说："狂草始于伯高（张旭字伯高）"，可始于张旭并不等于就是张旭。那么这 4 首诗帖究竟是谁写的呢？根据庾信的原诗为"北阕临玄水，南宫生绛云"，而书写者却作"北阕临丹水，南宫生绛云"的现象，可以找到线索：按古代排列五行方位和颜色，是东方甲乙木，青色；南方丙丁火，赤色；西方庚辛金，白色；北方壬癸水，黑色；中央戊己土，黄色。原诗中的"玄水" 即黑水，和"北阕"的"北"正相应；"绛云"即红云，与"南宫"的南正相应。到了宋真宗大中祥符五年，真宗自称梦见他的始祖名"玄朗"，从此命令天下避讳这二字，"玄"改为"元"或"真"，或缺其点划。这里不写"玄"，显然是为避讳，而若写成"元"或"真"，又与五行的方位颜色无关，于是写成"丹"。这虽与传统安排不符，但终究可和"绛"字对仗，所以才发生这种现象。因此本帖的书者当是北宋大中祥符五年之后，《宣和书谱》编订之前。启功坚信这个旁证足以成为铁证，了断这桩公案。

再如一度炒得沸沸扬扬的《出师颂》，有人说是晋朝索靖所书，帖前有落款宋高宗所题的"晋墨"二字及花押，而题写此二字的纸上有龙形图案，因为龙上的须发都是方形向上的，称为"立发龙"，启功和傅熹年都指出这种画法是明朝以后才有的。明朝以后的纸怎么会有宋人的题字？这不一目了然吗？更何况花押的签署与宋高宗写给岳飞的手札上的花押也不同。其实，早在《出师颂》拿出来拍卖之前很久，启功在《论书绝句》一百首中早就明确地指出"隋贤墨迹史岑文，冒作索靖萧子云"。又在题记中进一步说道："佚名人章草书史岑《出师颂》。米友仁定为隋贤（即隋代某书法家）书。宋代以来丛帖所刻，或题索靖，或题萧子云，皆自此翻出者。"他断定《出师颂》是隋人所书，铁案如山。后人以宋高宗的名义造伪说它是晋人的作品，明显是欺人之谈。可惜现代人还大有轻信者，最后使国家花了冤枉钱。

启功在长期的鉴定工作中提出书画鉴定上八种应警惕的现象："一皇威、二挟贵、三挟长、四护短、五尊贤、六远害、七忘形、八容众。前七项是造成不正不公的原因，后一种是工作者应自我警惕保持的态度。"

启功的书画鉴定功力深为世人所折服。很多时候他的意见都能起到一锤定音的效果。20世纪五六十年代，唐兰当故宫博物院副院长的时候，有人要卖给故宫一册宋人法书，开始大家的意见有些分歧，后来唐先生把启功叫去，他提出自己的意见被大家采纳。唐先生开玩笑地说："公之一言，定则定矣。"这句话是从陆法言《切韵·序》中引用魏彦渊所说的"我辈数人，定则定矣"套来的，启功于是赶紧补充道："公何以遗漏'我辈数人'四个字耶？"言下之意是不敢一人居功，是大家的功劳。一时成为美谈。

学为师，行为范

启功在教育工作中辛勤耕耘了 70 余年。只要一站在讲台上，他就变得精神矍铄，神闲气定。他在各个领域都有高深造诣，讲课从不墨守常规，他能拉通文学、经学、语言学、版本目录学等各种学问，讲出很多别人讲不出的观点和知识。他讲课最大的特点是幽默风趣，妙语连珠，而常能在意想不到处"见彩儿"。比如他讲汉语四声的优美，就举《世说新语》爱听驴叫的王粲死后大家到他墓上学驴叫以表吊唁的故事为例：为什么爱听驴叫呢？盖驴叫有四声也。然后就亲自模仿，哪种声音属于平声，哪种属于上声、去声、入声。学生听了无不大乐，但大乐之后，又无不钦佩先生的敏锐、机智和幽默。他认为，一站在讲台上就应该有个老师的样子，老师又应该是什么样子呢？启功在纪念恩师陈垣校长的长文《父子循循然善诱人》中，把陈校长的教师准则总结成九条，他在 70 多年的教学生涯中就是按这些标准身体力行的。他还特别推崇陈校长的很多教学经验，如教学法和教育心理学都需在多年的实践经验中总结出来，要引导学生的学习兴趣，不能打击学生的自尊心，要对中华民族的历史文化葆有一片丹诚，作学问要竭泽而渔地搜集材料，要不惮于对每个字的考证，老师的知识一定要广博等等，这些他都终身奉为圭臬。

启功特别注意培养学生的国学基本知识和综合知识，把古典文学与版本目录学、音韵训诂学等有机地联系在一起。他辅导学生的方式也很特别，常常是从聊天、闲谈开始，引出很多从书本上学不到的学问。没有一次是刻意从谈学问起，但没有一次不是落到学问上。用他的话说，这叫"熏"，不管是什么生僻的题目，他都能提出很具体的建议，提供一般人提供不了的资料。这种循循善诱的方法也和陈校长有神通之处。

启功对学生殷切而随和。他藏书丰富，其中许多非常珍贵。当他觉得学生需要某些资料时，会毫不吝啬地把资料借给学生，甚至赠与他们。每当有研究生需要一些难以获得的资料时，他都会想办法帮他们查找，有时还不怕麻烦地到海外帮助查找。

提起启功的教育理念和对师大发展的贡献不能不提到"校训"一事。

北师大欲拟一则校训，曾邀请校内许多专家学者共提方案，启功自己也拟出不同训词，如最初有"师垂典则，范示群伦"，但又觉稍嫌艰深平板，过于静态训释，最后敲定"学为人师，行为世范"八个字。它紧扣"师范"二字，而且包含了学与行，理论与实践，做学问与做人，做一般人和做老师等之间的关系。这8个字生动而带有诗意地道出师范院校办学的理念和人文精神。全校师生对此训皆首肯心应，并敦请启功赐墨勒碑。他欣然奉命，但说："校训之撰，当属学校。校训正面右首当署'北京师范大学校训'，落款径书'启功敬书'。"在校训面前，他只把自己当成学校的普通一员。后来他又以一个学习者的身份对校训进行了阐释："所学足为后辈之师，所行应为世人之范。"他不愿做更多的解释，一来是希望大家自己去领悟，二来是因为落实这一校训的根本乃在于实践。

但启功有些题诗可以视为对校训精神的发挥。1980年启功写下的《共勉》致新同学，对师大学子们提出殷殷希望：

学高人之师，身正人之范。顾我百无成，但患人之患。二十课蒙童，三十逢抗战。四十得解放，天地重旋转。院校调整初，登此新坛坫。也曾编讲义，也曾评试卷。谁知心目中，懵然无卓见。职衔逐步加，名气徒叨滥。粉碎四人帮，日月当头换。政策解倒悬，科学归实践。长征踏新途，四化争贡献。自问我何能？怩然增愧汗。

寄语入学人,寸阴应系念。三育德智体,莫作等闲看。学位与学分,岂为撑门面。祖国当中兴,我辈肩有担。

20 世纪 90 年代末为毕业班题写的六言诗已经成为师大为毕业生们的毕业训条:

入学初识门径,毕业非同学成。涉世或始今日,立身却在平生。这“立身却在平生”再次告诫同学们要在学与行两方面都实践终身才行。

启功对教育事业及陈校长的一片赤诚之心还体现在“励耘奖学金”的设立上。20 世纪 80 年代,北师大有很多同学家境困难,他得知后非常心焦,常感慨道:“我也是经历过这样的苦难啊!”于是他决心用自己的专长——书画为学校募集一项资金,以解决学生的困难。

他用了一年的时间才攒够 100 幅字、10 幅画。不是先生写得慢,而是其间总有人来要字画,他又总不好意思拒绝别人,所以用了一年的时间,才从 300 多幅作品中挑选够。为了躲避不断索要字画的人,他不得不躲到北师大专家楼去创作,照付住宿费。1990 年,他拿这些字画到香港义卖,共得 163 万元,全部捐给学校设立奖学金。校方本想以他的名义来命名这项基金,但启功坚决不同意,执意用陈垣校长书斋的名字“励耘”来命名,以此表达对老校长的敬意和怀念。

◎ 启功

418

除了奖励成绩好的学生，奖学金中还有一部分资金专门用于资助那些家庭经济困难的学生。后来，北师大还设立了励耘班，专门接收那些家境不好的孩子。2002年、2003年，启功相继获得了两个奖，他又把奖金11万元全部捐给了励耘班。他这些义举不但为学生们解决了燃眉之急，更重要的是这种尊师爱生的高风亮节将变成一种博大的精神，感动、激励着一代代的师大学子。

启功先生的品格和学养是整个社会的财富，他在学术研究、诗词创作、书法、绘画、教育和书画鉴定等方面的成就和贡献是当代学者难以超越的高峰。北京师范大学和北京师范大学文学院的两副挽联很能概括启功先生的一生：

评书画 论诗文 一代宗师 承于古 创于今 永垂鸿业标青史；

从辅仁 到师大 两朝元老 学为师 行为范 不息青衿仰令仪。

身为皇族子孙 长于孤裔家庭 受业大师门下 执教名牌学府 先生之生平行状 可谓荣哉 曲哉 犹如传奇哉 痛哉一夕归河汉；

手执书坛牛耳 名列画林巨擘 口吟华采诗篇 手挥宏肆文章 先生于学艺研修 可谓博矣 精矣 不可复进矣 伟矣千秋树楷模。

（赵仁珪 周 燕）

参考文献

启功口述历史．北京：北京师范大学出版社，2001

张宗燧

才高意远的理论物理学家

◎ 张宗燧

张宗燧（1915—1969），浙江省杭州市人。理论物理学家、物理教育家。清华大学物理系毕业。后留学英国，获剑桥大学博士学位。曾在丹麦哥本哈根大学理论物理研究所、瑞士高等工业学校、美国普林斯顿大学高等研究所等机构从事研究工作。曾任中央大学（重庆）、北京大学、北京师范大学教授，中国科学院数学研究所一级研究员，中国科学院数理化部学部委员（即院士）。

主要著作有《电动力学与狭义相对论》《量子力学》《色散关系引论》等以及学术论文50多篇。

张宗燧在统计物理和量子场论的研究方面，卓有创见，达到国际先进水平。他长期从事理论物理教学工作，为培养我国的理论物理人才做出了重大贡献。

天道酬勤　求学随愿

张宗燧 1915 年 6 月 1 日出生在浙江省杭县（今杭州市）一个知识分子家庭。父亲张东荪是大学教授，对儿子要求严格，有良好的家庭教育。幼小的时候，张宗燧不是个早慧儿，走路、说话比一般孩子迟。上小学后，他的聪明才智渐渐显露。他好胜心强，与比他大一岁的哥哥同班学习，他总要求自己在学业上超过哥哥。他勤奋好学获得了优异成绩，为此常得到父亲的鼓励和赞扬，这就更使得他发奋努力学习。

中学时期，他对数学和物理学产生了浓厚的兴趣，在课外时间即自修微积分和原子结构的知识，还喜欢寻找多种解题方法来解数学难题，他认为"没有学不会的东西，也没有不能掌握的东西"，他父亲对他的评价是："他研究一个问题能深入、能钻"。这时候的他以未来的物理学家自诩，不相信世界上有任何东西能阻碍他实现自己的理想。

1930 年，15 岁的张宗燧考上了燕京大学物理系。一年后，由于"受不了燕京的洋气"，同时希望进一所学术上水平更高的学校，他准备转学到清华大学物理系就读。转学需要重新考试，万一考不上，连燕京的学籍也保不住，家里人劝他不要去冒险。但他认准了自己的目标不肯轻易放弃，旁人再劝也没有用。1931 年夏，他终于顺利通过了清华大学转学考试，被录取入清华大学物理系二年级学习。

大学时代，他酷爱读书，好学不倦，各科成绩出类拔萃，并有很强的自学能力，从三年级开始就自学"相对论"。他的聪明才智、勤奋好学给人留下了极深刻的印象。赵忠尧教授还记得："他非常聪明，无论怎么考，都难他不倒。"

经过小学、中学、大学长期不懈的努力，使他不仅掌握了扎实的基础知识，还进一步激发了他对科学的兴趣和爱好。对科学的浓厚兴趣和深切爱好从此伴随着他的一生，科研成了他生命的第一需要，成为他一生的精神支柱。

1934 年，19 岁的张宗燧以优异的成绩毕业于清华大学物理系，为实现献身科学的夙愿，他想继续深造，并得到父亲的支持，随即在清华大学研究院当了一年研究生，导师是著名物理学家吴有训先生。

1935 年夏，张宗燧通过严格的考试，被录取为清华大学第三届留美公费生。当时的留学费用由庚子赔款中拨出，所以考留美生又称为考"美庚款"，考去英国留学称考"英庚款"，其时物理类计划招收 2 人，一个学金属学，另一个学天文学。当时吴有训的两个同样优秀的研究生张宗燧和黄遵明，都准备报考。吴有训为保证两个学生都能出国留学，就建议张宗燧报考天文学，他接受了老师的建议，在很短的时间内，突击自修天文学，决心争一口气，证明虽非他的本专业但也能考得上。通过考试，张竟然被录取了，后到南京紫金山天文台实习半年，但他终究对天文学没有兴趣，最后还是放弃了"美庚款"。第二年又报考更难考取的第四届"英庚款"，这次选择了数学专业。第四届"英庚款"招收学生 20 人，其中学数学的只有 2 人，除张宗燧外，还有一位是许宝禄。他们同时被录取，又在一起学习，很快就成了好朋友，他们的友谊天长地久。

上大学期间，张宗燧虽不大过问政治，但在国家、民族的根本利益问题上，他是一个坚定的爱国者。1935 年的"一二·九"

运动中，他曾参加了"一二·一六"学生大游行，坚决要求政府抗日。

海外深造　硕果累累

1936 年张宗燧到英国深造，进入世界著名的剑桥大学数学系学习。当时剑桥大学的理论物理设在数学系。张宗燧在著名统计物理学家 R. H. 福勒（Fowler）的指导下，专攻统计物理学。在这里他遇到了比他早来一年，也是师从福勒的王竹溪，后来两人在统计物理方面都做出了重大的成就。

1937 年，日本侵略军大举进犯中国，国内发生了震惊世界的"七七"卢沟桥事变，中国旅英学生为民族的存亡忧心忡忡，学生们出自爱国之心纷纷为抗日捐款。张宗燧义愤填膺，慷慨解囊，第一次就捐献了 5 英镑，这对一个公费留学、生活拮据的学生来说是很难能可贵的。留学生们还集体打电报申请回国参加抗日（后来没有实现）。在学业上他更发奋努力，为了报效祖国，发挥他的聪明才智，克服体质弱，经常失眠的困难，仅用两年时间就获得了剑桥大学的博士学位，并相继在英国有关杂志上发表了关于统计物理方面的多篇论文。发表在《英国皇家学会会刊》上的有《在合金中有序无序过渡的贝特理论的推广》(*Extension of Bethe' theory of order disorder transitions in metallic alloys*)，发表于 1937 年；《双分子的吸附作用的统计理论》(*Statistical theory of adsorption of double molecules*)，发表于 1939 年；《具有长程序的系统的位形数》(*number of configurations of an assembly with long-distance order*)，发表于 1939 年。发表在《剑桥哲学会会刊》上的有《固体由于分子转动而来的比热》(*Specitic heats of solids due to molecular rotations*)，发表于 1937 年；《合金中 AB 型的超点阵的形成及在吸附理论上的应用》,(*Superlattice formations of the type AB in alloys with applications of the theory of adsorption*),发表于 1938 年;《一个系统的位形的数目与合作现象》(*number of configurations of an assembly and cooperative phenomena*),发表于1939 年。以上论文显示了张宗燧出众的科研能力和极高的学术水平,并且开始引起国际物理学界的高度重视。

　　1938 年秋张宗燧学业结束,经导师福勒推荐,于同年冬天到丹麦哥本哈根大学理论物理研究所工作。该研究所是由著名物理学家 N. 玻尔(Bohr)领导创建的,是国际上研究近代物理的一个学术中心,是量子力学哥本哈根学派的发源地。研究所常邀请世界著名物理学家来所讲学或举办讨论会,还邀请青年物理学家前来工作,因此在此云集了一批世界著名的物理学家和一些诺贝尔物理奖的获得者,对近代物理学的发展产生了极深刻的影响。张宗燧来到哥本哈根大学理论物理研究所后,仍继续写他的关于统计物理的论文。N. 玻尔见他才华出众,对他很器重,那时张宗燧住在 N. 玻尔的家中,玻尔的儿子 A. 玻尔(A. Bohr)还在求学,两个年轻人很快熟悉起来,并成为好朋友。多年后,A. 玻尔接替了他父亲的工作,在哥本哈根大学理论物理研究所担任领导,他曾多次来中国访问,每次都要求和张宗燧见面。有一次张宗燧没带翻译独自前往和 A. 玻尔见面,谁料这一次会面竟成为"文化大革命"中张宗燧的一条罪状。

　　当时理论物理派生出一门新兴的学科——量子场论,它要求用更高深的数学知识对事物的物理本质进行诠释,因此深深地吸引了张宗燧的兴趣,在 N. 玻尔、M. 狄拉克(Dreac)、W. 泡利(Pauli)、A. H. 威尔逊(Wilson)等人的影响和鼓励下,他改变了自己的研究方向,由研究统计物理转向了量子场论。为了研究量子场论,张于 1939 年春天来到瑞士高等工业学校,在泡利身边从事科学研究。由于他的不懈努力，很快就写出了他的第一篇关于量子场论方面的论文，题为《包含介子的过程对于方位角的依赖》(*Ajimuthal dependence of processes involving mesons*)，于 1940 年在《剑桥大学学报》上发表。半年后，他又回到了哥本哈根。

留英公费将要期满时，张宗燧接到了重庆中央大学请他去该校任教授的书信，他本人的意愿是想仍然留在国外和物理学名家一起研究量子场论，遂向国内有关部门提出推迟一年回国的申请，但申请没有被批准。当时玻尔曾挽留张在哥本哈根研究所的实验室工作，而实验室工作不是张宗燧的志愿，又考虑到当时欧洲局势紧张，英、法与德国之间已经相互宣战，担心战争扩大后难以回祖国，所以决定早日回国，用自己所学的知识为祖国服务。

报效祖国　不懈追求

1939 年秋天，张宗燧从法国乘船到上海。当时上海已被日本占领，要到大后方重庆，只能取道越南的海防、河内，再经过昆明，辗转到重庆。张宗燧经过长途跋涉，来到重庆，进入重庆中央大学，担任了该校物理系教授。在此期间主要从事教学工作，传授基础知识。他很想把书教好，愿意把先进的理论物理知识传播给学生，但因内容太深奥，学生不易听懂，上了几次课只好作罢，为此，他也很烦恼。

除教学外，他在艰难的条件下还坚持继续研究统计物理和量子场论，每年都要撰写一二篇文章发表。例如：他的论文发表在美国《化学物理杂志》上的有《一个二元固体溶液的彼德－恺尔克伍德的配分函数的一个补充》(*Note on Bethe-Kirkwood's partition function for a binary solid solution*)，发表于 1941 年；《在一个二元的固体溶液中第二级的邻偶的作用》(*Second-neighbour interaction in a binary solid solutions*），发表于 1941 年；发表在《英国皇家学会会刊》上的有《已知近邻数目的排列》（*Arrangements with given number of neighbours*）（与何启智合作），发表于 1942 年；《物质微粒的冲量能量张量》（*The impulse — energy tensor of material particles*），发表于 1944 年；还有的其他有关论文曾在丹麦发表；在《剑桥哲学学会会刊》上发表。他的这些统计物理和量子场论方面的论文卓有创见，许多研究成果达到了国际先进水平。

当时张宗燧才 24 岁，是中央大学最年轻的教授，他的学术水平和科研能力受到同事们的佩服和赞誉，在同事中威望极高。然而他年轻气盛，聪明外露，说话直来直去，不讲情面，也难免得罪了一些同行。他的这一脾气和习惯，后来经过生活的多年磨练，才有所改变。

他在重庆中央大学执教 6 年，常以在大后方艰苦抗日、勤奋教育为荣，也以不屑溜须拍马求官职为荣，常把自己的工作看作是抗日战争的一部分。他和进步同学一起公开表示不满蒋介石、同情共产党，和其他爱国者一样，盼望抗战胜利的早日到来。

1942 年，英国科学家李约瑟受英国对外文化关系委员会和英国生产部的资助，组织科学访华团到中国访问，在重庆建立了中英科学合作馆，组织科学访问团的目的是打破日本军国主义在知识和技术两方面对我国的封锁，为此协助我国科技工作者和国外的科技工作者进行交流，推荐中国学者的论文给欧美著名杂志，资助中国学生出国留学，邀请中国教授去英国工作。在 1943 年～1945 年间，中英科学合作馆曾介绍了 138 篇研究论文，发表的达 86%，资送中国留英学生 67 名，邀请中国教授 36 名。

张宗燧请李约瑟转送了两篇论文。1945 年年底，李约瑟推荐张宗燧作为英国文化协会高级研究员的身份再次到英国工作。

1946 年 2 月到达剑桥，这次他的期望很高，希望在物理研究中作出更多的贡献，并时常以狄拉克为榜样，认为狄拉克曾受教于福勒，是他的同门师兄，是他的学习榜样，也是他的追赶对象。狄拉克在科研中追求数学上的严格、完美、漂亮，这也正是张宗燧所热切追求的。

张宗燧的研究工作进展很快，不久就发表了多篇论文，于1947 年发表在《剑桥哲学学会会刊》上的有：《合乎相对论的二次量子化的理论的一个补充》（*A note on relativistic second quantization*），另一篇是《哈密顿量子化的理论的一个补充》（*A note on the Hamiltonian theory of quantization*）。第二年（1948 年），他又在同一杂志上发表了另两篇论文，《含有场的高价导数的场论》（*Field theories with high derivatives*）和《合作现象的表面效应》（*Surface effects in co-operative phenomena*）。此时他已是剑桥哲学学会的会员。

除科学研究外，张宗燧还提出希望在剑桥大学开课。在此之前，来剑桥的外国学者只是来听课，没有讲课的，而狄拉克欣然同意他在剑桥大学讲课，并让他讲授场论，张宗燧成了第一个在剑桥大学开课的中国人，感到非常高兴。在剑桥的这段时间，他把握住了自己的命运，主动安排了自己的时间，他习惯于集中一段时间，集中精力赶写出论文，然后集中休整，找中国学者聊天，介绍自己的劳逸结合经验，幽默地说"一天读两小时书，晚上去跳舞"，还要玩个痛快。他认为根据自己的健康条件，节奏适当，可以提高工作效率，过分紧张反而出不了成果。他还抓紧时间，学习一些有关的数学，他曾对人说："缴了卷，没事学点近世代数——群论。"因为他感到理论物理中困难重重，形式上美的东西要依赖数学，所以学些和理论物理有关的数学是非常必要的。这段时间他给人的印象是"科学研究的成就相当好，但凭他的一点小聪明，一天到晚不读书"。

当时，英国有一个保密的原子能研究所，正在网罗人才，有人介绍张到那里工作，那里的报酬很高。张曾前往参观，回来后说"里头都是使用密码的，钱倒是很多，但不自由，去了就不能出来"，斟酌再三，还是没有前去应聘。

一年后在英国交流的时限已到，张宗燧接到中央大学要他回国的通知，经过交涉，同意他延期回国。1947 年狄拉克要到美国普林斯顿研究所工作，张宗燧跟随前往。在第二次世界大战期间，许多著名科学家为了避免德国法西斯的迫害，纷纷从欧洲抵达美国，著名的相对论的创建者爱因斯坦也来到美国，在普林斯顿研究院研究统一场论。张宗燧经狄拉克的介绍，进入广罗人才的普林斯顿高等研究院任研究员。在美国工作要比英国紧张得多，竞争的空气很浓，科学家们为了获得更多的成果，不但要拼脑力还要拼体力。张为了多出成果，工作过度紧张，超出了他的身体承受能力，使得原本就体弱多病的张宗燧神经衰弱症加剧，甚至连续数日都不能入眠，但他克服困难坚持工作。

第二年春天，张宗燧应邀前往费城的加内基高等工业学校任教，在该校他教授的课程很受学生欢迎，他很高兴，认为可以在这个学校继续工作，在美国多住几年。但想不到的是只教了五个月的课，护照就已到期，他去移民局申请延长签证的有效期，结果被拒签。一般中国教授去美国访问，应该是办理教授签证，而张宗燧却办了一张旅行签证，而且只签了半年。美国当局规定持有旅行签证的人在美国工作是犯法的，要被提起公诉。他不得已离开加内基的讲台，临走时还带着该校给他的聘书。虽然他不喜欢美国过于紧张的生活节奏，但在美国能和著名物理学家共同研究量子场论却是他求之不得的。在美国他参加了美国物理学会；1950 年他的名字被列入美国《世界名人录》。

献身科教 命运多舛

1948 年秋，张宗燧回到了祖国，在北京大学物理系任教授，曾教授原子核物理学、热学和宇宙射线学等课程。讲课中除了讲授基础知识外，还加入了不少新的研究成果的内容，因此他的课很有深度，学生们尤其是高材生对他很佩服。学生中曾流传这样的说法：张宗燧教授看书，只看开头和结尾，中间不用看，他自己就能推导出来。他的学生于敏（科学院院士）回忆说："张先生回国后，在北大很勤奋，一边教书，一边做研究工作。我觉得他书教得很好，一是逻辑性强，二是知识新，吸引人，三是讲得很透，不罗嗦，很有启发性，所以我考了他的研究生，他讲课概念不牵涉很多，不很广，但很深，课讲得好。"

除教学工作外，他还利用一切条件坚持科学研究不放松。回国后不久，他写出了题为《合乎相对论的场论》（*Relativistic field theories*）的论文，于 1949 年发表于美国的《物理评论》上。1948 年国际上出现了为避免量子场论中发散困难的重整化理论。1949 年以后，张宗燧开始了重整化理论的研究，以理论的数学形式扩充了 Weiss 理论中的波动方程，使之成为决定空间性曲面上的波函数如何随曲面的任何变化而变化的方程，利用和哈密顿—雅可比方程的比较，证明这一方程即使在含有高阶微商时也是可积的，这就在实际上证明了对易关系的相对不变性，这一工作使相互作用表象的理论得到更普遍的基础。这些研究成果写成了以《Weiss 场论》为题的论文，发表于 1949 年的《中国物理学报》上。

1950 年 7 月，张宗燧和农业大学农化系傅素冉结婚，生有长子张洪青，当时住在西酒醋局 8 号。他在一份自传中写道："我俩平平静静地过日子，在岗位上努力为人民服务，尽力地作教学工作，现在我觉得我更应该多做研究，并指导后学的人做研究。"他认为自己在北大的教学工作可以由别人代替，他希望能进入数学研究所筹备处，做一些应用数学方面的工作，同时指导年轻人用数学来研究量子力学和统计力学。筹备中的数学研究所也正需要像张宗燧这样的优秀科研人员。因此，第二年春天，张宗燧如愿以偿，被聘为数学研究所的研究员。这时期张宗燧很忙，不但担任北大的教授，同时又兼任数学研究所的研究员，教学和科研双管齐下，当时开会时间较多，还有系里布置的翻译工作，把他的时间排得满满的，他苦于没有时间去安心地搞科研、写论文，他很着急。

这年张宗燧参加了学校里组织的土改参观团，到湖南参观。后又参加了思想改造和"三反"、"五反"运动。他是一位不大了解社会又不懂政治的科学家，再加上实话实说的性格，使他在政治运动中招来不少麻烦。加上他是张东荪的儿子，受到家庭的株连。更要害的是：他在 1949 年寄往美国的题为《可定域化的动力系统的量子力学》（*Quantum mechanics of lkalizable dynamical systerms*）的论文，于 1950 年发表在美国《物理评论》杂志上。1952 年"三反"、"五反"期间，有人揭发说张宗燧在朝鲜战争爆发后还将自己的学术论文寄往美国，说他崇美，因此在运动中被升级为"重点人物"。大家认为问题非常严重，要求他当场上台检查，在小组会上检讨了一次，又到全系大会上检讨，他边检讨边暴露自己思想又边解释，这种态度被当时认为是不"虚心"，不"老实"。为了打垮他的本钱，从业务上进行批判，在会上对他作了不实事求是的批评，深深地刺伤了他，第三次检讨为了早点过关，迎合某些人的意思，违心地不切实际地在许多地方否定自己，尽管如此，还是没有过关。运动结束后，担心的事情发生了，他的妻子不能原谅他有这么多的缺点，与他离了婚。当时正值院系调整，他被调离了北京大学，而调到北京师范大学任教。

到北京师范大学物理系时，张宗燧才 37 岁，一直到 42 岁离开北京师范大学。在这 5 年的黄金岁月中，他用全部精力贡献给了教育事业，他给本科生高年级讲授了理论力学、热力学、统计物理、量子力学等课程。他备课相当认真，讲课起点高，内容多，学生反映学习难度大，幸亏北京师范大学物理系给他配备了一位得力的助教喀兴林。统计物理和量子力学这样难懂的课程，张宗燧讲四节课，助教就要用两节课重复补习。有时讲"数学上漂亮的东西"，怕学生不懂，就事先申明，"我这节课讲得难一点，你们能懂就懂，听不懂就算了"。班上如果有 2 ~ 3 个学生能听懂他的课，他就很满意，对这些学生他格外喜欢。如果他们去问问题，他不但回答问题的本身，还要把有关问题的其他知识加以阐述。他还给理论物理进修班讲授数学，他的数学课逻辑性很强，思维严谨，使学生们受到了良好的思维方法训练。除了给学生讲课外，他还为系里的年轻教师讲授分析力学和电动力学，作为提高年轻教师理论物理水平的培训。

当时物理系请来了一位苏联专家，办起了理论物理进修班。张宗燧有不同的意见，认为不请专家，凭系里的师资力量也完全可以开办理论物理进修班，所以对请外国专家来系办班有些想不通。当时系里要求张配合苏联专家工作，让他开设进修班的副课——数学，另外担任专家课的答疑工作，校对专家讲稿译文等工作，虽然张宗燧对邀请苏联专家来系办班有不同意见，但对系里分配给他的工作仍然认真、积极、努力地去完成，在和苏联专家共同工作的过程中，他们合作得很好，苏联专家也意识到了张的水平和能力，对张很尊重，请他开了一些选修课，还把几个程度好的学生的结业论文交给张指导，他们相处得很好。

由于工作的需要，张宗燧开始自学俄语，并阅读苏联的有关专业文献，成为系里阅读俄文书籍最多的教师之一。他体会到苏联人的书里是有东西的。从此以后，凡看到苏联图书，都要拿来一读。

除教学外，他还抓紧时间开展科学研究，在这期间陆续在《中国物理学报》《中国数学学报》《北京师范大学学报》（理科）上发表论文9篇，并出版了颇有影响的专著《电动力学与狭义相对论》。

1956年，党中央提出了向"科学进军"的口号，张宗燧的愿望和时代合了拍。为了集中精力从事科学研究，他要求把自己的编制调入科学院。在华罗庚的支持下，张于1956年年底调入中国科学院数学研究所，任一级研究员，并担任数学研究所专门为他设立的理论物理研究室的室主任。1957年，他被选为科学院数学物理化学部学部委员，并担任第四届全国政协委员。这时张已40多岁，他深感学术上多年荒废，一反年轻时喜欢轻松、悠闲地搞科研的习惯，成天埋头于书本和文献堆里，千方百计用加倍的努力找回失去的时间。他在研究工作中，积极、努力，熟练运用数学工具，要求数学推导过程干干净净，结论简单明确，讨厌似是而非。在数学研究所工作期间，共发表论文24篇。

除科研工作外，张宗燧还以招收研究生来培养年轻一代。他在招生中历来主张高标准，所出的入学试题量很大，难度又高，认为这样可以拉开距离，便于选拔，因此不少投考者因为考分不合格或因家庭出身的问题而不能录取。张为此到处游说，为考试成绩好而出身不好的学生到处奔波。新中国成立后，他总共培养了四名研究生，有北大的于敏、1958年招收的戴元本。1963年有22人报考，只录取了侯伯宇、朱重运2人。现在他们都是相关学科的学术带头人，有的已经成为中国科学院院士。他对研究生的严格选拔，精心培养，以及他的严谨治学，朴实无华的作风，使学生们受益匪浅，且永远不能忘怀。

张宗燧于1956年和包坤铎结婚，生有幼子张敏。他对孩子们关怀备至，尽到了做父亲的责任。他经常给儿子讲科学家的故事，还经常给儿子买各种书籍，教育他们长大要做一个对人民有用的人。为了孩子的身体健康，在孩子很小的时候，他不愿意对他们管束得太严，常叫孩子"玩去吧"，但是当孩子有点滴进步时，他就特别高兴。有一次长子洪青被选为三好生，父亲表扬了他，鼓励他要好好向工农子弟学习，要热爱劳动。

张宗燧热爱祖国，拥护中国共产党和社会主义，他无限热爱自己的专业，对科学研究有无穷的兴趣，不搞科研感到莫大的痛苦，对科研兢兢业业，一丝不苟。他一生勤奋，把科学研究作为自己的第一需要。一生共发表学术论文50多篇，科学著作3本：《电动力学与狭义相对论》《量子力学》《色散关系引论》。

张宗燧为人正直、诚实、坦率，追求真理，爱讲真话，这些在历次政治运动中反而成为他的问题，再加上他有一些海外关系，在文化大革命中受到了不公正的待遇，一些不实之词扣在他的头上，使他的身心受到严重的伤害。1968年年底他表示"'文化大革命'不应该这么搞，'文化大革命'把一些人的健康损害了，这是不幸的"。时隔半年，于1969年6月30日，张宗燧在54岁盛年之际，不幸辞世。中国科学界从此失去了一位才华横溢的学者。

（陈毓芳）

戴爱莲

中国舞蹈艺术之母

◎ 戴爱莲

　　戴爱莲（1916—2005）原名吴爱兰，祖籍广东新会县。舞蹈家、舞蹈教育家。出生于美洲西印度群岛特立尼达，后旅居英国，拜名师习芭蕾舞和现代舞。后回国，在国立歌舞学校、社会教育学院、北平师范大学任教。新中国成立后，历任中央芭蕾舞团团长、艺术指导、顾问，北京舞蹈学校（北京舞蹈学院前身）校长，中国舞协主席、名誉主席，联合国教科文组织所属国际舞蹈理事会副主席。曾任全国政协常委。

戴爱莲，被称为中国现当代舞蹈史上的女神，舞蹈艺术之母。她的舞蹈人生伴随 20 世纪的硝烟与战火、抗争与追求；她的舞蹈艺术凝集着东、西方文化精髓，融汇古今，链接上下，她的一生充满了传奇。在英国皇家舞蹈学院的接待厅里，仅陈列着四位世界杰出女性舞蹈家的石雕肖像，戴爱莲在其中。

博采众长成就的舞蹈家

"三岁看老"，是中国人惯用的一句俗话。戴爱莲之所以能够成为杰出的舞蹈大师，在她看来，童年的生活对她影响甚大。

1916 年 5 月 10 日，戴爱莲出生在拉丁美洲西印度群岛的特立尼达岛。她祖籍广东，家庭是一个三代华侨的世家。年幼的戴爱莲家境富足，童年的她是听着蜂鸟的嗡嗡鸣叫、在海浪追逐下长大的。特立尼达是英属殖民地，没有中文学校。虽然她所接触的全部是西方教育，但很小的时候，她就从大人那里知道自己是中国人。因为从小喜欢学舞蹈、学音乐，所以戴爱莲经常在儿童舞蹈中担任领舞。她第一次上舞台大约五六岁，演出的是一出名为《仙境风灵草》的小歌舞剧。此后不久，戴爱莲便开始了每周一节的芭蕾课历程。11 岁时，戴爱莲给世界著名芭蕾艺术家安东·道林写了封信并得到了大师的回复，这更坚定了她的芭蕾梦想。终于在 1930 年，14 岁的戴爱莲由母亲陪伴踏上了游学英国的旅程。

初到英国，戴爱莲见到了恩师安东·道林，并在他的工作室里学习。戴爱莲的芭蕾算是学得比较晚的，但在恩师的关怀下，她充分感受了芭蕾所带来的快乐，也抱定了从事舞蹈专业的信念。此后，戴爱莲还陆续接受了其他名师的指点，如玛丽·兰伯特、玛格丽特·克拉斯克等。父亲的破产使戴爱莲的生活拮据起来，但这并没有让她放弃理想。刚到英国时，她常去看美术展览和听音乐会，接触其他艺术，她感到搞舞蹈的不能缺少其他艺术的修养。她认为，舞蹈是综合艺术，如何使动作和谐、姿态优美、节奏鲜明、表情丰富，完美地表现创作意图，如何发挥演员的潜能达到最佳状态等，都是很复杂的问题。其他艺术的影响对她的舞蹈艺术发展帮助很大。

在英国期间，她学习了古典芭蕾的全部内容，但这并不能令她满足。当时，现代艺术正在西方蓬勃发展，音乐、美术等领域新的风格、技巧，层出不穷，彻底突破了以往传统、写实的创作模式，然而当时的芭蕾却缺乏这样的创新精神。芭蕾舞是技艺性很强的艺术，身体的"开度"是从事芭蕾表演的前提条件；也正因为如此，芭蕾舞缺乏人体自然的表现力，表演比较程式化。一次，戴爱莲看到了现代舞蹈家玛丽·魏格曼的演出，立即被这门艺术深深地打动了！对于年轻的戴爱莲来说，以前从未见过任何一种舞蹈在舞台上像"放电"一样的动人心魂，她很想尝试一下现代舞的"滋味"，于是来到魏格曼舞团演员莱斯莉·巴若斯－古森斯在伦敦开的一个现代舞工作室。当时现代舞在英国尚属新生事物，与芭蕾是相互轻视、相互对立的，现代舞演员与芭蕾舞演员也是泾渭分明，不能"共处"。戴爱莲由于是芭蕾出身，现代舞团中就有人对她怀有敌意。戴爱莲根据普罗科菲耶夫的《三个橙子的故事》里的一段进行曲，编了一个叫《进行曲》舞蹈。她的演出征服了所有人，这个节目后来成了她的保留节目。此时的戴爱莲对现代舞已有了自己的认识，她认为正处于发展阶段的现代舞很有表现力，但缺乏技巧，建议向芭蕾借鉴，但此意却引起了波澜。当时现代舞者的观点是"芭蕾已经过时了"，她的意见遭到了多数人的反对。

现代舞的无形象性与芭蕾技巧化的弱点一直困扰着戴爱莲，她认为舞蹈的理想应该是一种完美的艺术——现代舞与芭蕾舞的结合。1939 年的一天，戴爱莲终于看到了她梦想中可以和戏剧、音乐、美术相媲美的高水平艺术作品——"尤斯芭蕾"的《绿桌》。同年，戴爱莲考入了"尤斯现代舞团"，并取得了在达亭顿的尤斯舞蹈学校的奖学金。当时，舞蹈学校与歌剧学校、话剧学校、美术学校等同处一地，美术学校的绘画和雕塑课给了戴爱莲很大的吸引。

尤斯学校课程很多，时间很紧，每天都很忙。学校安排两种技巧课程，一是芭蕾，一是"雷德系统"（现代舞技巧）。此外还学习"空间协调学"(Chorectics)、类似于音乐学的"和声学"、"动力学"（Eukenetics）、即兴舞蹈、创作、音乐节奏、音乐欣赏等课程。最让戴爱莲兴奋的是，她在这里接触了以匈牙利著名舞蹈家拉班命名的拉班舞谱，学习了正宗的拉班理论。通过对"拉班系统"的学习，她真正认识到舞蹈艺术的"立体感"，它像雕塑一样，是空间的艺术，并非原来以为的"平面艺术"。

1939 年，英国向德国宣战，达亭顿学校被迫关门了。游学期间便已亲身体验到法西斯残暴的战争罪行的戴爱莲，此时渴望回到祖国参加抗战。她痛恨日本军国主义的暴行，惦记着亿万同胞在战火中的悲惨处境。在中华民族最危难的时刻，她希望和祖国、同胞在一起。

◎ 戴爱莲在"东江游击队"舞蹈中

为抗日责无旁贷

　　1940 年春天，戴爱莲乘坐的客轮经过漫长的海上跋涉，终于来到了香港。不久，港报上出现一条消息："中国舞蹈家从英国学习归来，已到香港。"在港的宋庆龄诚邀戴爱莲见面，她特别高兴！一见面，宋庆龄异常热情地握住戴爱莲的手，并对她说："我们有一个'保卫中国同盟'的组织，它的主要工作是为抗日募捐、为前线采购药品。不知你能不能参加我们的活动？"激动的戴爱莲不假思索立即答道："当然责无旁贷！"于是，在香港，戴爱莲参加了"保卫中国同盟"的义演，并举行了个人舞蹈演出。她的中国题材舞蹈《进行曲》《警醒》《杨贵妃》等令香港公众耳目一新，获得极大成功。

　　当时的香港没有舞蹈教室，练功、排练都缺少场地，多亏宋庆龄帮她找了个地方。那是一家"夜总会"的大厅，白天空闲，晚上营业，戴爱莲就在那里练功、排练。戴爱莲在港排练、演出消息不胫而走，一些在港的画家前来观摩她练功，并希望她作他们的"模特儿"。戴爱莲同意了，但条件是：他们不能妨碍她练功，因为她不能停止工作专门为他们服务。当然，她更不喜欢坐在那里工作，她是舞者。她也搞不清到底有多少人来画她，印象较深的画家有叶浅予、郁风、冯亦代、马国良、丁聪等，他们都与宋庆龄的"保卫中国同盟"有关。当时，戴爱莲也不知道他们是否名声显赫，但凭经验觉得，他们和她的英国艺术家朋友一样，都是穷的。每次练功结束了，戴爱莲就绕到画家们身后看他们的作品，真的个个都很出色。当她看过叶浅予的速写后，从心底涌起一种敬佩！因为在英国时积累了一定的艺术经验和品位，也会欣赏绘画艺术，知道什么样的画是上品。在她眼中，叶浅予潇洒漂亮、画画得好，又是进步人士，心里暗暗思忖，"我会爱上他的！"于是，戴爱莲便主动去爱了。两个星期以后，她和叶浅予结婚了，宋庆龄作了他们的主婚人。戴爱莲并没打算在香港久留，"回到内地"一直是她最迫切的愿望。1941年春，戴爱莲在香港结婚后不久，就和叶浅予踏上了归国的旅途。

在重庆期间，戴爱莲先后到国立歌剧学校、舞蹈学校和育才学校任教，开始培养自己在国内的学生。这一时期，她深切关注社会现实和人民的苦难，创作了不少优秀舞蹈作品。其中，舞蹈《思乡曲》倾诉了沦陷区难民背井离乡的愁苦与满腔悲愤，《空袭》有力地控诉了日军野蛮轰炸的残暴罪行，而她潜心创作的《游击队的故事》，是她将炽热的爱国激情融入精湛的舞蹈艺术之中，观众看后无不为之动容。有一天，戴爱莲看见一个小孩被一个大人打得很凶，询问后得知因为不是亲生的，而是买来的。这件事使她深感震惊，她据此创作了舞蹈——《卖》，作品深刻揭露和鞭挞了这一战时社会的丑陋现象。1942年，她和著名舞蹈家吴晓邦、盛婕一起，在重庆举行了"舞蹈发表会"，创作、演出了《合力》等优秀作品，用他们创编的舞蹈控诉日本军国主义的暴行，歌颂爱国军民不屈的战斗精神，在抗战最艰难的时刻，鼓舞了全国民众坚持团结抗日、夺取最后胜利的信心。

寻访中华民族舞蹈之"根"

戴爱莲虽出生、成名于异国他乡，但她对祖国有着深沉的爱，割舍不断的情。她在大英博物馆图书馆的英文资料中学习中国历史，了解祖国。当她在国际舞蹈盛会上看到人们跳日本的"花柳流派"舞、印尼的爪哇舞、印度的古典舞等时，她的民族自尊心被深深地刺痛了。中国有几千年的文明史，我们的舞蹈在哪里？

戴爱莲历尽艰辛回到祖国的心愿之一，就是寻访中华民族舞蹈之"根"。她以极高的热情汲取着中华传统文化，国画大师张大千和丈夫叶浅予令她获益良多。她从舞蹈的探寻入门，逐步涉及民族学、人类学的领域，发现了中华民族舞蹈之根就在各民族之中的基本道理。这一发现，令她欣喜！

1945年，在丈夫的伴同下，戴爱莲踏上了舞蹈寻根的路。他们先下广西大瑶山，然后去西康藏区和西北新疆，搜集了大量少数民族民间舞蹈。抗日战争末期，条件异常艰苦，深入民间采风，有时是要冒生命危险的。而戴爱莲却毫不退缩。当时，去西康的山间道路狭窄、湿滑，不时有山石滑落、坍塌，旁边的悬崖峭壁，一不留神，人就会跌下去摔个粉身碎骨。但她太爱自己的祖国了！在她的心中，祖国很具体，就是中国人，中华民族，中国文化，中国的一山一水，一草一木，甚至那湿滑的山路，坍塌的岩石，都牵动着她的心。她要用最美的舞蹈语言，将自己真挚的爱国之情诉说出来。于是，在祖国的西南边陲，西北边疆，在村寨、山乡、草原，到处都留下她的足迹。她向瑶族、彝族、苗族、藏族、维吾尔族同胞采风学习，在篝火旁用拉班舞谱记录了大量少数民族的原生态舞蹈。她用拉班舞谱记录的八个藏族舞蹈，作为永久藏品现分别珍存在美国纽约舞蹈中心图书馆和伦敦舞蹈中心图书馆。通过对中国民族民间舞蹈采集整理及潜心研究，戴爱莲的创作激情犹如火山般喷发出来了。

1946年3月，戴爱莲在重庆举办了由她组织并参加创作、演出的绚丽多姿的边疆舞蹈晚会——"边疆音乐舞蹈大会"首次公演。充满活力的维吾尔族舞《坎巴尔罕》，优美舒展的苗族舞《苗家月》，欢快奔放的藏族舞《春游》《巴安弦子》《甘孜古舞》《弥勒佛》，抒情热烈的彝族舞《倮倮情歌》，铿锵有力的瑶族舞蹈《瑶人之鼓》，还有根据桂剧创编的舞蹈《哑子背疯》，以及与学生共同表演的《嘉戎酒会》等，绚丽的民族服装，婀娜多姿的舞蹈动作，把观众带入一个前所未有的世界，人们被戴爱莲的这些舞蹈所倾倒。不少人惊叹："天下竟有这么多美妙的舞蹈！""作为中国人今天才知道中华民族的舞蹈是这样丰富多彩！"戴爱莲将少数民族劳动之余、丰收之后，在田间、地头的自娱自乐的土风舞搬到了大城市的舞台。演出轰动了山城，媒体称赞她是"人民艺术家"。中国民族民间舞蹈从此登上了现代艺术舞台，中国现代舞蹈艺术的奠基之作——"边疆音乐舞蹈大会"，也从此载入了中华民族的艺术史册。

戴爱莲晚年曾回忆过："我受党的教育和培养多年，因此有一种对国家、民族的责任感，这得益于我所接触过的一批党的好干部——周总理、宋庆龄、邓大姐、廖梦醒、龚澎。他们对我的影响是巨大的。"她与周恩来夫妇的友情要从宋庆龄的一封信开始。宋庆龄是非常关心戴爱莲的，彼此结下了深厚的姐妹之情，戴爱莲称宋庆龄为"大姐"。戴爱莲初到重庆时，宋庆龄亲笔写信，把她介绍给了周恩来。在英国游学期间，戴爱莲就曾读过美国记者埃德加·斯诺写的《西行漫记》，从中知道了毛泽东、周恩来、朱德的名字，他们为理想而奋斗的精神深深感动了她。与周恩来的第一次见面是在与朋友聚会的饭桌，当时，郭沫若正好坐在戴爱莲对面。她对郭沫若早有耳闻，见他举止儒雅，言语不俗，心中十分仰慕，晚饭时便总是和他交谈。坐在戴爱莲右手边的是一位"周先生"，主人介绍时称他为"周师长"，她一听，以为是国民党的一位将军，便不想多搭理。虽然，她也感觉这位"周师长"风度翩翩，颇有大家风范，但当对方和她说话时，她总是短短数语敷衍一下而已，整个晚上她都一直在和郭沫若聊天。回家后，叶浅予问她："你知道旁边那人是谁吗？"她回答不知道，叶浅予告诉她："真是糊涂，那就是周恩来呀！""啊？！"戴爱莲后悔不已。几天后，戴爱莲、叶浅予应邀拜访周恩来，当她对邓颖超大姐讲起那天自己失礼之事时，邓颖超听后大笑不已。叶浅予向周恩来表达了想去延安的心愿，周恩来听后，劝他们留在重庆，在他看来，戴、叶在大后方的用武之地比去延安大得多。于是，他俩服从安排，继续留在重庆为抗日工作。那时，周恩来夫妇经常来看他们的演出。此后，戴爱莲与周恩来、邓颖超成为很好的朋友，关系更加亲密，她更是成为周恩来家中的常客。解放后，从戴爱莲筹办北京舞蹈学校（北京舞蹈学院前身）到建立东方歌舞团，都一直得到周恩来的关心。戴爱莲晚年时，仍清楚地记得当年周恩来亲自教她跳陕北大秧歌的情景，她回忆说，周恩来一边迈着秧歌步，一边摆动着手臂，嘴里还念着节奏，教得非常认真，身法、手法、步法都十分到位。戴爱莲深感惊讶，没想到中共高层领导人周恩来的大秧歌竟然跳得如此出色。

莲子清如水

1948年，解放战争已进入全面反攻阶段，北平城里的大学生也以文化为武器，揭露国民党反动派独裁、发动内战，同时也宣传群众，团结人民，共同迎接解放。师大的学生组织群舞社为了提高表演水平，就借来戴爱莲跳舞的影片在礼堂放映。影片录制了戴爱莲跳的《马车夫之歌》《巴安弦子》《瑶人之鼓》《哑子背疯》等舞蹈。同学们决定向戴老师直接学习。当时，戴爱莲正在北平师范大学体育系任教。群舞社的四五个学生敲开了东单方巾巷戴爱莲的家。这时她早已是中外闻名的舞蹈家了。她没有责怪学生的唐突，而是热情接待了他们，并根据学生的要求和实际水平，一边唱曲，一边编舞，一边教授。她一招一式教得认真，学生们一招一式学得专心。戴爱莲的汉语说得不流利，但优美的舞姿、灵巧的手势和活泼的眼神，使学生明白这是反映维吾尔族青年愉快生活的舞蹈，大家共同命名为《新疆舞》。大家又跳又唱，老师、学生都出汗了。中间休息时，戴爱莲给学生端茶倒水，还拿出刚从新疆带来的葡萄干请学生品尝。

由戴爱莲教授的《新疆舞》可以两个人跳，也可以多人跳；在舞台上和操场上都可以跳；舞蹈时间不长，只有四五分钟，但很有感染力。在清华大学礼堂第一次演出时，受到观众的热烈欢迎，当场就有兄弟院校表示要来学习。以后，《新疆舞》成了师大群舞社的保留节目。别人问起这个舞蹈从哪儿学来的，学生们自豪地说："这是戴老师教我们的！"

1949年3月，戴爱莲奉上级指派到巴黎参加世界和平大会，回国后被分配到了华北大学，为新中国培养了第一批演员。北平解放那天，戴爱莲从西直门跟着解放军走，大学生们看见了她，纷纷要求她做表演，她高兴得跳起了周恩来教给她的秧歌！新中国的成立，预示着中国民族舞和芭蕾舞事业的蓬勃发展，那一天，戴爱莲尽情地跳了一整天的中国民族舞。党和国家领导人对文化艺术工作的亲切关怀，极大激发了戴爱莲的工作热情。她组建了华北大学文艺学院舞蹈队、主持了新中国第一个专业舞蹈团——中央戏剧学院舞蹈团。与此同时，她参加编导并主演了中国第一部舞剧《和平鸽》。这一时期，戴爱莲是中国舞蹈艺术舞台上最闪亮的明星。

1953年，她参加了在罗马尼亚首都布加勒斯特举行的"世界青年与学生和平友谊联欢节"，她编导的作品《荷花舞》获得集体舞二等奖。"出污泥而不染"的荷花，寓意深刻。从创作上分析，戴爱莲认为《荷花舞》最多不能超过五分钟，因为它的内容是有限的，不能过多重复，但队形的变化是无限的！她看苏联"小白桦"表演的舞蹈，很飘！所以决定《荷花舞》也应该有"水上飘"

的特征。民间的"荷花舞"不飘，步伐是颤颤的，但戴爱莲认为荷花在水上是飘的，这符合水的规律，水是流动的。石激水有涟漪，风吹水有波纹。另外，还要给观众这样一个印象——天气是晴朗的，不热不冷，因而荷花是随风轻轻摇曳的。《飞天》是戴爱莲继《荷花舞》之后又一创作，取材于敦煌壁画，借鉴了戏曲中的长绸舞，彩绸在舞台翻飞，此起彼伏，绚丽多姿，令人眼花缭乱，是戴爱莲又一力作。1957 年，莫斯科"世界青年联欢节"上，乌兰诺娃邀请戴爱莲做评委，女子双人舞《飞天》参加民间舞的比赛。时至今日，《荷花舞》和《飞天》不仅获得多项国内外大奖，而且享有了"20 世纪华人舞蹈经典"的美誉，至今久演不衰。

1954 年，北京舞蹈学校正式建立，戴爱莲担任了首任校长。不久，她主持组建了新中国第一个芭蕾舞团——中央芭蕾舞团，并担任团长。面对高度紧张、繁忙的工作，戴爱莲全身心投入，其精力之充沛，令人惊叹！

正当戴爱莲的舞蹈事业如日中天之时，"文革"降临，舞蹈大师惨遭厄运。非人的待遇、心灵的疾苦，她经历了，最终，她坚强而坦然地走过来了。

从艺术家到舞蹈大使

十年浩劫结束了，戴爱莲已年届花甲。但是她精力充沛，体态矫健，步履轻盈，耳聪目明，思维敏捷，仍继续在舞蹈事业上辛勤耕耘不辍。她出任中央芭蕾舞团艺术指导，又开始为中国芭蕾新秀的成长和中外舞蹈文化交流呕心沥血。

她不顾年事已高，不辞辛劳地来往于亚、美、欧三洲之间，为促进中外文化交流而辛勤工作。她经常到国外讲学和出席国际舞蹈学术会议，不失时机地向世界各国介绍中国优秀的舞蹈艺术和传统文化；她经常担任各种国际舞蹈比赛评委，她以精辟独到的见解、严谨公正的评论判断，使人如饮醍醐，赢得了国际舞蹈界同行的尊敬。她说："我要让世界了解中国优秀的舞蹈文化，

◎ 戴爱莲与王光美（右）在一起

也要把世界上优秀的舞蹈艺术介绍到中国来。"戴爱莲因此被国际上誉为"舞蹈大使"。1982年，戴爱莲以高票数当选联合国教科文组织国际舞蹈理事会副主席。

1993年，戴爱莲参加美国举办的世界舞蹈联谊会大会，与会者都是国际上德高望重的权威。在学术交流会上，戴爱莲第一个发言，讲了10分钟后，主持人说：时间到了。这时，原安排在戴之后发言的荷兰专家说："她讲的很有意思，我还想听，把我的发言时间让给她。"于是，戴爱莲继续介绍中国舞蹈的历史沿革、分类等，内容丰富，讲演精彩，使会议主持人不忍打断她的讲话，听众也不忍终止她的发言。结果整整讲了45分钟。这是大会唯一破例延长了时间的发言。

1996年，香港演艺学院授予80高龄的戴爱莲"高级院士"称号；2001年，美国俄亥俄舞蹈协会将"终生成就奖"授予她；2002年，国家文化部授予她首届国家"造型表演艺术创作研究成就奖"。2005年年初，病重中的戴爱莲光荣加入中国共产党，实现了她多年的愿望。

不同凡响的遗产

时光步入 21 世纪，年事已高的戴爱莲仍然不知疲倦地为祖国的舞蹈事业尽心竭力。多年的探索实践与潜心研究，使得她对舞蹈艺术在理论和实践都有着独到深刻的见解。

关于芭蕾的学派，戴爱莲认为：一个国家的芭蕾舞团，只有演具备自己民族内涵的芭蕾作品，才能形成自己的风格，而不是形成一种流派。芭蕾是国际性的东西，派别不是容易形成的。北京舞蹈学院形成的学院派，有一个共通的"模子"，但这出不了艺术家。要培养艺术家，需要有不同的人才、专业，才有可能发掘出天才。艺术最反对所谓的"学院派"！戴爱莲懂得芭蕾舞的愉快，这是安东·道林为她打下的基础，玛戈丽特·克拉斯克传授她舞蹈技术。她的艺术观念是靠朋友的刺激和熏陶，都是谁有用就学谁。芭蕾是世界艺术，是外来文化，它强调技巧的作用，但只有技巧决不是芭蕾艺术。戴爱莲一生接受了很多舞蹈以外的艺术，油画、管弦乐等各艺术门类对她的影响深远。丰厚的艺术实践告诉她：只要是人民喜欢、接受、满意的东西，就是好的、可以存在的东西。关于芭蕾的风格，戴爱莲认为：在欧洲，每个地方的芭蕾舞团都有自己的地方风格；中国的芭蕾演员有一种不同于西方的味道，这是一件很好的事情，说明将来中国能够形成一种风格独特的芭蕾舞。

关于"新旧问题"，戴爱莲认为"新古典舞"是可以说的，因为它是在古典舞基础上发展而来的，本身并未脱离古典精神。戴爱莲认为，一切都是在发展的，不管你是否提及"发展"的口号。任何人、任何势力或力量，都无法阻挡发展的步伐，发展是永恒的。比如，向冯国佩学习"花鼓灯"，一看便知，专业舞人永远不可能完全复制，神韵和妙处是天然形成的，其他人只能是尽量学习，无法"再造"或"变成"另一个冯国佩！但戴爱莲认为可以按照自己的理解去学，也就是可以加进自己的东西。以后，又将自己所学传授给另一个人。就这样一次次"传承"，一次次"发展"，是一个十分自然的过程。所以说，发展是必然的，勿须强调。少数民族的舞蹈，也是在原有的基础上，不断发展着的，决非不变的。

如何看待现代舞？戴爱莲认为，没有"根"的东西是没有发展前途的。她理解中国人对现代舞的热情，源于多年封闭后开放的惊喜，但任何事物的发展、变化都有其内在的逻辑性，不可盲目引进，更不能照抄照搬。中国不乏传统，更不乏底蕴丰厚的好东西，为什么不认真、仔细地开掘一下呢？难道只有"外国的月亮"才是月亮吗？当然，接受外来影响为我所用，也是必然的、应该的。但现代舞是不讲传统，不讲"根"的，尤其是美国现代舞。每个人都认为"一切从我开始"，其他都没有价值。因此，她不喜欢美国现代舞。她认为，中东地区有很多好东西，对我们的有益影响很多。如敦煌壁画，很大程度上受了伊朗文化的熏陶。这种文化间的互动古已有之，印度雕塑在内容与形式上与古希腊的雕塑有很多共同之处。影响和交流是正常的，但不能违反规律。一个民族有一个民族的美感，有一个民族的形象。比如"树"的形象，傣家人像一棵竹子，亭亭玉立的。如果你把它搞成一棵榕树的模样，那就不是傣族人了。大自然是最美丽的，白云因为有了阳光，才幻化出七彩颜色；如果全世界的云彩都像美国的云彩一样，就那么一种色彩，还有什么意思呢？有些中国人所以崇拜美国文化，一方面是近一个多世纪以来国势衰微造成的心理阴影使然；另一方面，是我们的民族观念、民族历史的教育失衡使然。她从"寻根"联系到民族学，少数民族很清楚自己民族的历史；随着民族学研究的深入，她又涉及了人类学——一个更大的领域，这使她明显地感受到中华民族的伟大！

对 20 世纪 80、90 年代后的中国文化，戴爱莲认为：中国目前的现代化不是真正意义上的现代化，很多是"西方化"的倾向。回想起来，1948 年戴爱莲初到北京，她认为北京是当时世界上最美的城市，那么多的古建筑（故宫、天坛、颐和园等），文化厚重得很。她去过 29 个国家，很多国家有自己的风格，很漂亮！她很喜欢芭蕾舞，但不能容忍芭蕾传统遭到破坏。作为中国人，她从不忘记自己的传统。有人说：民族传统落后，民族的东西没有技巧，因而不重视民族。在她看来，中国要赶上西方，要现代化，但不要忘记自己的民族传统，要在这个基础上发展。地球在动，一切都在发展。中国文艺来自于人民，整个社会要有自己特色的文艺，搞文艺的人要爱自己的国家，爱自己的人民，爱自己的文化。作为中华儿女，她很自豪。她希望文化部、宣传部、文联重视这个事情。关于技术，她认为：西方先进的东西应该学，可是我们更要葆有自己的灵魂。要真正发展自己民族的文化，不是一切以西方为准绳。戴爱莲喜欢地方戏曲，如川剧、越剧，但认为京剧太程式化，不容易懂。要研究地方戏，要找"根"。没有"根"，文化发展就没有后劲。在她看来少数民族的文化继承了"根"，秧歌、腰鼓、狮子舞是民间的，龙舞是中华乐舞文化的"根"！现在，很多事情让戴爱莲想不通！人们常说"两个文明一起抓"，但"精神文明"往往被忽视，更多只是出现在负责人的总结报告中。她曾给《人民日报》写过一篇文章，希望及时落实精神文明建设，并多次在全国政协会议上反映情况，但收效不大！她衷心地希望今天的中国，一定要有中国特色的精神，中国特色的文化，中国特色的艺术。

时光荏苒，戴爱莲先生已驾鹤西去了，但国人却永远不能忘怀她。她是中国舞蹈艺术的先驱，是当代舞蹈艺术的精神领袖。

她的价值，在于开创历史、唤起后人。作为中国芭蕾艺术的泰斗，她创作的舞剧《和平鸽》，体现着中国芭蕾的"原创"精神。她将芭蕾与现代舞结合，产生心目中的理想样式，在那个特定的历史年代里，无疑是一种创举！她创作的《飞天》《荷花舞》是中国传统艺术浪漫精神的当代启蒙。戴爱莲对舞蹈艺术的自觉探索，对民族舞蹈之源的孜孜追求和根性意识的保有，从根本上确立了民间舞蹈作为舞台艺术出现与存在的走向和价值。她的艺术创作，奠基了"学院派民间舞"的思想体系，调整了民间舞蹈的功能，还给舞蹈一个"超越现实的精神仪式"的本来面目。"时代造就了戴爱莲的舞蹈艺术，戴爱莲也创造了一个时代！"她用真诚托起舞蹈艺术的时空，她用博学树起舞蹈文化的精神楷模，她用纯洁陶冶了生命的本质和色彩，她用平实和理性透射了舞者的人格恢弘。戴爱莲先生不愧为中国现当代舞蹈史上的女神，中国舞蹈艺术之母。

（罗斌　梁泉）

编 后 记

《北京师范大学名人志》丛书，经过近 3 年的磨砺终于与读者见面了。

在编写过程中，我们得到许多熟悉或不熟悉的各界先生、朋友的热情支持和大力帮助。因为，大家都认识到：北京师范大学的诸多名师学子是中国近现代教育史上的杰出才俊。大家都有一个鹄的：即弘扬北京师范大学学风校风、振兴教育，并以此促进社会进步。他们有的在百忙中拨冗撰稿；有的翻箱倒柜找出尘封多年的资料和照片；有的为我们审稿、定稿、提出宝贵意见；……

在此，我们要感谢所有为我们提供稿件的先生、朋友，特别是蔡春、张戬、聂石樵、王永潮等先生已是耄耋之年仍辛勤笔耕；穆立立女士带病撰稿；……他们认真、负责，甚至忘我的精神使我们非常感动。其他作者恕不一一介绍。尤其使我们痛惜的是邓见宽先生没有等到丛书的出版就谢世了。

我们要感谢为丛书审稿的王文采院士、傅熹年院士、杨绛先生、宗璞先生、蔡春先生、魏群教授、马新国教授、王锦贵教授、徐迪生教授、郭大顺研究员、苏恺之研究员、赵增翰研究员，等等。在这些先生的鼓励和帮助下，我们的稿件反复推敲，力求精益求精。

我们还要感谢国家图书馆和师大档案馆、校史研究室、校友会等单位的大力支持。

参加本套丛书工作的还有王明泽、邵红英等同志。

编　者
2010 年 6 月